“十三五”国家重点图书出版规划项目

交通运输科技丛书·公路基础设施建设与养护

Construction Technology of Luobowan Bridge in Guigang City, Guangxi

广西贵港市罗泊湾大桥施工技术

李　俊　闫　平　罗嗣松　刘水康　等　编著

人民交通出版社股份有限公司
China Communications Press Co.,Ltd.

内 容 提 要

本书共分九章,内容包括工程概况、主塔施工、锚跨连续梁施工、钢箱梁制造、钢箱梁安装、缆索系统施工、钢桥面铺装、桥梁施工安全监控、工程施工回顾与总结。

本书归纳总结了广西贵港市罗泊湾大桥自锚式悬索桥施工技术,对该桥施工过程中的诸多创新点进行了充分总结提炼,对于其他自锚式悬索桥的施工亦有重要的借鉴参考价值。本书可供桥梁施工、设计人员参考,亦可供高等学校桥梁工程专业方向的师生教学参考。

图书在版编目(CIP)数据

广西贵港市罗泊湾大桥施工技术 / 李俊等编著. — 北京:人民交通出版社股份有限公司, 2018.3

ISBN 978-7-114-14498-1

Ⅰ. ①广… Ⅱ. ①李… Ⅲ. ①公路桥—桥梁工程—工程技术—贵港 Ⅳ. ①U448.14

中国版本图书馆 CIP 数据核字(2018)第 013040 号

"十三五"国家重点图书出版规划项目

交通运输科技丛书 · 公路基础设施建设与养护

书　　名: 广西贵港市罗泊湾大桥施工技术

著 作 者: 李　俊　闫　平　罗嗣松　刘水康　等

责任编辑: 刘永超　石　遥

责任校对: 刘　芹

责任印制: 张　凯

出版发行: 人民交通出版社股份有限公司

地　　址: (100011)北京市朝阳区安定门外外馆斜街 3 号

网　　址: http://www.ccpress.com.cn

销售电话: (010)59757973

总 经 销: 人民交通出版社股份有限公司发行部

经　　销: 各地新华书店

印　　刷: 北京市密东印刷有限公司

开　　本: 787 × 1092　1/16

印　　张: 14.75

字　　数: 348 千

版　　次: 2018 年 3 月　第 1 版

印　　次: 2018 年 3 月　第 1 次印刷

书　　号: ISBN 978-7-114-14498-1

定　　价: 65.00 元

《广西贵港市罗泊湾大桥施工技术》
编　委　会

主　　　任：陈立新

副　主　任：林本华　戈文武　闫　平

顾　　　问：戴海蓉　朱志坚　李文清

主　　　编：李　俊　罗嗣松　刘水康

副　主　编：陈　松　杨　豪　谢文昌　罗　勉　高　博

编委会成员：肖美海　吴国华　吕志红　张　臣　王　进
徐　丽　任鹏飞　李浩源　张　苏　刘　昕
龚政休　董中秀　余　超　舒　清　吴　梅

前言

Foreword

广西贵港市罗泊湾大桥(现名,建设期用名同济大桥),是中国葛洲坝集团第二工程有限公司独立承建的大跨径自锚式悬索桥。大桥主桥为双塔双索面五跨结合梁自锚式悬索结构,桥塔采用独柱式“荷花”造型,桥面以上塔柱不设横梁,采用了国内首创的“单层横梁H形垂直双塔结构”的主塔结构形式,景观造型新颖美观;悬索桥悬吊跨主梁为单箱多室钢箱梁,钢箱梁总质量达11 000t,全部采用顶推法施工,最大顶推跨径2×85m;两端锚跨采用预应力混凝土结构。

本书依托广西贵港市罗泊湾大桥工程,在大量试验、研究、分析的基础上,对大桥建设过程中所取得的一系列成果及其应用情况进行了系统总结。罗泊湾大桥的工程技术人员从施工技术研究的角度出发,在现场研究应用了主塔基础“钢筋混凝土沉井结合高压旋喷防渗”施工技术,解决了河床无覆盖层主承台大体积水下混凝土施工技术难题;采用了自主研发的水中临时墩基础“水下混凝土扩大基础结合预应力精轧螺纹钢锚固”技术和水平千斤顶与滑块组合、滑块竖向支撑及竖向千斤顶与滑块分离布置的新“步履式多点同向分段连续顶推”施工技术,成功解决了重11 000t、最大顶推跨度85m的钢箱梁超重大跨径顶推受力技术难题。

本书将此桥的整体施工技术和一些成功的做法全面、细致地进行了归纳和总结,是罗泊湾大桥工程技术人员和大桥全体建设者多年工作的结晶,值得相关工程技术人员借鉴。

由于本书涉及专业多,作者专业及文字水平有限,不免有疏漏和不足之处,诚望各位专家、同行和读者批评指正。

作 者

2017年9月

目　录

Contents

第1章　工程概述

广西贵港市罗泊湾大桥(现名,建设期用名同济大桥)主桥为主跨280m的双塔五跨结合梁自锚式悬索桥,桥跨布置为(50+140+280+140+50)m,桥面宽37.5m,理论矢跨比为1/5.5。桥梁基础采用大直径混凝土钻孔灌注桩,其中主塔墩每个承台设置9根ϕ2.2m混凝土桩基;主塔柱采用独柱式“荷花”造型及“单层横梁H形垂直双塔结构”的主塔结构形式,塔高98.7m,两塔柱间横向中心距36.5m,塔柱为C50钢筋混凝土单箱单室截面构件。悬吊主跨主梁为单箱多室钢箱梁,两端锚跨则采用预应力混凝土结构,两岸锚固梁段共长142m,钢箱梁梁段长518m;钢箱梁梁体位于半径5000m(路冠)的圆曲线和2.35%的纵坡上。主缆采用预制平行钢丝索股,钢丝抗拉强度标准值为1 670MPa;吊索及索夹为销接式结构,主索鞍为全铸式结构,鞍底与底座座板间设滑动摩擦副,以达到调整主缆线形和两跨之间的不均匀载荷、实现安全施工的目的(成桥后即锁定使鞍与塔呈固结状态)。大桥采用半飘浮约束体系,除各墩墩顶设置纵向活动的竖向支座外,在桥塔墩处设有纵向阻尼装置和横向水平抗风支座。其总体布置如图1-1所示。

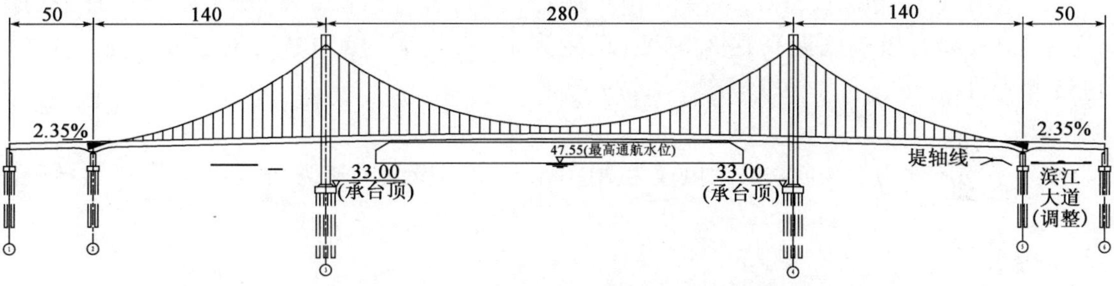

图1-1　贵港市罗泊湾大桥主桥立面布置图(尺寸单位:m)

1.1　工程位置

本桥位于贵港市郁江大桥下游2.12km处,大桥地理位置见图1-2。

图1-2　罗泊湾大桥工程地理示意图

1.2 总体工程简介

罗泊湾大桥是同济大道的主要组成部分，横跨郁江，其建设是落实贵港城市总体规划、带动两岸经济发展、完成城市产业结构调整和未来规划布局的需要，不仅缓解郁江大桥的交通压力，而且能在港南和港北区之间形成便捷的交通网络，促进两岸经济的交流与发展。同时优化了城市道路交通网络，弥补了郁江两岸连接道路的缺乏，成为贵港南北向对外快速交通的联络线。对促进项目沿线地区土地开发利用、经济建设、提高沿线道路的使用效率、改善该地区交通状况和提升地区环境起到重要作用。

1.3 大桥总体技术指标

1.3.1 桥梁建设条件

1）自然条件

（1）气候条件

①气温

全市多年平均气温 21.5℃，气温在 10℃以上平均每年为 319.9 天，最热为 7 月，月平均最高气温为 33.4℃，极端气温高达 39.5℃，最冷为 1 月，月平均为 12℃，气温最低达 -3.4℃（1955 年 1 月）。

②风

多年平均风速为 2.4m/s，最大风速为 20.0m/s，历年极大风速为 28.0m/s，全年主导风向为 NE。

③降水

年平均降雨量在 1 250 ~ 1 650mm 之间，最大降雨量为 2 070.7mm（1957 年），最小降雨量为 975.0mm（1956 年），多年平均降雨日 166 天，降水季节分布不均，雨季为 4 ~ 9 月，降雨量占全年的 75% ~ 85%。近 50 年年蒸发均值为 1 568.7mm，无霜期长达 353 天；相对湿度 3 ~ 8 月平均为 81% ~ 82%，多年平均湿度为 78%。

（2）城区道路现状

贵港市现有南环、西环、北环等公路，设计等级为一级路，构成城市的外环快速路；城区有横向的金港大道、江北大道、江南大道和纵向的仙衣路、中山路等主干路网构成城市路网骨架，在城市中心部分已形成初具规模的路网。

2）工程地质

（1）地形地貌

贵港市境内地貌以平原、山地、山丘地形为主。从港北区到桂平市直至平南县，沿郁江干流为广西面积最大的冲积平原——郁江平原，其中贵港市区地面高程为 40 ~ 51m。地势大体由西北向东南倾斜。区域多为山地、丘陵所包围。

桥址场地位于贵港市溶蚀平原盆地中部，沿线均为耕地、居民区，地形平坦、开阔，地面高程一般在44.4～50.0m，属于覆盖型岩溶地貌。

罗泊湾大桥北岸工程起点位于江北东路与登龙桥路交叉口，沿线均为居民区及工矿企业，在引桥起点附近分布鱼塘，水深一般不足2m，地面高程一般在45～48m；位于工程轴线的郁江断面呈宽缓的V形，两岸大堤间的距离约350m，堤顶高程46～48m，江面宽约270m，水深4～10m；大桥南岸沿线地势较为平坦，地面高程一般在43～46m，引桥跨南湖水域宽约400m，南湖水深一般为1.5m。道路接线终点与江南大道相接。

(2)地质构造

区域新构造运动以抬升为主的间歇性升降运动和断块差异运动为基本特征。由于间歇性的抬升运动，使区域发育有四—六级河流阶地，三—四级海成阶地及四级以上溶洞等层状地貌。由于断块差异运动，使一些地方形成断隆和断陷相间的新构造格局。地震活动是新构造活动的重要表现，本地区地震活动具一定水平；此外，地热活动，使本区东南部有大量温泉出露。

(3)地层岩性

根据区域地质资料，结合勘探揭露，场地岩土层分布及其特征，自上而下描述如下：

①覆盖层

全新统地层：主要分布在两岸接线段，分别为种植土、填筑土、淤泥、黏土、红黏土等。上部为种植土、填筑土、淤泥，钻孔揭示填筑土最厚处3.2m；下部为硬塑状黏土、红黏土，硬塑，局部含砾石，钻孔揭示厚度：6.70～13.80m。

②基岩

桥址区基岩地层为石炭系碳酸盐岩(C2d)地层，为一套灰岩及其风化带组成。

桥址区第四系覆盖层②1、②2层硬塑状黏土及③1、③2层硬塑状红黏土工程性能较好，承载力较高，下伏基岩岩溶发育，具有形成土洞及地面塌陷的潜势；下伏中、微风化基岩具有较高强度、低压缩性，且分布较稳定，埋深适中，整体性及工程性质较好，是较理想的桩基持力层，因此桥梁适宜采用钻孔桩基础。

(4)不良地质现象和特殊岩土

工程场区不良地质主要为岩溶、土洞及地面塌陷。沿线分布的基岩为石炭系灰岩，为可溶性岩石。根据场区地质测绘、区域地质资料及沿线调查结果可知，该区域基岩岩溶较为发育，规模在平面及空间上分布无规律。勘测期间为枯水期，江面水位在岩面以下，丰水季节江面水位比岩面高，基岩裂隙水和江水有直接的水力联系，受江水影响明显，地下水位随郁江水位的起落而升降。在郁江丰水期，江水补给地下水，反之地下水补给江水，年变幅随着与郁江的距离增大而减小。地下水水位变化范围正好在岩面附近，易形成土洞，引起地面塌陷。工程招标文件中揭示的地质钻探未发现大的溶洞、土洞及地面塌陷，但结合实际施工过程中进行的桩基钻孔和地质勘探钻孔揭示的情况来看，大部分地质勘探孔均遇到了溶洞，溶洞充填情况不一；遇到的最大的溶洞是主桥3号墩施工部位，洞高达7.6m。

工程场区特殊性土主要为红黏土、膨胀性岩土及局部塘底及湖床表层的软土。

(5)水文地质

场地主要地下水类型有第四系孔隙水和岩溶裂隙水。

3)水文

水文、泥沙

贵港市水文站位于郁江大桥下游约2.0km处,根据贵港水文站历年的资料统计分析得出有关水文资料如下:

(1)水位

多年平均水位30.23m;

历年最高水位45.92m(1968年8月21日),历年最低水位25.99m(1964年1月17日)。

(2)流量

近百年来,郁江贵港河段曾发生多次大洪灾,最大洪灾发生在1881年,洪峰流量20 900m^3/s,其次为1913年,洪峰流量19 400m^3/s;1994年7月22日发生的洪水,据贵港水文站实测洪峰流量为12 600m^3/s。

多年平均流量:1 560m^3/s;历年最大流量:12 800m^3/s(1968年8月20日);历年最小流量:84.80m^3/s(1964年1月17日)。

(3)径流量

多年平均径流量:4.92×1 010m^3。

(4)泥沙

根据贵港水文站历年实测资料分析统计:多年平均含沙量0.197kg/m^3,历年最大含沙量1.570kg/m^3。

4)桥渡设计值

(1)设计洪水成果

根据防洪专题研究成果,贵港水文站设计洪水成果如表1-1所示。

贵港水文站设计洪水成果　　表1-1

频率P(%)	0.33	1	2	5	10	20	50
洪峰流量(m^3/s)	20 800	18 600	17 100	15 100	13 400	11 700	9 000
相应水位(m)	49.25	48.47	47.98	47.35	46.58	45.48	42.77
分项	$N=72$年,$Q_m=9\ 500m^3/s$						
	$n=72$年,$C_v=0.31$						
	$a=72$年,$C_{三}=0.35C_v$						

(2)桥址处设计水位

根据相关研究成果,桥址处设计最高通航水位(20年一遇)为47.55m,最低通航水位为28.60m(56黄海高程)。设计最高、最低通航水位满足现行《内河通航标准》的有关要求,满足远景3 000t级航道规划设计通航水位的要求。

5)建筑材料及运输条件

桥址处陆路水路交通便利,施工所需的砂石料、钢材、水泥可在市场购买。

(1)砂、石料分布

项目所在区域盛产砂石料,储量丰富。

(2)钢材、水泥、木材等主材

工程所需的钢材、水泥、木材、沥青、汽油、柴油等主要材料均可由建材市场购买。

(3)运输条件

贵港市交通网络发达,水运条件优越,给材料的采购和运输带来了十分便利的条件。本工程所需材料均可由贵港市场供应,运距短,可选择运输方式较多,多数材料可通过水路和公路直接运至施工现场,运输条件良好。

1.3.2 线路平面线形布置

罗泊湾大桥作为同济大道的组成部分,全长1 807.5m,其起止点坐标及主要技术指标见表1-2。

起点坐标(K0+757.5):$X=2\ 554\ 660.470$ $Y=112\ 272.096$

终点坐标(K2+565.0):$X=2\ 552\ 977.714$ $Y=112\ 010.111$

大桥平面技术指标见表1-2。

大桥平面技术指标表 表1-2

序 号	指标名称	单 位	数 量	备 注
1	道路等级			城市主干路
2	设计速度	km/h	60	
3	路线总长	m	1 807.5	
4	平曲线最小半径	m/处	400	
5	平曲线长占桥梁总长	%	40	
6	直线最大长度	m	550	

1.3.3 纵断面布置

综合考虑桥梁布置及接线布置条件,本工程在主桥两侧采用纵坡2.35%,南岸引桥段采用纵坡1.5%,纵坡均满足现行《城市道路工程设计规范》中最短坡长及最大坡长的限制。大桥纵断面设计指标见表1-3。

大桥纵断面设计指标表 表1-3

名称	最大坡度	最小坡度	最大坡长	最小坡长	最大竖曲线半径	最小竖曲线半径
罗泊湾大桥	2.35%	1.5%	747m	425m	6 000m	5 000m

1.3.4 桥梁横断面布置

本桥道路等级为城市主干路,近期按六车道设计,两侧设非机动车道、主桥设人行道。远期非机动车道改造为机动车道成为八车道。

(1)近期

双向六车道+非机动车道+人行道,具体如下:

0.75m(风嘴)+1.0m(吊索区)+2.25m(人行道)+3.0m(非机动车道)+0.5m(防撞护栏)+0.5m(路缘带)+3×3.5m(行车道)+0.5m(路缘带)+1m(中央分隔带)+0.5m(路缘带)+3×3.5m(行车道)+0.5m(路缘带)+0.5m(防撞护栏)+3.0m(非机动车道)+2.25m(人行道)+1.0m(索区)+0.75m(风嘴)=39m。

(2)远期

双向八车道+人行道,具体如下:

0.75m(风嘴)+1.0m(吊索区)+2.25m(人行道)+0.5m(路缘带)+4×3.5m(行车道)+0.5m(路缘带)+1m(中央分隔带)+0.5m(路缘带)+4×3.5m(行车道)+0.5m(路缘带)+2.25m(人行道)+1.0m(索区)+0.75m(风嘴)=39m。

1.4 与国内同类型工程比较情况

国内自锚式悬索桥按照主跨长度排序位居前4位的桥梁的主要技术参数比较情况见表1-4。

与国内同类型工程对比情况表　　表1-4

序号	桥　名	主塔形式	跨径布置(m)	加劲梁形式	梁高(m)	梁宽(m)	矢跨比
1	郑州桃花峪黄河大桥	双层横梁门式双塔结构	160+406+160	钢箱梁	3.5	39.2	1/5.8
2	湘江三汊矶大桥	双层横梁菱形门式双塔结构	70+132+328+132+70	钢箱梁	3.6	35	1/5.0
3	广西贵港市罗泊湾大桥	单层横梁H形垂直双塔结构	50+140+280+140+50	钢箱梁	3.5	39	1/5.5
4	杭州江东大桥	独柱式空心薄壁混凝土结构	83+260+83	分离式钢箱梁	3.5	47	1/4.5

本桥主跨跨径大、桥面宽、桥梁载重量大,在自锚式悬索桥中,其主跨长度仅次于湘江三汊矶大桥(主跨328m)和郑州桃花峪黄河大桥(主跨406m),位居全国第三,属大跨径自锚式悬索桥;其加劲梁的形式、梁高、梁宽等虽在自锚式悬索桥中较为常见,但"单层横梁H形垂直双塔结构"的主塔结构形式在国内则属首创和独一无二的。

1.5 整体施工流程

自锚式悬索桥与常规的地锚式悬索桥最显著的区别在于不设地锚,是以桥梁自身加劲梁梁端锚固主缆、承受主缆端部的水平与竖向分力的悬索桥体系,其传力路径为:桥面重量、车辆荷载等竖向荷载通过吊杆传至主缆承受,主缆承受拉力,而主缆锚固在梁端并将水平力传递给主梁;其施工必须采取"先梁后缆"的施工工艺,与常规悬索桥截然相反,不仅极大地增加了施工难度,而且施工安全和质量风险也大大地增加。

根据设计及规范要求,本桥总体施工流程如图1-3所示。

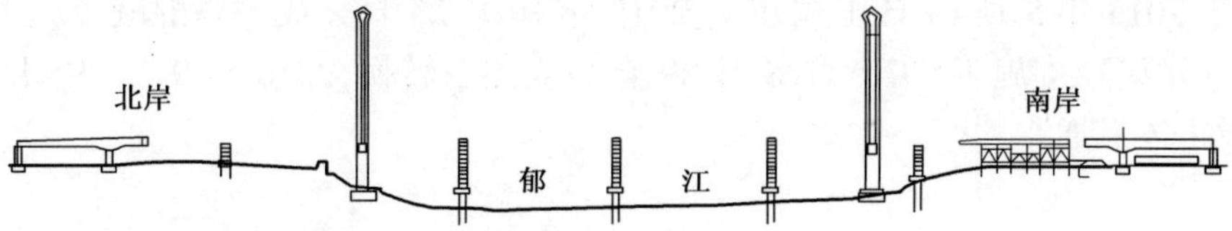

步骤一：1. 施工主桥墩基础、承台、墩身；2. 施工临时墩，在5号主桥墩搭设钢箱梁顶推平台；3. 浇筑混凝土主塔；4. 在边跨平台上分段拼接钢箱梁及导梁。

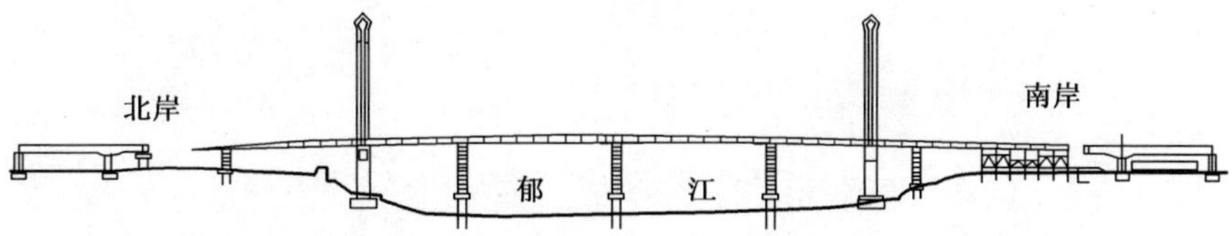

步骤二：1. 钢箱梁由南向北进行单向顶推施工；2. 浇筑自锚跨混凝土，张拉预应力。

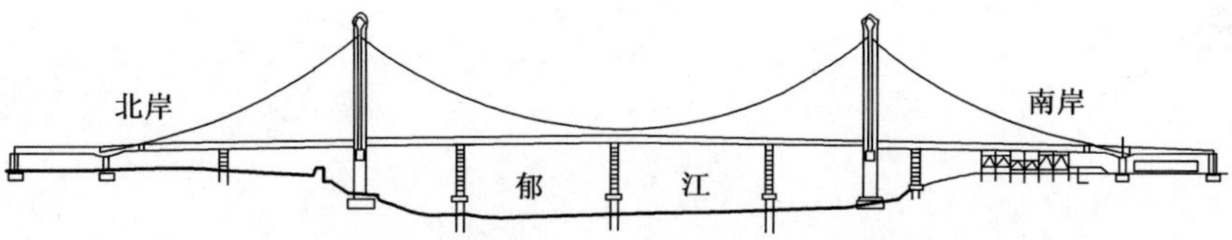

步骤三：1. 钢箱梁顶推到位，施工钢混结合段；2. 安装塔顶主索鞍，架设主缆。

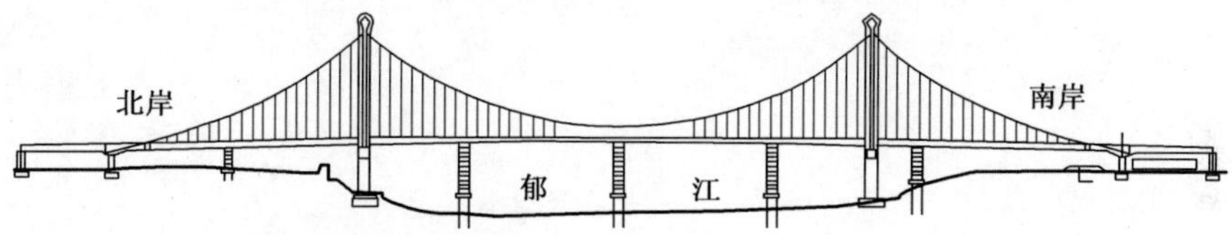

步骤四：1. 安装索夹及吊索；2. 张拉部分吊索。

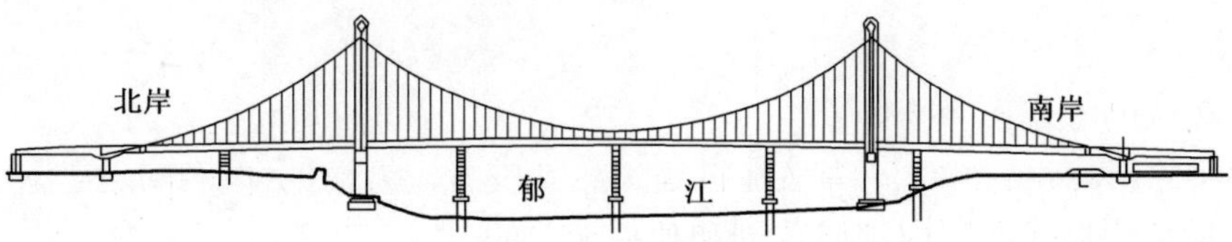

步骤五：1. 张拉剩余吊索，完成体系转换；2. 拆除辅助设施。

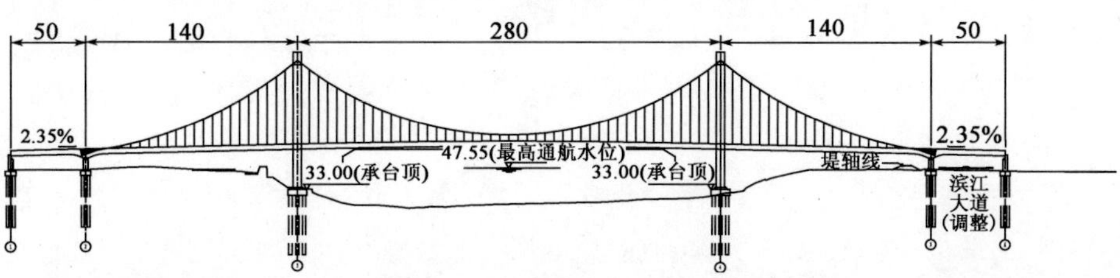

步骤六：1. 全桥附属工程施工，安装栏杆、主缆检修道及锚室封闭，铺装桥面；2. 荷载试验，交工验收。

图1-3　自锚式悬索桥总体施工流程图(尺寸单位:m)

本工程于2013年5月15日正式开工,2015年10月25日完成主塔混凝土施工,2016年5月4日完成钢箱梁顶推施工,2016年8月29日完成体系转换,2016年9月29日完成桥面铺装,实现桥梁主体贯通。

第2章 主塔施工

2.1 主塔特点

本桥主塔塔柱设计为“荷花”造型,不设置上横梁,横向为H形框架混凝土结构,其“单层横梁H形垂直双塔结构”的主塔结构(图2-1)形式在国内同类型桥梁中属首次应用。桥塔承台以上塔高98.7m(柱身段为85.7m),两塔柱间横向中心距36.5m,塔柱为钢筋混凝土单箱单室截面,塔柱在横梁以上范围内断面外形尺寸相同,为5.5m(顺桥向)×5m(横桥向),横梁以下尺寸逐步加大,从6.0m(顺桥向)×5.5m(横桥向)渐变至塔根为7.5m(顺桥向)×6.5m(横桥向)。桥塔柱为钢筋混凝土构件,采用C50混凝土。

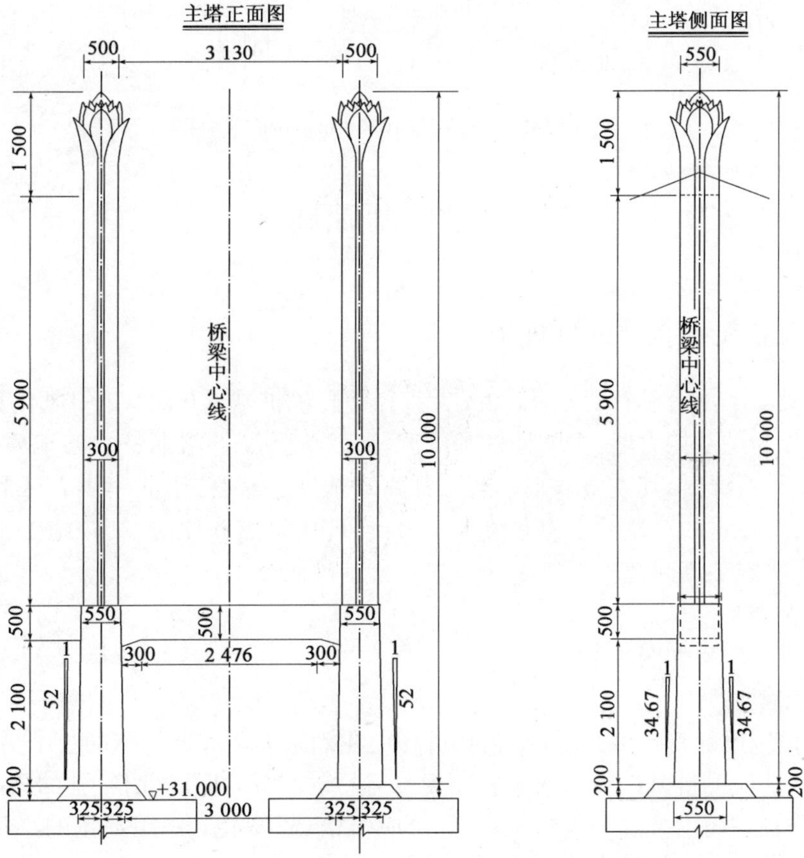

图2-1 单层横梁H形垂直双塔主塔结构图(尺寸单位:mm)

桥墩位于靠近两岸的水中,选用分离式基础,上、下游分离式基础中心距36.5m,其下各设9根ϕ2.2m钻孔桩,呈行列式布置,顺、横桥向桩距5.0m。桩基础均按柱桩设计,要求桩尖全截面进入微风化岩面不小于1.5D(D为桩径),桩底沉渣厚度不大于5cm。承台为正方形钢筋混凝土结构,顺、横桥向宽14.20m,承台厚5.5m。主塔基础如图2-2所示。

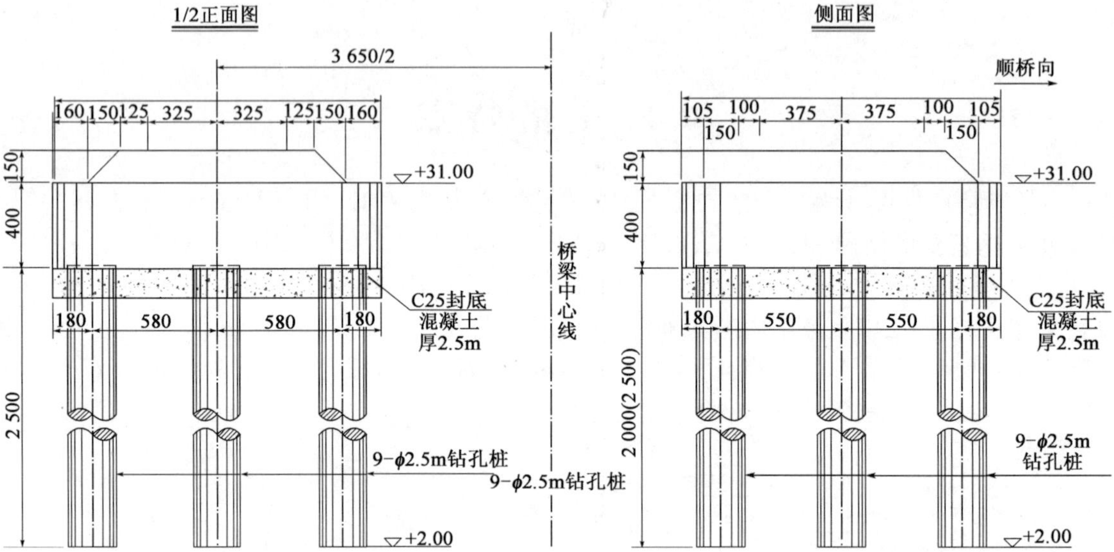

图2-2 主塔基础图(尺寸单位:mm)

2.2 主塔基础施工

2.2.1 大直径钻孔灌注桩施工

本桥主塔墩每个承台设有9根ϕ2.2m大直径钻孔桩桩基,以④1W2中风化灰岩和④1W3微风化灰岩层作为桩基持力层;主塔处桩基溶洞较多,为典型的喀斯特岩溶地质地貌,且河床基本无覆盖层、岩石裸露,其主桥墩基础选用分离式基础,分别位于北岸礁石区和南岸常水位水岸交界线处,有一定的水流冲击力和流水压力;经现场研究和比对,结合施工工期以及施工成本综合考虑,决定采用回填土石筑岛的方式进行基础的施工。

1)施工工艺流程

桩基施工工艺流程如图2-3所示。

2)主要技术措施

由于该部位地质缺陷较多,在桩基钻孔过程中我们采取了如下特殊的技术措施:

(1)钻孔作业时的桩基位置采取错孔布置,尽量减少相邻两孔同时钻孔的概率。

(2)开孔前在护筒内多加一些黏土块,如土质疏松,还要混入一定数量的小片石。借钻头冲击力把泥膏、石块挤向孔壁,以加固护筒刃脚。

(3)在钻孔中须随钻随清渣,使用正循环清孔。

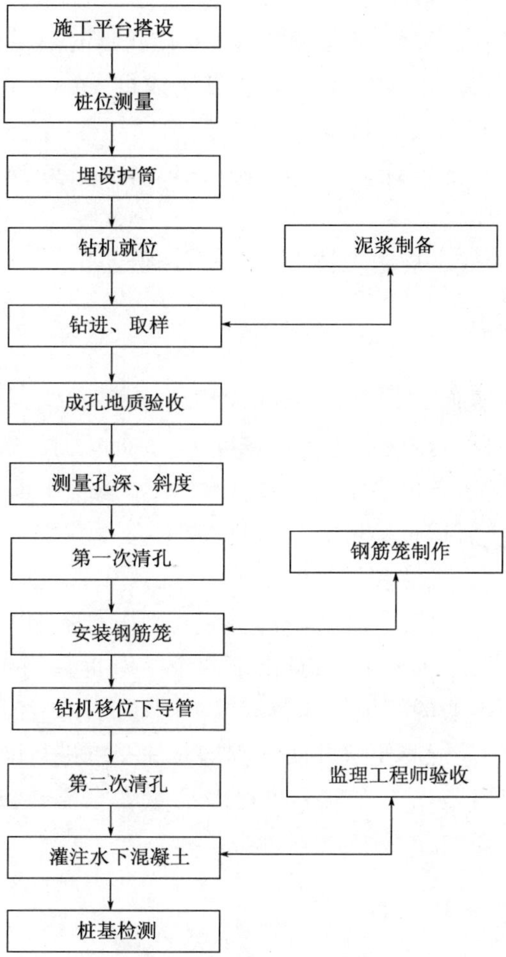

图 2-3　桩基施工工艺流程图

(4)开始造孔时,宜采用小冲程,使成孔坚实、竖直、圆顺,对继续钻孔起导向作用。钻进深度超过钻头全高加冲程后,方可进行正常冲击,冲程以 2.0 ~ 3.0m 为宜。

(5)钻进时起落钻头速度均匀,不得过猛或骤然变速,以免碰撞孔壁或护筒,或因提速过快而造成负压引起坍孔。

(6)钻进过程中勤松绳、勤清渣,经常检查钻头转向装置,使钻头在钻进中能自由转动。作好钻进记录和取样工作,当钻头进入岩层时,为预防卡钻,应经常检孔。

(7)钻进时配备备用钻头,轮换使用。钻头直径磨耗超过 1.5cm 时,及时更换、修补。更换新钻头前必须检查到孔底,始可放入新钻头。若不能到孔底,应抛投片石进行扩孔,使孔径始终保持设计直径。

(8)钻孔过程中经常对已钻成孔进行检查,检查钻孔是否符合要求,是否发生弯孔、斜孔、十字槽等问题,如有问题,应抛片石、黏土坯至直径开始变小处以上 0.3 ~ 0.5m 再行钻孔。禁止未投片石、土、单纯使用钻头修孔,以防卡钻。

(9)在地层情况复杂时,钻孔对不同的地层采用不同的冲击方法,以保证钻孔质量和钻孔的顺利进行。

(10)如发现孔内液面有突然降低和窜孔现象,对该孔清孔后灌注素混凝土面高于溶洞顶不小于2m,待孔内素混凝土有2d龄期后,再逐孔钻进成桩。

(11)针对大型溶洞,比对地质柱状图,掌握溶洞顶底高程,准备足够黏土和片石并视情况结合袋装水泥回填缓慢钻进,将溶洞空腔以复合地基填料填充密实固结,以稳妥安全方式穿透溶洞,严防发生掉钻、埋钻事故。

桩基其他施工技术均为较常规施工技术,此处不作赘述。

2.2.2 围堰方案优化

目前,国内水中承台围堰施工一般采用双壁钢围堰沉井和钢板桩沉井两种工艺。双壁钢围堰沉井常应用于大型深水承台,该工艺施工难度大,周期长,投入成本大。钢板桩沉井则应用于水深较浅,水流缓慢,地质条件稳定,土层均匀的水中承台围堰。钢板桩工艺施工难度较小,施工周期较短,施工完成后钢板桩可拔起回收,成本投入相对较小。

根据本工程当地水文地质条件和桩基的施工方式,采用常规的钢板桩沉井或双壁钢围堰沉井均需投入大量钢材,加工、拼装、下沉等工艺繁杂,采用双壁钢围堰沉井时围堰壁板回收率低,需水下切割,施工难度大,投入成本大;且由于两个主墩承台均布置在中风化灰岩面上,地基岩石强度较高,无法采用一般的钢板桩或者双壁钢围堰沉井。经现场比对和研究,最终决定采用土石类围堰—深基坑钢筋混凝土沉井防渗围堰对深基坑进行围护施工承台的方式进行主桥墩基础施工,不但能满足现场施工布置和进度及质量安全需要,还最大限度地节约了施工成本。

2.2.3 钢筋混凝土沉井设计

1)方案概述

本工程主桥3号墩和4号墩结合地质条件采用混凝土沉井施工方案如下:混凝凝土沉井外尺寸为17.8m×17.8m,壁厚为80cm,在沉井臂内设置双向的钢筋。3号墩沉井的底高程为+31.5m,沉井高度为4m。在沉井顶以下0.5m和3.5m处分别设置一道内支撑,内支撑采用2[36b的型钢组成。4号墩沉井为了适应底部岩石地基的变化,将沉井设计为底面倾斜式,在靠近河中心一侧沉井的高度为8m,靠河岸一侧沉井的高度为6m。在沉井顶以下0.5m和3.5m处分别设置一道内支撑,同时延斜面也设置两道内支撑,共计四道内支撑,内支撑采用2[36b的型钢组成。沉井的设计水位按沉井顶高程+35.5m考虑。

下面以3号墩沉井为例对沉井设计计算予以说明。

3号墩沉井的布置图如图2-4所示。

2)计算依据

(1)《混凝土结构设计规范》(GB 50010—2012);

(2)《公路桥涵设计通用规范》(JTG D60—2004);

(3)《公路桥涵钢筋混凝土及预应力混凝土桥涵设计规范》(JTG D62—2004)。

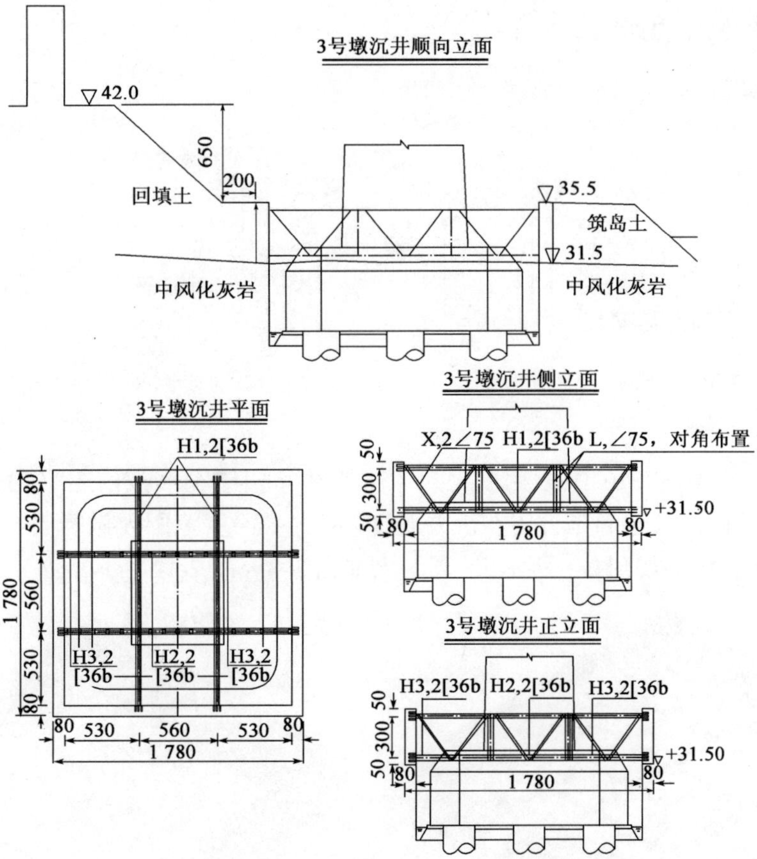

图 2-4　3 号墩混凝土沉井布置图(尺寸单位:cm)

3)3 号墩沉井计算

(1)荷载计算

混凝土沉井的厚度为 0.8m,高度为 4m,沉井顶高程为 +35.5m,底高程 +31.5m,外部水位高程为 +32.3m,内部无水。3 号墩周围均为回填土,回填土的摩擦角为 $\varphi = 30°$。同时 3 号墩靠岸边侧有 80t 履带吊机作业,履带吊机的质量为 100t,底部作用压力为:

$$p = \frac{1\ 000}{3.5 \times 6.5} = 44\text{kPa}。$$

外侧水压高度按 0.8m 计算。水的重度为 $\gamma_0 = 10\text{kN/m}^3$。土体主动土压力为:

$$q_1 = \gamma h \cdot \tan^2\left(45° - \frac{\varphi}{2}\right) = 12 \times 4 \times \tan^2\left(45° - \frac{30°}{2}\right) = 16\text{kPa}$$

对于靠岸边侧的土压力如图 2-5 所示,上部 6.5m 及履带吊机荷载对沉井顶产生的压力为:$q_0 = (p + \gamma h)\tan^2\left(45° - \frac{\varphi}{2}\right) = (44 + 6.5 \times 12) \times \tan^2\left(45° - \frac{30°}{2}\right) = 40.7\text{kPa}$,由 $h = l \cdot \tan\left(45° + \frac{\varphi}{2}\right) = 2 \times \tan\left(45° + \frac{30°}{2}\right) = 3.5\text{m}$,知道上部土压力荷载作用在混凝土沉井上的荷载在沉

井顶面以下 3.5m 处，大小为 $q_2 = 40.7\text{kPa}$。静水压力 $p = \gamma_0 H$，沉井底部最大压力为 $p_{\max} = 40\text{kPa}$。其他面的侧压力如图 2-6 所示。

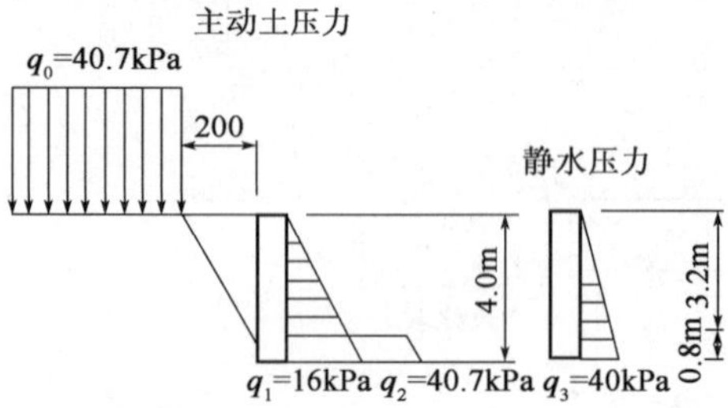

图 2-5 3 号墩靠岸边侧沉井压力分布图

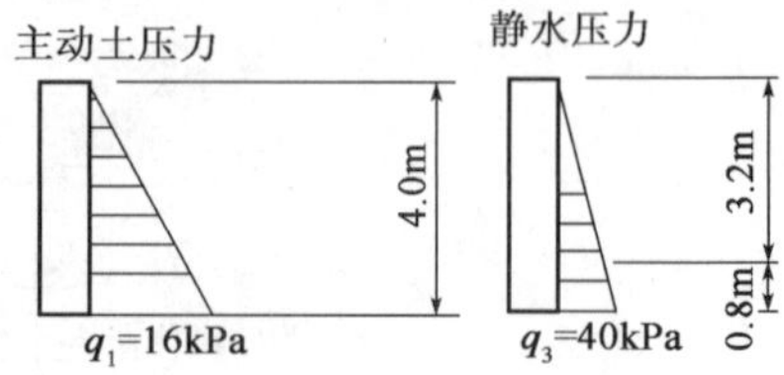

图 2-6 3 号墩其他边沉井压力分布图

(2)沉井空间模型计算

结构计算采用 ANSYS10.0，索用单元为实体单元 solid45 荷载按前述“(1)荷载计算”计算的结果施加到沉井外壁，边界条件为在沉井底部以下 4m 深度范围内做竖向约束，在 4 个角点作水平约束。计算模型如图 2-7 所示，计算结果如图 2-8 ~ 图 2-12 所示。

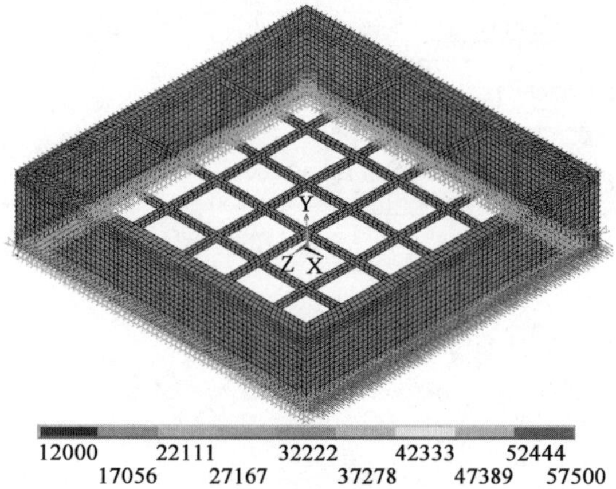

图 2-7 计算模型立面

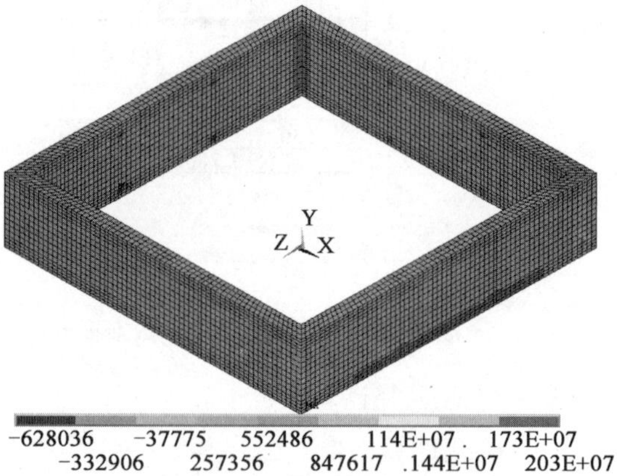

图 2-8 混凝土主拉应力应力计算结果(单位:Pa)

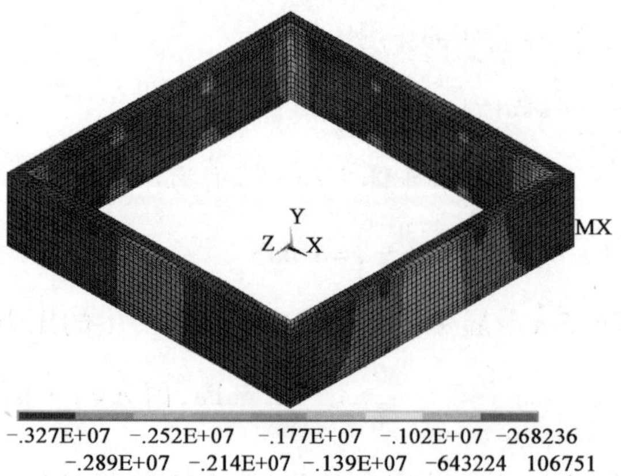

图 2-9 混凝土主压应力应力计算结果(单位:Pa)

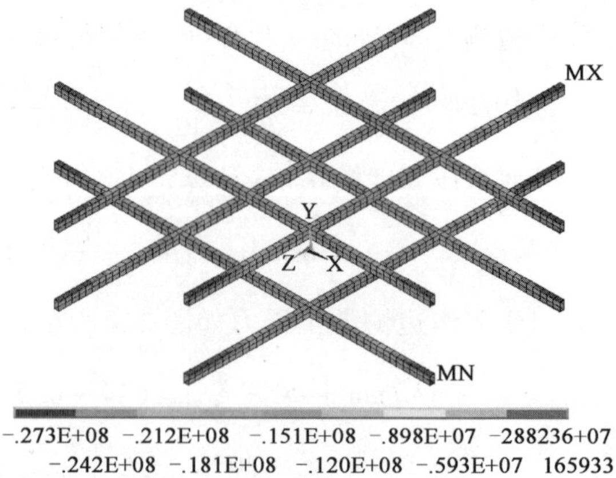

图 2-10 内支撑应力结果(单位:Pa)

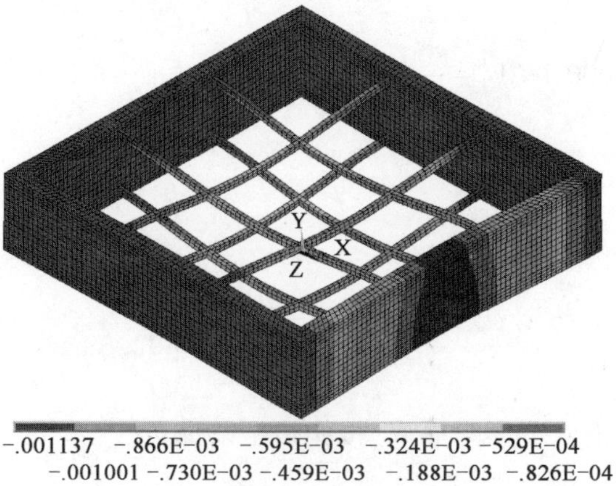

图 2-11　沉井横桥方向位移结果(单位:m)

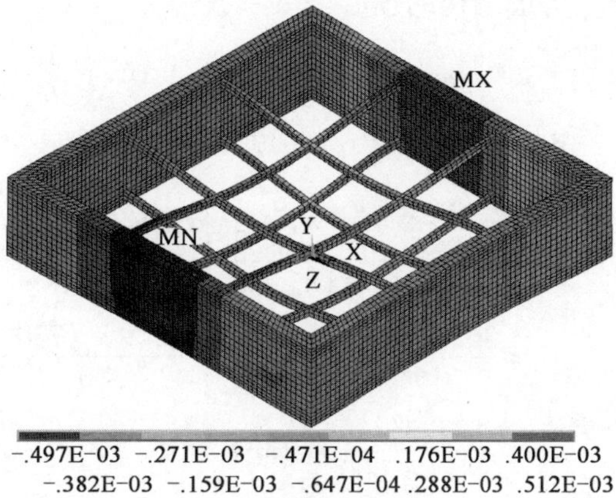

图 2-12　沉井横桥方向位移结果(单位:m)

沉井混凝土壁的最大主拉应力为 1.73MPa,位置在沉井壁角处,最大主压应力为 3.27MPa,位于沉井壁交角处。最大主拉应力与最大主压应力均为局部应力集中产生的。壁板在跨中位置的最大拉应力为 1.2MPa,最大压应力为 1.8MPa,但是拉应力超过 1.0MPa 的范围仅为 0.2m×0.2m。因此除局部应力集中外,壁板拉应力小于规范允许的 $0.7f_{tk}=0.7\times1.43=1.0$MPa。沉井壁板的最大位移为 3mm。内支撑的最大压应力为 27MPa。

(3)环向配筋计算

以底部截面为标准配置环向钢筋,取计算高度为 1m。

按等截面双向配筋考虑。混凝土强度等级为 C30,钢筋采用 HRB335 级,取保护层厚度为 $a_s=a'_s=70$mm。截面尺寸为 $b\times h=800\text{mm}\times1\ 000\text{mm}$。计算相关说明如图 2-13 所示。

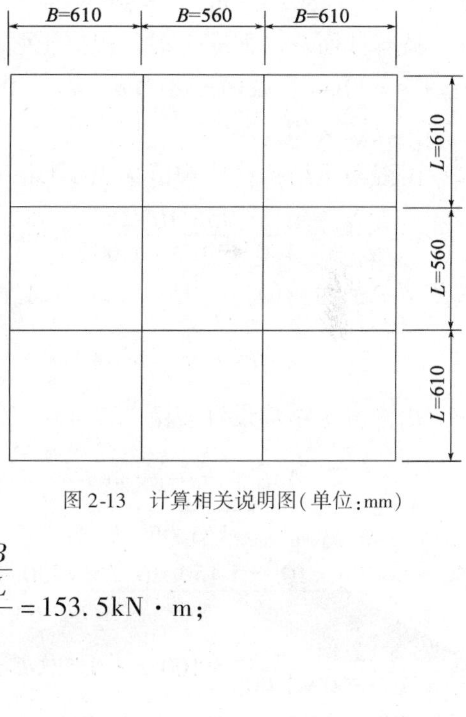

图 2-13　计算相关说明图(单位:mm)

$$\text{最大的弯矩为}:M_0=\frac{qL^2}{8}-\frac{qL^2}{12}\times\frac{1+\left(\frac{B}{L}\right)^2\times\frac{I_B}{I_L}\times\frac{B}{L}}{1+\frac{I_B}{I_L}\times\frac{B}{L}}=153.5\text{kN}\cdot\text{m};$$

轴力为:$N_0=0.5qB=302$kN。

按等截面双向配筋考虑。混凝土强度等级为 C30,钢筋采用 HRB335 级,取保护层厚度为 $a_s=a'_s=70$mm。截面尺寸为 $b\times h=1\ 000\text{mm}\times800\text{mm}$,$M=1.2M_0=1.2\times153.5=184\text{kN}\cdot\text{m}$,$N=1.2N_0=1.2\times302=362.4$kN。

由混凝土结构设计规范 7.3.4-1 得知:

$x=\frac{N}{\alpha_1f_cb}=\frac{184\times10^3}{1.0\times14.3\times1\ 000}=12.9\text{mm}<\xi_bh_0=0.55\times730=401.5$mm,结构为大偏心受

压。考虑结构的偏心增大系数为 $\eta = 1.0$。

$$e = \eta e_0 + \frac{h}{2} - a'_s = 1.0 \times \left(\frac{184}{362.4} \times 1\,000 + 70\right) + \frac{800}{2} - 70 = 907.7\text{mm}$$

由《混凝土结构设计规范》7.3.4-2 得知：

$$A_s = A'_s = \frac{Ne - x\left(h_0 - \frac{x}{2}\right)\alpha_1 f_c b}{f_y (h_0 - a'_s)}$$

$$= \frac{362.4 \times 10^3 \times 907.7 - 12.9 \times (730 - 0.5 \times 12.9) \times 1.0 \times 14.3 \times 1\,000}{300 \times (730 - 70)} = 822.3\text{mm}^2$$

$\frac{822.3 \times 2}{800 \times 1\,000} \times 100\% = 0.22\% < 0.6\%$ 小于最小小配筋率，按构造配筋即可。

按要求配筋率不得小于截面面积的 0.6%，由于结构为临时结构，单侧采用 ϕ25@150mm 的 HRB335 级钢筋。

(4)竖向配筋计算

通过计算知道在圆周 1m 宽度范围内，地下连续墙井壁在沉井底面的最大弯矩和竖向力分别为 $M_0 = 380\text{kN·m}$，$N_0 = 80\text{kN}$。

按等截面双向配筋考虑。混凝土强度等级为 C30，钢筋采用 HRB335 级，取保护层厚度为 $a_s = a'_s = 70\text{mm}$。截面尺寸为 $b \times h = 1\,000 \times 800\text{mm}$，$M = 1.2M_0 = 1.2 \times 380 = 456\text{kN·m}$，$N = 1.2N_0 = 1.2 \times 80 = 96\text{kN}$。

由混凝土结构设计规范 7.3.4-1 得知：

$x = \frac{N}{\alpha_1 f_c b} = \frac{96 \times 10^3}{1.0 \times 14.3 \times 1\,000} = 6.7\text{mm} < \xi_b h_0 = 0.55 \times 730 = 401.5\text{mm}$，结构为大偏心受压。考虑结构的偏心增大系数为 $\eta = 1.0$。

$$e = \eta e_0 + \frac{h}{2} - a'_s = 1.0 \times \left(\frac{456}{96} \times 1\,000 + 70\right) + \frac{800}{2} - 70 = 5\,150\text{mm}$$

由混凝土结构设计规范 7.3.4－2 得到：

$$A_s = A'_s = \frac{Ne - x\left(h_0 - \frac{x}{2}\right)\alpha_1 f_c b}{f_y (h_0 - a'_s)}$$

$$= \frac{96 \times 10^3 \times 5\,150 - 6.7 \times (730 - 0.5 \times 6.7) \times 1.0 \times 14.3 \times 1\,000}{300 \times (730 - 70)} = 2\,145.4\text{mm}^2$$

$\frac{2\,145.4 \times 2}{800 \times 1\,000} \times 100\% = 0.53\% < 0.6\%$ 小于最小小配筋率，按构造配筋即可。

按要求配筋率不得小于截面面积的 0.6%，由于结构为临时结构，单侧采用 ϕ25@150mm 的 HRB335 级钢筋。

(5)内支撑稳定性计算

同时通过计算知道结构的 1 阶稳定系数为 22.5。

通过计算 2[36b 支撑计算长度为 5.6m，其稳定系数为：$\varphi = 0.78$，其稳定应力为：$\sigma = 27\text{MPa} < [\sigma] = 0.78 \times 140 = 109.2\text{MPa}$，满足要求。

4)结论及建议

通过计算知道3号墩和4号墩沉井结构的受力均满足要求,配筋符合《公路桥涵钢筋混凝土及预应力混凝土桥涵设计规范》(JTG D60—2004)和《混凝土结构设计规范》(GB 50010—2012)的相关要求。

3号墩沉井的最大变形为3mm,最小屈曲稳定系数为22.5。其强度和刚度均满足规范相关要求。

4号墩沉井的最大变形为7mm,最小屈曲稳定系数为20.5。其强度和刚度均满足规范相关要求。

两个沉井的内支撑结构的稳定应力均满足规范要求。

2.2.4　主承台混凝土施工

1)施工工艺流程

主承台混凝土施工工艺流程如图2-14所示。

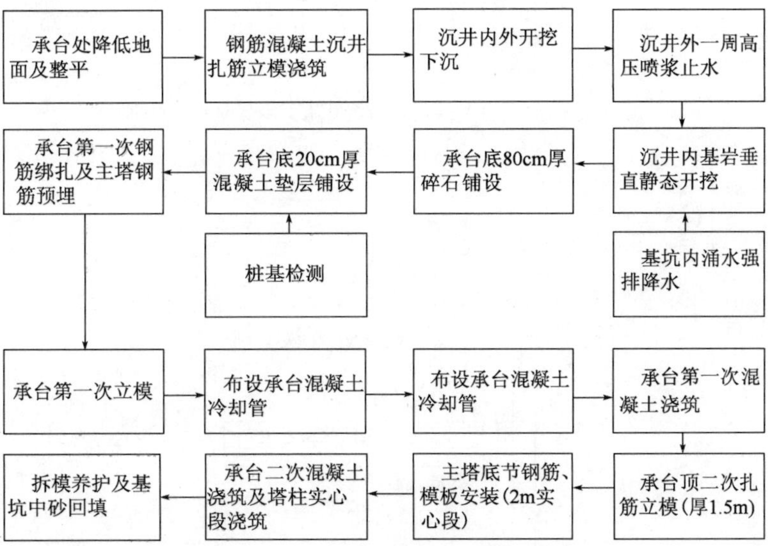

图2-14　主承台混凝土工艺流程图

2)钢筋混凝土沉井施工

桩基完成后清理平整及硬化承台处场地,对3号墩防洪堤防护排桩基坑一侧先挖筑岛回填料及河床浅表,换填中粗砂以利沉井开挖下沉(防止排桩与沉井外壁空隙过小不利挖掘机施工)。

沉井按壁厚0.8m/1.0m设计,内设钢支撑支护。

沉井平面外廓尺寸为18.2m×18.2m,底节壁厚1.0m,顶节壁厚0.8m,按3.5m~4.0m节高分次扎筋立模浇筑。采用木模成型及天泵浇筑,沉井采用C30混凝土。

沉井浇筑养护7d,抗压强度达到C25以上即可进行沉井先内后外开挖下沉,采用2台25t级挖掘机对称开挖施工,由自卸车外运弃料。

沉井下沉至中风化灰岩顶,考虑岩层处礁石区和斜坡面,应保证沉井竖直度不超过1%偏斜。个别刃脚搁置,在可见可控可操作的情况下破岩凿除纠偏。当沉井遇岩层不能下沉后,在沉井壁内外刃脚回填黏土反压,施工高压旋喷止水幕墙,待复合地基 7d 龄期试开挖成功后,进行基岩垂直开挖。

以 3 号墩为例说明主桥主塔墩承台沉井施工步骤,详见图 2-15 ~ 图 2-17。

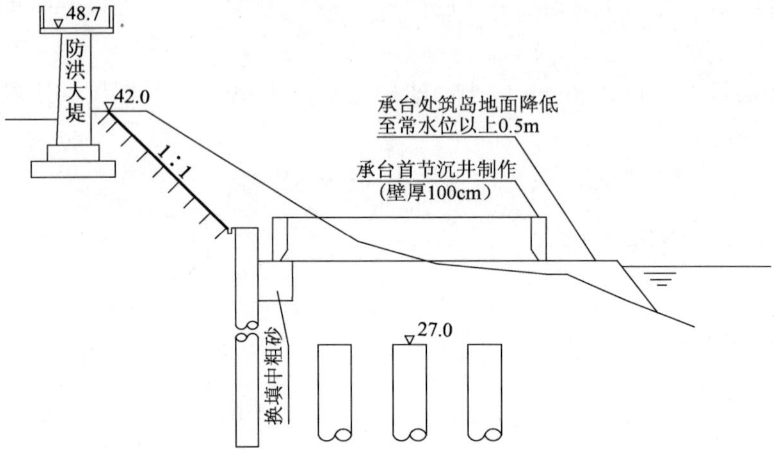

图 2-15　3 号主塔承台沉井施工步骤图一

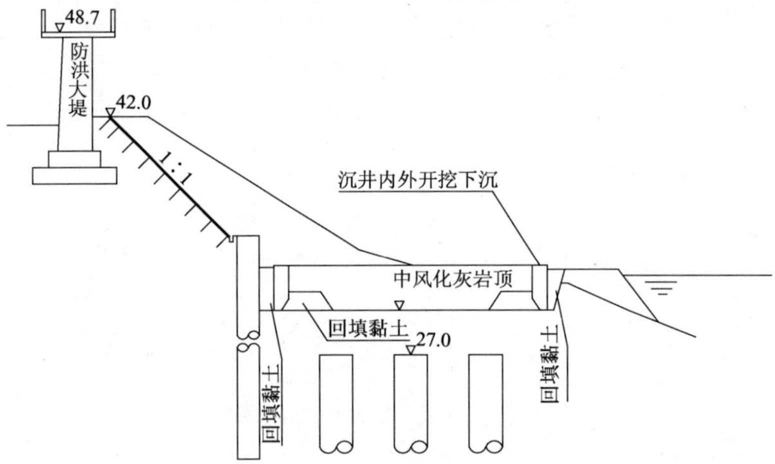

图 2-16　3 号主塔承台沉井施工步骤图二

3)高压旋喷止水幕墙施工

高压旋喷止水幕墙的目的是在软土中形成硬化凝结防渗的复合地基,以及在基岩内喷浆渗入裂隙封堵地下水,以达到防止沉井刃脚及刃脚以下基坑岩壁地下水涌水过大,淹没坑底作业面而水泵强排不及时的情况出现的目的。

沉井下沉至中风化灰岩后,在沉井壁内外刃脚回填黏土反压防止喷漏,壁外填土至地面,壁内黏土反压高度 1.5m、宽度 2m,然后做高压旋喷止水幕墙。高压旋喷止水幕墙有效厚度 1m,止水幕墙起点位于沉井刃脚以上 1.0m,深度在承台以下 2m。高压旋喷桩沿沉井外壁 30cm 一周闭合布置单排桩,间距 50cm,有效桩长 6 ~ 8.5m。

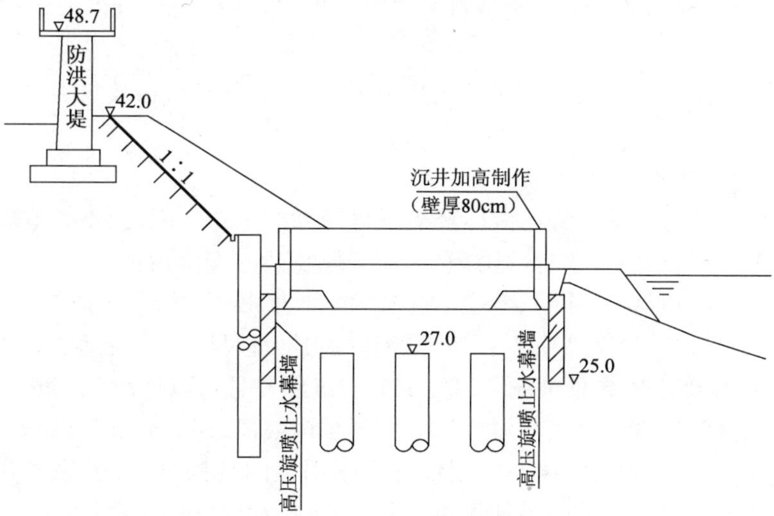

图 2-17　3 号主塔承台沉井施工步骤图三

造出水灰比为 0.5 的水泥浆，用高压泵进行旋喷注浆，每段旋喷 4 遍，硬岩旋喷压力 20MPa，软土旋喷压力 15MPa，转速 18r/min，提速 15cm/min。

遇溶洞时，先钻相邻两孔，形成连通管道，造出水灰比 0.6～0.7 水泥浆，用高压泵进行旋喷注浆，置换溶洞内清水，然后造水灰比为 0.43 的水泥浆，进行旋喷，旋喷压力 15～20MPa，转速 18r/min，提速 15cm/min，直至相邻连通小孔冒出浓浆即进行封孔。

每墩配 1 台工程地质钻机、1 台高压泥浆泵、1 套单旋喷管、1 台液浆制备机，配备相应的膨润土及 42.5 级水泥(袋装)。

等待复合地基 7d 龄期，试开挖成功后，进行基岩垂直开挖。

4)承台基坑开挖

(1)地面以下软土部分的承台基坑开挖

根据 3 号墩地质勘探及实际冲孔情况，在高程 32.5m 即遇中风化岩层，且起伏不定(处礁石区)；根据 4 号墩地质勘探情况，在高程 29.9m 即遇中风化岩层，且岩面呈斜坡向江中心加深。

桩基完成后，将承台处筑岛高程降至与水位齐，制作沉井，挖掘机挖空沉井刃脚缓缓下沉至中风化基岩，沉井外回填黏土至原地面，沉井内回填黏土至刃脚以上 1.5m(宽 2m)，然后进行高压旋喷帷幕施工坑壁防水层。

(2)承台基坑基岩部分开挖

采用液压破岩机静态破岩开挖，液压破岩机(图 2-18)破岩原理及优特点如下：

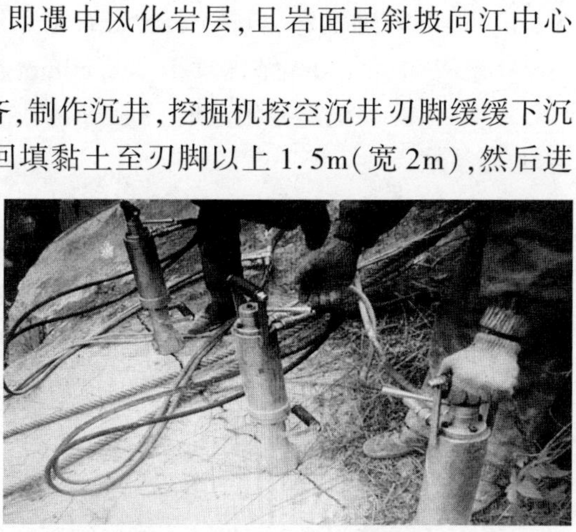

图 2-18　液压破岩机使用情况图

①液压破岩机(又名劈裂机、劈裂器)，由油站和分裂器两大部分组成，该产品主要用于建筑石材的开采作业；大块矿石(金属矿、非金属矿)的二次解体；混凝土构件(水泥路面、机床基础、桥梁及房屋构件)局部和全部拆迁作业；天然石

材开采、分裂、破碎。特别适用于大块岩石的二次分裂，是一种完全可以取代爆破和手工解体的理想设备。

②工作原理：由泵站输出的超高压液压油为工作动力，并经机械放大后即可使被分裂物体按预定方向裂开。

③与传统作业方式相比，它的特点是：

a. 安全性：液压破岩机是在静态液压环境下可控性的工作。因此，不会像爆破和其他冲击性拆除、凿岩设备那样，产生一些危险隐患，无需采取复杂的安全措施。

b. 环保性：液压破岩机工作时，不会产生震动、冲击、噪声、粉尘飞屑等，周围环境不会受到影响。即使在人口稠密地区或室内，以及紧密设备旁，都可以无干扰地进行工作。

c. 经济性：液压破岩机数秒钟就可以完成分裂过程并且可以连续无间断地工作，效率高；其运行及维护保养成本很低；无需像爆破作业那样采取隔离或其他耗时和昂贵的安全措施。

d. 实用性：液压破岩机人性化的使用设计和耐用性的结构设计，确保了其使用方法简单易学，仅需单人操作；维护保养便捷；使用寿命长；破岩机和动力站的搬运也十分方便。

e. 精确性：与大多数传统的拆除方法和设备不同，液压破岩机可以预先精确的确定分裂方向，分裂形状以及需要取出部分的尺寸，分裂、拆除精度高。

f. 灵活性：液压破岩机具有体积小、质量轻、分裂力大的特点(最大分裂力可达 5 000kN)，在室内或狭窄的场地都可以十分方便地进行拆除分裂；同时还可以在水下作业。

(3)承台基坑开挖步骤

承台基坑基岩部分采用液压破岩机静态破岩开挖，以 3 号墩为例，说明基坑基岩垂直开挖步骤。

由于先进行了桩基施工，减小了基坑底涌水面积，桩基施工时各孔泥浆有一定渗透进入岩层裂隙能力，同时溶洞有投水泥、黄土的处理过程，也使岩层具有较好的抗渗能力。

基岩顶用风镐凿平后，在基坑中轴线用取芯机相邻两孔相交 5cm 垂直取芯钻孔，深度 60cm，形成一条沉井内 16.2m 长的岩层人工断缝，以使岩石劈裂分块有一个开裂移位的空当。

每台破岩机带 3 个挤压劈裂头，风钻钻竖直小孔深度 1.0m，破岩分块长宽高为 3m × 2m × 0.5m。局部节理发育比较破碎的岩石采用风镐凿除。

在岩壁上@1.0m 钻深度 10cmϕ50mm 小孔，用于承台模板安装 ϕ48mm 钢管外支撑。

开挖至桩基钢筋笼出露时，不得损伤主筋及声测管，应环桩基先行破除基岩，然后单独破除桩头浮浆。

开挖出渣利用汽车吊或小型吊机吊运出基坑。

3 号墩承台基岩基坑开挖施工步骤具体如图 2-19、图 20-20 所示。

每个主塔配 2 台液压破岩机、6 台路面取芯机、30 台风镐、6 台风钻、6 台压风机、1 台挖掘机、1 台汽车吊、16 台屋顶吊梁机、30 台强排水泵、4 台污水泵。两承台钻断缝、劈裂眼孔与劈裂、清运交错进行，以集中机械数量优势和提高效率。

5)承台钢筋混凝土施工

(1)施工准备

承台底高程为 +27.0m，承台基坑开挖至 +26.0m 高程，即铺垫 80cm 厚碎石做透水层，以让地下涌水有通道侧流抽排，强排基坑水位保持在碎石垫层表面以下，以便其上铺垫 20cm 厚混凝土垫层,混凝土垫层平面尺寸大于承台长宽各 40cm,形成承台施工干作业面。

设计桩基嵌入承台 10cm,在桩身标记承台底 +27.0m 高程,用混凝土泵车浇筑垫层混凝土,按照桩身标记高程找平收面。

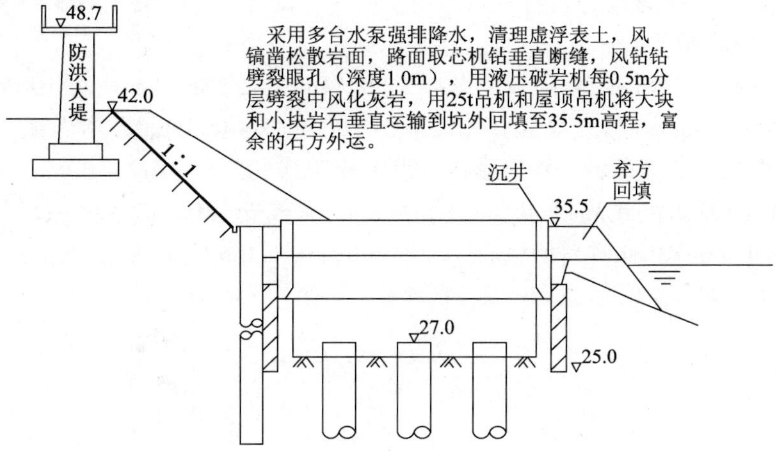

3号墩承台基岩基坑开挖施工步骤1

图 2-19　3 号墩承台基岩基坑开挖施工步骤图 1

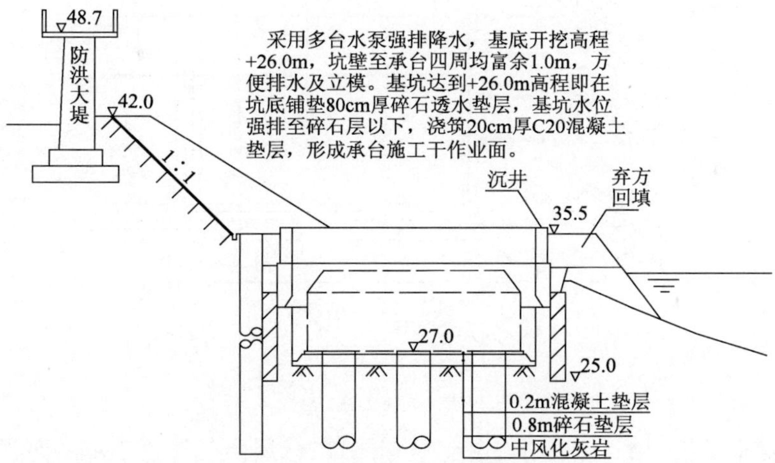

3号墩承台基岩基坑开挖施工步骤2

图 2-20　3 号墩承台基岩基坑开挖施工步骤图 2

(2)分段浇筑

桩基全部检测合格后,进行承台扎筋立模浇筑施工。

承台厚度 5.5m,分二次浇筑:第一次浇筑厚度 4.0m(等截面段),第二次浇筑厚度 1.5m(变截面段)和 2m 塔身(实心段,在承台内预埋劲性骨架用于固定塔身模板)。

(3)钢筋制作安装

承台钢筋在加工场成型为半成品,运送到现场绑扎成型。

利用 N11 架立筋自下而上分层安装承台钢筋。在承台钢筋安装前,安装主塔避雷接地 ϕ16mm 圆钢,设计要求测电阻小于 4Ω。

设计要求承台直径大于25mm的钢筋应采用直螺纹机械连接,其余钢筋可采用搭接接头。

(4)承台模板安装及混凝土浇筑

承台平面模板采用现场自制木模,圆角采用小型定型钢模,承台模板没有采用拉杆加固方式,而是依靠内撑及外撑方式进行加固,以保证混凝土表面平整度及光洁度要求。主塔模板由钢结构厂家制作钢模成型。

木模大面采用厚20mm胶合板,尺寸为2.44m×1.22m,面板贴100mm×100mm×4 000mm方木竖肋@40cm布设,竖肋背100mm×100mm×4 000mm方木做横肋@80cm布设,用0.7mϕ48钢管插入岩壁眼孔,用U形顶托调节支撑横肋。

第一次承台混凝土浇筑高度4.0m,承台钢筋、模板安装好后,预埋主塔钢筋、劲性骨架(ϕ320mm×10mm×6 000mm钢管)、ϕ50mm冷却管(@1.0m竖向3层,同层钢管@1.1m+8×1.5m+1.1m)。承台立模示意如图2-21所示。

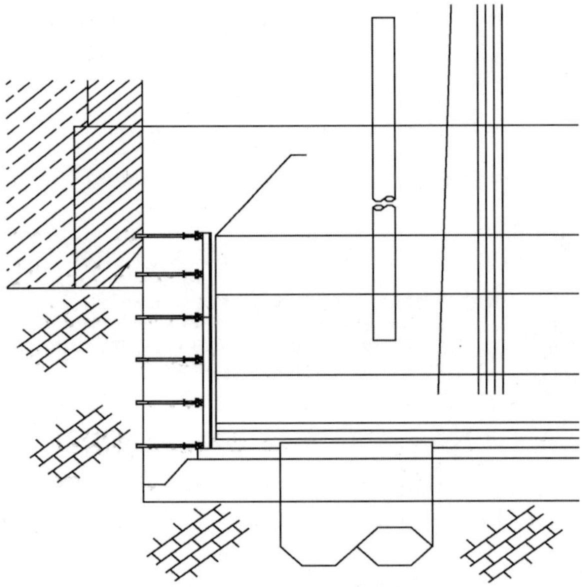

图2-21　承台立模示意图1

第一次混凝土浇筑791m^3,采用混凝土泵车浇筑,分层浇筑厚度30cm,泵送混凝土速度控制在40~50m^3/h,混凝土初凝时间控制为4h,进度为1.0m/(4~5h),模板浇筑侧压力较小。

承台设计为C35混凝土,为大体积混凝土。大体积混凝土施工的重点是防止因新拌混凝土水化热过高、混凝土内外温差较大,而导致混凝土结构产生裂缝。

防止因浇筑混凝土的水化热偏高而产生裂缝的施工措施,主要是采取对大体积混凝土设计配合比进行优化,通过铺设承台内散热冷却管,以及承台分两次浇筑完成等技术手段,减少混凝土水化热的影响,并对二次浇筑完成的大体积混凝土表面进行毛毯覆盖洒水养生,最终达到防止混凝土产生裂缝的目的。

3号、4号墩承台大体积混凝土的质量控制要求:

①泵送混凝土坍落度14~16cm,混凝土初凝时间4h。

②钢筋密集,选取连续级配粗集料粒径5~31.5mm。

③优化混凝土设计配合比,合理减少新拌混凝土水化热的生成,严格控制减水剂掺量,并适当减少水泥用量及适量掺加一级粉煤灰(掺量约15%)。前者减慢水泥的早期水化速率,延缓水化热产生,后者可降低总水化热量。

④拌和站新购出厂水泥温度较高,应待其散热稳定,经水泥安定性试验合格后,方可投入使用。

⑤严格控制用水量,抑制混凝土收缩裂缝的产生。对拌和站粗、细集料堆放场地进行防雨水遮盖、垫高,增加对集料含水量检测频次,及时调整施工配合比中的用水量,保持水灰比与设计一致。

⑥混凝土外观要求:均匀、浆体饱满、黏稠,无过量泌水,无离析、粗集料集中等现象。

⑦第一次承台混凝土浇筑后,泵送江水进入承台内冷却管循环散热,初定冷却7d,现场埋设铁皮管注水用温度计测温确定实际冷却时间。

第二次承台浇筑高度1.5m,设计要求主塔底节与承台一起浇筑,施工时将2.0m高实心段主塔与承台一起用混凝土泵车浇筑。为保证主塔精度,在承台内预埋4ϕ320mm钢管锚固2.0m,钢管横联2[28b用于模板支撑及调整固定。

在承台第二次浇筑1.5m(至承台顶)后,立即复查主塔模板安装精度,并检查柱脚缝隙,利用混凝土或快速凝结水泥将主塔模板地脚与承台的缝隙堵严反压。待承台混凝土开始初凝,即浇筑塔身C50混凝土。

在承台浇筑前,将塔吊、电梯、下横梁支架预埋件等安装齐全。

第二次承台立模及塔根立模浇筑,承台立模示意如图2-22所示。

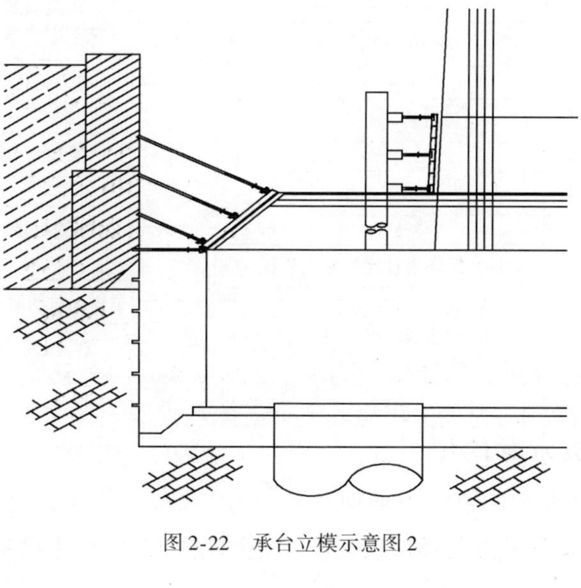

图2-22 承台立模示意图2

2.3 塔柱混凝土施工

2.3.1 塔柱混凝土总体施工工艺流程

塔柱总体施工工艺流程如图2-23所示。

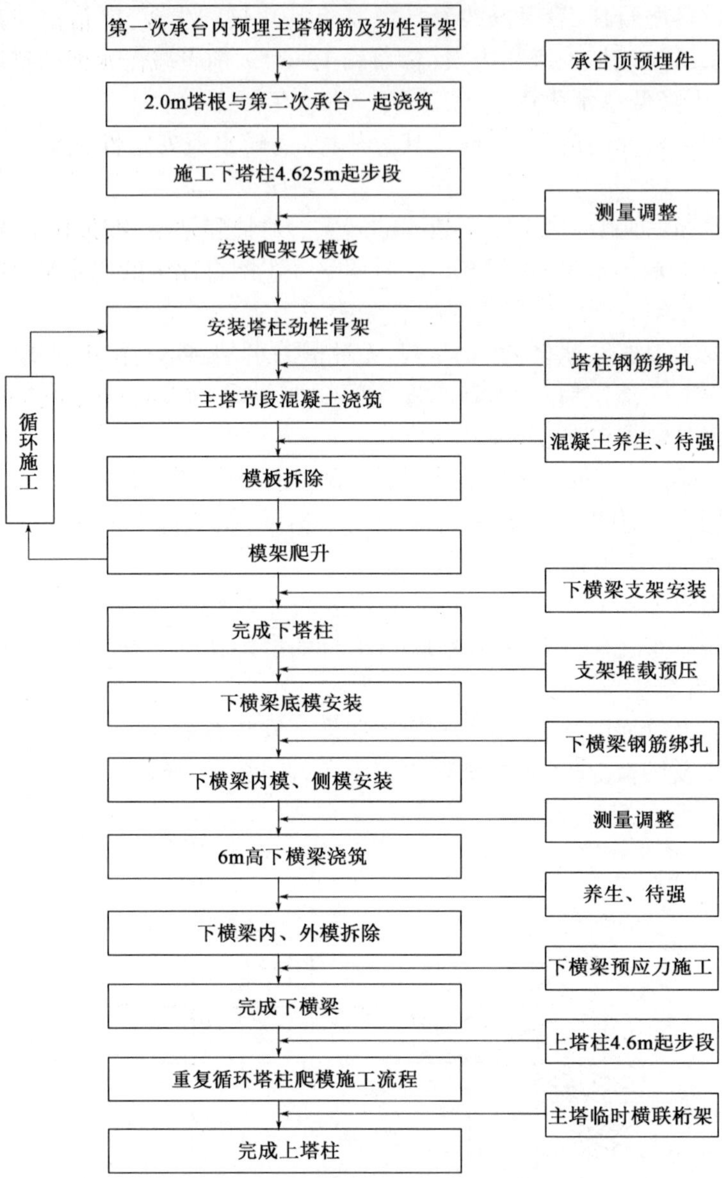

图 2-23　主塔整体施工工艺流程图

2.3.2　塔柱模板方案优化

本工程主塔采用H形钢筋混凝土框架结构,同时本桥为广西贵港市地标性建筑,外观质量要求也高,因此在模板的选择上必须最大限度地满足高质量的外观要求,并且满足施工安全的要求。

主塔施工作业面属高空作业,且十分狭小,施工难度大。在原施工组织设计中,主塔模板施工方式采用翻模的方式进行,很难满足外观质量要求;另外,如采用翻模则机械设备投入量也较大,在施工时需要在主塔上、下游各安装一台大型塔吊帮助其爬升,一方面增加施工成本,另一方面也对施工安全不利。因此,考虑到以上因素,我们改变了原方案中的施工方式,主塔模板采用国内先进的液压式自动爬模，其液压爬模有以下几个优点：

（1）液压爬模的支架、模板及施工荷载全部由预埋件总成承担，不需另搭脚手架，且模板的上升可自行完成，不需要大型塔机或其他起重设备，适用于桥梁跨度较大、地形条件复杂，大型机械设备无法进场的薄壁空心高墩施工。

（2）液压爬模利用锚固装置使模板与混凝土墙面贴紧，防止漏浆及错台，可保证混凝土结构施工缝结合良好，浇筑的混凝土表面平整光洁。

（3）液压爬模悬臂支架设有斜撑，后倾最大角度可达到30°，借助调节螺杆机构，模板可相对支架作上下调节，并可整体后移600mm，便于模板垂直度的调整。

（4）爬模各连接件标准化，通用性强，使用灵活，操作简便，经济安全，工期短。

（5）液压爬模上部操作平台既可保证高空安全作业，又能方便主塔结构钢筋绑扎；模板下部设有吊装平台，可用于预埋件的拆除及混凝土表面处理。上、下层平台之间相互连通，工作效率显著提高，施工安全更有保障。

2.3.3　塔柱测量控制

H形主塔施工测量重点是：保证塔柱、横梁等各部分结构的垂直度和外形几何尺寸以及一些构件的空间位置符合设计要求。其主要控制定位有：劲性骨架定位、钢筋定位、模板定位、预埋件安装定位等。

根据全桥的高精度要求，结合施工方案对主塔及索导管测量采用轴线基准点作为控制点，采用三维坐标放样进行测设，尽可能减少环境因素（温度、风力、日照）对测设精度的影响。

在塔柱施工过程中，随时观测并获得因基础变位、混凝土收缩、弹性压缩、徐变、风力、温度等对索塔影响所产生的变形量，并按设计、监理及控制部门的要求进行预设及调整。

1）施工加密控制网建立及施测

（1）加密控制网建立及施测说明

前期依据业主提供的首级控制点进行了控制网的复测和加密点的布设。根据大桥上部结构施工主体的测量控制需要及现场施工情况，考虑到主塔高度达到98.7m，为避免观测仰角过大和观测视野需开阔的因素，后期阶段加密控制点主要布设于南岸宿舍楼楼顶和北岸防洪大堤上，为保证大桥整体精度及局部主塔施测精度需联合两岸的控制点共同布置。

（2）施工加密控制网测设

①平面加密点

加密控制点控制网采用四等平面控制网，联测大桥首级控制点TJ9、TJ10，在宿舍楼顶埋设强制对中钢架标（编号TJ101点），构成单三角网（图2-24），这样布设具有较强的图形稳定性，兼顾南北两岸的平面控制点，使大桥整体精度得到有效的保证可以

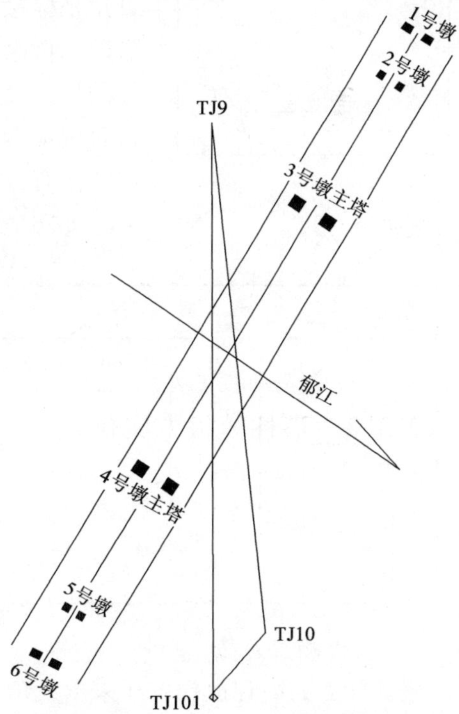

图2-24　主塔测量控制布置平面示意图

进行反复的自检,结合高精度全站仪检验基线边长并进行修正。加密点制作均采用强制对中建站。

②高程加密点

高程采用苏光 DSZ2 高精度光学水准仪,依据业主提供的 BM1、BM2 进行高程控制,由于 BM1 和 BM2 点分别在郁江两岸岸边,靠近大桥施工区域,使用便利,因此不再增设高程加密点。

2)塔柱测量方法及要求

(1)平面测设方法

塔柱施工的平面放样方法为全站仪极坐标法。首先内业计算出每个仓位高程上塔柱各个角点的坐标,校核无误后填于下表中备用。

放样北岸塔柱时将全站仪架设在控制点 TJ101 上,后视 TJ9 号点设站,用 TJ10 号点检查方向。放样南岸塔柱时将全站仪架设在控制点 TJ9 上,后视 TJ101 号点设站,用 TJ10 号点检查方向。采用全站仪直接放样的坐标,根据计算塔柱的设计坐标,通过对每一节段塔柱模板的反复调整、检测,来完成对塔柱施工放样。

在用极坐标法完成塔柱的平面位置点测设后,用其他方法进行放样点的校核也是必不可少的工作。校核方法:①钢尺法:先将放样点用墨线或油漆连出塔柱内外侧结构轮廓线,用钢尺丈量内外侧轮廓线的相对尺寸,用以校核塔柱的结构尺寸,避免出现较大的结构误差,提高塔柱断面尺寸精度。②直角坐标法:本工程主塔均在直线段,这也为直角坐标法校核精度的提高提供了更加有利的条件。直角坐标法以大桥纵向轴线为基准,分别计算出实测的主塔拐点、校核点等的坐标及其距桥轴线的相对距离和桩号,通过这些数据可以非常直观地看出塔柱距轴线、塔柱距塔柱之间的相对距离,从而更加方便有效地控制大桥整体的相对精度。

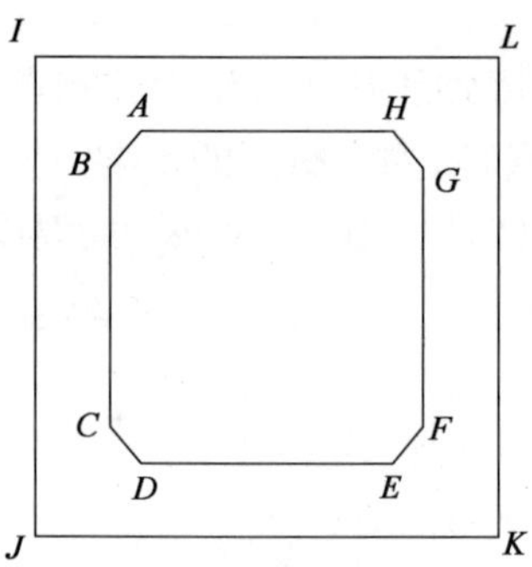

图 2-25　塔柱拐点编号

如图 2-25,将塔柱拐点编号,计算出坐标填入表 2-1。

定位数据的准备表　　表 2-1

仓号	点号																							
	A		B		C		D		E		F		G		H		I		J		K		L	
	X	Y	X	Y	X	Y	X	Y	X	Y	X	Y	X	Y	X	Y	X	Y	X	Y	X	Y	X	Y

(2)高程测设方法

塔柱施工的高程放样方法采用三角高程和水准测量相结合方法。

塔柱施工高程放样(采用水准测量方法时),将水准仪架设在塔柱施工的承台上,设水准

点的高程为 H_0，从立在临时水准点的标尺上读出读数 h_0，将一经过检测的长钢尺的 0 端，从模板上口铅垂垂下，通过水准仪在钢尺上读出读数 L_1，则可以得到模板顶面高程 H'：

$$H' = H_0 + h_0 + L_1 + \Delta LT + \Delta L$$

式中：ΔLT——温度数正值；

ΔL——尺长改正值。

在最后一段塔柱施工前，设塔柱设计高程为 H，则可以用钢尺从模板顶面向下量取 $h = H' - H$，即得到塔柱的设计位置，示意如图 2-26 所示。

塔柱施工高程放样（采用三角高程方法时），是在对塔柱进行平面位置放样时同步进行的，利用全站仪的三角测量功能来实现，主要是用来校核模板高程，防止出错。当塔柱施工进入高层施工时，由于水准测量方法实施难度较大，三角高程将作为主要的高程控制方法。

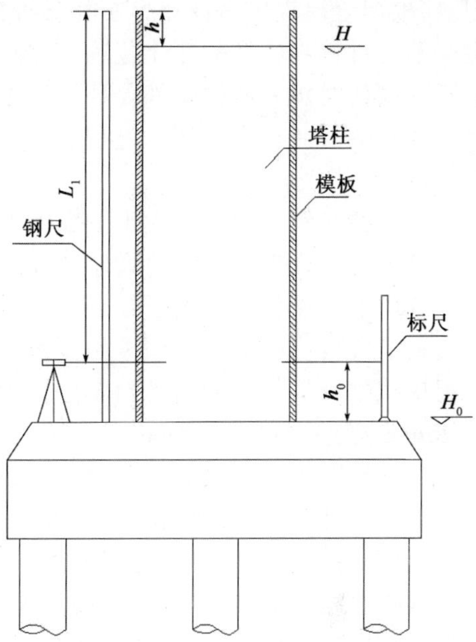

图 2-26　主塔高程测量示意图

（3）塔柱垂直度的控制

塔柱垂直度的控制，不仅要求在每节塔柱的施工中，模板轴线、特征点和结构尺寸等定位要素按设计的要求进行严格的控制外，还要定期对塔柱顶面顺桥向和横桥向 2 个方向的变位值进行连续跟踪观测，以便掌握在自然条件下塔柱纵横向偏移的变化规律，为下一工序提供参考，以便及时修正定位程序，将塔柱倾斜度、垂直度控制在允许的范围内。

观测塔柱垂直度的方法：①用全站仪测回法测角度或测坐标来计算，观测点布设在塔柱顶纵横轴线侧壁上适当的位置，布设的位置可随塔柱的施工阶段作相应调整。②在承台浇筑时，分别在塔柱的大小桩号和外侧距塔柱 50cm 左右处预埋钢筋桩地标，并在施工时注意保持地标上空至塔柱顶部无遮挡或预留孔洞施工。观测时将激光垂准仪架设在承台地标处，向上投影至塔柱上部需要监测的部位，用一接收靶接收投影上来的激光光斑，用钢尺分别量取地标点和投影光斑点距塔柱的距离，即可以此测量和控制塔柱的垂直度。激光垂准仪法测站布置如图 2-27所示。

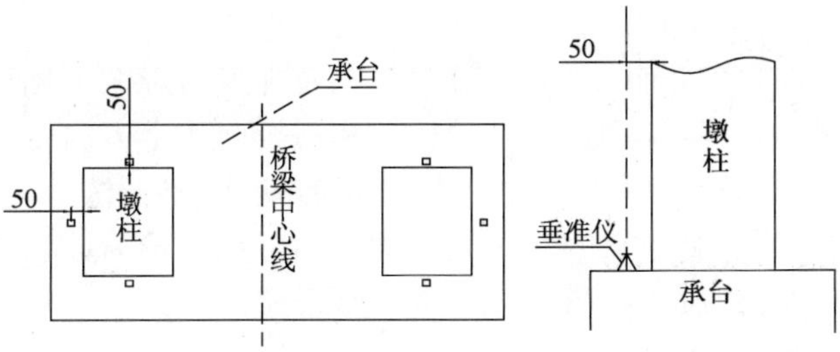

图 2-27　激光垂准仪法测站布置示意图（尺寸单位：cm）

每隔 3～5d 或根据季节和气温变化情况必须有 1d 在不同的时段（早、中、晚和凌晨）要进行塔柱的垂直度、平面绝对位置等要素的测量（尤其在塔柱施工的前期需加密），并做好测量记录，根据记录提供塔柱在日照和各种荷载作用下，随温度变化发生纵横向偏移的曲线以及在主梁施工过程中塔柱的变化范围、变位值等具体情况。根据这些具体情况确定塔柱施工测量放样的最佳时机和塔柱随外界环境温度、风速、日照等因素对塔柱造成的变形影响的规律，并将这些影响及时在实际施工过程中采取相应的施工技术措施予以规避或降低。

(4)允许误差

①塔柱倾斜度误差不大于1/3 000，且最大垂直度偏差不大于30mm；

②塔柱断面尺寸偏差不大于20mm；

③塔壁厚度偏差不大于5mm。

每节段塔柱施工必须用全站仪测量监控三维空间极坐标，禁止采用相对坐标和相对坐标高程检测主塔偏差。主塔平面偏差不得大于30mm，垂直度不得大于0.3%，结构尺寸允许误差20mm，壁厚允许误差5mm。

(5)要点

①准确计算塔柱的定位数据。

②做好控制点上的安全防护。

③随着塔柱的升高，外界环境温度、风速、日照等因素对塔柱造成的变形会越来越明显，因此在进行塔柱放样时，应尽量减小外界因素的影响，选择在合适的时段观测，每日的测量工作应在日出之前完成(宜在晚22:00～早8:00间)。

④对于塔柱的施工控制，主要是通过塔柱拐角点的坐标控制来实现的，所以对于塔柱的轴线，可以通过几个拐角点的实测坐标进行计算得出塔柱的轴线偏差以实现塔柱的轴线控制，从而计算塔柱的纵、横轴线偏差。

3)横梁测量方法及要求

(1)方法

横梁施工放样与塔柱施工放样方法一致，采用极坐标法放样、直角坐标法校核。

(2)允许误差

①横梁的轴线偏为10mm；

②横梁顶面高程偏差不得大于10mm；

③横梁断面尺寸不得大于10mm。

(3)要点

严格控制横梁的轴线偏位及顶面高程，放样时可同时放样出桥轴线和塔柱横轴线。

4)主塔变位测量

为了研究掌握索塔在自然条件下的变化规律，以及在索力影响下偏离平衡位置的程度，每天对索塔进行变位测量，索塔变位测量包括顺桥向和横桥向2个方向变位值的测量。

测量方法：主要方法有天顶基准法、投影法、弧度秒差法、坐标法等。所使用的仪器设备为垂准仪、经纬仪和全站仪等。测站点的布置选在梁顶面上相应较为适当的位置，观测点的布置可随测试作相应的适时调整，设置在塔柱侧壁或顶端部位。

2.3.4　H形塔柱混凝土施工

塔柱混凝土采用自动爬升模架法施工，2台塔吊安装于两座主塔上(下)游侧承台顶，在每个塔机侧面分别安装1台施工电梯。全桥共2台塔吊和2台电梯。塔柱采用爬模分节进行混凝土浇筑,共分19节,具体施工工序为:安装劲性骨架,绑扎钢筋,立模并调试,监理工程师检查验收,混凝土施工、养护,拆模准备下一节段的施工。塔柱混凝土水平运输由搅拌车运至塔下,由地泵垂直运输至塔身浇筑段。因两塔距离较远,当混凝土平距和高度造成垂直运送混凝土困难时,采用2台地泵接力输送。

下横梁采用ϕ820mm钢管桩柱高架贝雷梁现浇,在河床上考虑基础为钻孔桩与钢管柱结合,钻孔桩嵌岩(中风化岩)深度10m。

设计图纸水文资料表明一年中水位变化大,如遇郁江汛期,主塔筑岛被淹的概率较大。施工前对周边船舶(拖轮、汽渡、驳船)进行调查联系,可将水运用做后备方案。

1)塔座施工

塔座为塔身最下部2m实心段,截面为矩形变截面,顶面横向宽6.425m,纵向宽7.387m,底面纵向宽7.5m,横向宽6.5m,塔座底面高程为+32.500m,塔座混凝土采用C50混凝土。

(1)塔座施工顺序

第一次承台施工时预埋主塔钢筋及劲性骨架→劲性骨架制安→钢筋支架制安→钢筋制安→模板安装→混凝土施工→施工缝处理→下塔柱施工。

(2)预埋件施工

主塔承台分二次浇筑。第一次承台浇筑高度4.0m,在承台内预埋塔身钢筋、塔座立模劲性骨架(预埋4ϕ320mm钢管锚固2.0m)、塔吊、电梯、下横梁支架预埋件等。第一次承台浇筑及塔座预埋如图2-19所示。

(3)钢筋施工

塔座钢筋在后场加工成半成品,运至现场绑扎。塔座主筋根据设计图纸要求连接,钢筋绑扎按规范进行连接,用定型水泥垫圈卡在钢筋上作保护层。

(4)模板施工

第二次承台浇筑高度1.5m,设计要求塔座与承台一起浇筑,施工时将2.0m高实心段主塔与承台一起用天泵浇筑。为保证主塔精度,利用在承台内预埋的4ϕ320mm钢管,钢管横联2[28b用于模板支撑及调整固定。

在承台第二次浇筑1.5m(至承台顶)后,立即复测主塔模板安装精度,并检查柱脚缝隙,利用混凝土或快速凝结水泥将主塔模板地脚与承台的缝隙堵严反压。待承台混凝土刚开始初凝,即浇筑塔身C50混凝土。

第二次承台立模及塔根立模浇筑如图2-20所示。

(5)混凝土施工

混凝土采取自建搅拌站生产的混凝土进行浇筑,用罐车运输至工地现场,通过混凝土泵车泵送至塔上,利用软管布料入模,人工振捣密实。

混凝土搅拌站的提前做好材料准备工作,做好相关工艺技术交底工作,同时加强混凝土搅拌的过程的质量控制工作。

2)下、上塔柱施工

下塔柱施工高度为26.5m,分6节施工,外模采用爬模施工,内模采用定型钢模施工。

下塔柱自下至上分节高度为:①塔座2.0m+②塔身4.625m+③塔身4.625m+④塔身4.625m+⑤塔身4.625m+⑥下横梁处塔身6.0m(含横梁)。

上塔柱施工高度为59.2m,横桥向宽为5m、顺桥向宽度为5.5m,空心截面。下横梁以上塔柱由第 7 ~ 19 节段划分浇筑，标准节段高 4.6m，顶节高 4.0m，外模采用爬模施工，内模采用定型钢模施工。具体分段如图 2-28 所示。

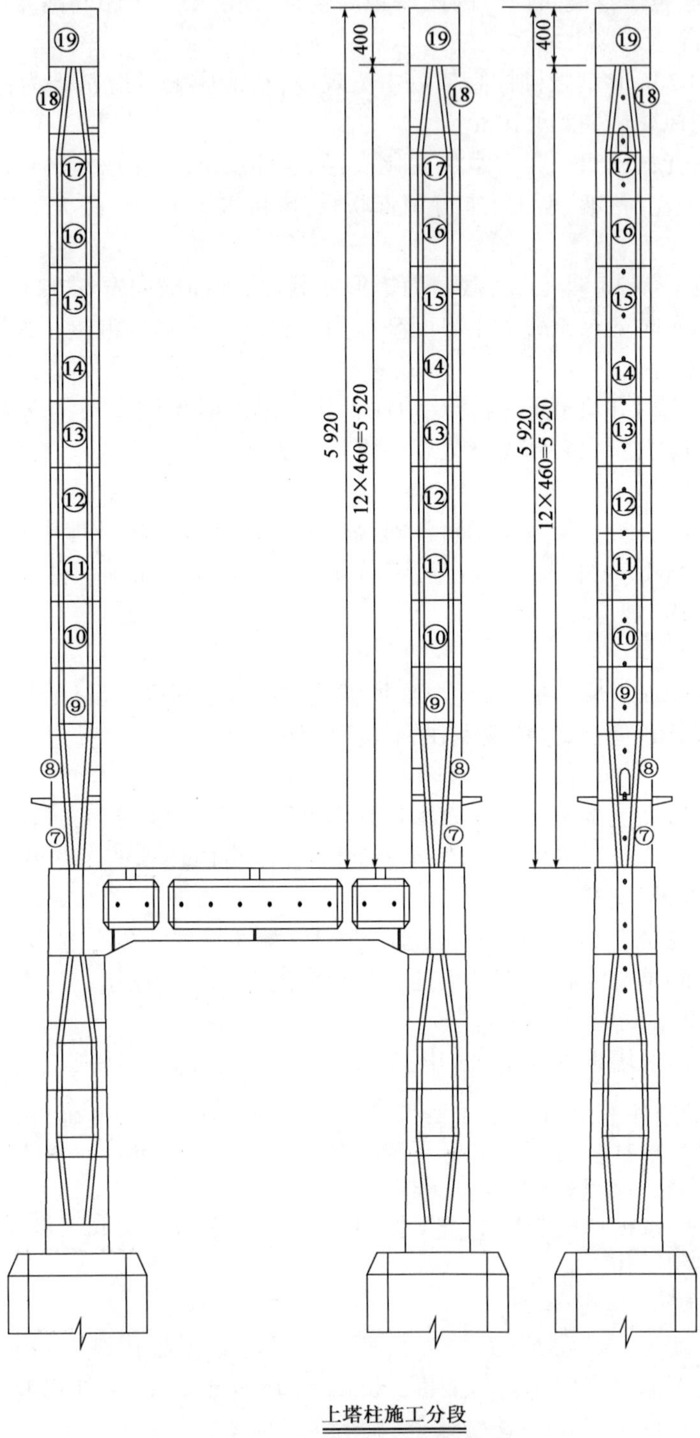

上塔柱施工分段

图 2-28　主塔施工分段图(尺寸单位:mm)

(1)施工工艺流程图

塔柱混凝土施工工艺流程如图2-29所示。

(2)施工准备

塔柱施工时塔吊、电梯、下横梁支架、施工劲性骨架、爬模系统等预埋件数量较多,所以在进行承台及塔座起步段施工过程中及时预埋各预埋件,以保证施工的正常顺利进行。

承台施工完毕,同时对已施工完成的工程进行测量复核,确认无误后即可开展施工。

正式施工塔柱之前需在现场进行爬模系统的安装。爬模系统在后场组拼成片,现场安装,然后组拼成整体。

(3)安装塔柱施工劲性骨架

劲性骨架在工厂制作,现场分段拼接。劲性骨架是测量放样、钢筋安装、模板安装施工定位的基础,其精度对施工质量和施工进度有很大影响,应高度重视安装质量。骨架之间连接采用焊接,接头焊接焊缝必须饱满,以保证骨架接头连接的可靠性。在劲性骨架安装过程应进行测量跟踪控制。

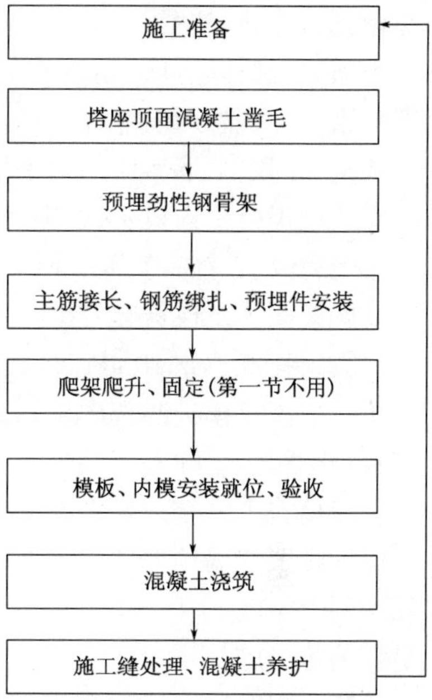

图2-29　塔柱混凝土施工工艺流程图

(4)钢筋施工

塔柱钢筋主要有竖向主筋(ϕ32mm),箍筋(ϕ20mm)和加强筋、拉筋(ϕ16),钢筋密集。主筋采用机械接头,其余均为焊接或绑扎。塔柱钢筋在钢筋加工场加工成半成品运至现场,在现场根据规范进行主筋的套筒连接以及其他钢筋的焊接与搭接。用定型水泥垫块卡在钢筋上作为钢筋的保护层。

(5)模板施工

①爬架施工

a.架体组装前的准备工作。架体各分段构件在工厂加工并现场进行试拼,工程、质检、安全部门按设计要求对焊缝、外形尺寸、配件等逐一进行检查验收。

模板:按大模板制作要求进行加工验收,复核螺栓孔位置是否准确,吊点是否符合要求。特别检查吊环制作焊接是否符合要求。

检查提升设备,节点板拼接螺栓等配件是否配齐,混凝土墙体上的预留孔位置是否与爬架孔位一致。

b.架体组装。架体运至现场后,组织专门组装班组,并由技术和安全部门进行技术、安全交底。

爬架应分段进行组装后采用塔吊进行分块提升,主要分为附墙段和工作段两部分。根据爬架结构进行分块,并按图编号。将承力架段组合成一组组合爬升架,仔细检查两个承力架段中间隔尺寸的正确性。爬架孔与孔之间的尺寸误差应满足要求,并检查组合架的稳定性和牢固性。

吊装采用四点吊，靠近墙体后根据倾斜方向临时固定壁体一端的螺栓，再移位固定另一端的螺栓，最后同时拧紧。

附墙架就位固定后，起吊工作架至附墙段上部，交叉固定上下拼接点与斜节点，螺栓必须全部拧紧，不得漏拧和少拧。

调整和固定上下架体的脚手架连杆，安装完毕后的爬架的误差不得超过规定要求。

安装过程由专人负责，必须经工程、质检和安全部门验收合格后才能正式使用。

组装完成后，铺置底笼，外周边兜底封闭布设安全网。

②爬架架体及模板爬升

混凝土强度达到10MPa以上，上部爬升悬挂件安装完成后即可开始爬架的爬升。

爬架架体及模板的首次爬升采用塔吊进行，塔吊起吊架体及模板后将其挂到上一施工节段塔身预埋爬锥上即可。

③爬模施工安全注意事项

保证爬架附墙预埋件位置准确，严禁采用电焊固定附墙预埋件；爬架爬升前，混凝土强度必须达到10MPa以上；爬架各层操作平台四周设置安全网；严格限制爬架上荷载；在爬架上配置足够消防设施。

④爬模爬升（图2-30）施工工艺流程

液压自爬式模板混凝土爬升施工工艺流程：

浇筑完后→拆模后移→安装附装置→提升导轨→爬升架体→绑扎钢筋→模板清理刷脱模剂→埋件固定模板上→合模→浇筑混凝土。

预埋件安装，将爬锥用受力螺栓固定在模板上，爬锥孔内抹黄油后拧紧高强螺杆，保证混凝土不流进爬锥螺纹内。埋件板拧在高强螺杆的另一端。锥面向模板，和爬锥成反方向。

预埋件如和钢筋有冲突时，将钢筋适当移位处理后进行合模。

提升导轨，将上下换向盒内的换向装置调整为同时向上，换向装置上端顶住导轨。

爬升架体时上下换向盒同时调整为向下，下端顶住导轨（爬升或提导轨液压控制台有专人操作，每榀架子设专人看管是否同步，发现不同步，可调液压阀门控制）。

导轨提升就位后拆除下层的附墙装置及爬锥，周转使用。（注：附墙装置及爬锥共3套，2套压在导轨下，1套周转。）

（6）混凝土浇筑与养护

①混凝土浇筑前必须作好充分的准备工作。

a. 混凝土浇筑前，仔细检查模板、拉杆、钢筋、螺栓、预埋件的紧固程度和保护层垫块的位置、数量等，并指定专人作重复性检查，以保证模板的安全性和提高混凝土保护层的质量保证率，模板内的杂物应清理干净，并应办理签证手续。

b. 混凝土入模应布置串筒，以防止混凝土因自由下落高度过大与钢筋及管道等碰撞发生离析。

c. 检查相关机械、电气设备的完好性，并做好备用方案，防止机械、电气事故造成浇筑中断。

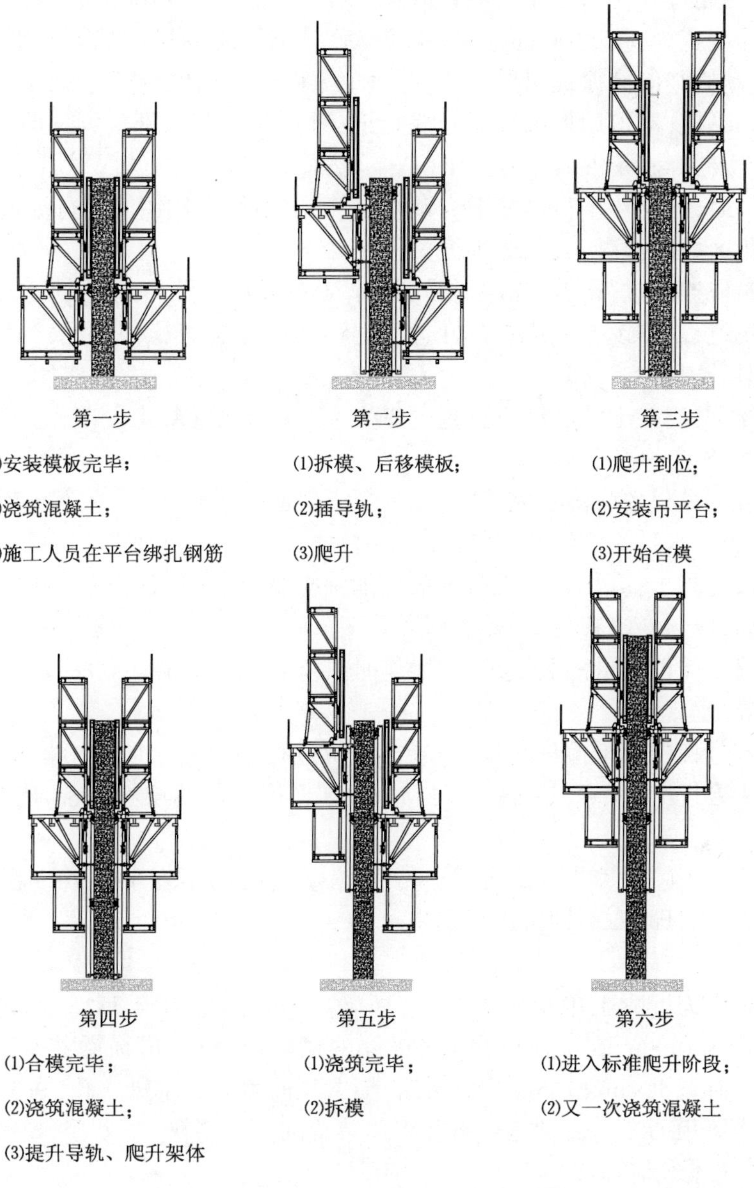

图 2-30　模板爬升步骤示意图

d. 检查浇筑设施的固定情况，指定专人巡视检查。

②主塔混凝土浇筑采取水平分层方式，分层厚度宜为 30cm。根据现场实际情况布置下料点。

③混凝土振捣采用 ϕ30mm 和 ϕ50mm 振捣棒配合使用，振捣棒的配备数量应满足要求，并确保及时振捣到位。

钢筋密集区的钢筋之间的空隙小，混凝土不易流动，大的振捣棒插捣困难，在该部分振捣时应采用 ϕ30 振动棒。

④振捣时，注意随浇随振，振捣到位，防止漏振和过振。振捣棒应插点均匀、成行或交错式

移动,移动间距不应超过其作用半径的 1.5 倍,与侧模应保持 50 ~ 100mm 的距离;振捣棒插入下层混凝土内的深度宜为 50 ~ 100mm;每一处振动完毕后,需变换振捣棒在混凝土拌和物中的水平位置,边振动边竖向徐徐提出振捣棒,应避免振捣棒碰撞模板、钢筋和预埋件,不得将振捣棒放在拌和物内平拖,不得用振捣棒驱赶混凝土;对每一个振动部位,必须振动到该部位混凝土密实为止,密实的标志是混凝土停止下沉,不再冒出气泡,表面呈现平坦、泛浆。

⑤混凝土振捣时,振动棒不得碰撞墩身预埋钢筋,更不得别住钢筋进行振捣。尤其是预埋件范围的钢筋密集区域的混凝土,须仔细振捣。

⑥混凝土浇筑应连续进行,若因故必须间断时,其间断时间不得超过混凝土的初凝时间。

⑦混凝土浇筑过程中,设专人检查拉杆、模板、钢筋和螺栓等稳固情况,当发现有松动、变形、移位时,应及时处理。

⑧在炎热气候下,混凝土的温度不宜超过 30℃;避免新浇混凝土受阳光直射,尽可能安排在傍晚浇筑而避开炎热的白天。

⑨在浇筑混凝土过程中或浇筑完成时,如混凝土表面泌水较多,须在不扰动已浇筑混凝土的条件下,采取措施将水排除。继续浇筑混凝土时,要查明原因,采取措施,减少泌水。

⑩对于索道段混凝土,应注意对索道区部位加强振捣,但又应注意保护拉索套筒,不要让振捣棒接触到套筒,以免套筒移位。

⑪混凝土振捣是保证质量的关键工序,操作时要遵守规定的灌注顺序及振捣距离,实行分区定人负责和指导。

⑫混凝土浇筑过程中模板偏位测量:混凝土浇筑过程中分三个阶段对模板进行测量即浇筑前、浇筑 60% 混凝土数量后及浇筑结束前。如发现模板上口偏位不正常,应及时进行调整,以确保塔身线形。

⑬混凝土采用人工喷涂养生剂的方式进行养生,养生时间不宜小于 7d。在正常天气当混凝土顶面初凝和拆模后即 8h 后即可进行养生。

3)下横梁施工

主塔横梁为预应力混凝土单箱单室结构,横梁高 5m,横桥向长 31.5m,顺桥向宽 5.5m,顶、底、腹板厚度均为 0.8m,在支点处设有 1m 厚的横隔墙,每个塔横梁共有 2 道支点横墙。横梁侧面塔柱布置有宽 1.4m × 1.5m 检修走道,横梁顶面留有 3 个进人孔,横梁边室通道与侧面上塔柱相通。横梁顶面布置有支座垫石及阻尼装置的固定垫块。

(1)下横梁施工工艺流程图

下横梁施工工艺流程如图 2-31 所示。

(2)钢管支架的设计及施工

①钢管支架的设计

下横梁采用现浇膺架进行施工,支架采用钢管架贝雷梁的方式。钢管部分支撑在承台上,部分设置钻孔桩基础相结合。

现浇膺架自上而下为:$\delta = 20$mm 夹板底模→10cm × 10cm 木方→双层贝雷架→2I63b 分配梁→ϕ600mm 砂桶→ϕ820mm 钢管桩→承台→D100 钻孔桩

10cm × 10cm 木方搁置于贝雷架顶,按@ 30cm 布置,局部加密按@ 20cm 布置。

双层贝雷架横截面按 4 × 25cm + 8 × 45cm + 4 × 25cm 布置,标准排距 45cm 用支撑架连接,非标排距用[12.6 槽钢焊接连接,两层贝雷架上下弦杆栓接。

ϕ820 钢管桩采用 2[36b/2[25b 槽钢纵、横向联接,以减小钢管桩压弯自由长度和保证支架整体稳定。ϕ820mm 钢管桩横桥向三跨 9m 等跨布置,纵桥向间距 5m。

在实际施工时,横梁现浇支架的安全验算必须出具专门的计算说明书并经验收合格后方可投入使用。

②钢管支架的施工

钢管预先在加工厂进行分段加工,然后现场焊接成整体后采用塔吊进行吊装。测量控制垂直度和顶高程,钢管柱之间每隔 5m 焊一道工字钢平联。钢管桩安装完成后,利用塔吊依次安装分配梁、双层贝雷架等。

③钢管支架的预压

支架变形包括弹性变形和非弹性变形,非弹性变形由支撑体系间隙在混凝土荷载作用下造成的,在混凝土初凝之后,由于支撑体系的变形易造成混凝土的开裂,因此为消除支架变形的影响,保证混凝土的质量,应采取如下措施:

a. 支撑体系的非弹性变形在安装时应尽量减少间隙,并用薄钢板垫实所有间隙。

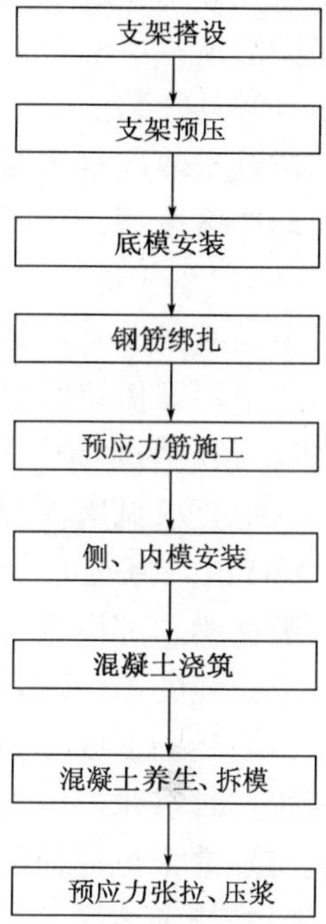

图 2-31　下横梁施工工艺流程图

b. 配制和易性好、坍落度损失小、初凝时间长的混凝土,以确保混凝土浇筑在其初凝前完成。

c. 采用砂袋预压,作加载试验。

d. 根据弹性变形值,预先给底模设置预拱度。

(3)横梁模板

在次分配梁上安装钢模,侧模采用钢模搭配部分木模加型钢支撑,内模采用定型木模加支架,上、下塔柱 6m 高连接段同下横梁一起施工,其模板采用塔柱模板。为保证横梁底部线形,考虑支架弹塑性变形,支架底模安装时根据计算所得数据预设起拱值,确保横梁在施工完成之后高程满足设计要求。横梁模板由塔吊逐块吊装组拼。

(4)钢筋及波纹管、锚具施工

①钢筋施工

横梁钢筋根据施工图进行配料,在陆地加工成型,编号堆放,现场安装。侧墙钢筋定位采用劲性骨架固定。安装顺序为:底板钢筋→侧墙竖向、水平钢筋→隔墙钢筋→顶板钢筋,钢筋长度、间距、接头等均严格按规范施工。

②波纹管埋设

在横梁钢筋安装过程中应埋设预应力塑料波纹管。安装前波纹管应按要求进行检验,经检验合格的波纹管才可运到现场施工。

波纹管安装采用定位钢筋定位,定位钢筋间距不得大于 0.5m。波纹管连接时,采用大一号的波纹管套接,两端用胶带包缠以防漏浆,波纹管就位后用钢筋卡子与定位架固定,以防止浇筑混凝土时波纹管上浮。波纹管的安装误差要满足设计和规范要求。

埋设好的管道不允许踩踏，尽量不要在其附近进行电焊和气割作业，若必要时，应采取相应保护措施。

③锚具安装

锚具安装严格按照设计图纸进行。锚具安装注意锚垫板必须垂直钢绞线；锚垫板底下的加强筋严格按照设计图纸，必要时进行加强；锚垫板固定在外模上，防止移位。

(5)混凝土施工

泵送横梁混凝土单次浇筑方量大，要求混凝土初凝时间在15h以上，坍落度18～20cm。插入式振捣器振捣密实。混凝土浇筑完成后，采取土工布覆盖养护。混凝土强度达设计要求时，进行预应力钢绞线张拉并进行孔道灌浆。

其他要求见塔柱混凝土施工。

(6)预应力施工

下横梁内部设置36束预应力锚索，预应力锚索采用19ϕs15.2高强低松弛光面钢绞线，其公称抗拉强度$fpk = 1\ 860$MPa，弹性模量$E = 195$GPa；锚具采用19孔群锚锚具。

当混凝土强度和弹性模量达到设计值的90%时方可进行预应力锚索张拉作业。预应力锚索张拉时以张拉应力控制为主、张拉伸长值控制为辅的双控法进行张拉控制；当实测张拉伸长值与理论张拉伸长值相比超过±6%时应暂停张拉查明原因。

4)主塔缆索系统预埋件施工

根据混凝土的施工进度及时做好主塔缆索系统预埋件的施工，为缆索系统的安装提供条件。具体预埋施工要求以及方法将在后期的“缆索系统施工”中予以详细说明，此处不做详述。

第 3 章　锚跨连续梁施工

3.1　锚跨特点

本桥主桥南、北侧负责锚固主缆的锚跨连续梁段长度布置为 2 × (50 + 21) m，采用的是预应力混凝土连续箱梁。连续梁标准截面顶板厚 28cm，底板厚 25cm，腹板厚 50cm，两侧悬臂长 2.5m，悬臂根部厚 45cm；边墩处顶板加厚至 53cm，底板加厚至 50cm，边腹板加厚至 100cm，中腹板加厚为 125cm；锚墩处顶板加厚至 53cm，底板加厚至 150cm；结合段侧梁体顶板为 53cm，底板厚度为 50cm，腹板为 65cm。梁的截面形式如图 3-1 所示。

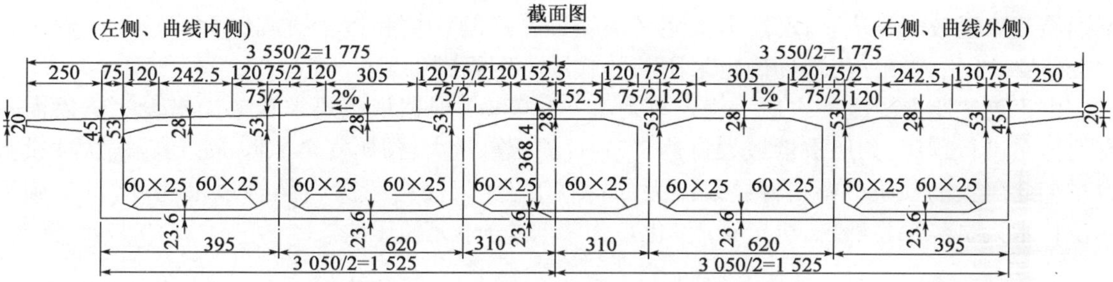

图 3-1　锚跨连续梁截面图(尺寸单位：mm)

连续梁浇筑使用 C50 混凝土，总方量为 8 526m^3，其中南、北岸锚跨连续梁混凝土均为 4 263m^3，每跨连续梁分三个节段浇筑，节段一混凝土为 2 792.98m^3，节段二混凝土为 222.45m^3，节段三混凝土为 1 247.57m^3，节段划分示意图如图 3-2 所示。

图 3-2　锚跨连续梁节段划分示意图(尺寸单位：mm)

锚跨连续梁主要工程量如表 3-1 所示。

锚跨主要工程量表　　表 3-1

施工项目	规格型号	工程量	单位	备注
混凝土	C50	8 526	m^3	
钢筋制安		1 806.4	t	
钢绞线		299.4	t	

因锚跨连续梁是自锚式悬索桥负责锚固缆索、提供主要受力的关键受力结构，混凝土结构复杂，一次浇筑量大，其从支架预压、预埋件定位安装、混凝土温度控制、混凝土振捣等整个浇筑过程的组织和管理都十分重要，不允许出现任何差错，都要求有切实的保障措施，其实施效果将决定整座桥梁的成败。

3.2　支架搭设及预压方案优化

锚跨连续梁现浇支架一般有两种方案，一种是采取大型钢管立柱配以贝雷桁架作为支架铺设底模，一种是采取碗扣式满堂钢管脚手架。经比较，采用大型钢管立柱配以贝雷桁架搭设难度大，造价较高，且在本工程中只能使用两次，技术经济性不好；而采用满堂碗扣式钢管脚手架则施工难度较小且成本较低，但支架必须经过严格的计算和校核，提高安全系数，确保不发生任何安全问题。最终，现场确定采用碗扣式满堂钢管脚手架。

由于自锚跨混凝土一次最大浇筑量为 2 792.98m^3，根据规范要求在支架搭设完毕后需对支架体系进行预压，预压重量最大将达 8 714t，预压重量大，预压安全风险高，且若一次性投入数量如此巨大的预压材料则将导致极大的材料浪费（仅使用两次）；结合以上实际情况，施工单位技术人员经深思熟虑，决定采用“化整为零”的分单元预压法。

3.3　锚跨现浇连续梁施工

3.3.1　整体施工工艺流程

整体施工工艺流程如图 3-3 所示。

3.3.2　地基处理及支架搭设

先用挖掘机将表层黏土整平并进行辗压，然后浇筑 20cm 厚的 C20 混凝土垫层，浇筑时注意振捣，保证垫层整体密实。地基处理完成后，在支架地基外侧设置两道纵向排水沟，排水沟尺寸依据现场实际情况而定。

支架基础处理完成后，进行支架搭设施工，自锚跨现浇箱梁支架采用碗扣式满堂支架。首先按照支架布置图，放出支架边线及底托高程，然后根据情况搭设脚手架。支架设计时已考虑梁体荷载、施工荷载及地基承载力的要求。

3.3.3　支架预压

（1）预压材料选用混凝土预制块结合少量砂袋，加载时对称等载布置预压重量，防止支架

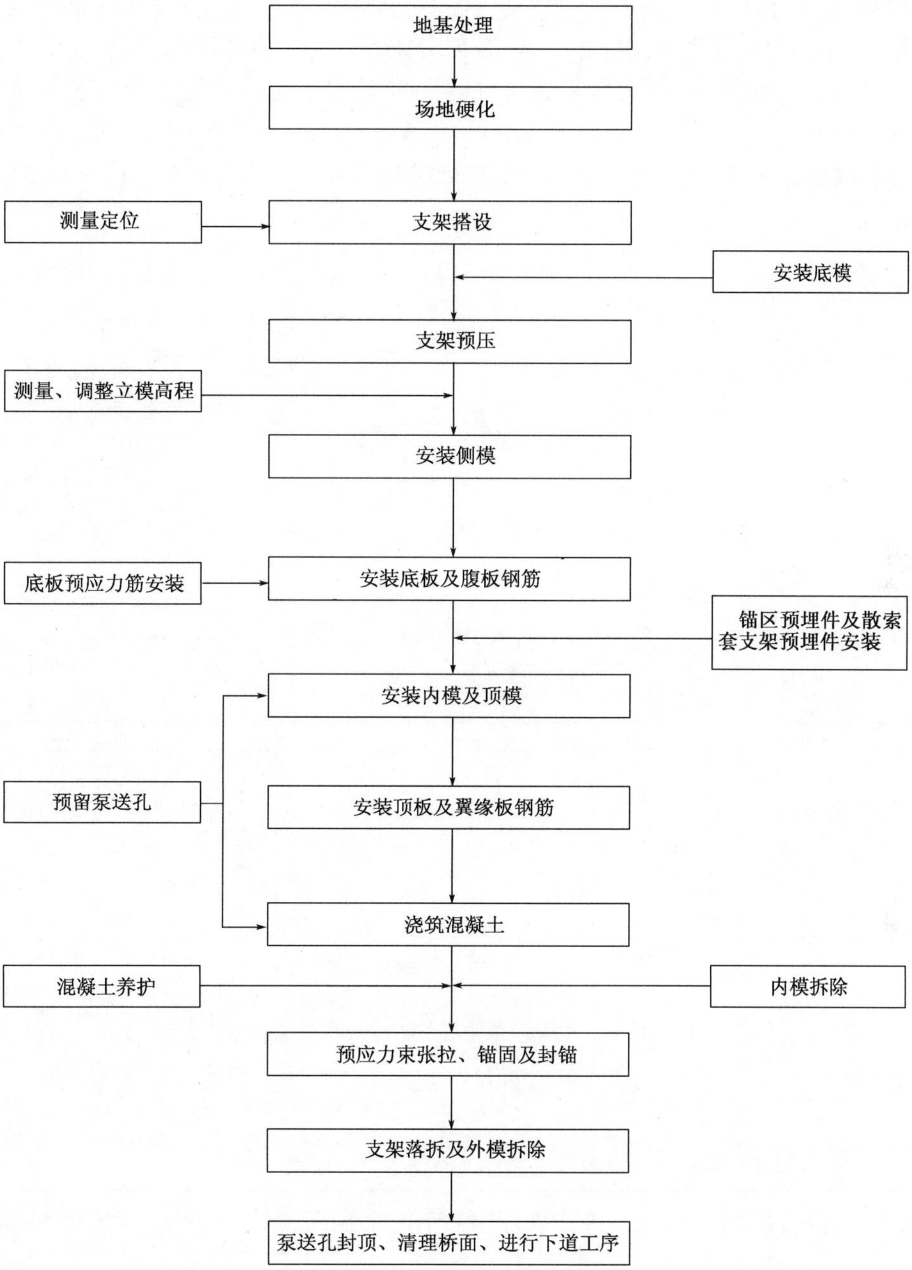

图 3-3　整体施工工艺流程图

偏压失稳。因自锚跨自重较大，整体预压难度较大，故本次预压采用分单元进行加载预压，加载顺序按混凝土浇筑的顺序进行，加载时各单元分三次进行。

当支架稳定后，即可卸掉混凝土预制块，卸载时要分层卸载，全部卸完后，测量底模和地基的高程，计算出支架和地基的弹性变形量。画出弹性变形曲线，作为调整模板预拱度的依据。在预压结束、模板调整完成后，再次检查支架和模板是否牢固。

(2)将自锚跨节段一划分为 3 个单元，每个单元长度分别为 10.2m、8m、10m，其中 BC 单元属隔墙段处于锚墩处；因主桥墩位置受支座影响，且主桥墩范围内无法搭设满堂支架，故BC单元主桥墩上部隔墙不需预压，应扣除主桥墩部分隔墙重量。依据箱梁钢筋混凝土重量分布情况计算出每个单元的预压重量，然后在搭好的支架上堆放与各单元理论预压荷载等重的混凝土预制块（荷载统一考虑安全系数为1.2）。因BC单元主桥墩顶的部分隔墙不进行预压，应将BC段再次划分为3个次单元，3个次单元划分如图3-4所示，3个次单元预压重量如图3-5所示。

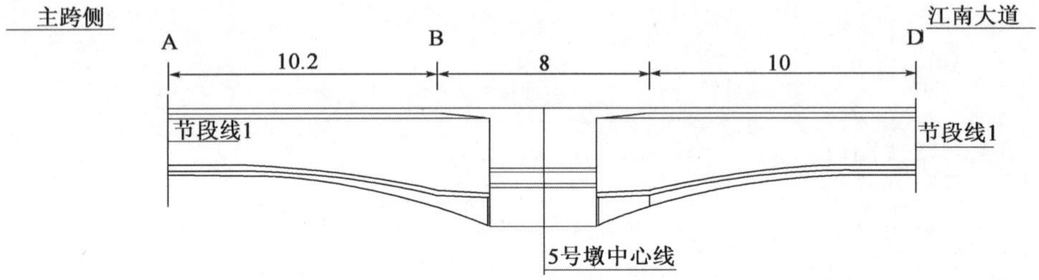

图3-4　节段一预压单元划分图(尺寸单位:m)

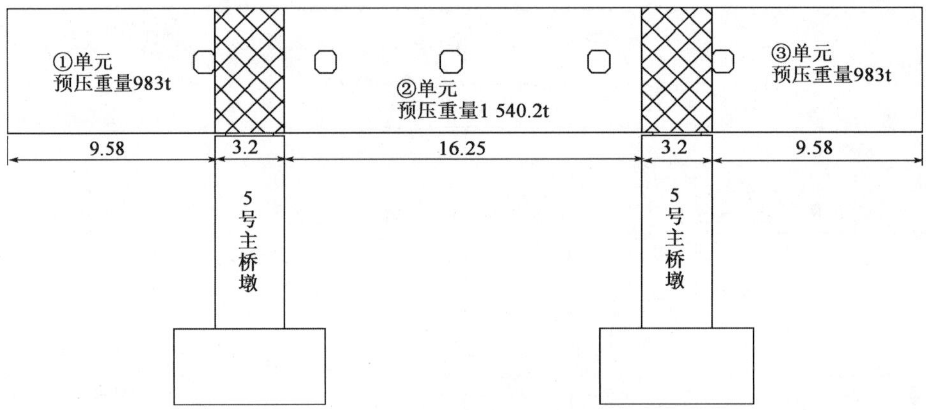

图3-5　隔墙次单元示意图(尺寸单位:m)

经过计算，得出自锚跨各阶段及单元重量分配见表3-2，BC单元划分3个次单元预压重量见表3-3。

自锚跨各阶段及单元重量分配表　　表3-2

节段	单元	长度(m)	宽度(m)	钢筋混凝土重量(t)	理论预压60%(t)	理论预压80%(t)	理论预压100%(t)	理论加载高度(m)
节段一	AB	10.2	41.2	1 649.08	1 137.86	1 517.15	1 896.44	1.90
	BC	8	41.8	3 048.87	2 103.72	2 804.96	3 506.20	4.28
	CD	10	30.5	1 269.32	875.83	1 167.77	1 459.72	2.43
节段二	—	4.2	35.5	444.50	306.70	408.94	511.17	1.50
		2	40	219.96	151.77	202.36	252.95	1.30
节段三	—	31.6	35.5	2 916.38	2 012.30	2 683.07	3 353.83	1.44
		2.3	39	330.95	228.36	304.48	380.60	1.95

BC 单元划分三个次单元预压重量表　　表 3-3

单　元	钢筋混凝土重量(t)	理论预压 60%(t)	理论预压 80%(t)	理论预压 100%(t)	理论加载高度(m)
①	854.78	589.80	786.40	983.00	5.46
②	1 339.30	924.12	1 232.16	1 540.20	4.81
③	854.78	589.80	786.40	983.00	5.46

(3)卸压完成后,再次测量各控制点高程,以得出支架和地基的弹性变形量(等于卸压后高程减去持荷后所测高程),用总沉降量(即支架持荷后稳定沉降量)减去弹性变形量为支架和地基的非弹性变形(即塑性变形)量。预压完成后要根据预压成果通过可调顶托调整支架的高程。

(4)底模安装完成后,即对支架进行预压。预压重量为所划分各单元自重的 1.2 倍,用混凝土预制块进行支架预压。加载时按照各单元理论预压重量的 60%、80%、100% 分三级加载,加载时加载重量的大小和加荷速率与地基的强度增长相适应,待地基在前一级荷载作用下,达到一定固结度后,再施加下一级荷载,特别是在加载后期,必须严格控制加载速率,防止因整体或局部加载量过大、过快而使地基发生剪切破坏。

支架预压重量根据箱梁实际断面计算平均分配到底模上,预压的最大荷载为箱梁重量的 1.2 倍。

3.3.4　模板施工

1)底模制作安装

底模模板采用 1.5cm 厚竹胶模板,铺设时模板长边顺桥向铺设,且要保证板缝在横向和纵向都要对齐,为防止漏浆,模板接缝间贴双面胶带。模板下面放置 8cm × 8cm 方木,方木间距腹板处为 10cm、无腹板区为 20cm ,将底模用铁钉钉到方木上。

5 号墩(锚墩)中隔墙底模因处于弧线段,且弧度较大,在浇筑混凝土时,混凝土对底模的侧压力较大。为保证该处模板不受侧压力影响出现裂缝,应在中隔墙钢筋绑扎时在此处设置拉条,具体设置方法如图 3-6 所示。

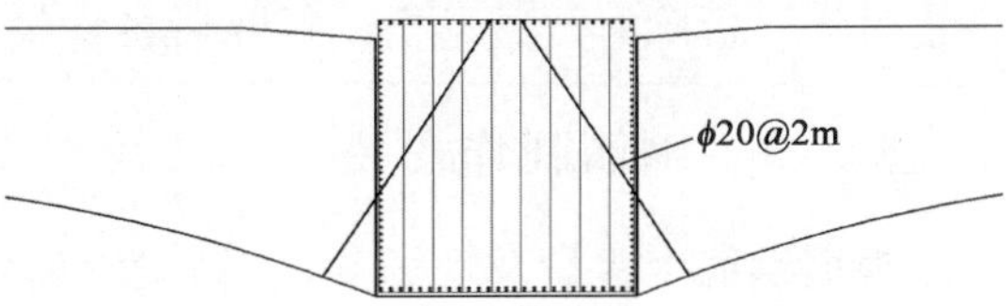

图 3-6　隔板加固措施示意图

底模高程应根据监理、业主等上级单位批复的现场预压成果报告提供的预拱度进行调整,高程通过顶托丝杆调整,安装采用人工配合吊车安装。

2)侧模制作安装

预应力混凝土连续箱梁外侧模板同样采用 1.5cm 厚竹胶板,侧模沿竖向设置 8cm × 8cm 方木做背肋,间距 25cm,背肋外侧沿连续梁纵向方向设置横楞,横楞采用双 ϕ48 × 3mm 钢管,通过对拉杆件加固侧模,对拉杆件采用 ϕ20 螺纹钢加工而成,布置间距为横向 100cm,竖向 60cm。

3)内模制作安装

内模根据箱室尺寸用竹胶板拼装而成,底板及腹板钢筋完成后,进行内模的安装,模板支撑采用 8cm×8cm 的方木作肋,钢管支架进行支撑的方法。

内模不设底板,侧模底口与底板混凝土面齐平,便于控制混凝土面高程,内模顶板设置钢管支撑,纵向间距 60cm,上置顶托,顶板纵梁采用 8cm×8cm 方木,间距 90cm,横向 8cm×8cm 方木,间距 60cm。同时,每隔 4m 设置一下料孔,下料孔随混凝土浇筑依次封堵。

4)锚室模板制作安装

锚室内模板受索导管预埋件的影响,需要特殊定制模板。前锚室索导管端头面需伸出混凝土面 10cm,其内模板采用薄钢板依据施工设计图纸中索导管前端头布置尺寸裁剪而成。按图纸要求后锚室索导管每一根索导管必须与锚垫板保持垂直,索导管后端头锚垫板均不在同一个平面上,因此后锚室内模板需采用木模塞填楔块制作而成,具体尺寸可参考施工设计图。

5)模板制作安装注意事项

(1)检查方木与模板、顶托间的密贴情况,避免空隙过大引起混凝土浇筑后模板变形。

(2)模板与钢筋安装工作要配合进行,妨碍钢筋绑扎的模板应待钢筋安装完毕后安设。

(3)模板接缝处要粘贴海棉条,防止缝隙漏浆造成蜂窝和空洞。

(4)立模时注意缆索索导管、伸缩缝钢筋、泄水孔位置等预埋件的安装以及张拉端工作空间是否符合要求。

(5)模板安装完成后,以全站仪及水准仪检查其平面位置和底、顶面高程,并检查节点联系及纵横稳定性,要确保牢固稳定,检验合格经签认后方可浇筑混凝土。

6)模板拆除

混凝土浇筑完成终凝后可拆除端模,混凝土强度达到 2.5MPa 后可拆除梁体外模,混凝土强度达到设计强度的 75% 后可拆除梁体内模板,梁体纵向预应力束全部张拉灌浆完成后方可拆除底模板。模板拆除采用人工配合吊车进行拆除。

模板拆除顺序为:翼缘板→腹板→底板。

7)支架拆除

支架在混凝土抗压强度达到设计强度的 95% 且张拉灌浆完成后拆除。拆除时先拆除悬臂部分,再从跨中向两端对称拆除。拆除时先逐步取出垫梁,慢慢卸载,决不可骤然放松,以防冲击过大。拆除时严禁抛扔。拆除后各杆件、配件要及时维修保养,分类妥善存放。

3.3.5 钢筋制作安装

根据钢筋工程量及现场条件,箱梁钢筋在钢筋加工厂内集中下料、加工,运至现场安装。钢筋安装施工顺序为:底板→横梁→腹板→直立内模→顶板→预埋件。

在钢筋绑扎施工过程中,自锚区预埋件布置较密导致此区域钢筋绑扎较为困难,需要土建专业与缆索专业密切配合,现场施工优先保证预埋件位置的准确、牢固,施工时土建专业人员应先绑扎锚室底板钢筋及 5 号墩中隔墙钢筋(锚区钢筋与索导管预埋件同步进行),待其底板、隔墙钢筋绑扎完毕后,缆索专业人员开始进行预埋件的安装固定,待安装固定完成后方可进行其余部分钢筋的绑扎,且在绑扎过程中,不得移动预埋件的位置。

3.3.6　锚固区锚固件预埋施工

1)制作、安装支撑架垫板

结合施工现场情况,支撑架垫板设计为10mm厚钢板,钢板与底部钢筋进行焊接固定。安装前,先测量定位好垫板(图3-7)的位置,吊装后再与钢板连接(图3-8)。

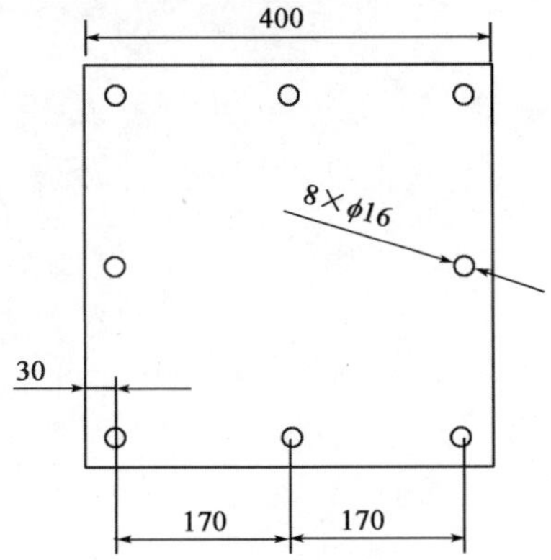

图3-7　垫板(尺寸单位:mm)

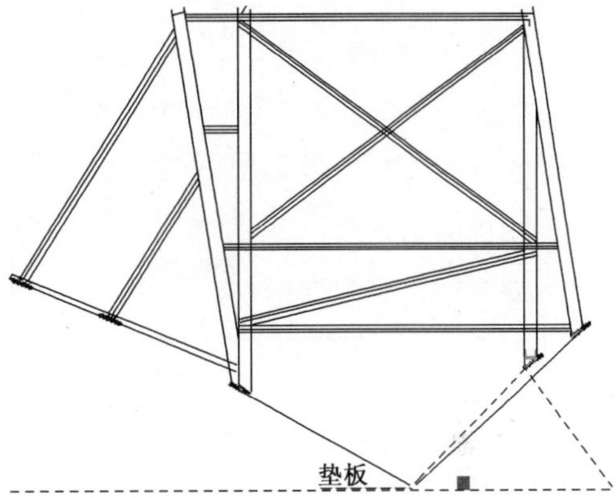

图3-8　垫板与支撑架焊接布置示意图

2)制作、安装大型型钢支架

采用自制的型钢支架安装固定索导管(图3-9)。支架利用型钢制作。立柱、中横梁、斜立柱为20号工字钢,定位横梁与定位立柱为12号槽钢,其余为16号槽钢。支撑架后锚面、前锚面截面布置如图3-10、图3-11所示。

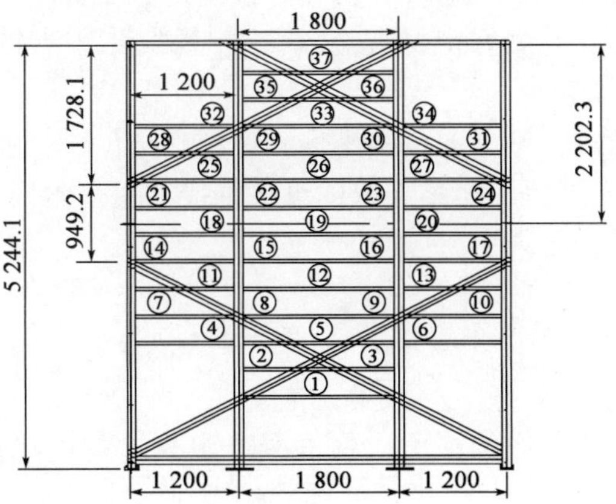

图3-9　支撑架布置图(尺寸单位:mm)

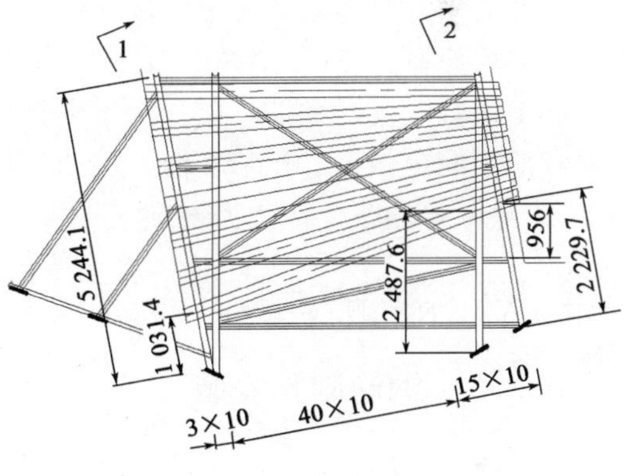

图3-10　支撑架后锚面截面布置图(尺寸单位:mm)

各型钢构件之间需要满焊,均为角焊缝,焊角高度不小于最薄边厚度。一个锚固区的支撑架大约需要型钢约5 698.5kg。

支架(图3-12)按照图纸精准下料焊接,定位横梁暂时不焊接,拼焊完毕后,用汽吊整体起吊至安装好的垫板上,微调,焊接固定。

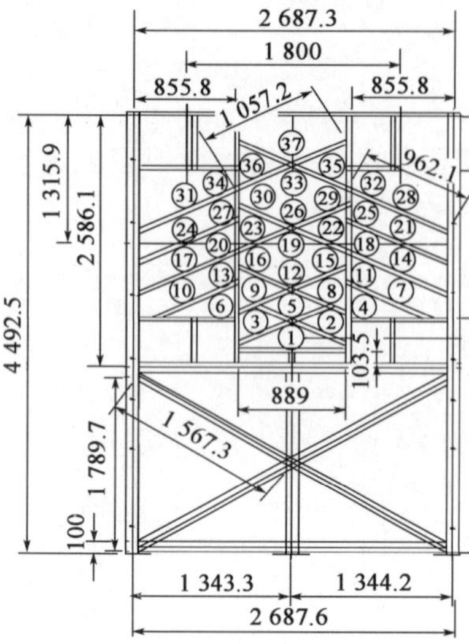

图 3-11　支架前锚面截面布置图(尺寸单位:mm)

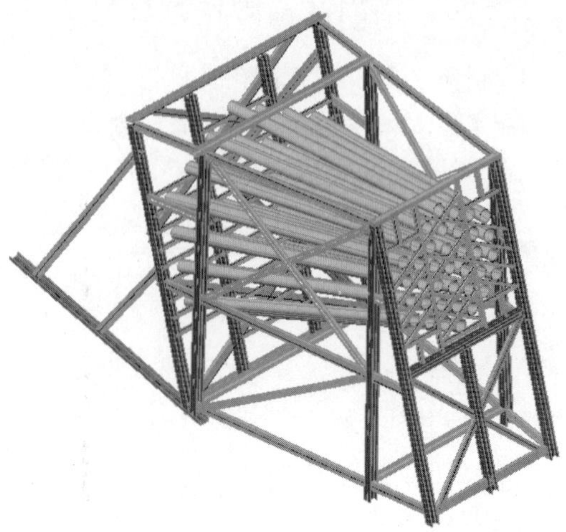

图 3-12　支架三维示意图

3)安装索导管

索导管应根据监控单位提供的定位坐标进行安装,以确保索导管安装位置的准确性。

锚垫板与索导管面相互垂直,施工时利用定位横梁和手拉葫芦对索导管进行调节,并用全站仪进行精确定位,然后安装螺旋筋,再将锚垫板与索导管垂直焊接固定,主梁钢筋在交叉允许的范围内同步进行,最后再安装模板。

利用汽车吊将各索导管吊至支撑架上,根据计算定位横梁,并将索导管两头置于定位横梁上临时固定,用手拉葫芦调整索导管位置,经全站仪反复测量无误后,并焊接固定于支撑架上,与调整好的索导管连接成一个整体,保证其稳定性。并做好密封措施,索导管上端须用泡沫材料或麻袋填充密实,防止浇筑混凝土时漏浆。

加工足够刚度的劲性骨架作为索导管支撑,通过全站仪的三维坐标测量精确定位,形成后锚面和前锚面定位点。在基准面上用全站仪精确定位每一层索导管的纵横轴线和每个索导管的中心,并做好油漆标记作为安装索导管的基准线。

3.3.7　预应力施工

1)波纹管制作、检查、安装

(1)使用前需对波纹管进行检验,确保其有抵抗变形的能力。在混凝土浇筑过程中确保水泥浆不渗入管内。

(2)波纹管的位置按设计要求准确布设,每隔 15cm(曲线段)或 50cm(直线段)用一道定位钢筋固定牢固,放置好波纹管后,横向钢筋将波纹管固定在井字架或 U 形卡内,以免浇筑混凝土时波纹管上浮、移位。

(3)管道接头处的连接管采用大一个直径级别的同类管道,接头处波纹管的接头每端旋入长度宜为该直径的 2.5 倍。且必须固定,防止接头处产生角度变化和浇筑混凝土时移位,外侧用胶布缠牢,防止水泥浆渗入。

(4)在施工过程中,若钢筋与预应力管道相碰时,以预应力管道为主,适当调整普通钢筋位置。

(5)波纹管安装就位过程中,尽量避免反复弯曲,以防管壁开裂,同时应防止电焊火花烧穿管壁。

2)钢绞线下料及穿束

本桥采用$\phi15.2mm$、$A = 140mm^2$的高强度低松弛钢绞线作为预应力筋,弹性模量$E_y = 1.95\times10^5 MPa$,标准强度$f_{pk} = 1\ 860MPa$,预应力锚具为OVM系列锚具。

施工方法及注意事项为:

(1)预应力筋的切割采用砂轮锯机械切割,预应力筋编束时应梳理顺直,防止相互缠绕。施工前每一孔预应力筋的下料长度、伸长值编号列出一览表,指导施工。

(2)钢绞线运输时严禁在地上拖拽,避免因砂石等地磨擦和磕碰损伤钢绞线,致使钢绞线强度降低。

(3)根据现场条件,钢绞线可整束安装,也可单根进行安装。整束安装时将端头包裹紧固,先用单根牵引,然后用卷扬机整束穿入孔道,穿入时注意钢绞线排列理顺。当现场条件不允许时,采用人工单根穿束。

(4)钢绞线安装完成后,及时封堵两头波纹管,并将外露的钢绞线及时包裹,防止钢绞线生锈。

3)张拉

箱梁混凝土大于或等于设计要求强度90%后且龄期不小于7d开始张拉。张拉前首先对千斤顶、油压表进行检定、校准,对构件端部预埋件、混凝土等作全面检查和清理。安装锚具千斤顶时,严格做到千斤顶、限位板、锚具撑脚吻合无误,保证孔道、锚具、千斤顶的轴线同心,做到“三对中”。

(1)张拉程序及要求

预应力束张拉,以应力和伸长值双控进行。实际伸长量与理论计算伸长值相差应控制在±6%以内,如超过此范围,应暂停张拉,查明原因后再施工。张拉顺序应遵循先长后短、均匀对称张拉原则。张拉程序如下:

$$\text{初张拉}\ P_0 \xrightarrow{\text{总张拉吨位的}10\%} \text{持荷}\ 3\sim5\text{min} \xrightarrow{\text{量测引伸量}\ \delta_1} \text{张拉到总张拉吨位}\ P \longrightarrow$$

$$\text{持荷}\ 5\text{min} \xrightarrow{\text{量测引伸量}\ \delta_2} \text{回油} \longrightarrow \text{量测引伸量}\ \delta_3$$

(2)张拉注意事项

①在安装夹片时必须先检查钢绞线锚固部位及夹片是否清洁,合格后方可安装,安装时必须使夹片外露部分平齐,开缝均匀;

②当使用锚具时应注意限位板上有不同规格钢绞线的识别标志,以免用错,造成内缩量过大或增加锚口损失;

③应使用砂轮切割机切割多余钢束,并保留适当长度进行封锚;

④张拉采用“双控”控制,以张拉力为准,伸长值校核;

⑤若张拉过程中出现故障应立即停止张拉,查找原因后再进行;

⑥预应力筋两端同时张拉时,可配对讲机联系,互报压力表读数和伸长量,以保持油压上升速度一致,并尽量使两端伸长量符合设计要求,同时要密切注视滑丝和断丝情况,做好记录。

4)压浆与封锚

张拉完成后,及时进行孔道压浆,应在张拉完成后24h内完成压浆。

3.3.8 混凝土浇筑及养护

现浇梁全部采用C50混凝土,在混凝土原料的选择、配合比、拌制上应严格按照要求执行,在浇筑前,试验室应做C50混凝土的试验,并出具试验报告,最终确定配合比后报监理、业主审批。

1)混凝土的质量控制

本工程混凝土均为在拌和站集中拌制,混凝土全部采用泵送。为保证梁体混凝土质量,对混凝土采取下列措施进行质量控制:

(1)混凝土采用两台拌和站进行集中搅拌,所用砂、碎石、水泥、外加剂均采用与配合比试配用料一致,混凝土浇筑必须采用同一批品种、强度等级一致的水泥,以保证混凝土强度和外观的相对稳定。

(2)集料的粒径和级配是对混凝土强度影响较大的主要因素,集料不仅要满足强度等技术指标,而且根据工地使用泵送混凝土浇筑方式及箱梁钢筋间距十分密集的特点,并根据规范要求,砂子采用中粗砂,其细度模量为2.3~3.0mm,优先选用2.5~2.6mm的中粗砂。砂石料进料时,严格控制其质量、粒径及级配,不合格产品严禁进场。

(3)梁内钢筋十分密集,预应力管道比较多,需增强混凝土和易性,混凝土试配时,应根据混凝土输送泵性能,规范要求及现场施工条件来确定混凝土坍落度,混凝土浇筑时必须派有经验的专职试验人员对拌和站和现场控制,每车混凝土到达现场浇筑前,试验人员必须检测混凝土坍落度并观测混凝土的和易性,不符合要求严禁卸料。根据试验数据统计要求制作混凝土试件,另对需增加张拉时确定混凝土强度所需试件至少3组。

(4)锚区混凝土浇筑因索导管、钢筋及波纹管布置密集,混凝土入仓极为困难,且此处位于本工程最关键部位,为保证混凝土浇筑质量,采用C50细石混凝土进行浇筑,所需细石混凝土量为350m^3。

2)混凝土浇筑前准备工作

(1)进行技术交底及人员分工,明确每个人的责任。

(2)检查施工用的振捣棒、铁锹、模子等设备落实情况,检查备用的发电机、现场吊车、泵车机械性能是否良好。

(3)落实搅拌站的材料储备及机械情况是否满足要求,是否指定供料保证措施。

(4)检查输送泵及混凝土运输车道路是否满足车辆通行要求。

(5)查询当地的天气预报,确定浇筑时间,浇筑应尽量选择在温度较低时进行。

(6)对模板内的杂物安排专人进行清理,用空压机或高压水枪将模板内表面杂物清除干净,浇筑前对模板内进行润湿。

(7)混凝土浇筑前做好支架沉降观测点,以便在浇筑过程中对支架变形进行观测。浇筑过程中测量人员应每2~3h观测一次并做好相应记录,有异常情况及时进行报告。

3）混凝土的运输与供应

锚跨连续梁混凝土浇筑时，采用 2 台 46m 天泵进行浇筑，2 台吊车进行配合；按照每台输送泵每小时输送混凝土 $40m^3$ 计算，应配备 8 辆 $10m^3$ 的混凝土运输车。

4）浇筑顺序

混凝土浇筑按照纵向分段、竖向分层、从低向高、从中间向两边对称进行浇筑的原则进行。混凝土从中间箱室向两边进行浇筑，按照底板→腹板→顶板顺序进行浇筑。

5）浇筑下料及振捣

（1）普通梁段振捣

底板浇筑时，主要从腹板下料振捣，如腹板下料不能满足底板混凝土量，可从每箱的顶板内模泵送孔下料。施工时，派专人注意观察底板混凝土的稳定，防止腹板混凝土下坠引起翻浆，造成病害。振捣过程中严禁振捣棒触碰波纹管、模板、预埋件。

振捣延续时间以混凝土获得良好的密实度表面泛浆、气泡消失为准。根据现场施工情况，分两班作业制，一个作业班一般每箱室安排捣固人员 1 名，人工甩浆 2 人，抹面 2 人。施工时分段按先底板后腹板的顺序进行，腹板及横梁浇筑应分层进行，每层浇筑厚度应控制在 30cm。

（2）锚固区振捣

采用"预留振捣钢管法"进行该部位振捣，即：在浇筑混凝土部位预先插入 ϕ10cm 钢管，通过将振捣棒插入预留钢管进行振捣，每振捣大约 20 ~ 30cm 后将钢管往上拔出一节，直至浇筑完成为止。利用振捣棒插入 ϕ10cm 振捣口方式进行振捣的振捣时间应较梁体混凝土时间长 20 ~ 30s，并随着混凝土的上升逐渐提升钢管；在无法设置振捣口且振捣棒作用范围覆盖不到的地方采用 20mm 钢钎人工振捣方式进行振捣如图 3-13。

在锚区混凝土浇筑前，事先在前锚面非索导管区域两侧分别布置 3 个 30cm 长观察口，以便能随时观察混凝土浇筑及振捣情况（图 3-14 所示）。

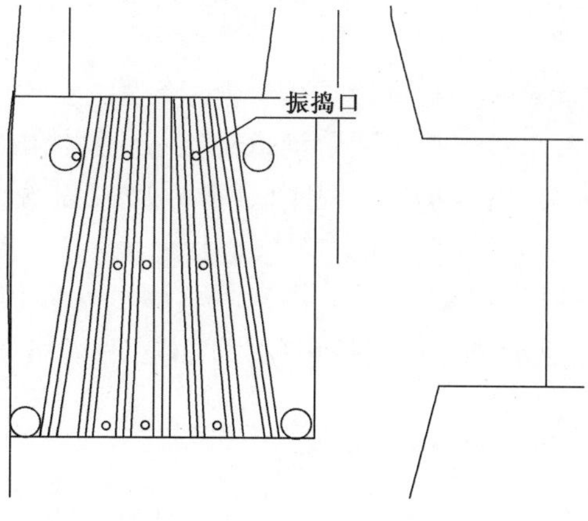

图 3-13 预留振捣钢管布置图

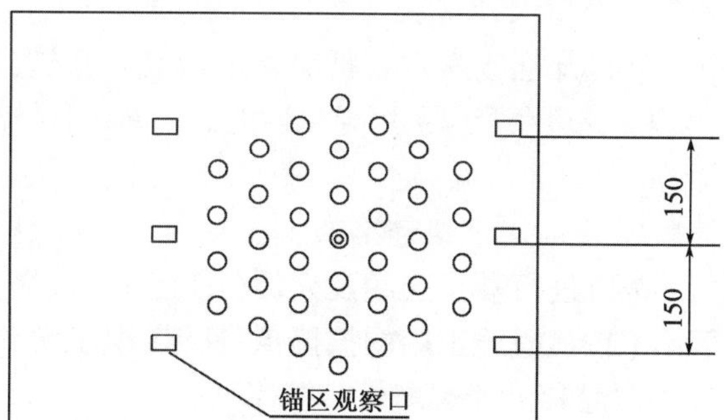

图 3-14 观察口布置图（尺寸单位：cm）

6）混凝土浇筑注意事项

（1）施工时要设专人对隔墙钢筋、预应力密集处、自锚区等关键部位进行振捣和检查。混凝土灌注和振捣过程中注意防止波纹管上浮。

（2）振捣采用插入式振捣器。在腹板与底板倒角处注意振捣密实，浇筑腹板混凝土后，不得再振捣底板混凝土，以防止腹板梗角处混凝土外鼓，上部悬空，出现空洞。

(3)浇筑腹板混凝土时，为避免松散混凝土留在顶上，待浇筑顶板混凝土时，这些混凝土已初凝，易使顶板出现蜂窝，故设专人对散落混凝土进行清理。

(4)浇筑混凝土时防止锚垫板位移和倾斜，防止管道踩扁和移动。

(5)振动棒在振捣混凝土时不得触及预埋件、预应力管道和模板，以防结构移位或变形。

(6)混凝土入模时落差应尽量减少，控制在2m范围以内，避免直接冲击波纹管，使其发生变形或偏移。

(7)在腹板振捣时，切记不能把振捣棒插入下层过深，以免腹板根部混凝土因捣固分流向底板，造成腹板下部漏筋、空洞。

(8)在高温天气施工时，混凝土捣固后找平人员及时找平，同时安排专人用水枪向混凝土表面喷水雾，可以避免表层混凝土水分散失造成裂纹。

(9)混凝土浇筑前注意天气预报，浇筑时间应选在连续几天无雨情况下进行，同时准备好全幅塑料布，以备在降雨时对梁体进行覆盖。

7)混凝土温控与养护

(1)调整施工时间，应尽量选择气温较低时进行施工。

(2)降低入仓温度，使混凝土的浇筑温度小于30℃。

①水泥使用时，温度不得高于60℃，若高于60℃，采取喷淋水泥罐等方法对其进行降温处理；

②当气温较高时，采用搭凉棚、堆高集料、底层取料等方法降低集料温度；

③加快运输速度和入仓速度，减少混凝土在运输和浇筑过程中的温度回升。

(3)采用冷却水管进行通水冷却。

①冷却水管的管间距小于或等于100~200cm，水管和边界的距离100cm，冷却水管的布置应与中轴线对称；

②冷却水管进水口水温以20~28℃为宜；

③冷却通水从水管被混凝土覆盖后开始，具体结束时间视混凝土温升、温降而定；

④冷却水管应采用导热性能好的ϕ48mm金属管，水管安装保证质量，安装后应通水检验。

(4)表面保温与养护。混凝土浇筑完毕后，待初凝后立即在上表面蓄水养护或覆盖保温材料。

高性能混凝土浇筑完毕后，用土工布或塑料布覆盖，并在混凝土终凝后立即洒水养护，对于箱室内，采用蓄水养护，降低高强混凝土水化热引起的高温，养护期不少于7d。

8)混凝土浇筑测量监控控制

(1)混凝土浇筑前要做好测量标记，严格控制混凝土的高程、线形。

(2)腹板混凝土浇筑完成后浇筑顶板混凝土，顶板浇筑时严格按照箱梁顶面高程控制线进行控制，防止梁面高程高出设计高程。在顶板钢筋上每隔5m×5m方格绑扎高程控制钢筋，并挂线进行收面处理及纵横坡度控制，浇筑完混凝土，面层磨平后，将超出高程部分钢筋头切割掉。

(3)混凝土浇筑前做好沉降观测点，以便在浇筑过程中对变形进行观测。浇筑过程中引桥队测量人员每2~3h观测一次并做好相应记录，施工测量人员及时进行监督和复核，有异常情况及时进行报告。

3.4 钢混结合段施工

对于自锚式悬索桥而言，在锚跨连续梁混凝土和钢箱梁安装施工完成后，必须要及时进行钢混结合段的混凝土浇筑施工；钢混结合段结构复杂，是主缆锚固点的水平分力由自锚跨传递到钢箱梁的关键节点；如果钢混结合段出现问题，将导致整座桥梁受力结构体系无法形成。

3.4.1 钢箱梁变化观测分析

据观测，当昼夜温差达到20℃左右时钢混结合段浇筑前后变形可达7～8cm左右，具体情况见表3-4。

钢箱梁钢混结合段浇筑前后变形监测表 表3-4

序号	浇筑前数据(m)		浇筑后数据(m)		偏差值(mm)	
	桩号	偏距	桩号	偏距	桩号	偏距
1	K1+243.965	16.102	K1+243.893	16.105	-72	3
2	K1+243.955	-0.034	K1+243.880	-0.025	-75	9
3	K1+243.970	16.079	K1+243.897	16.086	-73	7
4	K1+765.980	-16.662	K1+766.053	-16.669	73	-7
5	K1+766.012	-0.011	K1+766.082	-0.014	70	-3
6	K1+765.989	16.226	K1+766.061	16.228	72	2
1′	K1+243.328	-16.829	K1+243.315	-16.825	-13	4
2′	K1+243.290	0.065	K1+243.285	0.066	-5	1
3′	K1+243.296	16.105	K1+243.280	16.109	-16	4
4′	K1+766.689	-16.766	K1+766.695	-16.763	6	3
5′	K1+766.600	0	K1+766.604	0.004	4	4
6′	K1+766.626	16.214	K1+766.632	16.219	6	5

平面示意图

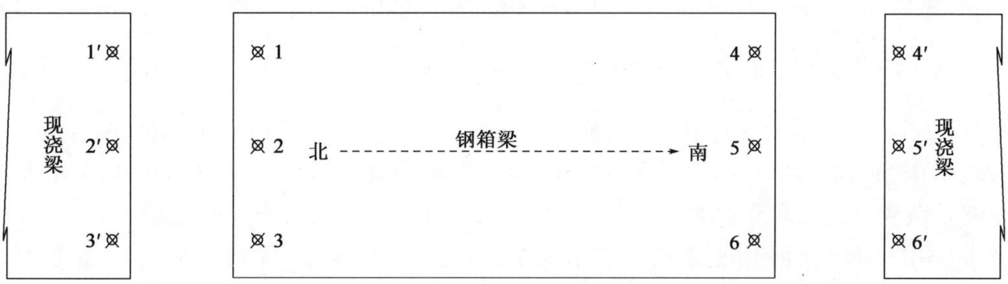

由表3-4可知，钢箱梁钢混结合段浇筑前后变形最大可达75mm，因此，为满足施工需要并确保结构安全，采取有效措施对钢混结合段进行临时固定，使钢箱梁和锚跨连续梁结构预先连成整体是十分必要的。

3.4.2 整体施工工艺流程

整体施工工艺流程如图3-15所示。

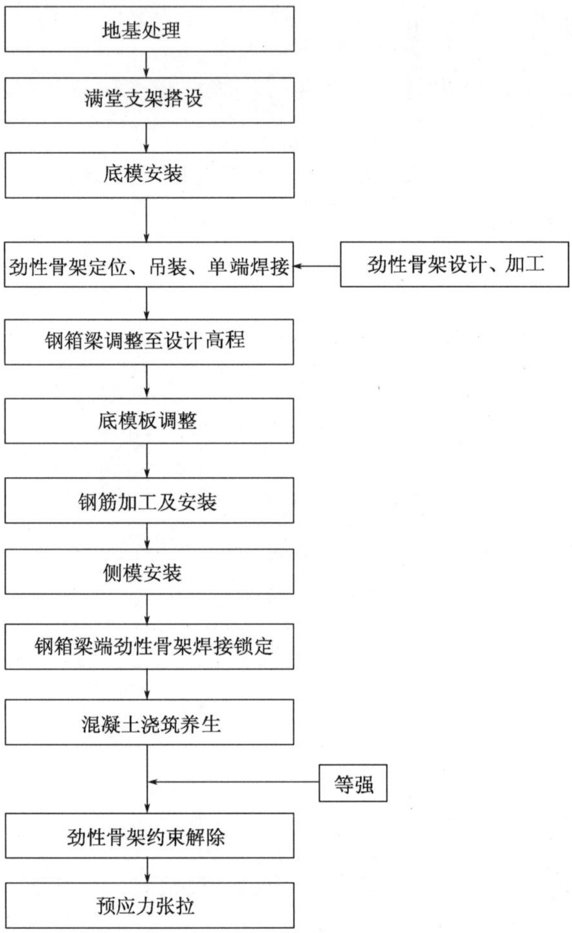

图3-15 整体施工工艺流程图

3.4.3 体外劲性骨架设计及加工

锚跨(50+21)m混凝土总量为4 263m^3，总重力为4 263×26.5=112 969.5kN。

QZ系列球形支座加硅脂润滑后，常温时活动支座设计摩擦系数为0.03，寒冷时活动支座设计摩擦系数为0.05；取摩擦系数$\mu=0.05$，$f=112\ 969.5\times0.05=5\ 648.5$kN。

双拼36b槽钢截面积68.11×2=136.22cm^2，Q235钢抗拉（抗压）设计强度取$[f]=205\text{N/mm}^2$。

假设使用6根双拼[36b槽钢，所需抗拉（抗压）强度$f=56\ 48500/(13\ 622\times6)=69.1<$

$205N/mm^2$,满足要求;

Q235 钢角焊缝抗拉(抗压)设计强度取$[f]=160N/mm^2$,满足要求。

现场采用 8 根双拼 36b 槽钢,应能完全满足要求。

计算结果表明,体外劲性骨架锁定后,在钢箱梁及自锚跨因温度变化发生线应变时,其强度可以支撑自锚跨混凝土梁段纵向滑动,有效抵抗温度变化时结合段承受的外力。

在现场严格按照设计要求预先将劲性骨架加工制作完成。

结合段体外劲性骨架如图 3-16、图 3-17 所示。

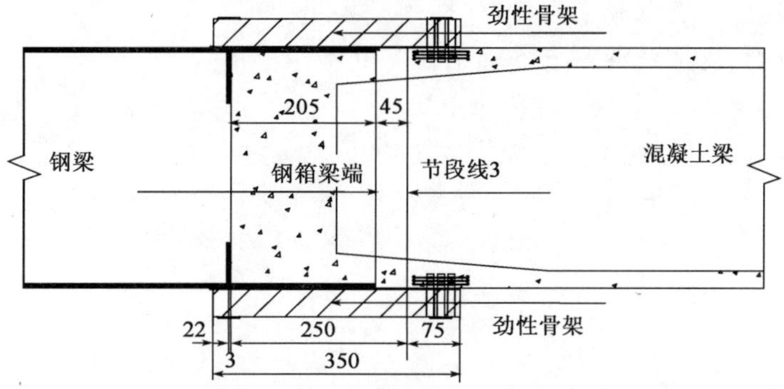

图 3-16 结合段劲性骨架剖面图(尺寸单位:cm)

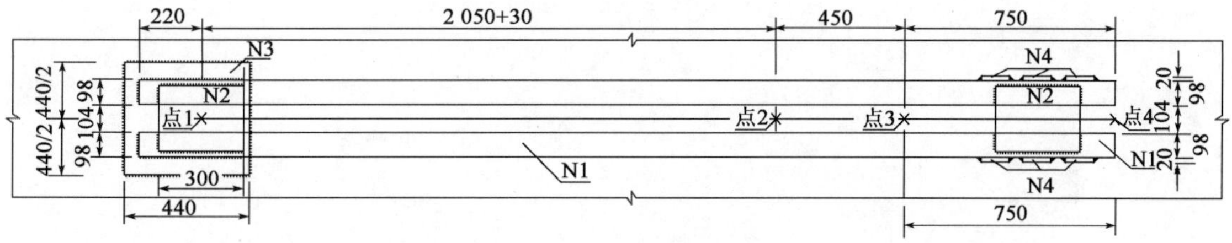

图 3-17 结合段劲性骨架平面图(尺寸单位:cm)

3.4.4 体外劲性骨架预锁定

为方便预锁定,劲性骨架提前焊接一端。混凝土浇筑前,再焊接另一端完成钢箱梁与自锚跨的锁定。

劲性骨架锁定应选择在一天内温度较低的时间段进行,且尽量保证未来几天内温度变化缓和。

钢筋绑扎、立模完成,准备浇筑混凝土前,同一时间段锁定南、北岸劲性骨架。完成锁定后,立即浇筑混凝土,南、北岸尽量同步进行、结束。

3.4.5 混凝土施工

结合段混凝土的浇筑应选择在一天内温度较低的时间段(如夜间或清晨)进行,且尽量保证未来几天内温度变化缓和。尽量避免混凝土冬期施工和夏期施工。钢混结合段混凝土结构断面如图 3-18 所示。

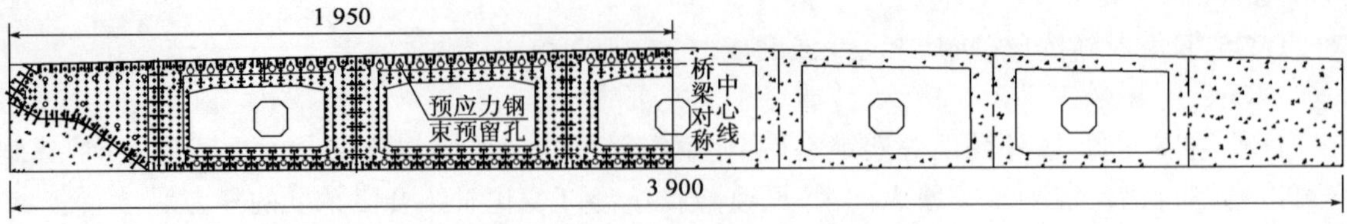

图 3-18 钢混结合段混凝土结构断面图(尺寸单位:cm)

南、北两岸结合段浇筑应尽量同时进行,确保钢箱梁中心不会因温度变化而发生偏移。混凝土采用微膨胀混凝土,确保和易性良好,坍落度满足要求。

其他常规预应力、支架及混凝土等施工在此处不作赘述。

第4章 钢箱梁制造

4.1 钢箱梁制造特点

本桥跨度布置为50m+140m+280m+140m+50m,总长660m,上部梁体除锚固梁段采用混凝土箱梁外,其余梁段均为钢箱梁,两岸锚固梁段共长142m,钢箱梁梁段长518m;梁体位于半径5 000m(路冠)的圆曲线和2.35%的纵坡上。钢箱梁采用单箱多室结构,其桥面全宽39.0m,桥轴线处梁高3.5m,双向横坡为2%,本桥钢箱梁标准横断面如图4-1所示。

钢箱梁划分为A1、A1a、A2、A3、A4、A5、A6、B1、B2、B3、C、D、E共13种类型、61个梁段。其中D为索塔附近无索区梁段,长度分别为8.5m;A1、A1a、A2、A3、A4、A5、A6为标准梁段,长度为9m;C梁段为主跨跨中合龙段,长度为7.5m;B1(图4-2)、B2梁段为钢混结合区梁段,长度为6m;B3梁段为主跨跨中区合龙段,长度为6m;E梁段为钢混结合梁段,长度为5.75m。

4.2 整体部署及工艺

4.2.1 施工部署

根据本桥钢箱梁结构设计特点及地理位置,结合公司资源配置情况,考虑交通运输条件、桥位施工架设要求,对本桥钢箱梁制造任务进行合理部署,总体制造思路如下。

宜昌制造基地板单元及风嘴单元制造:钢板下料→零件→板单元及风嘴单元组拼、焊接→矫正→汽车运输将板单元及风嘴单元运输至广西贵港市罗泊湾大桥桥位总拼制造场地。

罗泊湾大桥桥位区:钢箱梁节段组装及预拼装→节段除锈、涂装→节段吊至顶推平台→完成工地环缝连接→完成顶推、风嘴连接、涂装及收尾等全部工作。

具体工作部署见表4-1。

罗泊湾大桥钢箱梁制造工作部署　　表4-1

序号	场地部署	工作内容
1	宜昌基地1厂	(1)钢箱梁零件制作; (2)钢箱梁U肋板单元制作
2	宜昌基地2厂	(1)钢箱梁纵隔板板单元制作; (2)钢箱梁横隔板板单元制作
3	宜昌基地3厂	风嘴单元制作
4	罗泊湾大桥 桥位作业区	(1)钢箱梁节段拼装、焊接; (2)钢箱梁节段预拼装作业; (3)钢箱梁桥位接口精确匹配; (4)转运防腐; (5)钢箱梁桥位接口栓接、焊接、顶推; (6)风嘴连接及涂装收尾工作

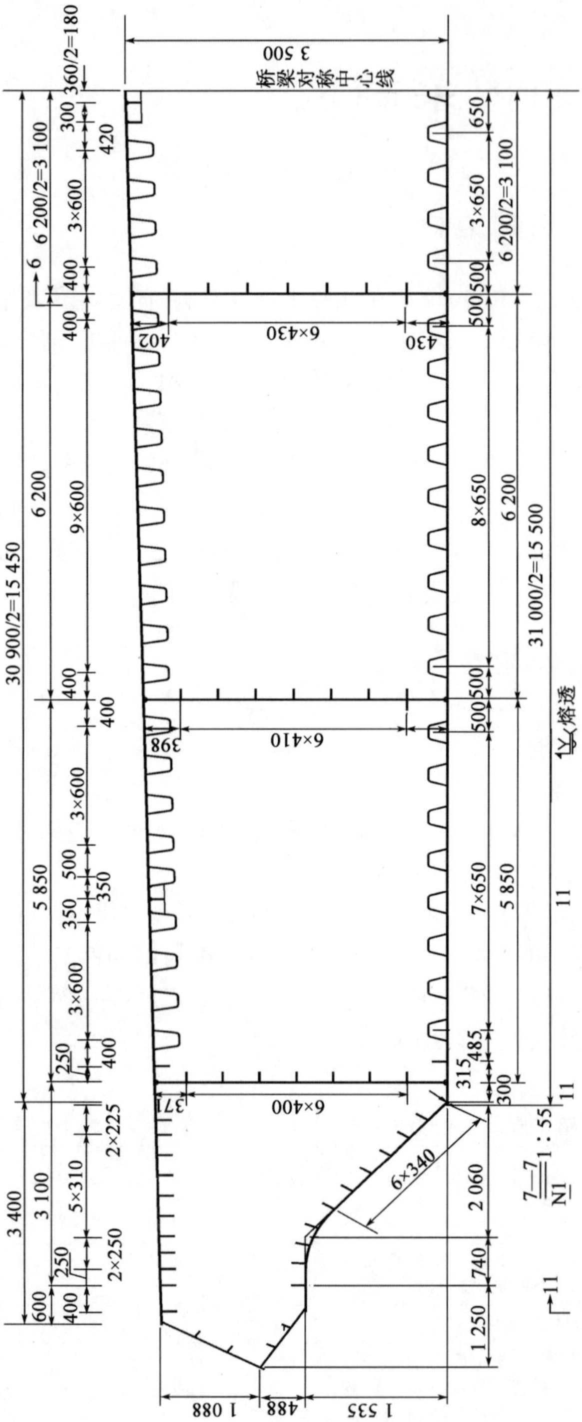

图4-1 钢箱梁标准横断面(尺寸单位:mm)

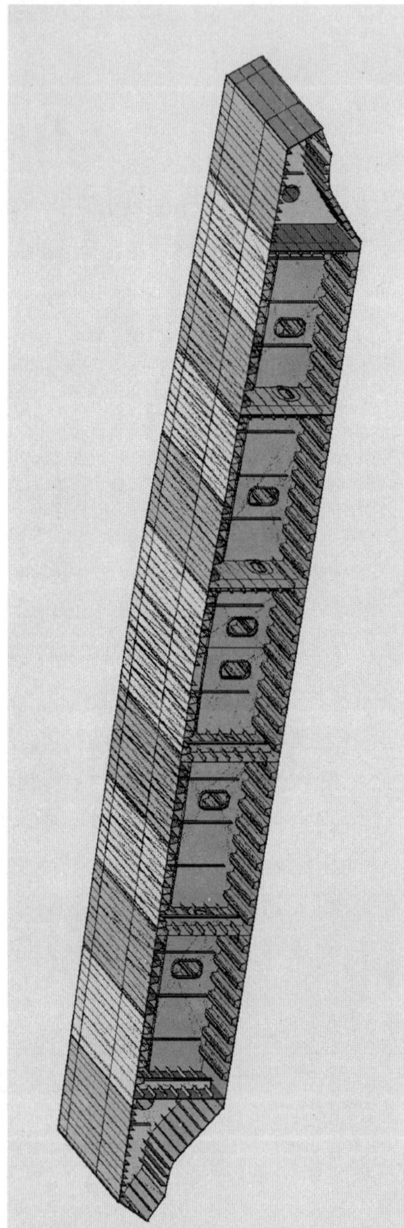

图4-2 B1节段钢箱梁典型结构

4.2.2　工艺布局

(1)车间生产工艺布局

宜昌基地内车间包括下料区、U肋等零件加工区、板单元加工区等。下料区设三台数控切割机;本桥单元件的制作主要在宜昌钢结构制造基地的车间内进行板单元生产。

(2)总拼场工艺布局

室外总拼胎架宽31m,长约100m,配置2台10t/40m跨门吊,2台20t/40m跨门吊作为本工程钢箱梁总拼生产线。两侧风嘴部分待节段完成后参与侧面拼装。除锈、涂装区建立专用车间,车间长35m、宽12m、高7m,占地面积约900m²。节段采用液压平车进行倒运。总拼现场布局如图4-3所示。

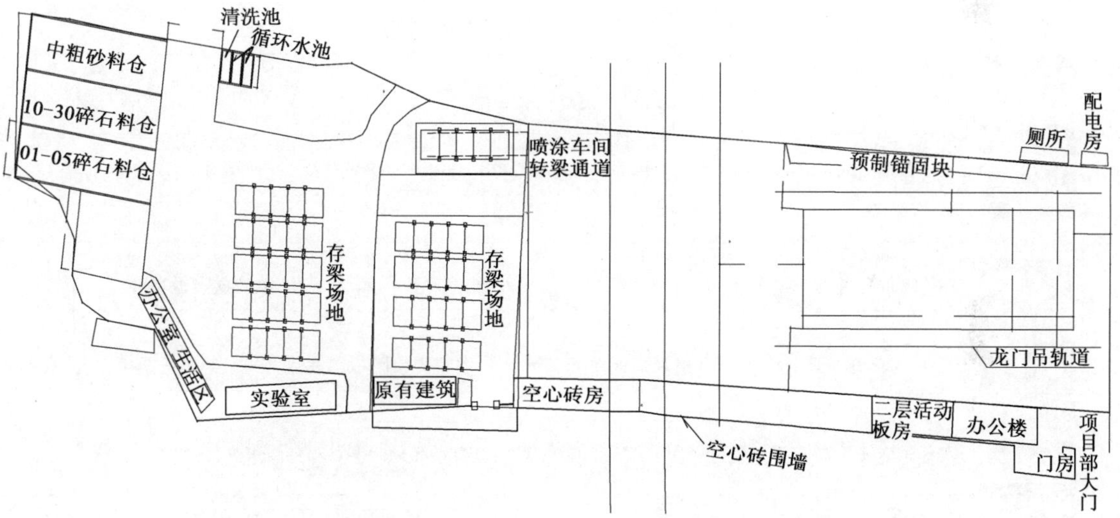

图4-3　钢箱梁总拼场地布置示意图

4.2.3　制造工艺与检验流程

采取流水建造方式,分为小组立、中组立、大组立。结构分为顶板单元、底板单元、横隔板、纵隔板4种板片单元,U肋分属于顶板和底板单元,每个板片单元均在小组立阶段焊接完成,在中组立阶段拼装各板片单元形成节段,在大组立阶段预拼装节段形成桥梁线形。

钢箱梁制造工艺流程如图4-4所示,检验流程如图4-5所示。

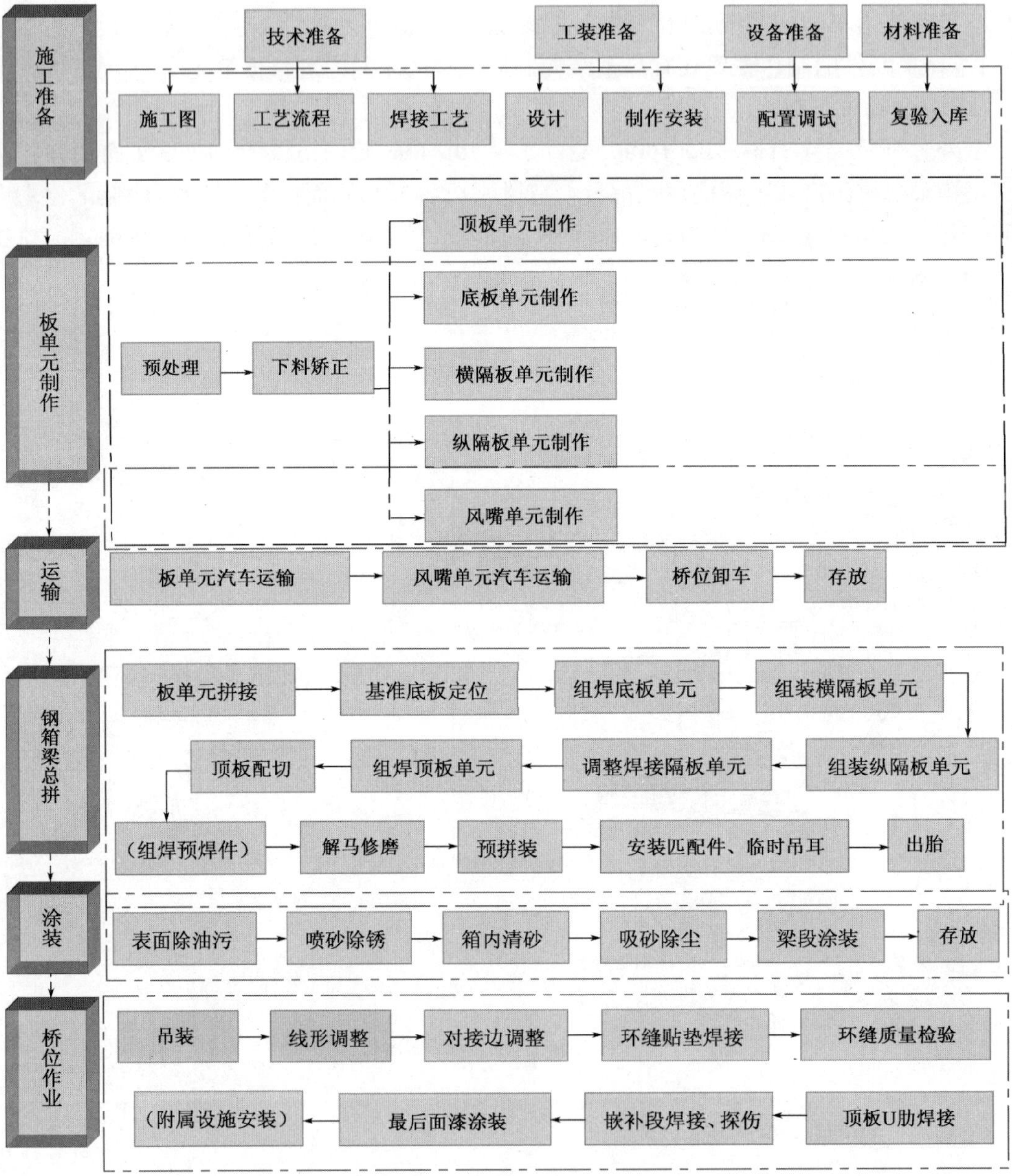

图 4-4　钢箱梁制造工艺流程图

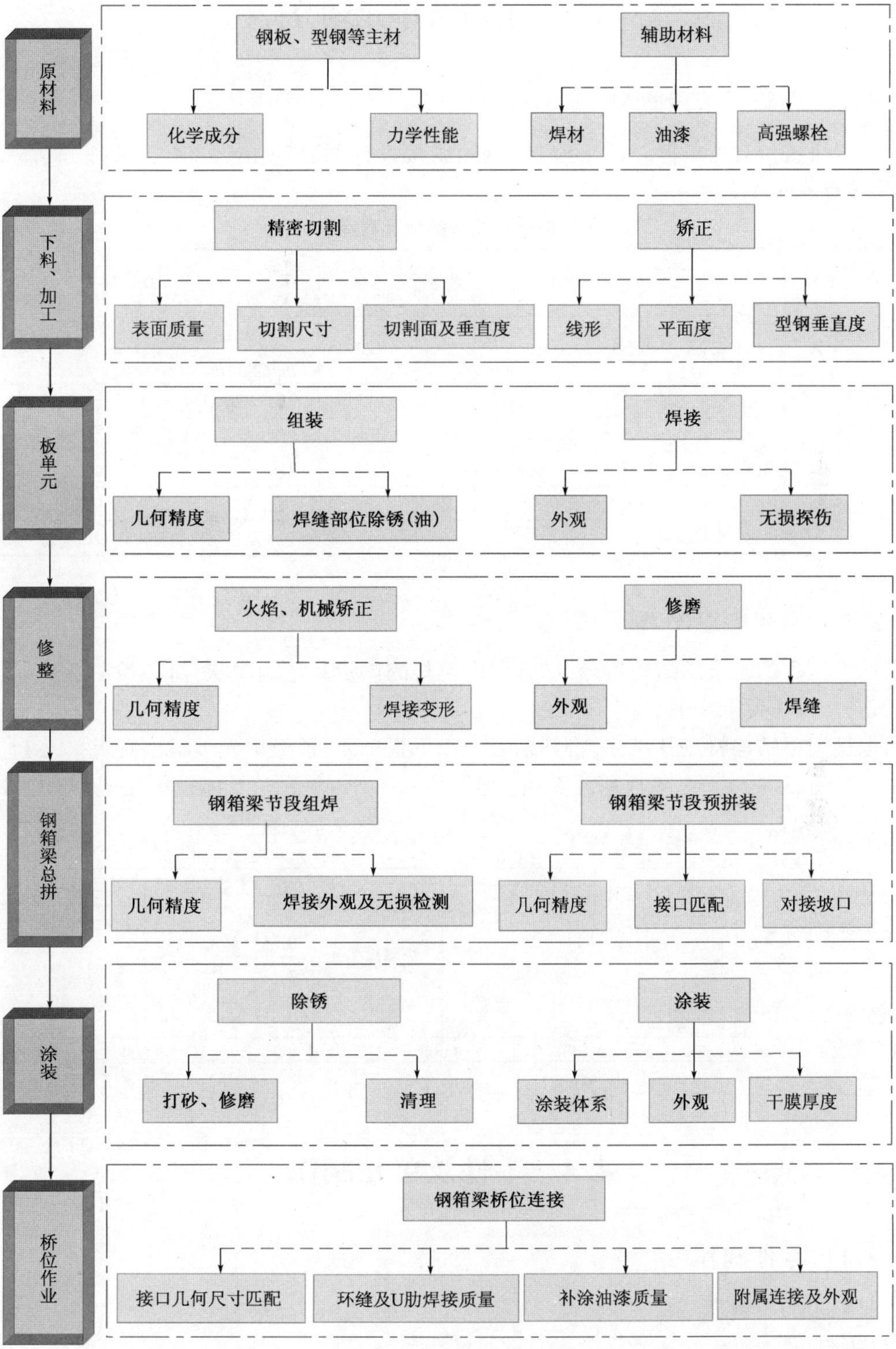

图4-5　钢箱梁制造检验流程图

4.3 节段及单元划分

4.3.1 钢箱梁节段划分

根据本桥桥位自然条件及桥形设计，钢箱梁按设计共分为13类61个梁段，具体梁段类型、数量统计见表4-2。

本桥钢箱梁梁段类型及数量统计　　表4-2

序号	梁段类型	位 置	规格(m)	数量	单梁质量(t)	梁 段 编 号
1	A类梁段	标准梁段	3.5×39.0×9.0	50	188	A1、A1a、A2、A3(a、b、c、d)、A4、A5、A6(a、b、c、d)
2	B类梁段	合龙区	-3.5×39.0×6.0	6	127	B1、B2、B3
3	C类梁段	中跨合龙区	-3.5×39.0×7.5	1	166	C
4	D类梁段	主塔合龙区	-3.5×39.0×8.5	2	177	D
5	E类梁段	跨中合龙段	-3.5×39.0×5.75	2	137	E
本桥13类梁段合计				61	总质量约:11 001.89t	

4.3.2 钢箱梁板单元划分

根据本工程钢箱梁的结构特点，结合国内钢材的供货及运输现状，对各类钢箱梁节段进行板单元划分，具体要求如下。

根据钢箱梁结构特点及尺寸，将其划分为以下板单元：顶板单元10块、底板单元11块、横隔板单元5道，3块/道、纵隔板单元6块、风嘴为一个整体单元。具体板单元划分见图4-6。

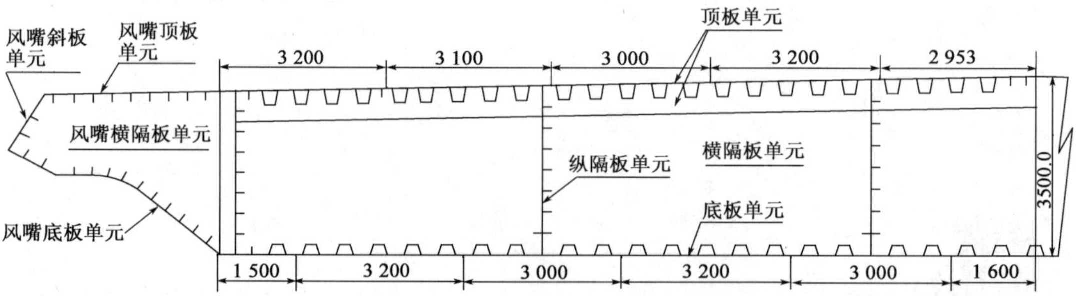

图4-6　梁段板单元划分(尺寸单位:mm)

4.4 零件及单元制作

4.4.1 零件制作

1)材料采购及管理

(1)钢材

用于钢箱梁主体结构的Q345qD钢材应符合《桥梁用结构钢》(GB/T 714—2008)的要求；

钢管符合《结构用无缝钢管》(GB/T 8162—2008)标准要求。

钢材到厂后,除有生产钢厂的出厂质量证明书外,还应按钢材复验标准进行抽检复验,按同一厂家、同一材质、同一板厚、同一出厂状态每10个炉(批)号抽检一组试件,做好复验检查记录。对于钢材检验批的质量评定按下述原则进行:

①当试验炉(批)号评定为合格时,评定整个检验批为合格。

②当试验炉(批)号评定为不合格时,在该检验批内再抽取2个炉(批)号的样品进行试验。

a. 若2个试验炉(批)号均合格,则该检验批其余炉(批)号均判定为合格;

b. 若2个试验炉(批)号均不合格,则对该检验批剩余的7个炉(批)号逐炉(批)取样进行试验,逐炉(批)评定;

c. 若2个试验炉(批)号有一个合格另一个不合格时,在该检验批剩余的7个炉(批)号中再抽取2个炉(批)号进行试验;如果2个试验炉(批)号均合格则判定该7个炉(批)号合格,否则对该检验批剩余的炉(批)号逐炉取样试验,逐炉(批)评定。

(2)焊材

焊接材料的型号及规格应根据焊接工艺评定试验确定,焊接材料按其生产批号逐批抽样复验。焊接材料应选用与母材相匹配的焊丝、焊剂和焊条,焊材选用应符合表4-3的要求。

焊材选用标准表　　表4-3

焊接材料名称	焊接材料牌号或型号	标准名称	标准号
焊条	E5015	《碳钢焊条》	GB/T 5117—1995
气体保护焊实芯焊丝	ER50—6	《气体保护电弧焊用碳钢、低合金钢焊丝》	GB/T 8110—2008
气体保护焊药芯焊丝	E501T—1	《碳钢药芯焊丝》	GB/T 10045—2001
埋弧焊丝	H10Mn2	《埋弧焊用碳钢焊丝和焊剂》	GB/T 5293—1999
埋弧焊剂	SJ101q		
气体	$CO_2 \geqslant 99.5\%$	《焊接用二氧化碳》	HG/T 2537—93

(3)圆柱头焊钉

圆柱头焊钉进厂后按照生产批号逐批进行复验。

①圆柱头焊钉质量标准及检验应符合《电弧螺柱焊用圆柱头焊钉》(GB/T 10433—2002)的规定。

②圆柱头焊钉的加工工序应是进行原材料张拉、冷拔、切断锻头、冷镦成型、装焊剂等。成品钉应具有相同的质量和外观,不能有损伤的表面、毛刺、缝隙、裂缝、扭曲、弯曲或其他有害的损伤。

③圆柱头焊钉出厂前,制造厂必须按要求做合格性试验。只有通过合格性试验,剪力钉、底面金属和弧焊防护圈底组合体才算是合格的。

(4)高强度螺栓

高强度螺栓连接副按其生产批号逐批复验。

按进场高强螺栓质保证书批号(每批不得超过3 000套),每批高强度螺栓有合格证,螺栓运到工地后从各批螺栓中抽样检验,每批抽验8副,检验结果符合《钢结构用高强度大六角螺

栓、垫圈技术条件》(GB/T 1231—2006)的规定后,方投入使用。连接用的高强螺栓、螺母及垫圈必须符合下列标准:

①《钢结构用高强度大六角头螺栓》(GB/T 1228—2006)

②《钢结构用高强度大六角螺母》(GB/T 1229—2006)

③《钢结构用高强度垫圈》(GB/T 1230—2006)

④《钢结构用高强度大六角螺栓、垫圈技术条件》(GB/T 1231—2006)

(5)涂装材料

①涂装材料根据施工图设计文件要求选定,以确保预期的涂装效果。禁止使用过期产品、不合格产品和未经试验的替用产品。

②涂装材料的检验应符合《铁路钢桥制造规范》(TB 10212—2009)中的规定。

③涂装材料进厂后,应按出厂的材料质量保证书验收,并做好复验检查记录备查。

2)钢板预处理

钢板进厂复验合格后方可投入生产。下料前先对钢板的材质、炉批号进行移植或记录,顶、底钢板应在预处理线上进行抛丸除锈、喷涂车间底漆、烘干,除锈等级为 GB 8923—88 标准规定的 Sa2.5 级,喷涂车间底漆一道(厚度 30μm)。

图 4-7　数控切割机精切下料

3)零件下料

根据零件的具体形状和大小确定下料方法,对形状复杂的板件采用 CAM 系统的数控切割机精切下料(图 4-7),对较规则的薄板次要零件采用剪切下料,型钢采用剪切机或焰切下料,钢板对接坡口采用火焰精密切割、刨边机或铣边机加工,钢板的不等厚对接过渡斜坡采用斜面铣床加工或采用刨边机加工。

4)U 肋制作

本桥顶板、底板加劲主要采用 U 肋。顶板上 U 肋规格为 8 × 300 × 280 × 200mm,每断面布设 46 根,节段间通过连接 U 肋焊接连接;底板上 U 肋规格为 6 × 330 × 200 × 200mm,每断面布设 43 根,节段间通过焊接连接。U 肋根据形式定制采购。U 肋加工过程如图 4-8 所示。

图　4-8

图 4-8　U 肋加工过程

4.4.2　单元制作

1）顶底板单元制作

钢箱梁顶板、底板单元由面板、U 肋（或板条肋）组成，是组成钢箱梁的基本构件。顶、底板结构形式如图 4-9、图 4-10 所示。

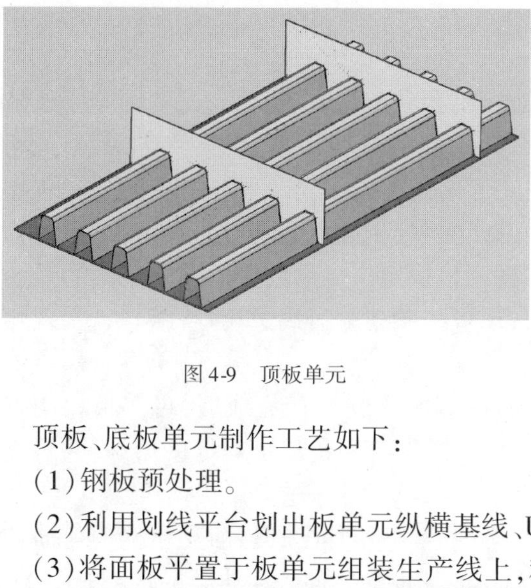

图 4-9　顶板单元

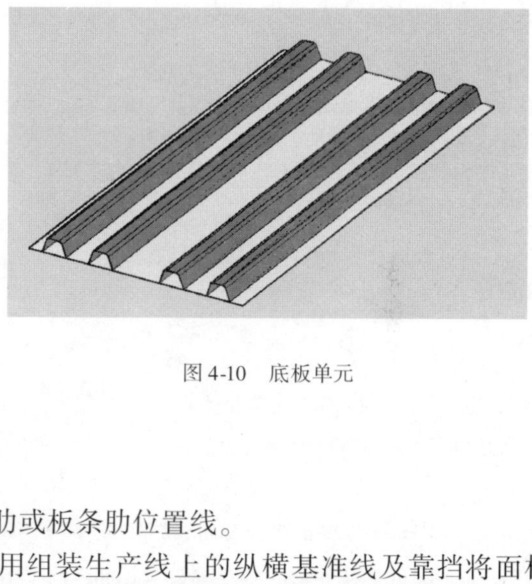

图 4-10　底板单元

顶板、底板单元制作工艺如下：

（1）钢板预处理。

（2）利用划线平台划出板单元纵横基线、U 肋或板条肋位置线。

（3）将面板平置于板单元组装生产线上，利用组装生产线上的纵横基准线及靠挡将面板对线定位卡固，利用门架及其卡槽定位组装 U 肋，板条肋按线组装。

（4）根据板单元焊接过程中的热量输入、应力分布及变形趋势，确定反变形量，设计制作焊接反变形胎架，在胎架上采用“反变形”技术控制板单元的焊接变形。板单元在胎架上采用机械卡紧固定，避免马板对板材的损伤，施焊时采用门式多电极焊接设备同向施焊。焊后按要求探伤。

（5）对板单元焊接变形进行矫正，重点控制边缘波浪变形及翘曲变形。

（6）以顶板纵横基准线为基准，组焊其上横隔板接板结构，并矫正平面度。

（7）板单元矫正后，以纵基线为基准修正横基线，并划出板单元周边切割线（顶板单元仅切割两长边，两短边总拼时配切）。用焰切在平台上直接切出坡口。

(8)在规定位置用白色油漆喷涂杆件编号。

(9)注意事项:

①顶板单元的横隔板接板在U肋与顶板间焊缝处有10mm×10mm过焊孔,接板焊接时,应从顶板连续施焊至U肋槽口的弧形切口部位,U肋与顶板交接处80mm范围内不得起熄弧;焊接到过焊孔时,摆动运条,堵住过焊孔;在弧形切口端部应围焊并将焊缝打磨匀顺。

②顶板单元组焊合格后,顶板U肋采用样板手工焰切端部,并对焰切部位进行打磨处理。

③顶、底板单元是钢箱梁的基本构件,它的外形尺寸、U肋间距、U肋位置等是保证箱梁整体组装精度的基础,为此在制作中采取以下主要措施:

a.采用胎形无码定位组装U肋,严格按纵横基准线精确对线就位确保组装精度,避免焊码对母材损伤,提高生产效率。

b.在控制焊接变形方面,利用反变形胎架设置反变形量,并在纵横向预留焊接工艺补偿量。

c.采用线能量较小的CO_2气体保护自动焊接工艺和优化的焊接顺序在约束条件下焊接,保证焊缝的熔深,减小焊接变形。

d.单元实行无余量切割。

e.对控制焊接后的微小残余变形采用冷、热矫相结合的方法进行矫正,在专用胎架上精密对称切割对接边坡口。

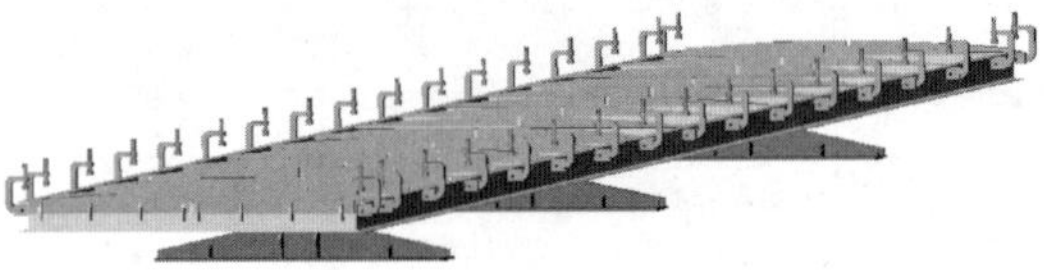

图4-11 焊接反变形胎架

④焊接变形控制。为了控制焊接变形,板块的焊接设计制作专用的焊接反变形胎架(图4-11),根据不同的板块宽度、厚度,横向设置不同的反变形量,板块置于胎架上后周边用丝杠压紧,实现船形焊接。

板块焊接时先向一侧倾斜一定的角度,将U肋同侧的焊缝焊接完成后,再将板块向相反的方向倾斜相同的角度,焊接U肋另外一侧的焊缝,这样更有利于保证焊缝的熔深,并且焊接质量稳定。

所有焊缝焊接时都保持焊接方向一致,根据U肋数量以及焊缝焊接时产生侧向弯曲的倾向安排合理的焊接顺序,减小产生扭曲变形和侧向弯曲变形的倾向。U肋焊接状态如图4-12、图4-13所示。

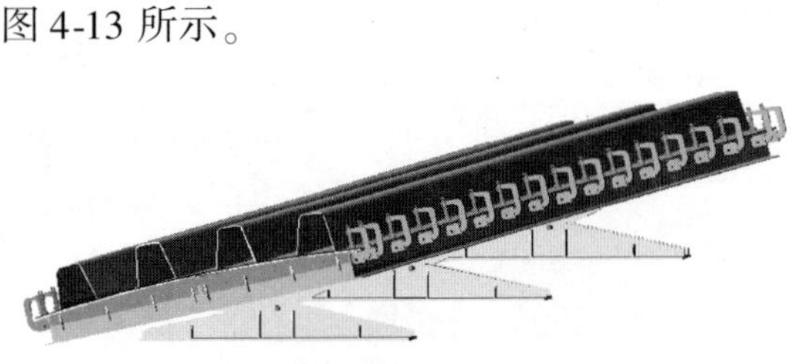

图4-12 U肋焊接状态1

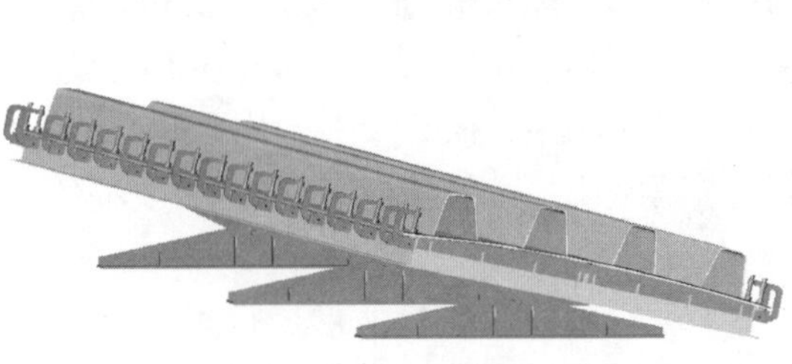

图4-13 U肋焊接状态2

⑤焊接顺序要按照分散的原则,焊接方向要按照同方向的原则(图4-14)。

2)横隔板单元制作

横隔板单元作为钢箱梁组装的内胎,对其制造精度要求较高,它的精度直接影响钢箱梁的断面精度。本桥钢箱梁采用实腹式横隔板,由上部及下部横隔板组焊而成。上部接板根据顶板尺寸制作,并与顶板组焊为整体单元;下部横隔板划分为一块横隔板单元分别制作。

横隔板单元由面板、水平加劲板、竖向加劲板、人孔及管线孔加强圈组成。

横隔板单元结构形式如图4-15所示。

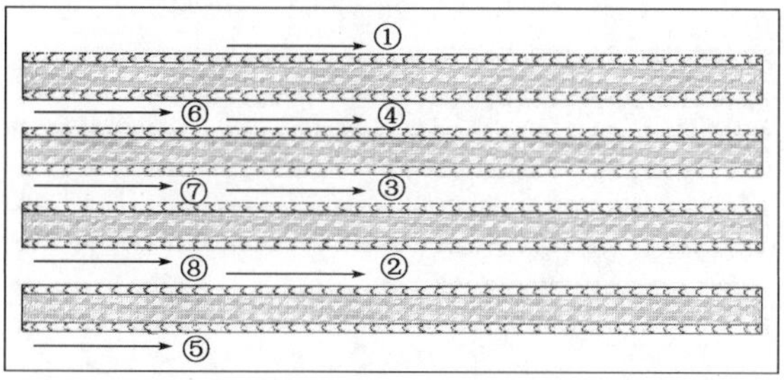

图4-14 板块焊接顺序示意图
(图中圈内数字表示焊接顺序,箭头表示焊接方向)

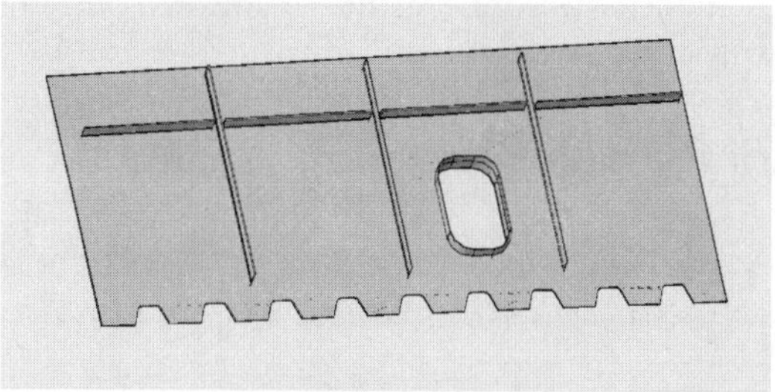

图4-15 横隔板单元

针对横隔板单元结构特点,制作工艺如下:

(1)钢板校平处理。

(2)利用划线平台划出横隔板水平、竖向基准线,并以此基准线划出横隔板加劲板组装位置线。

(3)采用数控切割机精切下料,焰切横隔板上人孔、管线孔及通风孔,同时焰切出横隔板上U肋、板条肋槽口。横隔板U肋(板条肋)槽口焰切时,应增设组装工艺量,消除顶底板单元U肋(板条肋)组装的允许偏差。

(4)按线组装水平、竖向加劲板,在刚性平台约束下焊接。由于横隔板较薄,极易产生焊接变形,因此采取对称、分散、同方向的焊接顺序。在焊接过程中严格按规定的焊接工艺执行,焊后对其平面度进行矫正。

(5)以横隔板人孔、管线孔及通风孔为基准组焊相应加强圈。角点加劲可在钢箱梁总拼时组装。

(6)在划线平台上,修正横隔板水平、竖向基准线,作为节段组装的基准。

(7)在规定位置用白色油漆涂杆件编号。

(8)注意事项:

①为了满足钢箱梁横坡设计要求,横隔板单元面板下料时,应在底边预设横向拱度,以抵消钢箱梁总拼解码后反弹量。横拱度见附图3(钢箱梁起拱示意图)。

②部分边横隔板需先进行荒料对接,后进行横隔板单元的制作。

③横隔板接板采用数控切割机精切下料,对其平面度进行矫正,并涂杆件编号。

3)纵隔板单元制作

本工程钢箱梁根据受力需要,纵隔板采用实腹式。隔板开设孔洞,以便钢箱梁内除湿机检修人员通行。

纵隔板单元结构形式如图4-16所示。

纵隔板单元由面板、水平加劲、竖向加劲及加强圈组成。其制作工艺如下：

(1)面板、竖向加劲采用数控切割机下料，水平加劲及加强圈采用门切下料。

(2)在划线平台上划纵隔板水平和竖向基准线。

(3)将面板平置于板单元组装平台上，按线组装板条肋，注意控制板条肋间距、垂直度。采用机械卡紧固定，在刚性约束下采用线能量小的焊接工艺焊接。焊后按要求探伤。

(4)以横基线为基准划横隔板接板、局部加强劲位置线，并按线组焊接板、加劲板，并修正平面度。

(5)在规定位置用白色油漆涂杆件编号。

4)风嘴单元制作

风嘴板单元包括顶板、底板、斜板和隔板单元。

风嘴单元结构形式如图4-17所示。

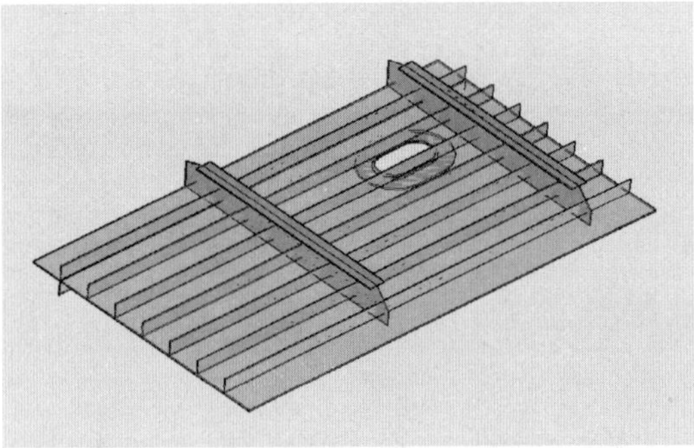

图4-16　纵隔板单元

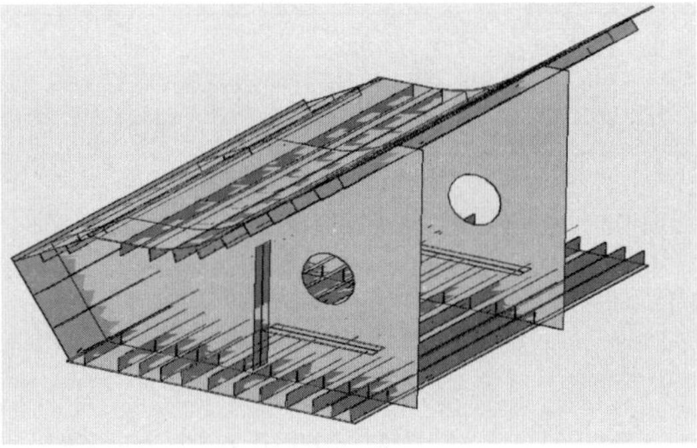

图4-17　风嘴单元

风嘴顶板、斜板、底板制作工艺可参考钢箱梁顶底板制作工艺执行，对于顶、底板上的锚管相贯孔制作，在零件下料时焰切相贯孔公共部分，单元组焊后打磨处理；隔板制作工艺可参考钢箱梁横隔板制作工艺要求。

本桥钢箱梁风嘴单元制作在总拼场地的专用拼焊胎形上完成。风嘴单元由其顶板、斜板、底板和隔板单元组成。风嘴单元制作工艺如下：

(1)检测拼焊胎形纵横基准线、平面度是否满足施工精度要求。

(2)摆放风嘴顶板单元，用经纬仪监控板单元基线与胎形基准线对正，并与胎形刚性码固。

(3)按顶板单元纵横基准线划隔板组装位置线，并按线组装隔板单元，注意控制隔板组装位置、垂直度及平面度等项点。组装检测合格后，采用临时支护保证结构稳固、安全，并采用热输入量小的工艺焊接。

(4)以隔板为内胎组装斜板单元，注意控制斜板单元组装位置，尺寸合格后点焊固定，施焊连接部位焊缝。

(5)按胎形基准线定位风嘴底板单元，并对风嘴结构尺寸进行整体检测，重点控制开口侧箱高、直线度等项点。检测合格后，焊接板单元与相邻件的焊缝。

(6)组焊风嘴临时吊点,修正块体纵横基线,作为后续组装的基准。

(7)在规定位置用白色油漆涂杆件编号。

风嘴顶板组装、横隔板组装、斜底板组装、底板组装如图4-18～图4-21所示。

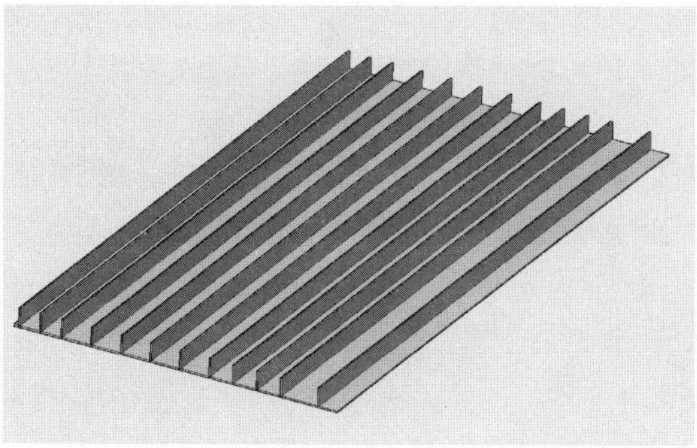

图4-18　风嘴顶板组装

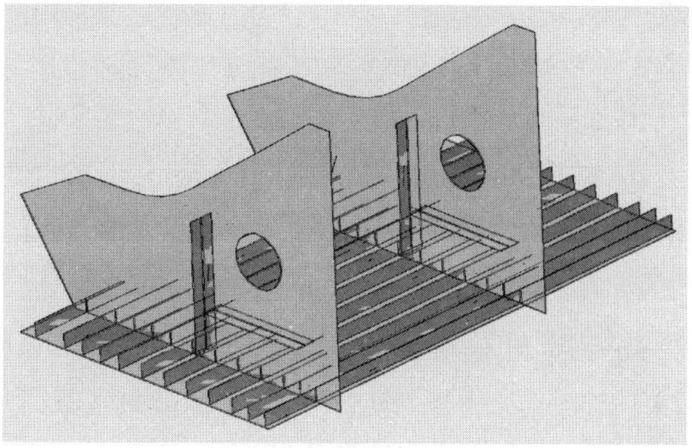

图4-19　风嘴横隔板组装

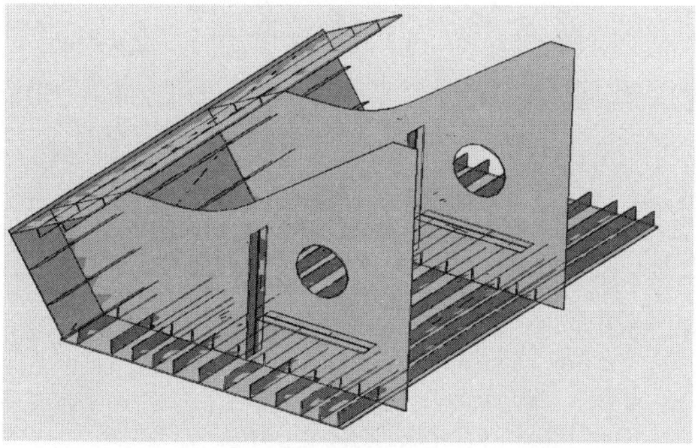

图4-20　风嘴斜底板组装

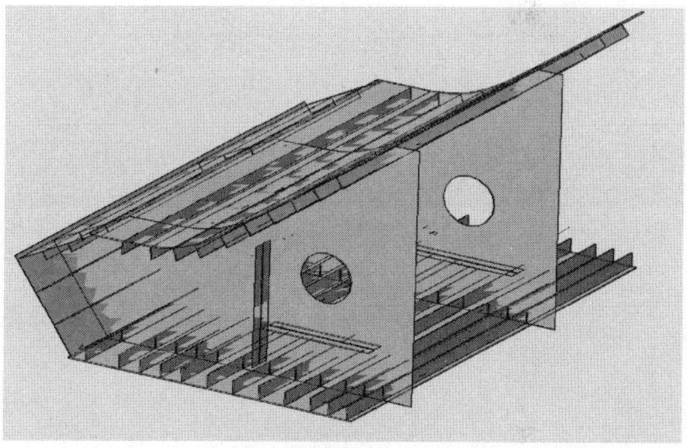

图4-21　风嘴底板组装

5)合龙段板单元制作

本合龙段包括边跨1个合龙段为南岸E节段,其板单元制作时应考虑节段长度偏差、钢箱梁压缩量、架设偏差等因素,在板单元长度方向预留桥位二次配切量,以保证合龙口的连接要求。

边跨合龙段板单元一端100mm工艺留量,其余制作要求与相应板单元工艺类似。

6)合件制作(两拼顶板单元制作)

在两拼板单元拼接胎架上将两顶板单元拼接成两拼板单元,焊接时板单元与胎架码固。对焊缝两侧50mm宽范围除锈,采用背面加陶质衬垫的单面焊双面成型工艺焊接,CO_2气体保护半自动焊进行底层焊缝的焊接,共焊接两道,然后采用埋弧自动焊施焊其余焊缝,在焊缝检验合格后解除码固并进行平面度矫正。

7)连接匹配件、临时吊耳制作

按照合同约定,工厂制作与安装连接匹配件、临时吊耳。临时吊耳制作时,应严格控制焊接质量,对主要焊缝进行探伤。钢箱梁预拼装检验合格后,在各段钢箱梁相应位置组装连接匹配件及临时吊耳,以满足钢箱梁吊装、架设的需要。

8）节段制作

钢箱梁节段组装时以胎架为外胎，以横隔板为内胎，通过测量网监测板单元就位精度，在尽可能少的马板约束下施焊。待胎架上所有梁段组焊完成后，解除码板，再在胎架上进行水平预拼装作业。

9）高强度螺栓施工工艺

（1）施工准备

①本工程使用的高强度大六角头螺栓连接副性能等级为10.9级，高强度螺栓连接副是由1个大六角头螺栓、1个高强度大六角螺母、2个高强度垫圈组成。

②高强度大六角头螺栓连接副的形式尺寸、形位公差与技术要求应符合国家标准《钢结构用高强度大六角头螺栓》（GB/T 1228—2006）、《钢结构用高强度大六角头螺母》（GB/T 1229—2006）、《钢结构用高强度垫圈》（GB/T 1230—2006）、《钢结构用高强度大六角头螺栓、大六角头螺母、垫圈技术条件》（GB/T 1231—2006）的规定。

③高强度螺栓连接副由生产厂按批次配套供货，每批次必须有生产厂提供的产品质量保证书，根据GB/T 1231—2006的规定，对保证扭矩系数供货的螺栓连接副最大批量为3 000套。

④高强度螺栓到货后应及时复验（生产厂商对产品的质量保证期为6个月），复验应符合国家标准《钢结构用高强度大六角头螺栓、大六角头螺母、垫圈技术条件》（GB/T 1231—2006）的规定，复验后，如对产品质量有异议，应在产品质量保证期内向生产厂提出，进行仲裁试验。

⑤高强度螺栓连接副在运输、保管过程中应防雨、防潮，并应轻装、轻卸，防止损伤螺纹。

⑥高强度螺栓连接副应按包装箱上注明的批号、规格分类保管，室内架空存放，堆放不宜超过五层。保管期内不得任意开箱，防止生锈和沾染脏物。

（2）构件的要求

①构件的尺寸公差、栓孔的过孔率应符合现行《铁路钢桥制造规则》的有关规定。

②栓接板面应平整、无焊接飞溅物、无油污，孔边、板边应无毛刺和飞边。

③高强度拼接摩擦面：出厂状态其表面抗滑移系数应不小于0.55，发运构件时必须提供出厂时测试的栓接面抗滑移系数试验数据。

④抗滑移系数试件与钢梁应为同一材质、同批制造、同一摩擦面处理工艺，并在相同条件下运输、存放，凡构件2 000t做一次抗滑移试验，每批次三组试件。抗滑移系数试件的设计、制作和测试应符合《铁路钢桥栓接板面抗滑移系数试验方法》（TB 2137—1990）的规定。

⑤在吊装、运输、存放过程中，应防止栓接板面磨损、沾染脏物和油污。

（3）高强度螺栓连接副的安装

①梁段安装必须进行抗滑移系数试验，试验方法应符合铁道部标准《铁路钢桥栓接板面抗滑移系数试验方法》（TB 2137—1990）的规定。每批次抗滑移系数最小值不得小于0.45。如不符合要求，应查明原因并采取相应措施直至重新处理构件，重新处理后，应再次进行抗滑移系数试验，确认抗滑移系数符合要求后方可施工。

②构件拼装前，应除去毛刺、飞边、焊接飞溅物，并用细铜丝刷、干净棉丝除去栓接面和栓孔内的脏物。对沾有油污处，应用丙酮擦净，栓接面必须干燥，不应在雨中作业。对翘曲板面应予平整。

③构件拼装时，每个节点均应按现行《铁路钢桥制造规范》的规定，穿入足够数量的冲钉和安装螺栓。冲钉穿入数量不得少于螺栓孔总数的10%，安装螺栓不得少于螺栓孔总数的20%。

④高强螺栓连接副的安装应在结构构件位置调整准确后进行。高强度螺栓、螺母、垫圈必须按生产厂提供的批号配套使用，并不得改变其出厂状态。

⑤安装时，螺栓穿入方向以施工及维修方便为准，并力求一致。高强度螺栓连接副组装时，螺栓头一侧及螺母一侧应各布置一个垫圈，垫圈内倒角的一侧应朝向螺栓头、螺母支撑面。

⑥安装时严禁强行穿入螺栓。

⑦当拼装出现摩擦面间隙时，间隙小于1mm时，不予处理；间隙为1.0mm～3.0mm时，将厚板一侧磨成1:10的缓坡，使间隙小于1mm，用砂轮机磨时，应是砂轮打磨方向与受力方向垂直；间隙大于3mm时加垫板，垫板厚度不小于3mm，垫板材质和摩擦面处理方法应与构件相同。

⑧施拧前应按每班实际需要量用高强度螺栓连接副，安装剩余的连接副必须装箱妥善保管，不得乱扔、乱放。在安装过程中，不得碰伤螺纹和沾染脏物。

(4)高强度螺栓连接副拧紧工艺

①高强螺栓等级为10.9级，其设计预拉力、施工预拉力应符合《公路桥涵施工技术规范》(JTG/T F50—2011)的规定。

②高强度螺栓的拧紧方法为扭矩法，拧紧分为初拧、复拧和终拧，高强度螺栓连接副的拧紧应在螺母上施拧。

③高强度螺栓的拧紧顺序，应从节点中刚度大的中间部分向不受约束的边缘进行，对大节点则应从节点中央沿杆件向四周进行。

④高强度螺栓连接副的初拧、复拧和终拧应在同一工作日完成。

⑤高强度螺栓连接副的初拧、复拧和终拧均应使用定扭矩扳手，使用前，定扭矩扳手必须标定，其扭矩误差不得大于使用扭矩值的±5%。每班操作前及操作后，必须对施工扳手进行扭矩校正，校正结果填入记录表中，并由校正人签认。在操作后进行扭矩校正时，如发现其误差超过允许范围，则对该工班用该扳手终拧的高强度螺栓连接副全部用检查扳手按相关规定进行检查、处理。电动扳手应与控制箱配套使用，并应独立供电及配置稳压电源。

⑥施工后的扭矩扳手校正后，使用者不许改变其扭矩，注意不能碰到控制器；在使用过程若发现异常情况应即时报告专业人员，由其进行处理。电动扳手在打开开关后将高强度螺栓拧到规定扭矩时自动关机，不可中途松手停机，其起动扭矩不应超过标定扭矩的70%。改变旋转方向时，其延时保护装置起作用，超过5s方能起动；手动扳手拧到规定扭矩时，扳手会出现"当"的响声，表示已经到位，在使用时注意平稳加力，不许冲击加力。

⑦试拧高强度螺栓时，高强度螺栓和扳手的发放、使用要有专人负责并记录，严禁螺栓、扳手混用。

⑧临时螺栓和冲钉倒换高强度螺栓时，应在其余高强度螺栓终拧完成后进行，以防止结构尺寸发生变化。

⑨施拧前，应按生产厂提供的批号，每批测定高强度螺栓连接副的扭矩系数，该批扭矩系

数平均值和标准偏差应符合图纸要求。扭矩系数平均值应在0.11～0.15范围内，标准偏差应小于或等于0.01。复验数据作为施拧的主要参数。根据GB/T 1231—2006的规定，对保证扭矩系数供货的螺栓连接副最大批量为3 000套，并按每批抽取8套检验扭矩系数。高强度螺栓的其他试验参照GB/T 1231—2006执行。

⑩每批高强度螺栓连接副的终拧扭矩应由下式计算确定

$$T_e = K \times P_c \times d$$

式中：T_e——终拧扭矩（N·m）；

K——高强度螺栓连接副扭矩系数平均值，由复验报告得出；

P_c——高强度螺栓施工预拉力（N）；

d——高强度螺栓公称直径（mm）。

⑪初拧扭矩和复拧扭矩为终拧扭矩的50%。初拧、复拧、终拧高强度螺栓分别用三种不同颜色的油漆在螺母与垫圈同一部位涂上标记（红色——初拧、黄色——复拧、蓝色——终拧），以防漏拧。

⑫终拧时，施加扭矩必须连续、平稳，螺栓、垫圈不得与螺母一起转动，如果垫圈发生转动，应更换高强度螺栓连接副，按操作程序重新初拧、复拧、终拧。

（5）质量检查

①高强度螺栓连接副施工质量的检查应有专职质量检验员进行。

②检验扭矩扳手使用前必须标定，其扭矩误差不大于使用扭矩的±3%。

③对复拧后的全部高强度螺栓连接副，用重约0.3kg的小锤敲击螺母对边的一侧，用手指紧按住螺母对边的另一侧进行检查，以防漏拧。

④观察全部终拧后的高强度螺栓连接副，检查复拧后用油漆标记的螺栓与螺母的相对位置是否发生转动，以检查终拧有否漏拧。对螺栓群高强度螺栓连接副总数的5%，但不少于2套进行终拧扭矩检查。采用松扣、回扣法检查：先在螺栓与螺母相对位置划一细直线作为标记，然后将螺母拧松30°，再用检查扭矩扳手把螺母重新拧紧至原来位置（使所划细直线重合），测量此时的扭矩应在$0.9T_{ck}$～$1.1T_{ck}$范围内。T_{ck}按下式计算：

$$T_{ck} = K \times P \times d$$

式中：T_{ck}——检查扭矩（N·m）；

K——高强度螺栓连接副扭矩系数平均值，由复验报告得出；

P——高强度螺栓设计预拉力，见本规程4.4.1；

d——高强度螺栓公称直径（mm）。

每个栓群检查的螺栓，其不合格者不得超过抽查总数的20%，超过者则应继续抽查直至累计总数80%的合格率为止，然后对欠拧者补拧，超拧者更换重新拧紧。

a. 高强度螺栓连接副的终拧扭矩检查应在终拧4h以后、24h之内完成。

b. 高强度螺栓施工质量应有下列施工、检查记录：

高强度螺栓连接副的复验数据。

a）栓接板面抗滑移系数试验数据；

b）施拧扳手和检查扳手的标定、校正记录，施拧扳手的发放，校验记录；

c)初拧扭矩、终拧扭矩；

d)各节点高强度螺栓连接副复拧扭矩、终拧扭矩检查记录。

4.5　钢箱梁总拼(节段组装)

4.5.1　总拼胎架设计

1)总拼胎架制作要求

为保证钢箱梁的外轮廓尺寸及部件位置的准确,针对该桥结构特征设计钢架式梁段总拼胎架一组。胎架总长90m、宽31m,胎架高为1.8m,可一次总拼9个标准梁段,实施“8+1”个标准梁段总拼。

总拼胎架以底板外形为基准面确定形状,并预留一定的反变形工艺量,利用型钢制作支承钢架与基础预埋件焊接,支承钢架分横向钢架和纵向连杆,每3m设一道横向钢架,用纵向连杆将横向钢架连接起来形成框架结构,使其具有足够的刚度,不会随使用时间的延续发生变形。为保证液压平车进、出胎架,将临时支点处的胎架横向钢架设计成可拆卸式,销钉定位连接,其宽度和胎架高度与液压平车的宽度和起升高度相匹配。

总拼胎架纵向不设拱度,为便于箱内施焊、通风作业,梁段纵向接口间留100mm间隙。为抵消梁段解马后上箱口的弹性变形,确保钢箱梁锚管间距、设计横坡要求,在总拼胎架的横向设计预拱度。

总拼胎架制作完成后,对其线形、平面度等项点进行全面检测,并报监理工程师确认后,方可用于钢箱梁的制造。每轮总拼开始前,应对总拼胎架精度进行检测。胎架形式如图4-22所示。

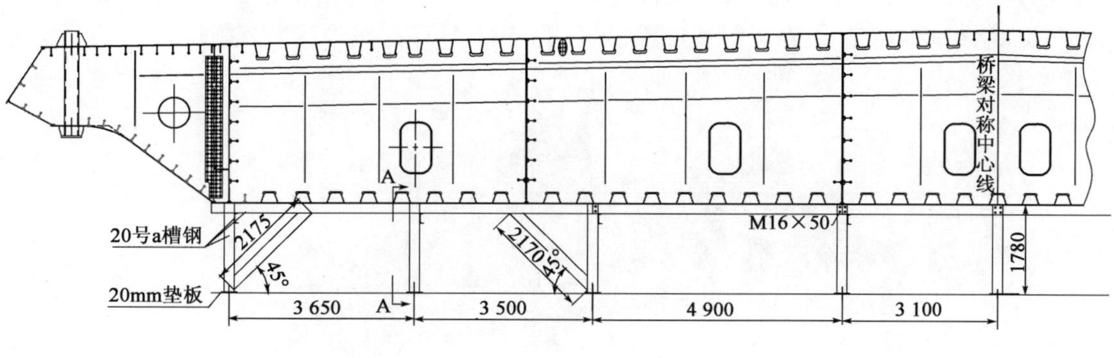

图4-22　胎架示意图(尺寸单位:mm)

2)测量网布设要求

在胎架两端设三对与胎架分离的独立测量塔,作为梁段横向定位的基准;在垂直于胎架纵向适当位置布设测量基准线,作为节段纵向定位的基准(即“三纵一横法”)。在胎架纵向两侧布设高程基准点,其基准点纵向间距以不大于50m为宜,作为钢箱梁特征点高程的检测基准。

测量网布设完成后,对其整个测量网精度进行整体检测,检测精度满足施工要求后方能用于钢箱梁总拼作业。在每轮总拼开始前,应对监控测量网复测,保证基准点精度符合钢箱梁制造要求。

4.5.2 钢箱梁总拼工艺

根据本桥结构特点,梁段整体组装采用立体、阶梯推进方式生产,在总拼胎架上采取“正装法”依次组焊9段钢箱梁,即以总拼胎架为外胎,横隔板为内胎,依次将各梁段的底板单元、横隔板单元、纵隔板单元、顶板单元、风嘴结构及其他零部件在胎架上组焊成钢箱梁节段。钢箱梁总拼工艺如下:

(1)底板组焊(图4-23):以中间测量塔和横向基准线为基准定位桥轴线处的底板单元(即基准板单元,宜在无太阳直射时定位),再以基准板单元纵、横基准线对称组装两侧相邻底板单元,相邻底板组装时应增设一定焊接收缩量,并用弹性马板与胎架弹性连接固定。底板定位检查合格后,按制定的焊接工艺对称施焊。按照上述要求,依次组装底板单元至其与风嘴斜底板单元角点处。

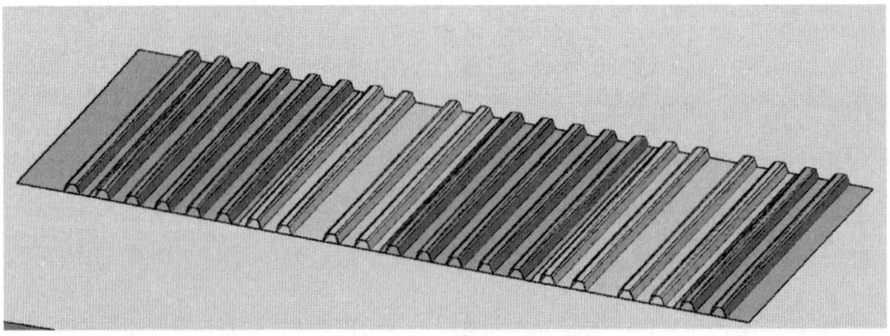

图4-23 底板单元拼焊

(2)横隔板组焊(图4-24):以中间测量塔和横隔板位置线组装中间横隔板单元,采用临时支撑进行加固,保证其结构稳固性。两侧边横隔板单元以中间横隔板及纵隔板为基准对称组装,注意控制组装间隙。横隔板组装位置、垂直度检测合格后,按焊接工艺施焊。

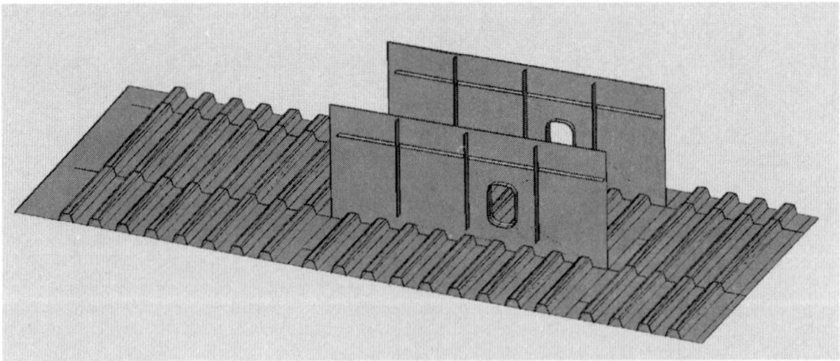

图4-24 中间横隔板拼焊

纵隔板组焊(图4-25~图4-27):以边测量塔和底板横基线以及横隔板为基准,组装纵隔板单元。注意上箱口宽度工艺量的预留,重点控制纵隔板中心线与桥轴中心线的距离;检测纵向位置和角度;同时检查纵隔板与横隔板的对正情况。各向尺寸检测合格后,点焊定位,适当增设马板约束焊接变形,并按工艺进行施焊,主要为先立焊后平焊,并且对称施焊。

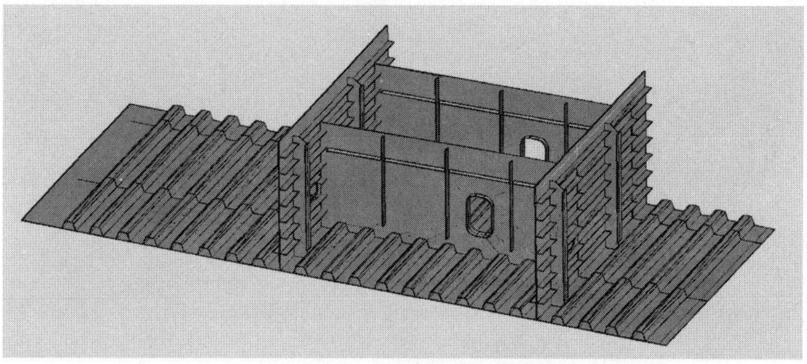

图 4-25　中间纵隔板拼焊

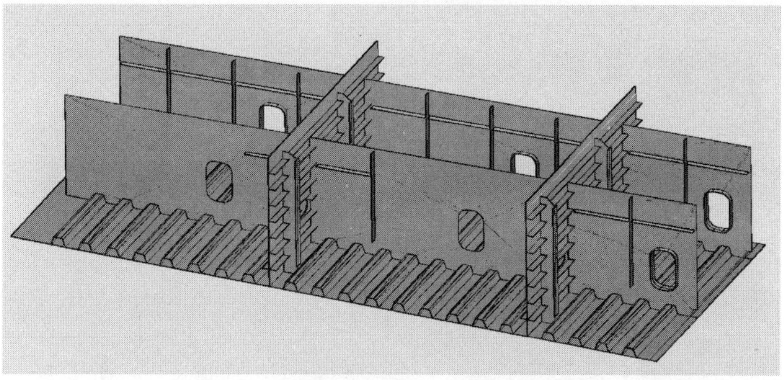

图 4-26　两侧横隔板及纵隔板拼焊

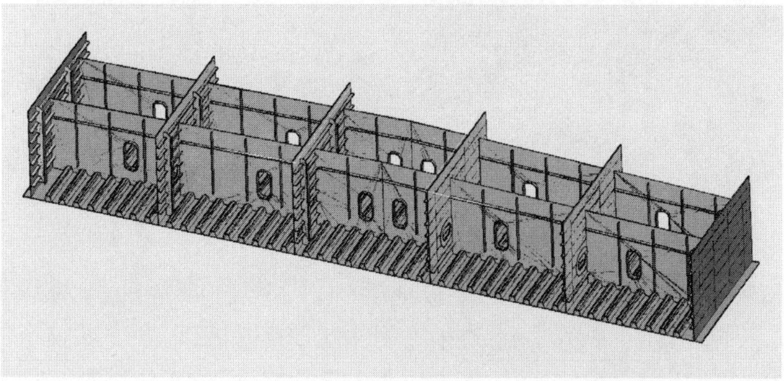

图 4-27　钢箱梁横隔板及纵隔板拼焊完成

(3)顶板组焊(图 4-28、图 4-29):先以中间测量纵、横向基准线为基准组装桥轴中心线处顶板单元,定位合格后将其与下部横隔板码固,并以桥轴处顶板单元纵横线为基准依次组焊横隔板上部顶板单元及相邻顶板单元;以两边测量塔、底板横基线对称组焊两边顶板单元。顶板单元组装时,应注意横隔板接板与横隔板对正,对接缝处设一定量预拱(减小对接缝角变形),并采用码板控制横向收缩。

(4)风嘴组焊(图 4-30):以顶、底板纵横基线为基准组装风嘴。风嘴安装在钢箱梁顶推到位后进行,总拼胎架部分仅作预拼。预拼时与外纵隔板及底板用码板码固,检测钢箱梁总宽、箱口对角线满足要求后,脱胎。

(5)修正基准线:钢箱梁节段所有焊缝施焊、探伤完成,并对焊接变形进行矫正,待整体尺寸检测合格后,以纵向测量塔为基准修正梁段纵横基准线,作为后续预拼装的基准。

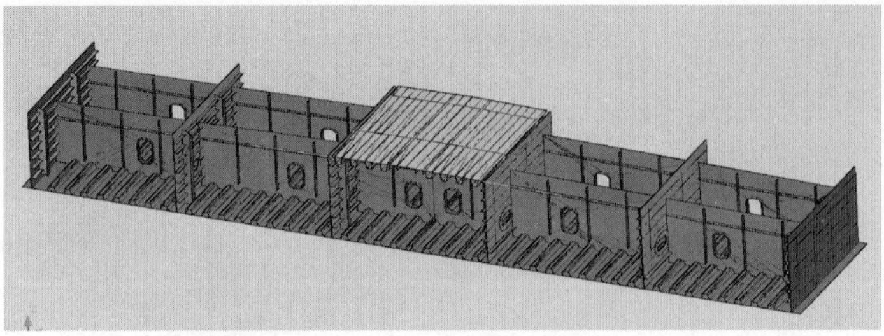

图 4-28　中间顶板拼焊

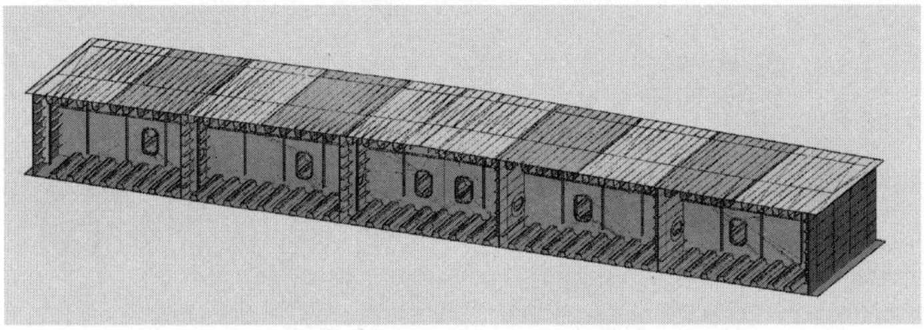

图 4-29　顶板拼焊完成

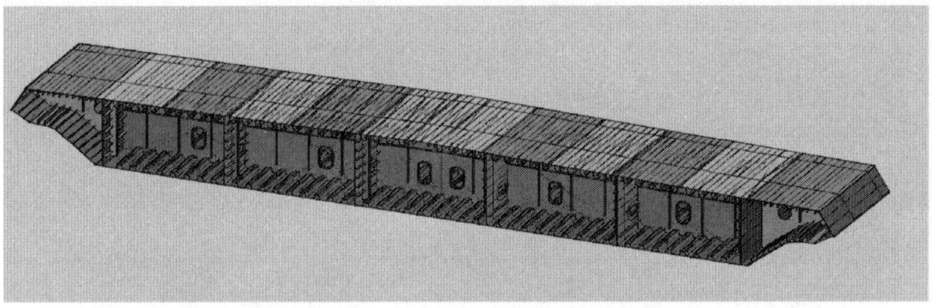

图 4-30　风嘴参与胎架预拼

(6)配切顶板两端:以修正后的横基线为基准,在考虑桥位竖曲线对顶板长度的影响值基础上,划顶板两端二次配切线,采用半自动小车严格配切顶板两端及坡口。

(7)梁段解码参与预拼装:钢箱梁与胎架解码后,全面修磨点焊码板部位,并复查相邻两节段接口相对差,超差时进行修整,合格后方可参与预拼装。对吊索锚管中心距要重点检测,当发现有偏大或偏小的趋势时,应及时调整上箱口预留工艺量,使其偏差满足规范要求。

(8)预拼装:在钢箱梁总拼胎架上进行平位预拼装。每轮预拼装 9 个梁段,标准段采用“8 + 1”个梁段预拼装,按设计要求每轮预拼装后保留一节复位梁段参与下轮预拼装,这样首尾相接完成所有预拼装作业,共 8 轮。将每轮不参与下次预拼装的梁段运至涂装车间进行除锈、涂装。预拼装修整接口对接边错边,使错边量小于 1mm,保证桥位安装时顺利对正及焊接。

4.5.3　合龙段制作工艺

合龙段组装工艺与标准段基本相同,在节段组焊完成后,其配切端预留的二次配切量暂不切割。待合龙口长度测量确定后,划线整体切割梁段配切端至合龙口实际长度,配切后还需进行检测、调整,确保合龙时接口的顺利连接。

4.6 钢箱梁预拼装(节间预拼装)

按照钢箱梁架设顺序,在钢箱梁总拼胎架上进行平位预拼装。每轮预拼装9个梁段,标准段采用“8+1”个梁段预拼装,按设计要求每轮预拼装后保留两节复位梁段参与下轮预拼装,这样首尾相接完成所有预拼装作业,共8轮。将每轮不参与下次预拼装的梁段运至涂装车间进行除锈、涂装。

4.6.1 预拼装目的

钢箱梁在总拼现场进行预拼装,可实现梁段接口的精确匹配,修正梁段的相关尺寸,避免在高空调整,减少高空作业难度和加快顶推速度,确保钢箱梁顺利架设。预拼装解决的主要问题有:

(1)钢箱梁长度的控制。

(2)钢箱梁旁弯、拱度的调整。

(3)接口焊缝间隙及相邻接口对接缝错台的调整。

(4)组焊桥位架设用临时连接匹配件、临时吊耳。

(5)布设桥位安装架设用基准线。

4.6.2 预拼装工艺

钢箱梁在总拼胎架上按以下工艺进行预拼装作业:

(1)修整接口对接边错边,使错边量小于1mm,保证桥位安装时顺利对正及焊接。

(2)确定出接口的工艺量t_1(环缝焊接收缩量+理论梁长与投影长差值),并报请监理工程师同意。

(3)根据施工监控和设计方提供的钢箱梁制造线形,以底板为基准计算出各轮总拼每个接口处各匹配件处由于拱度引起的顶板伸长量t_2(以底板为基准起拱,故底板处$t_2=0$),并报请监理工程师同意。

(4)测量接口相邻两梁段间横基线间距,减去两梁段横基线理论间距值,得到差值t_3。

(5)根据t_1、t_2、t_3值求出各匹配件的加垫厚度$\Delta t = t_3 - t_1 - t_2$。配备总厚为Δt的垫板栓合于成对的匹配件之间,安装在环缝两侧相应的位置。并在靠近外腹板处的顶板面上以环缝为中心划出间距为$(400+\Delta t)$mm的两条吊装对位线,在预拼装解体后撤掉匹配件之间所加的垫板,高空吊装后只要将匹配件准确顶紧定位,并检查对位线间距为400mm时,即可达到预期的架设线形。

(6)检查环缝实桥焊接间隙:测量接口匹配件位置的实际摆放间隙t_4,推算出该处实桥焊接间隙t_5($t_5=t_4-\Delta t$),$t_5=6$mm时表示实桥焊接间隙为6mm(工艺值为6mm),若$t_5<4$mm,说明实桥焊接间隙过小,施焊困难,故需按6mm进行修正。

(7)按预拼装检测项点要求进行全面检查,合格后施焊匹配件焊缝。

(8)钢箱梁段预拼装解体时,对梁段进行编号,运至涂装厂房进行除锈、涂装。

4.7 钢箱梁涂装

4.7.1 涂装方案

1)现场整体涂装

防腐涂装是桥梁施工的重要组成部分,对桥梁的维护和使用寿命起着重要的作用,因此,防腐涂装在施工开始阶段的施工组织设计中统筹安排。

钢箱梁主梁在贵港桥址现场进行总拼及预拼,预拼装完成后将钢箱梁转运至涂装车间进行整体防腐,风嘴部分在宜昌基地涂装完成,避免增加现场涂装工作量。本工程涂装体系见表4-4。

钢箱梁涂装体系表 表4-4

防腐部位		涂层	涂料品种	道数/最低干膜厚(μm)
钢箱梁	顶板		手工或动力工具除锈, Sa2.5级	Rz30~80μm
		底漆	环氧富锌底漆	1/60
		总干膜厚度		60
	外表面(不含顶板)		表面喷砂除锈,Sa2.5级	Rz30~80μm
		底涂层	鳞片型醇溶无机富锌涂料	1/40
		中间涂层	环氧云铁(厚浆)漆	(1~2)/160
		面涂层	第一道中涂面漆:氟碳中涂漆	1/40
			第二道面漆:(4F)氟碳面漆	1/40
		总干膜厚度		280
	内表面		表面喷砂除锈,Sa2.5级	Rz30~80μm
		底涂层	鳞片型醇溶无机富锌涂料	1/40
		面涂层	环氧云铁(厚浆)漆	(3~4)/200
		总干膜厚度		240
	内表面		表面喷砂除锈,Sa2.5级	Rz30~80μm
		底涂层	鳞片型醇溶无机富锌涂料	1/40
		面涂层	环氧云铁(厚浆)漆	(3~4)/200
		总干膜厚度		240
	风嘴内表面		表面喷砂除锈,Sa2.5级	Rz30~80μm
		底涂层	鳞片型醇溶无机富锌涂料	1/40
		面涂层	环氧云铁(厚浆)漆	(3~4)/200
		总干膜厚度		240
摩擦面			表面喷砂除锈,Sa3级	Rz30~80μm
		防滑层	热喷铝	1/160
		总干膜厚度		160

在本桥桥址现场建立两间涂装车间，一间为喷砂房，一间为涂装房。车间尺寸为35m×12m×7m。

现场环形焊缝两侧50mm范围内不涂装，采取措施进行保护。待现场顶推焊接完毕并检查合格后，清除焊渣、焊豆，对焊缝部位及周围损坏的涂层采用手工机械打磨，清洁度达到St3级，表面无油、干燥，然后按该部位涂层体系补涂相应底漆、中间漆和面漆。补涂采用刷涂或喷涂，第一道漆采用刷涂以增强油漆对基体的渗透力。

2）损伤部位修补

构件在转运和梁段连接过程中，对损坏的油漆应进行补涂。对大面积损伤的，必须重新打砂按层修补；局部小面积损伤者用手工打磨进行修补，打磨应适当扩大受损区域，按照该部位涂装配套体系进行补涂（图4-31）。

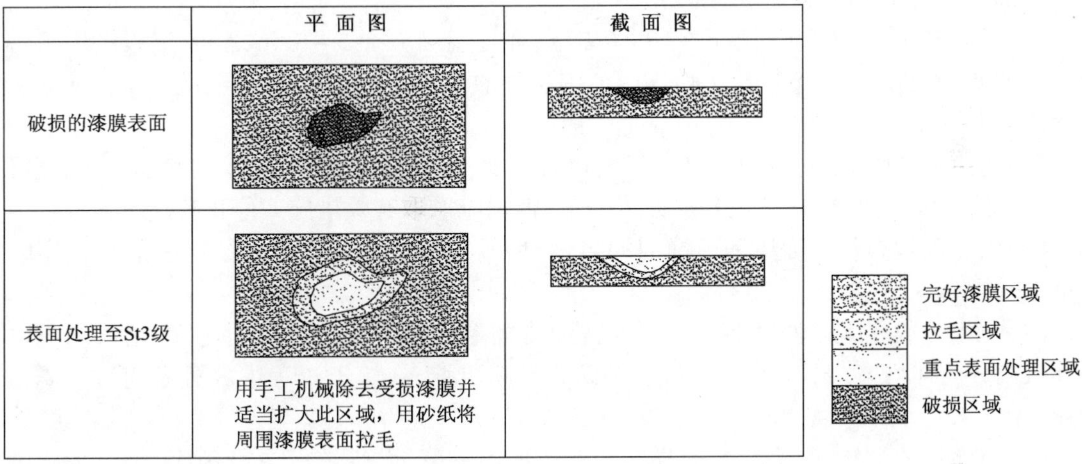

图4-31　损伤部位修补示意图

4.7.2　涂装施工工艺要求

1）喷砂前表面处理

（1）所有锐角边须磨成半径为2mm左右的圆弧。

（2）所有焊渣和焊豆必须清除干净。

（3）咬边和气孔在喷砂前要修补并磨平。

（4）喷砂前所有钢板毛刺须除掉。

（5）所有支架等妨碍喷砂的东西要移走，损伤的部位要修补并磨平。

（6）必要时焊缝需打磨，以减少尖锐的表面。

（7）所有的油、污物要清除干净。

2）喷砂除锈工艺要求

（1）喷砂除锈所用钢砂及钢丸应符合《铸钢丸》（YB/T 5149—1993）、《铸钢砂》（YB/T 5150—1993）的规定。在使用过程中，可根据喷砂后钢表面清洁度与粗糙度情况对配比进行调整。

（2）喷砂除锈前必须全面检查打砂设备，做好必要的试验，并布置好设备。

(3)喷嘴到钢板表面应保持100~300mm的距离,喷射方向与钢材表面成60°~80°夹角,清理后的表面不能用脏手或油手套触摸。

(4)喷砂后应进行检查,标出漏打或不合格部位。

(5)全面打砂除锈后,对漏打或不合格部位进行补打砂,达到涂装所要求的标准。

(6)打砂完后,所有钢板表面(包括脚手架上)的灰尘需采用吸尘器或高压空气清理干净。

(7)除锈后应在4h内(或钢板表面颜色未产生变化前)进行涂装,除锈后湿度较大时应缩短间隔时间。

(8)所用压缩空气必须不含水、油,保持清洁,油水分离器必须定期清理。

(9)在喷砂除锈施工前,应对相对湿度、钢板温度、露点温度进行检测。空气相对湿度须低于85%,金属表面温度要高于露点以上3℃才能施工。

3)油漆涂装工艺要求

(1)油漆施工时空气相对湿度在85%以下,环境温度应在5~38℃之间,钢板温度不得高于50℃且钢板温度必须高于露点3℃以上(因各种油漆对环境的要求不同,故应以油漆施工技术参数为准)。

(2)每道油漆喷涂前应检测环境温度、相对湿度、露点温度、钢板基体温度、油漆黏度等是否符合该油漆施工要求,均满足要求方可施工,否则应采取有效措施或停止喷漆。

(3)喷漆前检查每道油漆和稀释剂的名称、型号、批号、混合比、配比方法、混合使用时间及重涂时间。

(4)双组分或多组分油漆混合一定要按油漆桶上标明的比例进行配比,采用风动或电动搅拌机充分搅拌均匀;尤其是富锌涂料,为防止锌粉沉淀,在施工过程中放置时间过长需再次搅拌。

(5)每道油漆喷涂前,要对结构复杂的部位如角钢背面、焊缝等进行预涂,预涂采用刷涂或辊涂,棱角部位应适当增加涂层厚度。

(6)喷涂压力0.6MPa,喷涂距离应保持在300mm左右,喷涂角度80°~90°;喷涂时喷枪应平行于工件表面匀速移动,每枪压盖范围在1/2~1/3。

(7)每道油漆喷涂时,要按设计的湿膜厚度进行喷涂,同时不间断地用湿膜厚度测量仪测量,以保证涂层的厚度和均匀性。

(8)每道油漆喷涂完后,要对漆膜进行检查,并对漏喷、流挂、漆膜不规则或厚度不够的部位进行修补。

(9)所有油漆喷涂完后,必须对漆膜进行全面的检查,如有缺陷须进行修补。

4.7.3 质量控制

1)喷砂磨料质量控制

(1)1.1磨料应清洁、干燥、性能符合《铸钢丸》(YB/T 5149—1993)、《铸钢砂》(YB/T 5150—1993)的要求;喷砂选用的钢砂应满足G18~G25的要求,钢丸应满足S390的要求。

(2)进库前的磨料应验证其合格证和质保书,并对磨料的大小、形状、缺陷丸数量等进行检查。

(3)使用过程中定期对磨料进行检查,并进行过筛、除灰、补充等处理。

2)涂装材料质量控制

(1)涂装材料应性能可靠、防蚀性强、耐候性好,其防护年限应满足设计图纸规定的年限。

(2)所有用于本工程的油漆应符合生产厂家登记的配方。

(3)所有漆料应装在封闭容器内,在容器侧面清楚地标明生产厂名、漆料的注册说明、颜色、油漆生产厂参考号、批号和生产日期。

(4)各种涂料或油漆入库前应验证其合格证、质保书等,符合要求方能入库,并做好登记与标识工作。

(5)漆料应储存于涂装区域的100m以内,视需要提供隔热、加热和通风手段以保持漆库的温度在5~27℃之间。

(6)用于本工程的所有油漆应按有关标准要求进行取样,并送到指定的涂料检测中心进行检验,只有经检验合格并经监理工程师认可的涂料才能用于涂装施工。

第 5 章　钢箱梁安装

5.1　钢箱梁安装施工特点

由于要先进行主梁加劲梁架设施工，此时无法与常规悬索桥一样借助已形成的缆索系统架设梁体，跨越大江大河的巨大沉重梁体安装也无法通过常规的起重吊装手段实现，其主跨加劲梁只有通过增设陆地和水中临时支撑体系接应、逐段拼装及导梁辅助顶推的施工方法进行安装。

根据郁江流域通航要求，本桥主跨钢箱梁顶推临时支墩跨度最大按 85m 设计，以能在桥址处留出两条航道：江心中跨布置 3 个临时支墩，最大高度为 40m，边跨各设置 2 个临时墩，高度约为 25m；全桥共设 7 个临时墩，主跨临时墩跨距为（55 + 85 + 85 + 55）m。临时墩墩顶设滑移顶推装置，然后在右侧主塔和第一组临时墩上搭设拼装平台，并设运梁提梁通道。预先在拼装平台上拼装 3 个节段，然后安装前导梁，并向前顶推 27m。然后每拼装 3 个节段顶推一次，不断循环直至全部钢箱梁顶推完成。临时墩整体布置平面图如图 5-1所示。

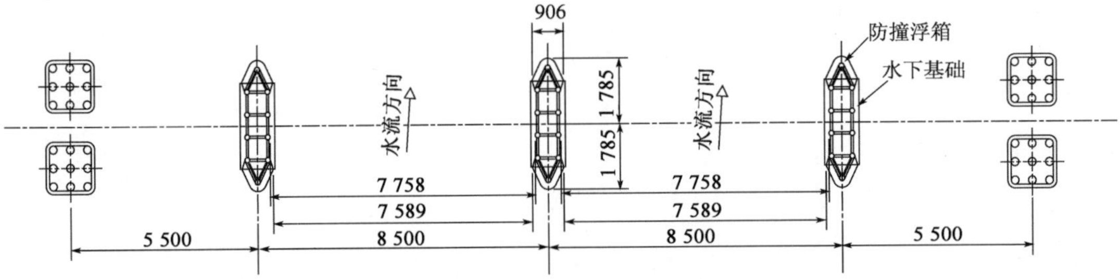

图 5-1　钢箱梁顶推布置平面图（尺寸单位：mm）

5.2　临时墩的设计与施工

本桥主跨钢箱梁顶推临时支墩设计布置难度大，工程水文及地质条件复杂，技术要求高，施工难度大，主要表现在以下几个方面：

（1）钢箱梁顶推临时支墩结构设计必须满足郁江通航要求。

本工程主跨位于郁江断面呈宽缓的 V 形水域，江面宽约 270m，水深 4 ~ 10m，水中临时支墩跨径布置单跨达到 85m 方能满足通航要求，如何在大跨度情况下确保临时墩基础的稳固可靠，是水中顶推临时支墩基础设计及施工的重点。

（2）钢箱梁顶推临时支墩结构设计必须满足抗水流冲击和船舶撞击能力。

主跨位于水中的钢箱梁顶推临时支墩结构设计必须满足能抵抗郁江流域汛期水流的冲击能力，同时还需要满足能抵抗通航期间满载船舶撞击的能力，以确保钢箱梁顶推施工的绝对安全。

(3)临时支墩结构设计必须满足钢箱梁顶推时最不利工况下的受力条件。

钢箱梁顶推时工况复杂，临时支墩处于多种不利荷载组合下的受力状态，尤其在保证通航的条件下进行11 000t钢箱梁的单侧顶推施工，对水中临时支墩结构的强度、刚度及稳定性是个严峻考验，此是钢箱梁顶推临时支墩设计的重点和难点。

5.2.1 水中临时墩基础方案比选

常规水中的临时墩基础一般采用混凝土灌注桩基础，即插打钢板桩搭设施工平台后，布设钻机、泥浆池和护筒，将护筒定位后随钻机钻进，钻进至深入中风化不小于2倍桩径成孔后灌注C30水下混凝土作为桩基础，护筒上部延伸至水面后接长作为临时墩格构柱。

如前所述，本工程所处河道岩石裸露，无法采用常规的插打钢板桩围堰、布设钢栈桥形成平台的方式进行桩基施工，因此如果采取混凝土灌注桩作为临时墩基础则必须采取另外的措施在河道中间搭设大型的钢结构施工平台，以满足布设桩基施工设备的要求，施工难度大，水下作业多，且水下作业的安全风险高，施工成本也较为昂贵。

考虑到以上实际情况和因素，在满足基础受力要求的情况下，为最大程度的减少水上水下作业、降低安全风险并节约施工成本，经受力计算，采取水下混凝土扩大基础结合预应力精轧螺纹钢锚固的方式作为水中临时墩水下基础，既易于施工，又能确保基础的稳固可靠，即：临时墩水下部分作为临时墩底节整体下放至墩位处，然后浇筑水下钢筋混凝土基础（基础尺寸为23.4m×10m×1.0m）；临时墩每根主受力钢管桩内设置2根ϕ50mm（PSB830）精轧螺纹钢张拉锚固，以使临时墩在施工及使用过程中与河床固结、确保临时墩的整体稳定性；锚筋下锚入河床中风化10m，上锚于钢管桩的锚固梁上。锚固结构施工完成后接长钢管桩作为格构柱。

5.2.2 临时墩结构设计

钢梁自重（去除风嘴）：163.5kN/m，导梁自重40kN/m。

滑动摩擦系数取$K=0.1$。

当地平均风载取300Pa，当地风速28m/s，水流速度取3m/s。

钢管桩单根综合自重7 000kN/m（含连接系自重），墩顶分配梁每根重120kN，每个临时墩8根，共计120×8=960kN。

船舶撞击力：横桥向撞击力1 400kN，顺桥向撞击力1 100kN。

1)钢箱梁复核计算（图5-2）

钢梁顶推过程中悬臂受力，钢梁架设跨越85m跨度临时接应墩时，钢梁受力为最不利工况。

钢梁最大弯矩$M_{max}=220\ 143.8$kN，最大剪力$Q_{max}=9\ 092.6$kN，钢梁的截面特性约为（未考虑加劲及U肋等）：$I=1.8\ 927\text{m}^4$，腹板厚14mm，高3.1m，共四道腹板。

钢梁强度计算：

$$\sigma = \frac{M}{W} = \frac{20\ 007.5 \times 1.55}{1.8\ 927} \times 10^{-2} = 186\text{MPa} < [\sigma] = 210\text{MPa}$$

$$\tau = \frac{Q}{bh} = \frac{9\ 092.6 \times 10^{4}}{0.014 \times 3.1 \times 40} \times 10^{-6} = 52\text{MPa} < [\tau] = 120\text{MPa}$$

强度满足要求。

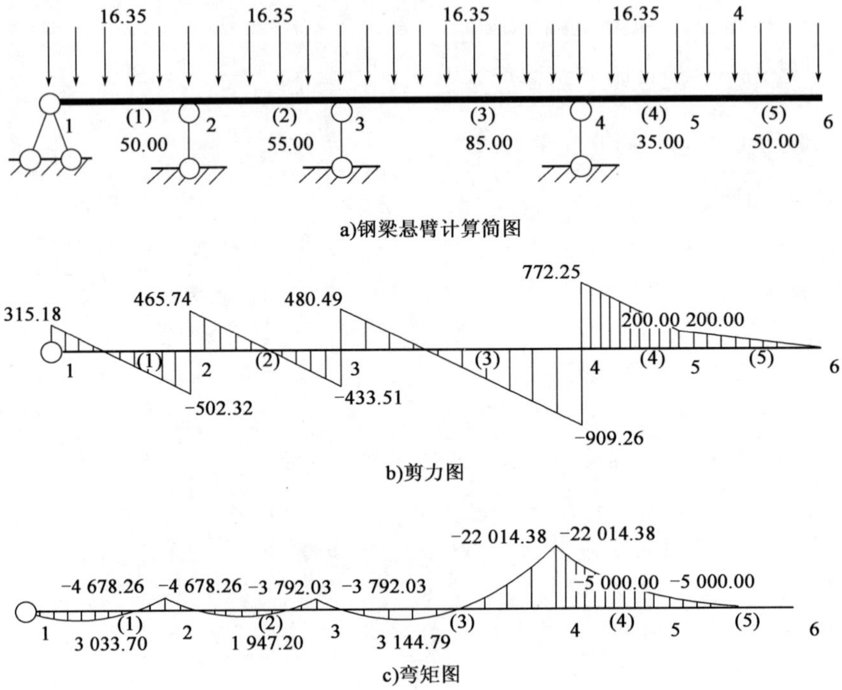

图 5-2　钢箱梁复核计算(单位:10kN·m)

2)临时墩复核计算

临时墩总高 40m,上设两道分配梁(分配梁总高 5m),下设混凝土套箱封底,管底设置 ϕ50mm(PSB830)精轧螺纹钢锚固。临时墩及防撞设施布置如图 5-3、图 5-4 所示。

(1)主要工况

①空载船舶横桥向撞击,临时墩承受荷载有:临时墩自重,大风风载,最高通航水位水流力,船舶横桥向撞击。

②空载船舶顺桥向撞击,临时墩承受荷载有:临时墩自重,大风风载,最高通航水位水流力,船舶顺桥向撞击。

③满载未顶推船舶横桥向撞击,临时墩承受荷载有:临时墩支承力,临时墩自重,大风风载,最高通航水位水流力,船舶横桥向撞击。

④满载未顶推船舶横桥向撞击,临时墩承受荷载有:临时墩支承力,临时墩自重,大风风载,最高通航水位水流力,船舶顺桥向撞击。

⑤满载顶推船舶横桥向撞击,临时墩承受荷载有:临时墩支承力,顶推力,临时墩自重,平均风速风载,最高通航水位水流力,船舶横桥向撞击。

⑥满载顶推船舶横桥向撞击,临时墩承受荷载有:临时墩支承力,顶推力,临时墩自重,平

均风速风载，最高通航水位水流力，船舶顺桥向撞击。

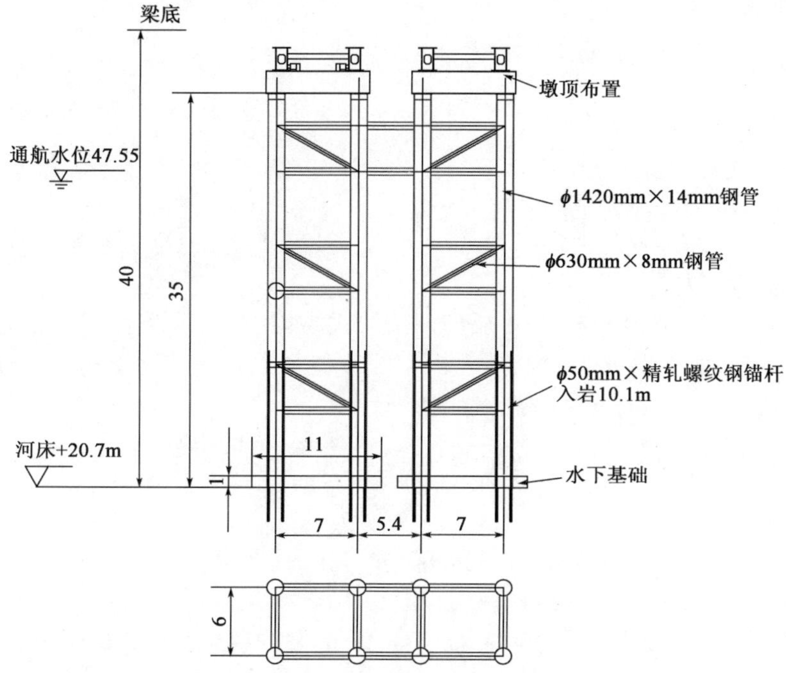

图5-3 临时墩结构图(尺寸单位:m)

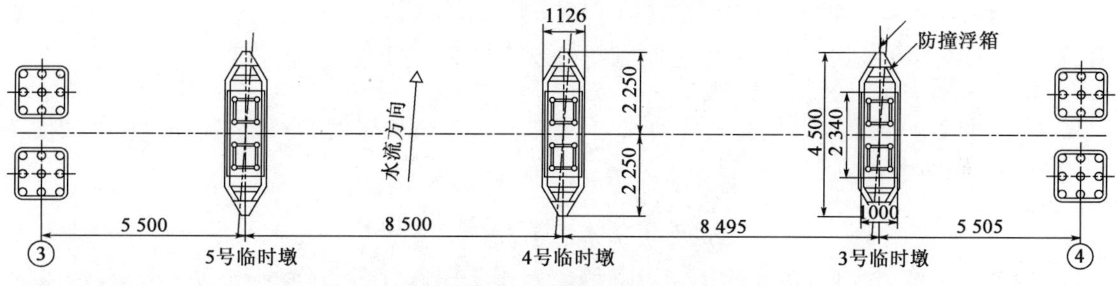

图5-4 临时墩及防撞设施布置图(尺寸单位:mm)

(2)主要荷载计算

①临时墩支承力：根据钢梁计算结果，临时墩最大支承力为 $N = 7\ 722.5 - (-9\ 092.6) = 16\ 815$kN。作用位置：平均加载于钢管桩顶，则单根钢管桩受力为 16 815/8 = 2 100kN。

②临时墩自重：临时墩自重 1 000kg/m，分配梁 12t/根，则有临时墩单根钢管自重加分配梁自重得：$1 \times 35 + 12 = 47$t。

③临时墩顶推力计算：顶推暂按外力计算，钢—钢摩擦系数取 0.1，则有单个临时墩最大顶推力为 $16\ 815 \times 0.1 = 1\ 681.5$kN，作用位置：平均加载于钢梁底。

④风载荷：贵港平均风压为 300Pa，历年极大风速为 28.0m/s。

根据荷载规范，南宁风力平均为 300Pa/m^2，河床高程为 +20.7m，水面高程为 47.55m，梁底高程约为 60.7m，则有受风载临时墩高度为 13.2m，高度系数取 1.14。

a. 临时墩平均风速风载计算。

临时墩单根钢管承受风力为：$PW1 = \mu_s\mu_z\omega_0 A = 1 \times 1.14 \times 0.3 \times 13.2 \times 1.82 = 8.3$kN，作

用位置：风载作用于临时墩水面以上高度的2/3处。

b. 临时墩极大风速风载计算。

极大风速为 $v = 28\text{m/s}$，空气重度 r 取 1.25kN/m^3，$w_0 = \frac{1}{2}\rho v^2 = \frac{1}{2} \times 1.25 \times 28^2 = 490\text{kPa}$，$PW2 = \mu_s\mu_z\omega_0 A = 1 \times 1.14 \times 0.49 \times 13.2 \times 1.82 = 13.61\text{kN}$，作用位置：风载作用于临时墩水面以上高度的2/3处。

c. 钢梁及导梁平均风速风载计算。

5号临时墩上承受钢梁受风长度为 $85 + 85/2 = 127.5\text{m}$，高度为梁高3.1m，风压高度为17m左右，风压高度系数取1.2。

a）钢导梁风载。钢导梁55m，为4榀型钢桁架式结构，挡风系数暂定为 $\varphi = 0.3\text{m}$，型钢焊接而成的导梁风荷体型系数 $\mu_s = 1.3$，单榀桁架的体型系数 $\mu_{st} = \varphi \cdot \mu_s = 0.3 \times 1.3 = 0.39$，桁片间距 $b = 6.2\text{m}$，高度 $h = 3.1\text{m}$，四榀桁架的体型系数：

$$\mu_{stw} = \mu_{st}\frac{1-\eta^n}{1-\eta} = 0.39 \times \frac{1-0.75^4}{1-0.75} = 0.39 \times \frac{0.6836}{0.25} = 1.066$$

导梁风力为：

$PW3 = \mu_s\mu_z w_0 = \mu_{stw}\mu_{zw} = 1.066 \times 1.2 \times 300 = 384\text{Pa}$，

$FW3 = PW2A = 0.384 \times 55 \times 3.1 = 65.47\text{kN}$。

b）钢梁风荷载，单个临时墩受 $(30 + 85/2)\text{m}$ 长钢梁的风载为 $FW3 = \mu_s\mu_z\omega_0 A = 1 \times 1.2 \times 0.300 \times 72.5 \times 3.1 = 80.9\text{kN}$。

合计钢梁受风力为 $65.47 + 80.9 = 146.4\text{kN}$。

作用位置：风载作用于临时 $(+60.7 + 3.1/2) = +62.25\text{m}$ 处。

d. 钢梁及导梁极大风速风载计算。

5号临时墩上承受钢梁受风长度为 $85 + 85/2 = 127.5\text{m}$，高度为梁高3.1m，风压高度为17m左右，风压高度系数取1.2。

$$w_0 = \frac{1}{2}\rho v^2 = \frac{1}{2} \times 1.25 \times 28^2 = 490\text{kPa}$$

a）钢导梁风载。钢导梁55m，为4榀型钢桁架式结构，挡风系数暂定为 $\varphi = 0.3\text{m}$，型钢焊接而成的导梁风荷体型系数 $\mu_s = 1.3$，单榀桁架的体型系数 $\mu_{st} = \varphi \cdot \mu_s = 0.3 \times 1.3 = 0.39$，桁片间距 $b = 6.2\text{m}$，高度 $h = 3.1\text{m}$，四榀桁架的体型系数：

$$\mu_{stw} = \mu_{st}\frac{1-\eta^n}{1-\eta} = 0.39 \times \frac{1-0.75^4}{1-0.75} = 0.39 \times \frac{0.6836}{0.25} = 1.066$$

导梁风力为：

$PW3 = \mu_s\mu_z\omega_0 = m_{stw}\mu_z w = 1.066 \times 1.2 \times 490 = 627.2\text{Pa}$，

$FW3 = PW2A = 0.6272 \times 55 \times 3.1 = 106.9\text{kN}$。

b）钢梁风荷载，单个临时墩受 $(30 + 85/2)\text{m}$ 长钢梁的风载为 $FW3 = \mu_s\mu_z\omega_0 A = 1 \times 1.2 \times 0.490 \times 72.5 \times 3.1 = 132.15\text{kN}$。

合计钢梁受风力为 $106.9 + 132.15 = 239\text{kN}$。

作用位置：风载作用于临时 $(+60.7 + 3.1/2) = +62.25\text{m}$ 处。

⑤临时墩水流力。最大洪水时的水流力计算：罗泊湾大桥桥址流速取3m/s；桥址最高水位47.55m（1997—2011年），常水位30.23m，最大水深按24.5m计算。

根据《公路桥涵设计通用规范》(JTG D62—2012)有：

$$p = KA\frac{gv^2}{2g}$$

水面最大水流力为：

$$p = KA\frac{\gamma v^2}{2g} = 0.8 \times 1.82 \times \frac{10 \times 3^2}{2 \times 9.81} = 6.66\text{kN}$$

式中：γ——水的重度，$\gamma = 10\text{kN/m}^3$；

v——设计流速，$v = 3\text{m/s}$；

A——桥墩阻水面积，一般算至一般冲刷线处；

g——重力加速度 9.81(m/s^2)；

K——桥墩形状系数，对圆形钢管桩取 0.8。

则有单根钢管桩水流力 $P = ph/2 = 6.66 \times 24.5/2 = 82\text{kN}$，流水压力作用点位于水位线以下 1/3 水深处。

⑥船舶撞击力。船舶撞击力，根据设计提供数据，横桥向撞击力为 1 400kN，顺桥向撞击力为 1 100kN。

临时墩船舶横桥向撞击力 1 400kN，由临时墩整体承受，最不利作用位置为最高通航水位以上 2m 处，即 +49.55m。

临时墩顺桥向船舶撞击力：因本次临时墩与桥梁跨度 228m 不同，仅为 80m，跨度较小，顺桥向撞击方向考虑 45°角撞击(其余角度撞击行驶速度有限，撞击力将大大减小)。则有临时墩顺桥向撞击时，顺桥向分力为 1 100 × sin45° = 780kN，撞击分力由单侧临时墩承受，横桥向分力由防撞锚平衡，最不利作用位置为最高通航水位以上 2m 处，即 +49.55m。

(3)各工况荷载组合及受力模型如图 5-5 ~ 图 5-10 所示。

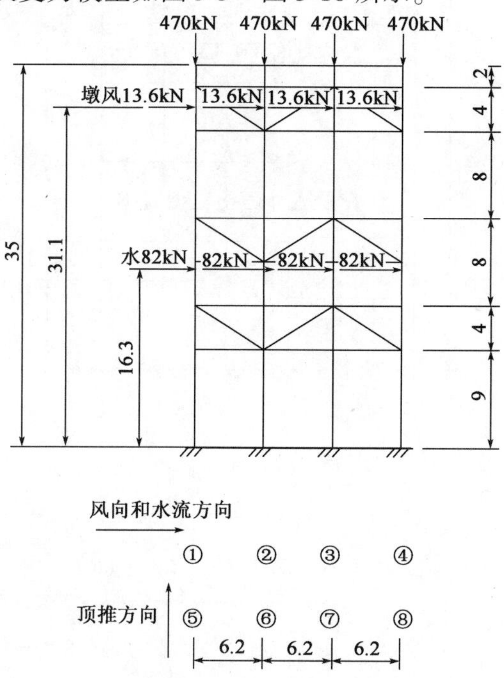

图 5-5　工况 1(尺寸单位：m)

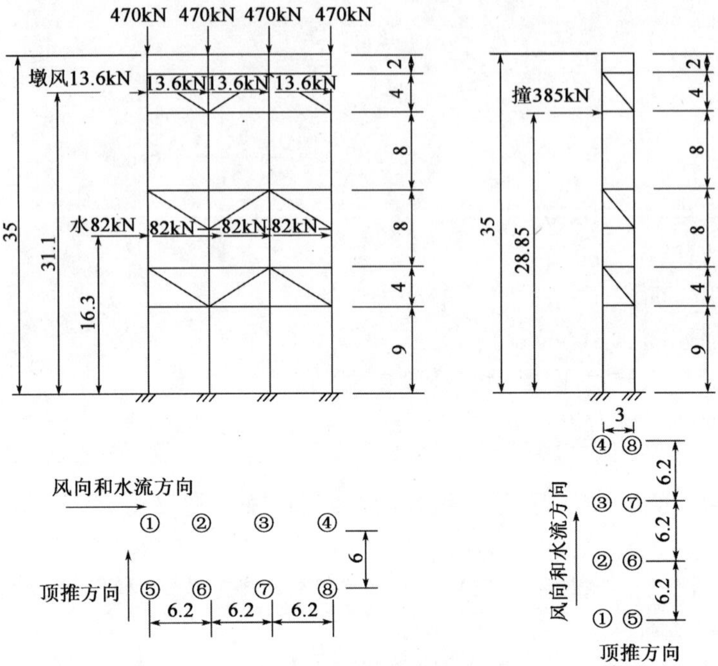

图 5-6　工况 2(尺寸单位:m)

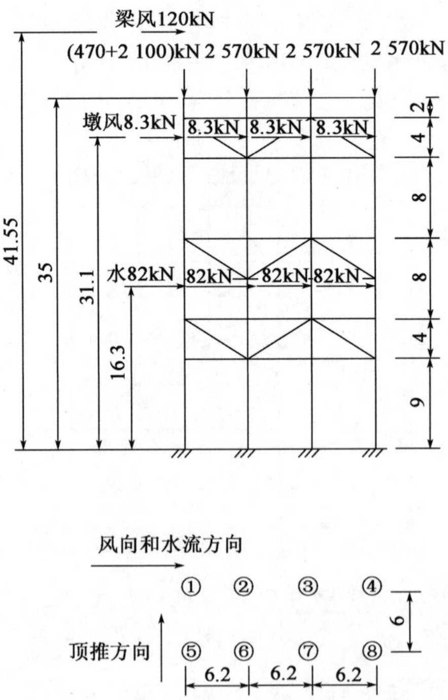

图 5-7　工况 3(尺寸单位:m)

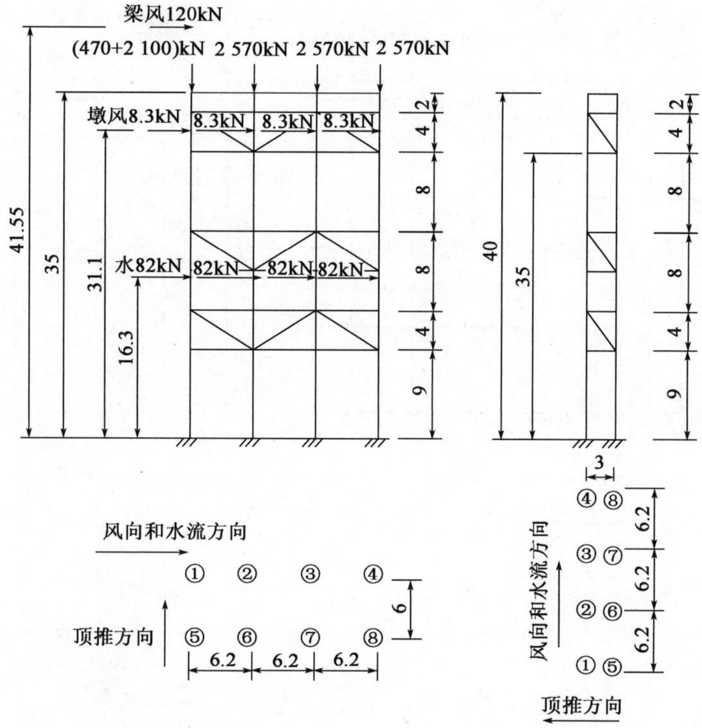

图 5-8　工况 4(尺寸单位:m)

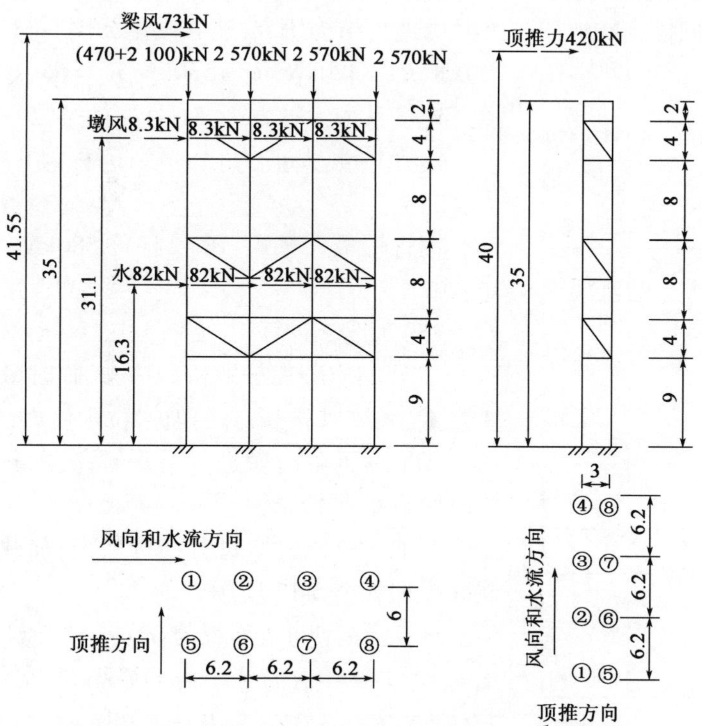

图 5-9　工况 5(尺寸单位:m)

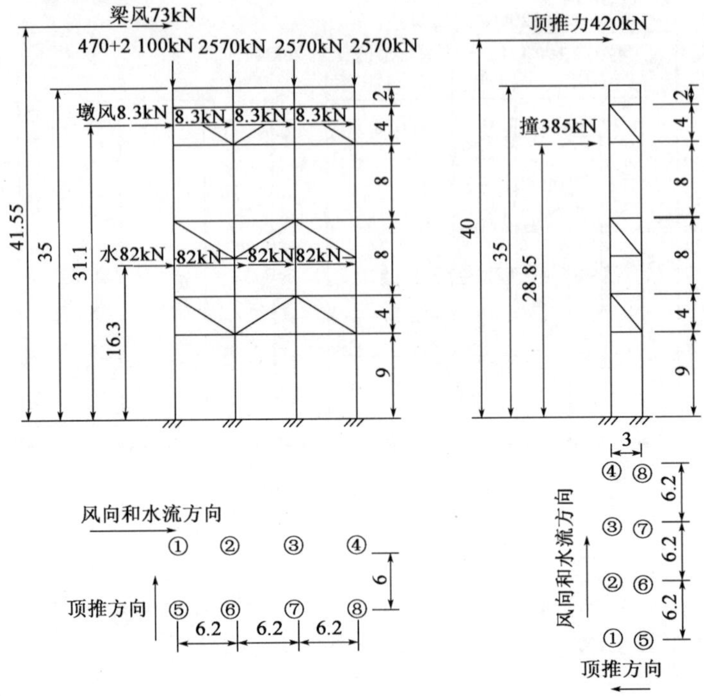

图 5-10　工况 6(尺寸单位:m)

(4)工况 1 计算

工况 1:空载船舶横桥向撞击,临时墩承受荷载有:临时墩自重,大风风载,最高通航水位水流力,船舶横桥向撞击。取一列临时墩进行结构研究,建立模型如图 5-11 所示。

计算得钢管桩支承反力:$R_1=280\text{kN}$,$R_2=420\text{kN}$,$R_3=530\text{kN}$,$R_4=660\text{kN}$。

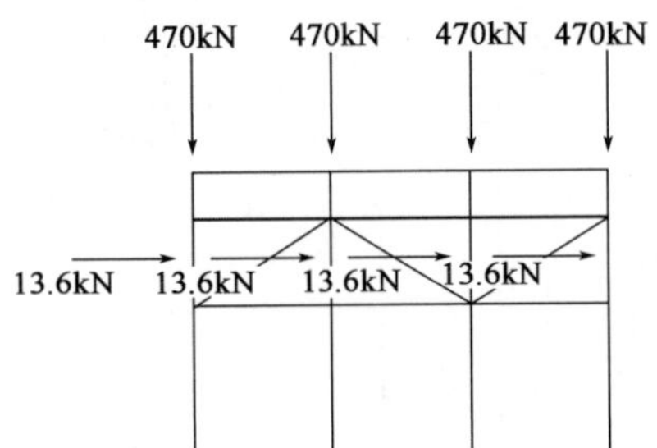

图 5-11　结构模型

连接系最大轴力为:51 号杆件 −220kN。

钢管桩最大剪力:18 号杆件 140kN,连接系最大剪力:10kN。

钢管桩最大弯矩:18 号杆件 580kN · m;连接系最大弯矩:20kN · m。

(5)工况 2 计算

工况 2:空载船舶顺桥向撞击,临时墩承受荷载有:临时墩自重,大风风载,最高通航水位水流力,船舶顺桥向撞击。

①取一列临时墩进行结构研究,加载为水流力、风力和临时墩自重,同工况 1。

②取一排临时墩进行结构研究,加载船舶横向撞击力,建立模型如图 5-12 所示。

计算得钢管桩支承反力:$R_1=-2\ 240\text{kN}$,$R_2=-2\ 100\text{kN}$,$R_3=-1\ 990\text{kN}$,$R_4=-1\ 860\text{kN}$,$R_5=2\ 800\text{kN}$,$R_6=2\ 940\text{kN}$,$R_7=3\ 050\text{kN}$,$R_8=3\ 180\text{kN}$。

最不利连接系:21 单元轴力 1 000kN,剪力 23kN,弯矩

63kN · m。

钢管桩最大剪力：$Q_x = 110\mathrm{kN}$，$Q_y = 220\mathrm{kN}$。

钢管桩最大弯矩：$M_x = 580\mathrm{kN \cdot m}$，$M_y = 1\ 860\mathrm{kN \cdot m}$。

(6)工况3计算

工况3：满载未顶推船舶横桥向撞击，临时墩承受荷载有：临时墩支承力，临时墩自重，大风风载，最高通航水位水流力，船舶横桥向撞击。

取一列临时墩进行结构研究，满载时钢梁风荷载通过分配梁将风载传至临时墩墩顶，产生风载水平力和弯矩，$F_{箱风} = 239/20 = 120\mathrm{kN}$，$M_{箱风} = 120 \times (415.5 - 350) = 786\mathrm{kN \cdot m}$，通过分配梁平均分配至各钢管桩顶。建立模型如图5-13所示。

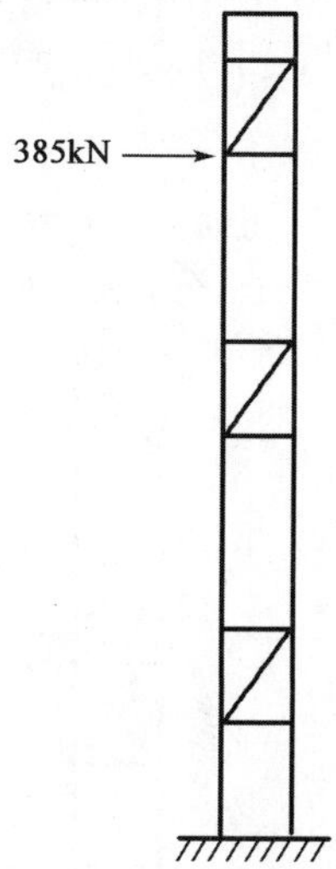

图5-12 结构模型

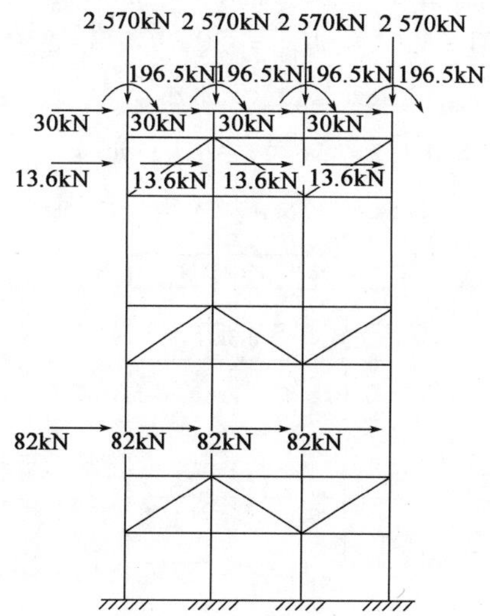

图5-13 结构模型

计算得钢管桩支承反力：$R_1 = 2\ 200\mathrm{kN}$，$R_2 = 2\ 340\mathrm{kN}$，$R_3 = 2\ 830\mathrm{kN}$，$R_4 = 2\ 910\mathrm{kN}$。最不利连接系：51单元轴力390kN，剪力10kN，弯矩36kN · m。

钢管桩最大剪力：18号杆件200kN。

钢管桩最大弯矩：18号杆件840kN · m。

(7)工况4计算

工况4：满载未顶推船舶横桥向撞击，临时墩承受荷载有：临时墩支承力，临时墩自重，大风风载，最高通航水位水流力，船舶顺桥向撞击。

①取一列临时墩进行结构研究，加载为水流力、极大风力和临时墩自重，钢箱梁极大风力，同工况3。

②取一排临时墩进行结构研究，加载船舶横向撞击力，同工况2中船舶横向撞击力受力分析。

计算得钢管桩支承反力：$R_1 = -320\mathrm{kN}$，$R_2 = -180\mathrm{kN}$，$R_3 = 310\mathrm{kN}$，$R_4 = 390\mathrm{kN}$，$R_5 = 4\ 720\mathrm{kN}$，$R_6 = 4\ 860\mathrm{kN}$，$R_7 = 5\ 350\mathrm{kN}$，$R_8 = 5\ 430\mathrm{kN}$。

最不利连接系：21单元轴力1 000kN，剪力23kN，弯矩63kN · m。

钢管桩最大剪力:18 号杆件 $Q_x = 200\text{kN}, Q_y = 220\text{kN}$。

钢管桩最大弯矩:18 号杆件 $M_x = 840\text{kN} \cdot \text{m}, M_y = 1\ 860\text{kN} \cdot \text{m}$。

(8)工况 5 计算

工况 5:满载顶推船舶横桥向撞击,临时墩承受荷载有:临时墩支承力,顶推力,临时墩自重,平均风速风载,最高通航水位水流力,船舶横桥向撞击。

①取一列临时墩进行结构研究加载为水流力、平均风力和临时墩自重,钢箱梁平均风力。

满载时,钢梁平均风荷载通过分配梁将风载传至临时墩墩顶,产生风载水平力和弯矩,$F_{箱风} = 14.6/2 = 73\text{kN}, M_{箱风} = 73 \times (415.5 - 350) = 478.15\text{kN} \cdot \text{m}$,通过分配梁平均分配至各钢管桩顶。建立模型如图 5-14 所示。

②满载时,钢梁顶推力通过分配梁将顶推力传至临时墩墩顶,产生顶推水平力和弯矩,

$F_{顶} = 1\ 681.5/40 = 420\text{kN}, M_{顶} = 420 \times (400 - 350) = 2\ 100\text{kN} \cdot \text{m}$,通过分配梁平均分配至各 2 根钢管桩顶。建立模型如图 5-15 所示。

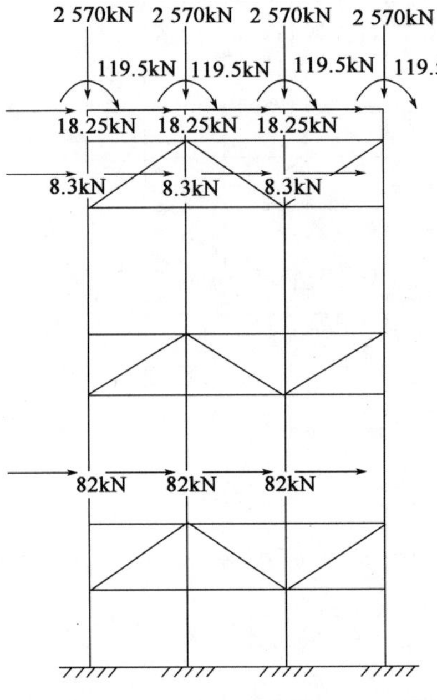

图 5-14 结构模型

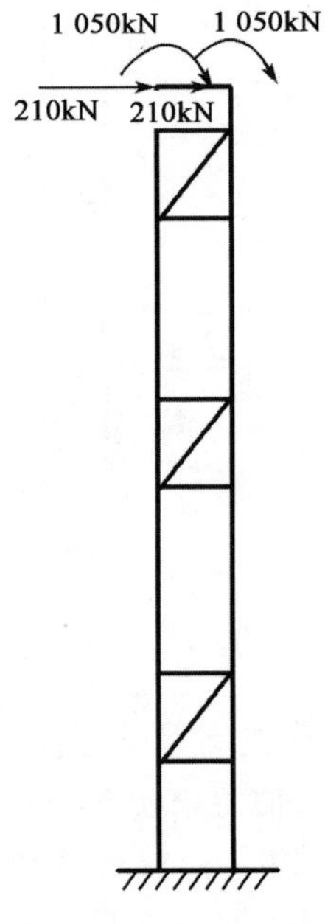

图 5-15 结构模型

计算得钢管桩支承反力:$R_1 = -1\ 750\text{kN}, R_2 = -1\ 730\text{kN}, R_3 = -1\ 260\text{kN}, R_4 = -1\ 270\text{kN}, R_5 = 6\ 390\text{kN}, R_6 = 6\ 410\text{kN}, R_7 = 6\ 880\text{kN}, R_8 = 6\ 870\text{kN}$。

最不利连接系:21 单元轴力 1 210kN,剪力 30kN,弯矩 60kN · m。

钢管桩最大剪力:18 号杆件 $Q_x = 170\text{kN}, Q_y = 240\text{kN}$。

钢管桩最大弯矩:18 号杆件 $M_x = 720\text{kN} \cdot \text{m}, M_y = 2\ 390\text{kN} \cdot \text{m}$。

(9)工况 6 计算

工况 6:满载顶推船舶横桥向撞击,临时墩承受荷载有:临时墩支承力,顶推力,临时墩自重,平均风速风载,最高通航水位水流力,船舶顺桥向撞击。

①取一列临时墩进行结构研究加载为水流力、平均风力和临时墩自重,钢箱梁平均风力,

同工况 5 中一列临时墩结构研究。

②取一排临时墩结构进行研究，同时受顶推力和船舶撞击力。

A 钢梁顶推力通过分配梁将顶推力传至临时墩墩顶，产生顶推水平力和弯矩。

$F_{顶}=1\ 681.5/40=420\text{kN}$，$M_{顶}=420\times(400-350)=2\ 100\text{kN}\cdot\text{m}$，通过分配梁平均分配至各 2 根钢管桩顶。

B 顺桥向撞击力 385kN。

建立模型如图 5-16 所示。

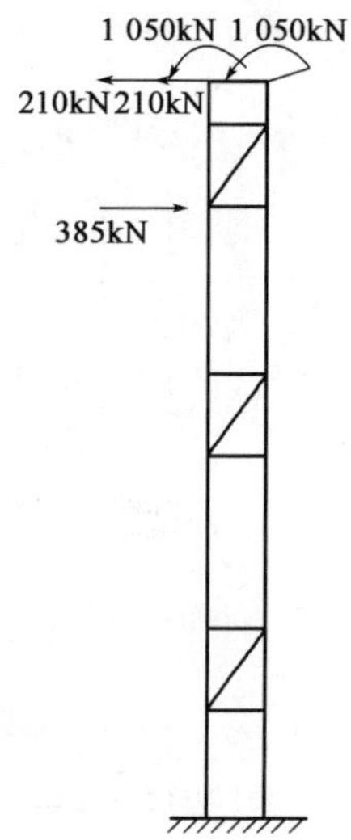

图 5-16　结构模型

计算得钢管桩支承反力：$R_1=3\ 990\text{kN}$，$R_2=4\ 010\text{kN}$，$R_3=4\ 480\text{kN}$，$R_4=4\ 470\text{kN}$，$R_5=650\text{kN}$，$R_6=670\text{kN}$，$R_7=1\ 140\text{kN}$，$R_8=1\ 130\text{kN}$。

最不利连接系：24 单元轴力 940kN，剪力 20kN，弯矩 80kN·m；8 单元轴力 50kN，剪力 330kN，弯矩49t·m。

钢管桩最大剪力：18 号杆件 $Q_x=170\text{kN}$，$Q_y=20\text{kN}$。

钢管桩最大弯矩：18 号杆件 $M_x=720\text{kN}\cdot\text{m}$，$M_y=350\text{kN}\cdot\text{m}$。

(10)临时墩强度及稳定性计算

综合以上计算结果比较，最不利工况有：

工况 2：18 号杆件受力：轴力 2 240kN，剪力 $Q_x=110\text{kN}$，$Q_y=210\text{kN}$，弯矩 $M_x=580\text{kN}\cdot\text{m}$，$M_y=1\ 860\text{kN}\cdot\text{m}^2$、工况 5：18 号杆件受力：轴力 −6 880kN，剪力 $Q_x=170\text{kN}$，$Q_y=240\text{kN}$，弯矩 $M_x=720\text{kN}\cdot\text{m}$，$M_y=2\ 390\text{kN}\cdot\text{m}$；51 号杆件轴力 1 210kN，剪力 30kN，弯矩 60kN·m。

工况 6：8 号杆件轴力 50kN，剪力 330kN，弯矩 490kN·m。

①临时墩整体稳定性计算。

经计算，钢管桩有上拔力，最大上拔力为 2 240kN，采用 ϕ50mm(PSB830)精轧螺纹钢锚固，锚杆容许拉力为 1 620kN，每根钢管设置 4 根锚杆，每根锚杆施力 1 000kN，克服钢管桩上拔。临时墩整体稳定性满足要求。

②钢管桩立柱强度计算。

钢管桩计算长度为 6.5m，$\lambda=\dfrac{l}{i}=\dfrac{650}{63.731}=10$，查表得 $\Psi=0.995$。

钢管桩为 ϕ1 820mm(18)型螺旋钢管。$W=45\ 456\text{cm}^3$，$A=1\ 019\text{cm}^2$。

钢管桩压弯应力计算：

$$\frac{N}{A\times\Psi}+\frac{M_X}{W_{nX}}+\frac{M_Y}{W_{nY}}=\frac{688}{1\ 019\times0.995}\times10^2+\frac{72}{45\ 456}\times10^4+\frac{329}{45\ 456}\times10^4=156\text{MPa},$$

$f=215\text{MPa}$，

满足要求；

钢管桩剪应力计算：$\tau=2\dfrac{F}{A}=2\times\dfrac{\sqrt{17^2+24^2}\times10^4}{1\ 019\times10^{-4}}\times10^{-6}=6\text{MPa}<[\tau_w]=85\text{MPa}$，满足要求。

③连接系钢管强度计算。

a.51 号杆件计算。

钢管计算长度为5.5m，$\lambda=\dfrac{l}{i}=\dfrac{550}{21.9}=25$，查表得 $\Psi=0.971$。

钢管为 ϕ630mm(10)型螺旋钢管，$W=3\ 012\text{cm}^3$，$A=194\text{cm}^2$。

钢管压弯应力计算：

$$\frac{N}{A\times\Psi}+\frac{M_X}{W_{nX}}=\frac{121}{194\times0.971}\times10^2+\frac{6}{3\ 012}\times10^4=108\text{MPa},f=215\text{MPa}，满足要求；$$

钢管桩剪应力计算：$\tau=2\dfrac{F}{A}=2\times\dfrac{3\times10^4}{194\times10^{-4}}\times10^{-6}=3\text{MPa}<[\tau_w]=85\text{MPa}$，满足要求。

b.8 号杆件计算。

钢管计算长度为4.4m，$\lambda=\dfrac{l}{i}=\dfrac{440}{21.9}=20$，查表得 $\Psi=0.981$。

钢管为 ϕ630mm(10)型螺旋钢管，$W=3\ 012\text{cm}^3$，$A=194\text{cm}^2$。

钢管压弯应力计算：

$$\frac{N}{A\times\Psi}+\frac{M_X}{W_{nX}}=\frac{5}{194\times0.971}\times10^2+\frac{49}{3\ 012}\times10^4=165\text{MPa},f=215\text{MPa}，满足要求；$$

钢管桩剪应力计算：$\tau=2\dfrac{F}{A}=2\times\dfrac{33\times10^4}{194\times10^{-4}}\times10^{-6}=34\text{MPa}<[\tau_w]=85\text{MPa}$，满足要求。

综上所述，临时墩在各工况结构整体稳定性和强度均满足要求。

c.防撞锚固复核计算。

防撞墩抗冲击能力为横桥向1 400kN，顺桥向1 100kN。如图5-17所示。

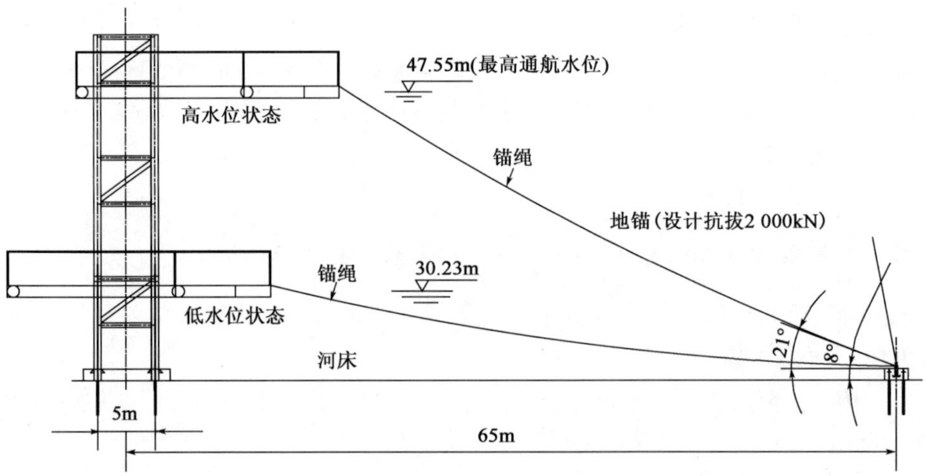

图5-17　临时墩防撞锚固示意图

由前面临时墩计算中得知，船舶撞击临时墩时，横桥向撞击力由锚固结构承受，顺桥向按45°角撞击，横桥向分力由锚固系统承受，纵桥向分力由临时墩单边墩承受(已在临时墩计算中考虑)。船舶横高水位桥向撞击时锚固设施为最不利工况，防撞设施锚固力具体计算如下：

a.防撞墩锚绳强度计算。

当高水位时，水平撞击力1 400kN，锚绳拉力为1 400/cos21° = 1 500kN；

当低水位时，水平撞击力 1 400kN，锚绳拉力为 1 400/cos8° = 1 410kN。

因此，高水位撞击对防撞墩为最不利，钢锚绳拉力为 1 500kN，采用 10 根 ϕ15.2S 钢绞线，$[\sigma_S] = 1\ 860\text{MPa}$，初张拉力为 10%。

钢绞线容许受力 $P = n\sigma_A = 100 \times 1\ 860 \times 106 \times \pi \times 0.0152/4 = 3\ 280\text{kN} > T = 1\ 500\text{kN}$，满足要求。

b. 防撞地锚计算。

地锚由钢筋混凝土锚锭块和锚杆组成，锚锭块尺寸为 2m×2m×1m，重度取 25kN/m^3。锚杆地锚结构图及地锚受力如图 5-18、图 5-19 所示。

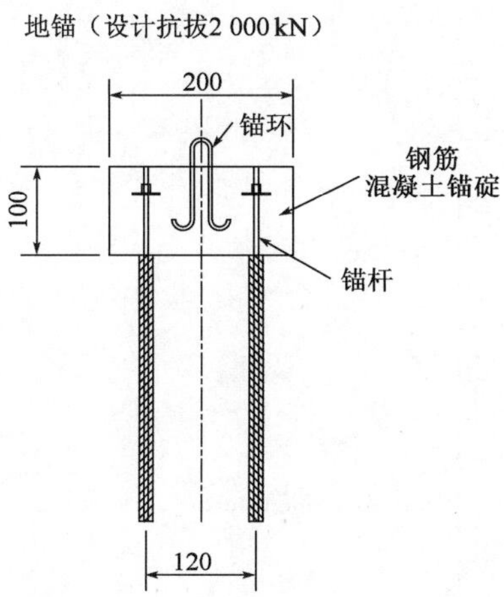

图 5-18　地锚结构图(尺寸单位：m)

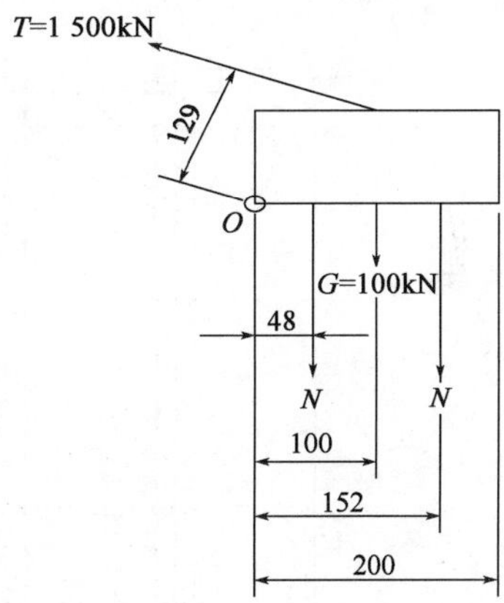

图 5-19　地锚受力图(尺寸单位：m)

船舶撞击防撞墩后，锚绳对地锚施加 1 500kN 拉力才能稳定防撞墩，地锚围绕 O 点旋转而使地锚破坏，则有沿 O 点的力矩平衡得：

稳定力矩：$M_{稳} = 100 \times 1 + N \times (0.48 + 1.52) = 100 + 2N$；

倾覆力矩：$M_{倾} = 1\ 500 \times 1.29$；

倾覆安全系数取 1.5 倍，则有：$M_{稳} = 1.5M_{倾}$；

$100 + 2N = 1.5 \times 1\ 500 \times 1.29 = 2\ 902.5$，$N = 1\ 401.25\text{kN}$。

地锚锚杆设置 2 排各 4 根 ϕ50mm(PSB830)精轧螺纹钢锚杆，每根锚杆的锚固力为 350kN，ϕ50mm(PSB830)精轧螺纹钢容许拉力为 1 620kN。

锚杆预应力筋的截面积要求：

$$A \geqslant 1.35\frac{T_t}{\gamma_p f_{pt}} = 1.35\frac{35 \times 10^4}{1.0 \times 830 \times 10^6} = 5.69\ 277 \times 10^{-4}\text{m}^2, A_{\phi 50} = \frac{\pi D^2}{4} = \frac{\pi \times 0.05^2}{4} = 1.96 \times 10^{-3}\text{m}^2$$，锚杆满足要求。

3) 结构复核计算结论

综上所述，钢管桩临时墩及防撞设施安全。

5.2.3 临时墩施工

1)水中临时墩

中跨水中临时墩支承结构采用8根 ϕ1 420mm×14mm 钢管桩,管桩横向间距6.2m,顺桥向间距6.0m,连接系采用 ϕ630mm×10mm 钢管。临时墩下设钢筋混凝土基础,基础尺寸为23.4m×10m×1.0m。

为使临时墩在施工及使用过程中与河床固结,确保临时墩的整体稳定性,每根管桩设2根 ϕ50mm(PSB830)精轧螺纹钢锚固,锚筋下锚入河床中风化10m,上锚于钢管桩的锚固梁上。锚固结构施工完成后接长钢管桩作为格构柱。临时支墩结构示意如图5-20所示。

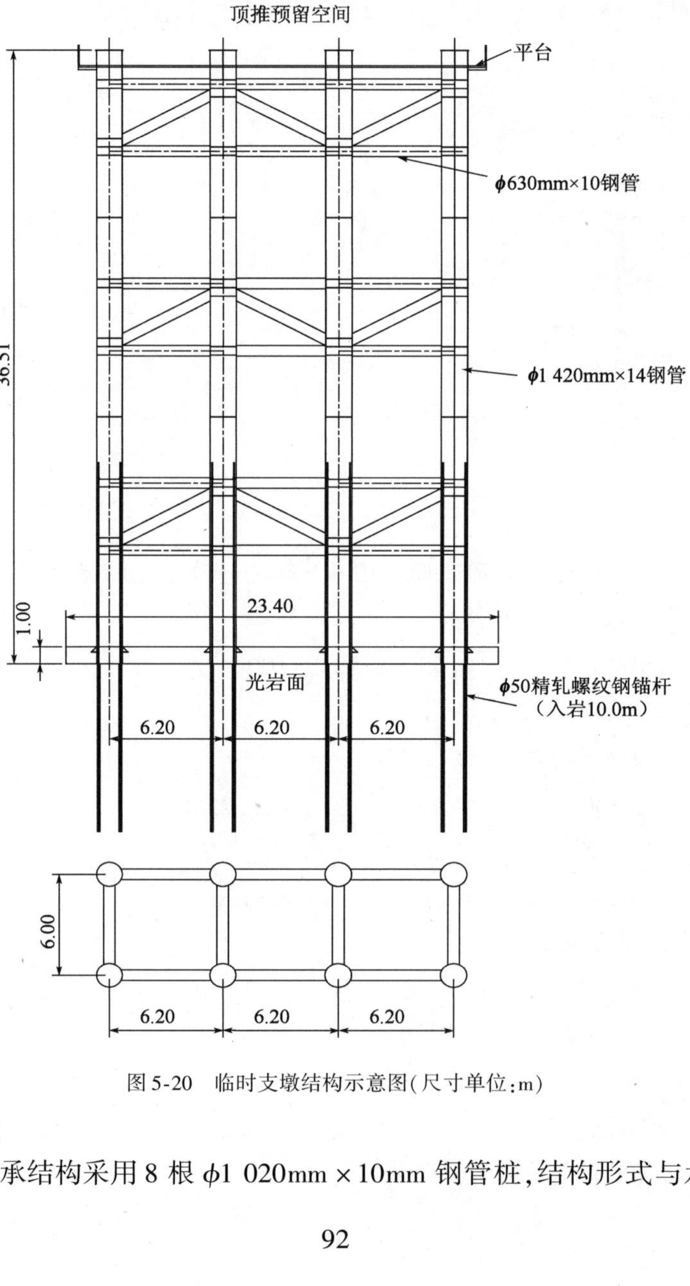

图5-20 临时支墩结构示意图(尺寸单位:m)

2)岸上临时墩

岸上临时墩支承结构采用8根 ϕ1 020mm×10mm 钢管桩,结构形式与水中临时墩相同,

连接系采用 ϕ377mm ×6mm 钢管。临时墩基础采用扩大基础,尺寸为 10m ×8m ×1.5m 承台,临时墩钢筋混凝土基础埋深为 2m。岸上临时墩基础示意见图 5-21 所示。

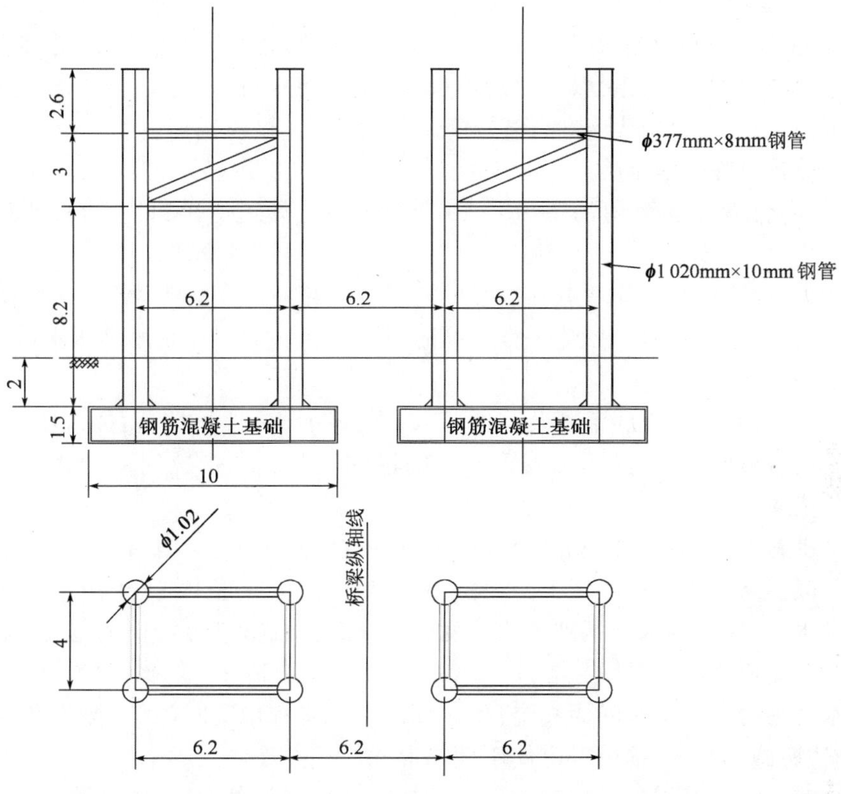

图 5-21　岸上临时墩基础示意图(尺寸单位:m)

3)水中临时墩施工

水上临时墩施工分两个步骤进行,首先进行水上临时墩底节段整体浮运至墩位,定位起吊下沉,底节段安装完成后,施工水下基础并锚定于河床,再采用水上浮吊进行临时墩接高至设计要求。

临时墩浮运安装及基础施工:采用底钢管桩 4 根整体浮运至墩位,再由浮式门吊定位起吊带 1.2m 高钢板套箱同时下沉,钻孔安装锚杆,压浆,张拉每根钢管内 4 根锚杆预紧钢管桩于河床上,灌注套箱水下混凝土,使 4 根钢管桩形成整体。

底节钢管桩浮运由 1 艘 2 000kN 驳船完成,采用 1 200kN 浮式门吊整体下放,先将浮式门吊通过调整锚绳准确定位至临时墩设计位置,载有底节钢管桩的平台进入门吊正下放,门吊起吊底节进行下放安装。门吊设计最大起重量为 1 200kN。

水下基础及临时墩接高:水上作业平台及起吊设施均在一条 5 000kN 驳船上进行,起吊采用在驳船上安装一台 500kN 汽车吊。

灌注水下混凝土方法:采用垂直导管法。在平台船上临时安放 40m^3 大储灰斗,由汽车泵输送至大储灰斗中,再由大储灰斗向 2m^3 小吊斗内输送,流入导管内进行水下混凝土灌注。

水上临时墩施工顺序:4 号—3 号—5 号。

(1)主要施工步骤

①测量:每 0.5m 间距测量临时墩墩位处河床高程,确定钢管桩底高程,与河床高程相适应。

②底节拼装:浮运驳船停靠在岸边码头,在驳船上拼装底节钢管桩,每 4 根管桩为一整体,同时安装钢套箱固定于底节,钢套箱内按设计要求进行钢筋网片设置。

③门吊定位:安装 2 号、4 号锚,锚绳与门吊驳船相连,收绞锚绳,门吊定位至设计墩位以便精确起吊下放首节临时墩结构。

④底节下放:底节浮运至门吊下方,门吊起吊底节,驳船退出,门吊下放底节管至设计位置。

⑤水下调平及清理:水下作业有临时墩的调平及套箱内河床清理、堵漏。底节下放至设计位置后,由潜水员下水将临时墩抄垫平整。同时对钢套箱内的河床采用高压水枪清理,并封堵套箱刃脚空隙。

⑥钢管桩锚固钢筋施工:底节安装完成,立即在锚筋设计位置钻孔,插入锚筋、压浆,待到达设计强度后进行锚筋张拉,锚固于钢管桩上的锚固梁上。先张拉到 1 500kN,停置 5min 后放到设计值并锚固。

⑦水下基础施工:锚筋施工完成后,进行水下基础混凝土施工。基础水下混凝土灌注采用垂直导管法。驳船从码头运输混凝土至墩位,采用溜槽流至导管上漏斗内进行灌注。

⑧临时墩水上接高:待水下基础到达强度后,对临时墩进行接高,直至完成临时墩施工。

⑨如此循环完成 3 个临时墩施工。

⑩本次水桩临时墩施工时间为 6 个月,在郁江水位比较稳定时施工,保持在 +30 ~ +34m 范围内,对于边墩施工时,边锚可考虑使用地锚形式。

⑪水上临时墩施工过程中,沿临时航道设置浮标船,安装警示灯,用以导航。

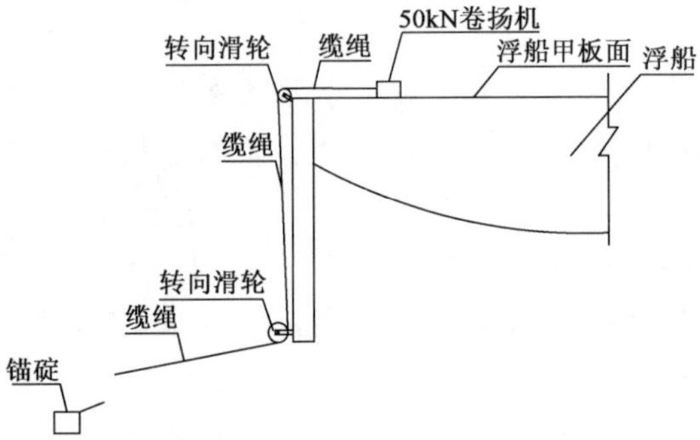

图 5-22 锚碇缆绳布置图

(2)水上临时墩施工平面布置

水上临时墩采用首节浮运到位,锚碇定位下沉的方法进行。施工过程中,须确保航道通航,为防止锚碇缆绳影响船只通行,采用将缆绳下放至浮船以下的方法,如图 5-22 所示。

锚碇共设置 5 组,用于 3 个临时墩的施工定位及浮吊的定位。本桥桥位处航道为Ⅱ级航道(预备Ⅰ级航道),最大船只 20 000kN,最大吃水深度为 4m,因此,锚绳按图 5-22 所示方法尽量放置于水面以下 4m,以便大型船通航。

①4 号临时墩底节钢管桩岸边拼装浮运及下放施工平面布置如图 5-23 所示。

②4 号临时墩接高施工平面布置如图 5-24 所示。

③3 号临时墩底节钢管桩岸边拼装浮运及下放施工平面布置如图 5-25 所示。

④3 号临时墩接高施工平面布置如图 5-26 所示。

⑤5 号临时墩底节钢管桩岸边拼装浮运及下放施工平面布置如图 5-27 所示。

⑥5 号临时墩接高施工平面布置如图 5-28 所示。

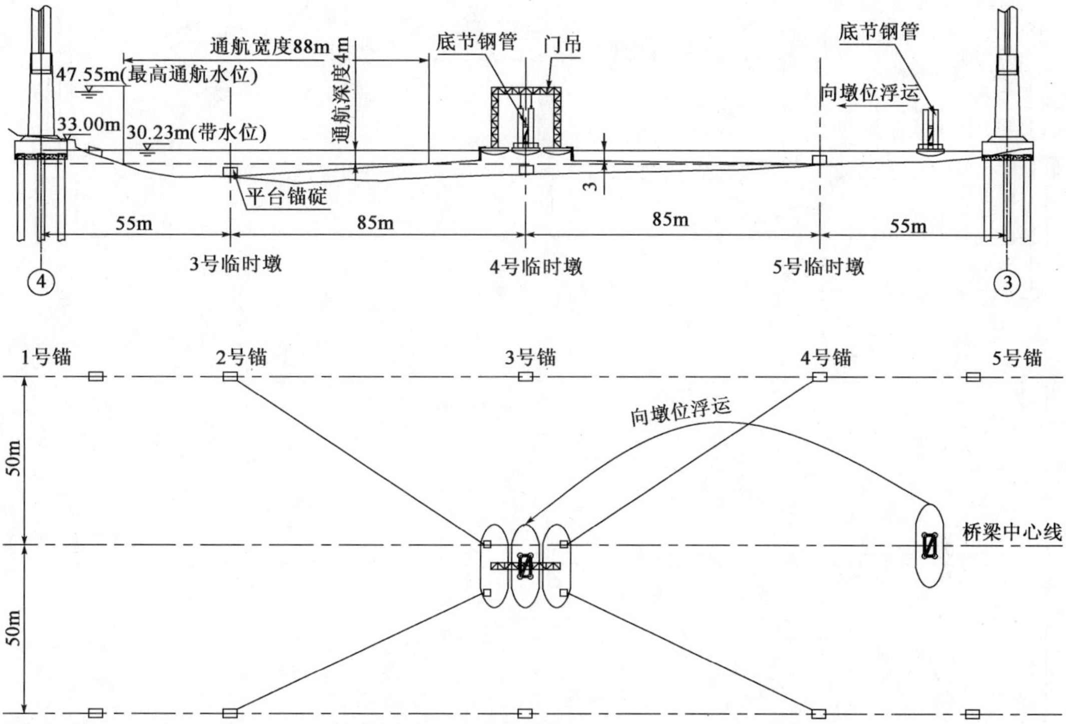

图5-23　4号临时墩底节钢管桩岸边拼装浮运及下放施工平面布置图

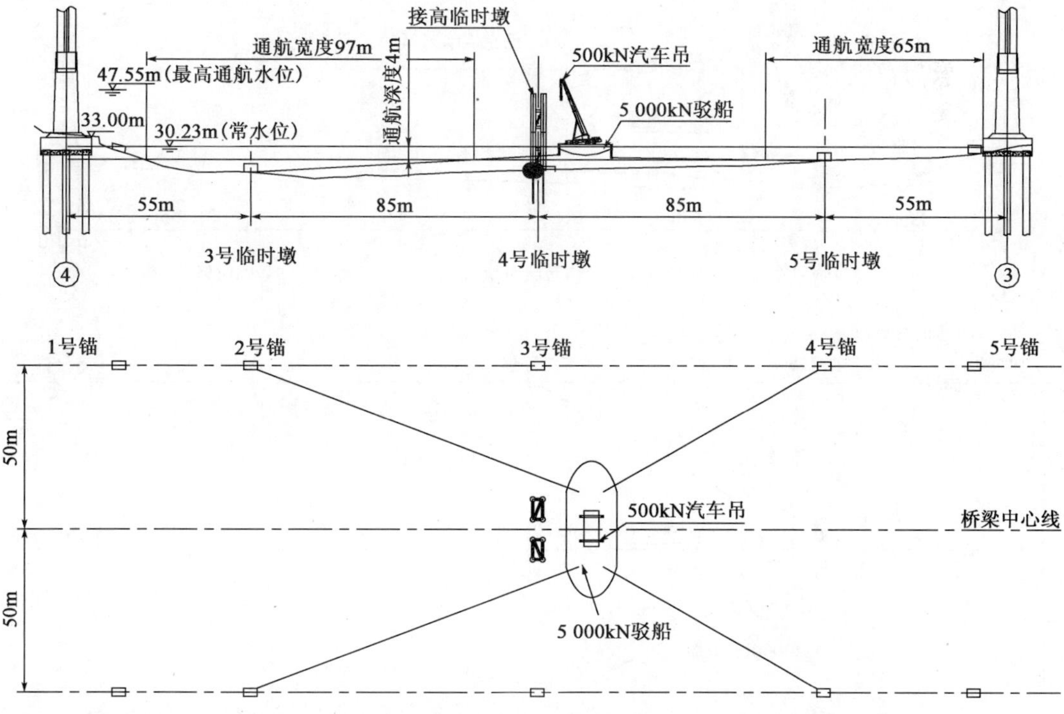

图5-24　4号临时墩接高施工平面布置图

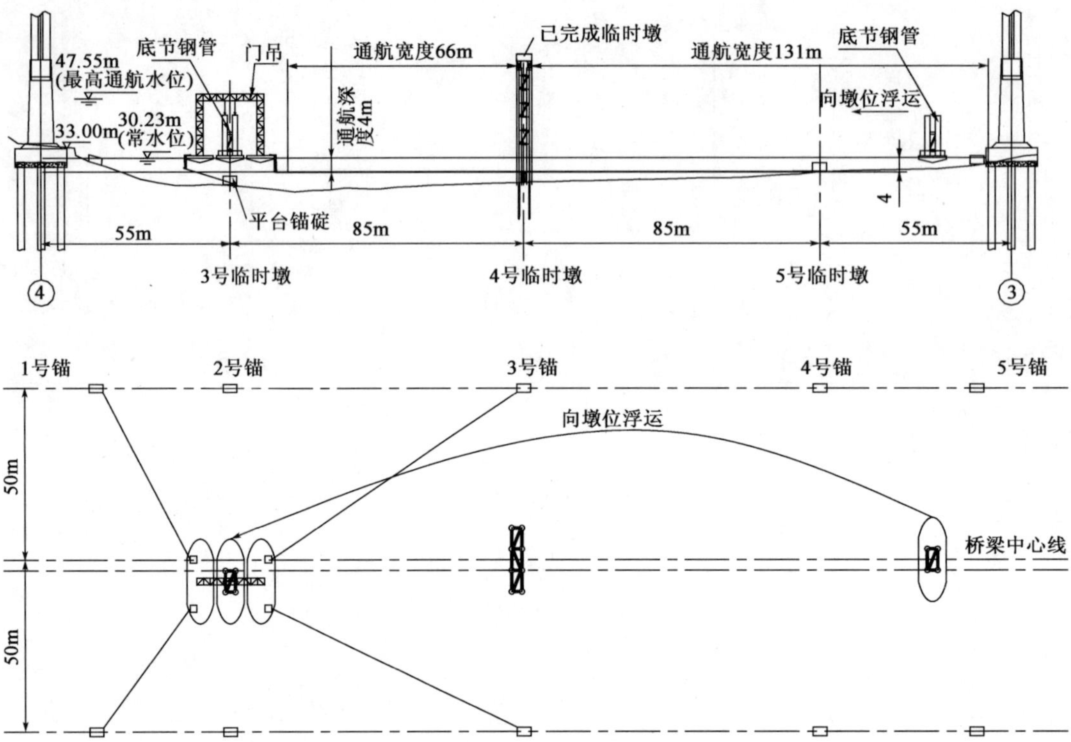

图 5-25　3 号临时墩底节钢管桩岸边拼装浮运及下放施工平面布置图

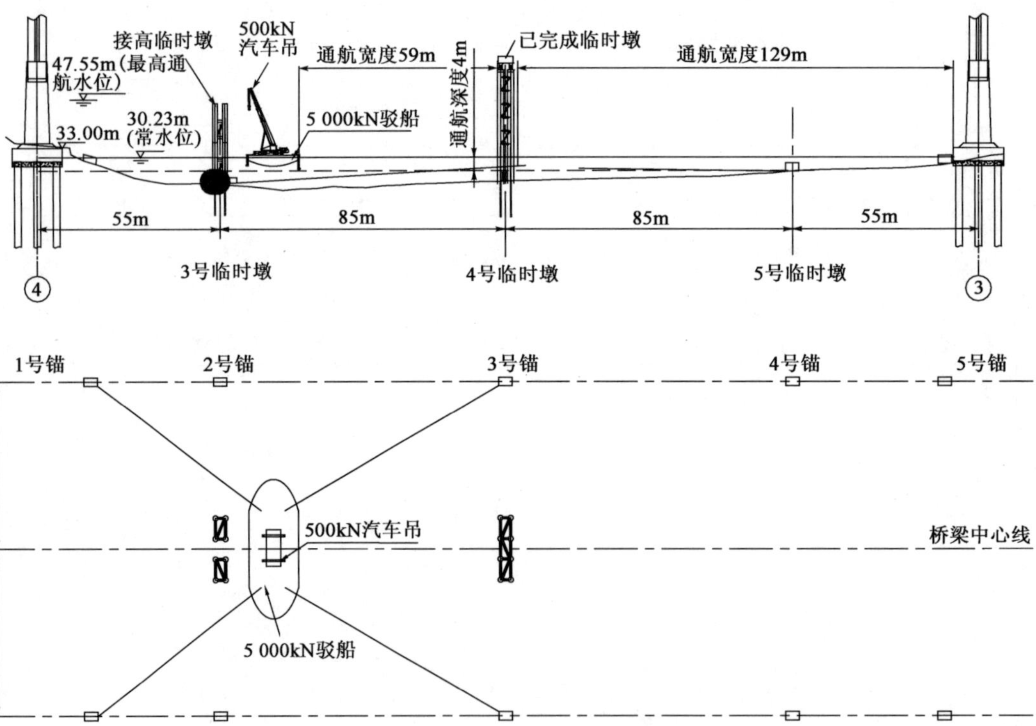

图 5-26　3 号临时墩接高施工平面布置图

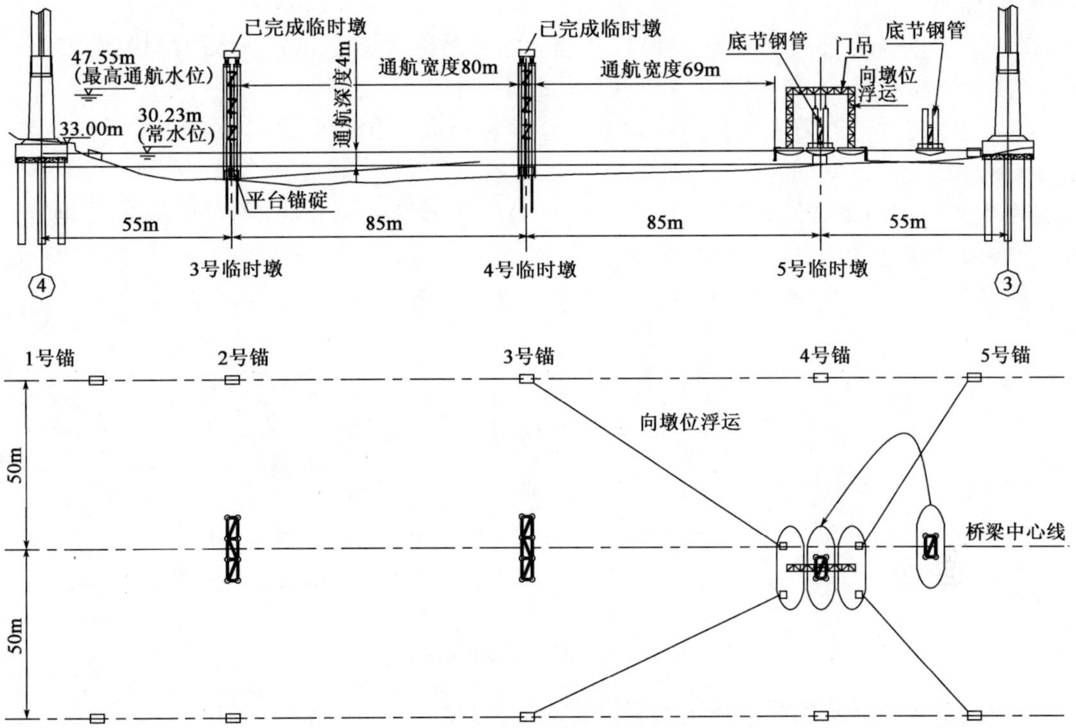

图5-27　5号临时墩底节钢管桩岸边拼装浮运及下放施工平面布置图

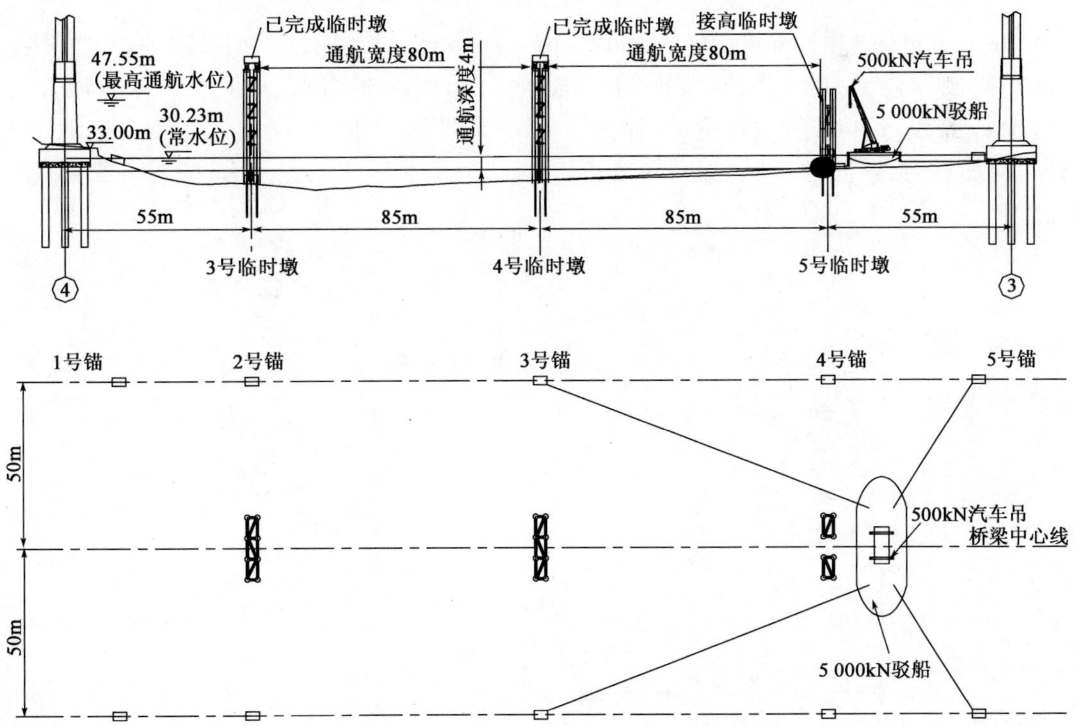

图5-28　5号临时墩接高施工平面布置图

4)防撞墩

在水中3号、4号、5号临时墩均设置防撞设施。防撞设施设计为浮体的结构形式,由防撞浮箱和防撞支撑柱组成,其中防撞支撑柱与临时墩相连。

防撞设施抗冲击能力为顺桥向横桥1 400kN,横桥向1 100kN。

防撞设施的工作原理为:防撞支撑柱限制浮箱的漂浮,当过往船只横桥向撞击防撞墩浮体,浮体受力后向撞击方向移动,浮箱为薄壁结构可变形抵消部分冲击力,以起到缓冲撞击力的冲击作用。当过往船只顺桥向撞击防撞墩浮体时,因航行跨度较小,考虑船只以45°角撞击临时墩,此时仅半幅临时墩承受撞击力。总体布置如图5-29所示。

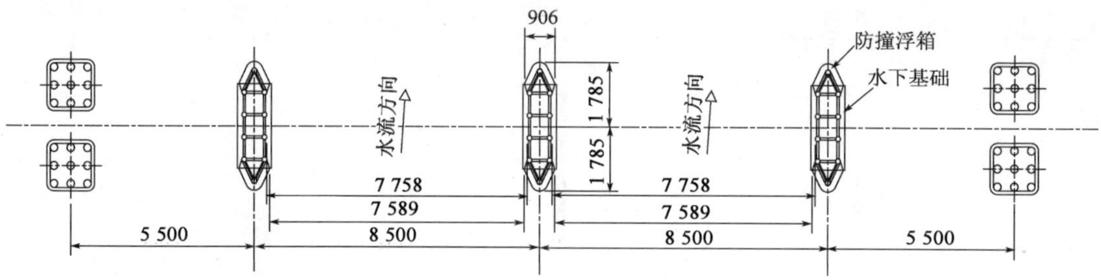

图5-29 防撞设置布置图(尺寸单位:mm)

防撞墩设置醒目防撞标识并按要求设置航标灯。

具体结构如下所述:

(1)防撞桩:即为临时墩,采用8根ϕ1 820mm×18mm钢管,桩基础常水位以下,每根采用4根ϕ50mm(PSB830)精轧螺纹钢锚固,锚筋下锚入河床中风化10m,上锚于钢管桩的锚固梁上。

(2)防撞浮体:在临时墩外设置钢结构浮体,如图5-30所示。浮体外轮廓尺寸为宽9.115m,长8.396m,内填充缓冲泡沫,浮体采用钢桁架相连成整体,浮体高出水面约3m。当船只碰撞防撞墩时,浮体经变形缓冲后向临时墩撞击。减少纵桥向撞击力,同时将船只导至航道内。

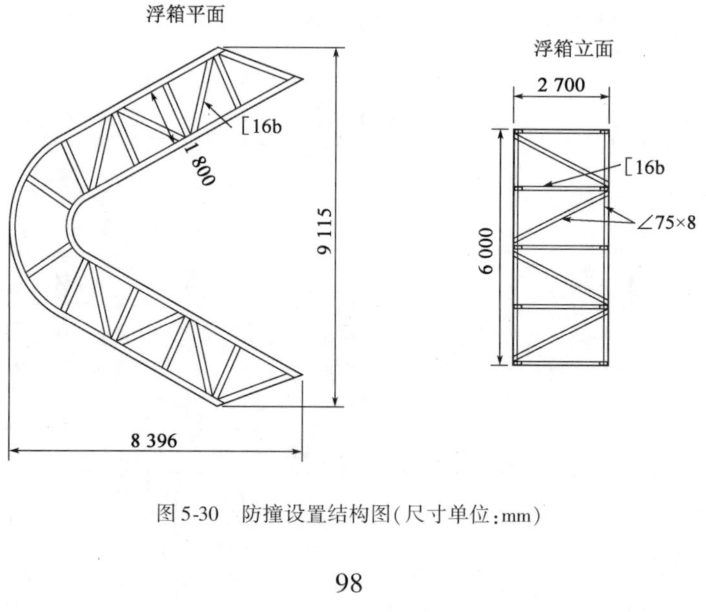

图5-30 防撞设置结构图(尺寸单位:mm)

5)质量要求与保证措施

(1)基础施工必须按相关施工规范进行,基坑须经验收后方可进行混凝土基础施工,临时墩基础埋深大于2m。

(2)钢管桩采购,必须符合技术要求。

(3)钢管桩接长施工焊接人员,必须持证上岗。每道焊接需经检验后方可进行下一道工序施工。

(4)钢管桩沉放后,应立即进行与相邻钢管桩连接保证不因河水冲刷致使钢管桩偏移。钢管桩的平面位置误差小于5cm,垂直度偏差小于1%。

(5)钢管桩接长,应保证两道接口间同心以免出现偏心现象,并保证钢管桩与钢护筒间连接顺直。

(6)钢管桩应采用多层焊,焊完每层焊缝后,应及时清除焊渣,并作外观检查,每层焊缝的接头应错开,气温在0℃以下焊接时,应将焊缝上下10cm处预热。气温低于-10℃时,不宜焊接。

(7)连接系由后场进行切割,切割尺寸按现场尺寸进行下料。连接系焊接应为多层焊接,焊接应保证焊接质量。连接系安装应确保其位置准确无误。保证钢结构的整体质量。

(8)上下分配梁安装前,应有测量工程是进行轴线测量,方可进行上下分配梁安装施工。

(9)复核每根钢管桩平面坐标及桩顶高程。

(10)地锚施工应按相关规范进行,确保每根钢锚筋达到设计要求。

6)临时墩拆除

(1)临时墩总体拆除方案

临时墩拆除采用平舶汽车吊与运输船配合进行水上拆除。临时墩按12m一节段由上至下进行分解式拆除,汽车吊稳定被拆除杆件,然后用气割分离,经运输船运送边岸,然后吊装至运输车上转运到堆场。临时墩拆除总顺序为先两侧后中间(5号→3号→4号或3号→5号→4号)。施工期间在施工水域设置一定的航标引导船只通行,并派遣巡逻船观察水面情况,发现可能的险情及时排除。

(2)临时墩拆除前提

①在全桥挂索完成,第一次吊索临时支点与梁体分离之后。

②在水位较低或者水位稳定时。

(3)临时墩拆除步骤

①拆除节段内系杆,系杆按由上到下逐根拆除。要做到切除一根吊装一根,不能同切除多根,不拆除预拆节段以外的系杆。

②拆除立柱,立柱拆除时进行水平切割,对称预留两处10cm连接。在汽车吊稳定好立柱后再进行分离。

③预应力拆除,临时墩拆至锚固梁处时,采用液压千斤顶按先两端后中间的顺序解除精轧螺纹钢。如果被拆除锚固梁在水面以下则采用水下切割截断精轧螺纹钢进行拆除。

④防撞浮箱拆除。防撞浮箱单件较重,结构复杂不便水上直接拆除,在解除限位后浮运至

岸边进行分解拆除。

⑤水下基础拆除。基础施工时在混凝土内预埋PVC管作为爆破孔,对于高于河床面影响航道通行的基础进行水下爆破拆除,爆破后较大块径混凝土由潜水员配合水上吊机清理上岸。

5.3 钢箱梁运输及吊装

5.3.1 钢箱梁吊装

为满足钢梁顶推时的吊装要求,在拼装焊接区域设置1 800kN+800kN龙门吊一台,龙门吊净高为25m,横向跨度为38m。龙门吊支腿采用ϕ630mm×12mm螺旋钢管,纵横梁均采用型钢拼装而成。如图5-31、图5-32所示。

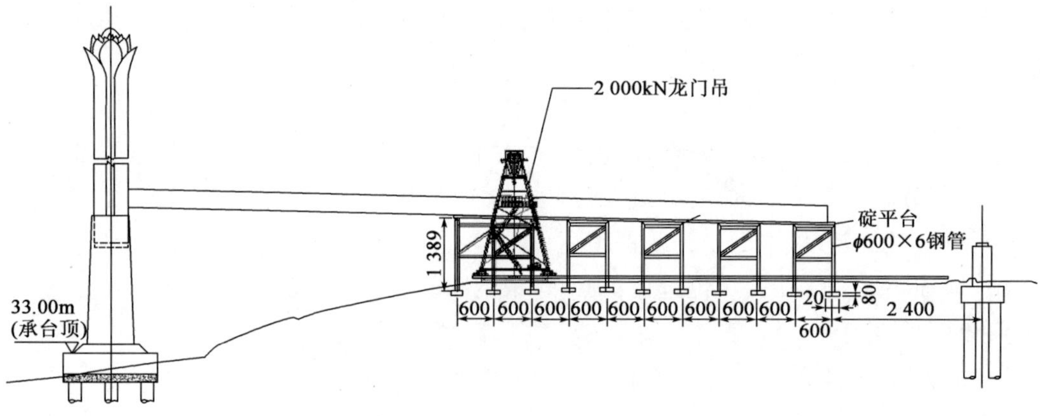

图5-31 龙门吊布置图(尺寸单位:cm)

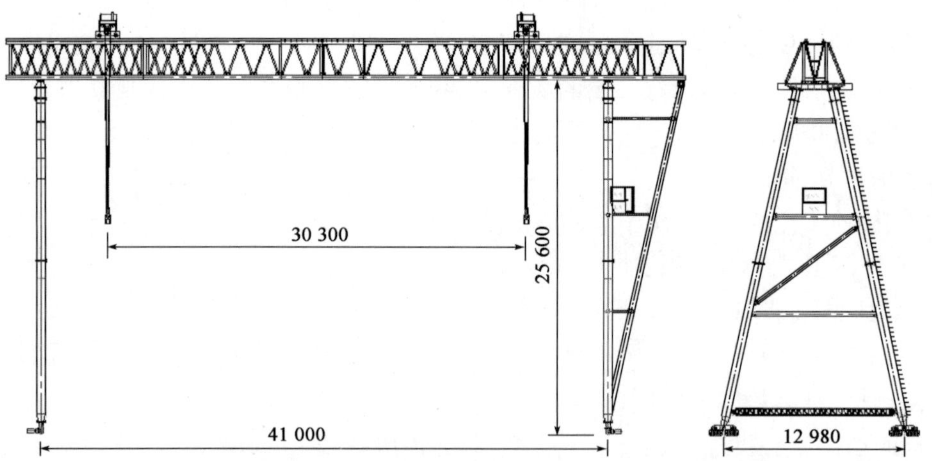

图5-32 拼装用龙门吊结构示意图(尺寸单位:mm)

钢箱梁吊装属大件吊装,应制定专项技术方案;吊装采用专用的吊装卡扣装置,在正式起吊之前应做静载和动载试验,确认卡扣、钢丝绳及龙门吊运转没有任何问题后方可正式吊装,确保不能发生任何安全事故。

5.3.2 钢箱梁场内运输

采用苏州大方 DCY200Ⅱ型2 000kN液压动力平板车(图5-33)进行钢箱梁场内转运;钢箱梁在场内总拼及防腐完成后按照顺序临时存放于顶推平台侧面钢箱梁存放场,顶推之前利用2 000kN液压平车转运至2 000kN龙门吊下起吊部位即可。

图5-33 2 000kN液压动力平板车示意图

5.4 钢箱梁顶推施工

5.4.1 顶推方案优化

钢箱梁的顶推施工一般有两种,较常见的一种是采用多点同向分段连续顶推——"连续拖拉"的方法进行钢梁安装,即:采用ϕ15.24mm钢绞线作为顶推拖拉杆件,将其一端锚固于钢箱梁底部钢板,另一端连接于临时墩的临时反力座上,利用顶推滑道前端的连续千斤顶拖位钢绞线使钢箱梁被"拖拉"着向前滑动,以实现钢箱梁的整体安装到位。本工程投标期间的钢箱梁安装方案采用的就是这一种方法。结合前期施工经验,采用此种顶推的施工方法存在以下缺点:

(1)水平千斤顶拖拉钢梁底板,在滑道上滑动前进,俗称"拉肚皮";此种方法使钢箱梁和临时墩顶之间在顶推过程中始终处于相互滑动摩擦状态,但在顶推起步时即由静摩擦转变为动摩擦的一瞬间,由于受力不可能完全均匀,所有的受力点也就不可能绝对同时转静为动,必定会有先后顺序,这就造成在实际顶推过程中钢箱梁必定会产生一个扭转,容易产生爬行现象,而且会造成钢箱梁局部受力过大,对钢箱梁的稳定受力及线形控制极为不利。

(2)千斤顶在连续拖拉的过程中,由于钢绞线是一个弹性体,也就是说千斤顶和钢箱梁之间的连接是弹性的,而不是刚性的,由于顶推过程中钢绞线的弹性状态将不能很好地保持一致,其拖拉的同步性也将受到较大影响,这一点对钢箱梁顶推的同步控制极为不利。

(3)临时墩在顶推过程中实际上将受到的外力作用,将有可能造成墩身水平反力大,对临时墩的稳定亦极为不利。

基于以上三点,现场决定优化采用更加先进的步履式顶推法,即:

采用液压设备利用“顶”、“推”、“降”、“缩”的四个步骤交替进行，先将钢箱梁整体放置在滑块上，然后顶推平移油缸向前推动滑块推送一个行程，之后将钢箱梁整体顶升，顶推平移油缸再缩缸到底，最后将钢箱梁整体下降置于滑块上，完成一个行程的顶推，继续进行下一个循环，通过往复顶推步骤，最终将钢箱梁顶推到预定的位置。采用这种方式相对于拖拉式顶推法有以下优点：

(1)可以有效解决静动摩擦频繁转换的问题，避免出现爬行的现象。

(2)顶推系统需具有竖向顶升、水平顶推及横向调位三项调整系统，顶推装置与钢箱梁之间是半刚性连接，既能适应梁的变形要求，又能有效控制顶推的同步性，能更好地控制钢箱梁顶推过程中的线形。顶推系统同桥墩两侧顶升和顶推同步精度为4mm，各桥墩顶升和顶推同步精度为5mm，控制精度更高。

(3)顶推为自平衡多点顶推工艺，顶推力为内力，不会增加临时墩的受力，有利于临时墩的稳定。

(4)顶推不能直接在梁底部滑移，只能在设备内部相对滑动。梁底部需设置垫梁进行应力扩散。避免在桥梁结构上焊设临时锚固件，对结构只允许腹板受力，有利于对主梁梁体的保护。

(5)顶推装置采用模块化设计，能适应不同桥墩尺寸和桥梁的施工。

5.4.2 钢箱梁顶推安装步骤

根据自锚式悬索桥先架梁后拉索的施工特点，采用“步履式多点同向分段连续顶推”方法进行钢梁安装，最大顶推质量11 000t。根据现场勘察情况，拼装平台需要设置在郁江南岸，钢梁由郁江南岸向郁江北岸方向顶推，每3个节段顶推一次。拼装平台长度为36m，满足4个标准节段的拼焊需要。

钢箱梁顶推安装步骤如下。

(1)施工完成主塔横梁、临时墩，完成场地、通道及顶推平台等临建，在各顶推点布置顶推设备设施。

(2)将JD1钢箱梁梁段从存梁场运至拼装平台范围吊装并作为首拼梁段进行定位，安装第一部分钢导梁(根部25m)。

(3)JD1钢箱梁梁段与钢导梁安装拼装焊接完毕后，钢箱梁与钢导梁先向前进行试顶推。试顶推完毕后，依次将第JD2 ~ JD6钢箱梁逐个组拼焊接顶推，组拼焊接及顶推过程中注意临时结构和钢梁结构线形的监控和控制调整。钢箱梁顶推采用预拼平台和各临时墩多点同步连续顶推法。

(4)当JD6梁段拼装完毕后，安装第二部分钢导梁(前端30m)，钢导梁总长55m。利用汽车吊将钢导梁安装就位。

(5)将第JD7 ~ JD9节钢箱梁在拼装平台上组拼焊接。

(6)将第JD7 ~ JD9节钢箱梁梁段焊接检测完毕后，开始顶推，顶推过程中注意临时结构和钢梁结构线形的监控和控制调整。顶推过程中采用预拼平台和各临时墩多点同步连续顶推法。继续拼装。

(7)钢箱梁顶推按“3+1”短线组拼法进行,即拼装平台上钢箱梁共4节长度,每次顶推3节梁长,台座始终至少保持1节钢箱梁长度,以控制钢箱梁预拼轴线偏差。

(8)钢箱梁逐步顶推至北岸主塔,当节段JD1过北桥塔后,开始安装前端钢梁风嘴。当钢导梁过7号临时墩后,分节段拆除钢导梁。

(9)继续顶推,当钢箱梁全部顶推到位后,前端风嘴安装完毕后,可将龙门吊进行拆除,组装至不同的阶段以满足风嘴安装需求。

(10)钢箱梁顶推至北岸钢梁混合段合龙,拼焊剩余钢箱梁节段至全部拼焊完成。

(11)依据监控指令,调整全桥高程和线形,待主桥施工完毕并体系转换后,拆除顶推系统及拼装平台。

5.4.3　顶推工艺流程

1)顶推工艺

(1)顶推设备工作原理

本桥共有9个顶推支墩,每个顶推支墩有4个顶推点,总共36个顶推点。国内现有的集成化步履式顶推系统安装尺寸较大,制作难度高,价格高昂,而且互换性差,维修难度大,生产周期较长,并不适用于本工程。

经研究比较,步履式顶推设备由通用型的液压油缸、液压泵站、高精度同步控制系统及钢结构件组成,钢结构件由现场加工焊接制作,散件现拼,包括滑梁、垫梁、水平油缸反力座、平移滑块等,滑梁固定在临时支墩及主塔上,上表面即为水平滑块的滑道。最初设计时将竖向油缸置于滑块上,但在使用过程中发现油缸由于同时受水平力及竖向力,极易损坏且不便维修,遂将竖向油缸分离布置于滑块两端,取得良好效果,在节约设备投入的同时也极大地推进了施工进度。

其具体布置为:在钢箱梁下部放置4套顶推滑移系统,在支撑排架上部放置滑道梁,滑道梁上千斤顶分为竖直千斤顶及水平千斤顶,竖直千斤顶进行顶升,水平千斤顶进行顶推。水平千斤顶与滑座利用销轴进行连接,滑座内部为固定支撑。当钢箱梁落于固定支撑上时,水平千斤顶进行顶推一个行程(500mm),之后竖直千斤顶对钢箱梁进行顶升,水平顶将滑块系统进行回缩,竖直千斤顶回落,钢箱梁落于滑块固定支撑上。以此循环,将钢箱梁持续向前顶推。顶椎千斤顶布置示意如图5-34所示。

(2)顶推施工顺序

①安装顶推拼装平台及顶推设备。

②拼装钢导梁,安装钢导梁。

③将首节钢箱梁与钢导梁进行对接定位,并进行焊接。

④解除箱梁与拼装平台的约束。

⑤将其进行顶推并控制好其中心线。

⑥将下一组钢箱梁进行吊装并放至拼装平台进行定位,调整中心线及钢箱梁相对线形,进行码板定位。

⑦将钢箱梁进行焊接完成,探伤射线合格后可予以顶推。

⑧逐个组拼焊接并顶推钢箱梁起始节段 JD2 ~ JD6。

⑨后续梁段按 3 +1 进行拼装焊接,重复以上步骤。直至完成钢箱梁的组拼与顶推。

⑩拆除钢导梁。

⑪调整钢箱梁整体线形及高程。

⑫待锚索挂索安装完毕,体系结构转换完成后,拆除顶推设备与临时支架。

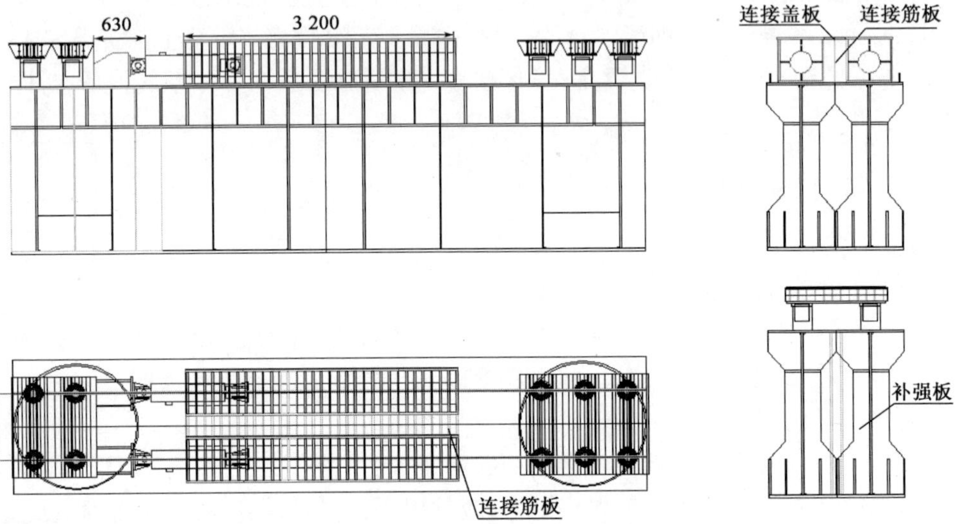

图 5-34　顶推千斤顶布置示意图(尺寸单位:cm)

2)主要顶推设备及人员

主要顶推设备及人员见表 5-1。

罗泊湾大桥钢箱梁顶推投入顶推设备表　　表 5-1

<table>
<tr><td rowspan="8">顶推设备</td><td rowspan="2">机械结构系统</td><td>下部支撑结构</td></tr>
<tr><td>上部滑移结构</td></tr>
<tr><td rowspan="3">油缸系统</td><td>支撑顶升油缸 192 台</td></tr>
<tr><td>顶推平移油缸 48 台</td></tr>
<tr><td>横向调整油缸 72 台</td></tr>
<tr><td rowspan="2">液压系统</td><td>支撑顶升液压系统</td></tr>
<tr><td>顶推平移液压系统</td></tr>
<tr><td colspan="2">电气控制系统</td></tr>
</table>

5.4.4　拼装平台设置

为满足钢梁吊装要求,在拼装焊接区域设置 800kN +800kN 龙门吊一台,拼装平台每组采用纵桥向 2 排,钢管柱横桥向布置 4 根。现场拼焊施工平台根据钢梁现场组拼长度要求,拼装平台总长 36m,钢管立柱及连接系均为 ϕ478mm ×6mm 螺旋钢管。拼装平台布置、横向布置、纵向布置示意如图 5-35 ~ 图 5-37 所示。

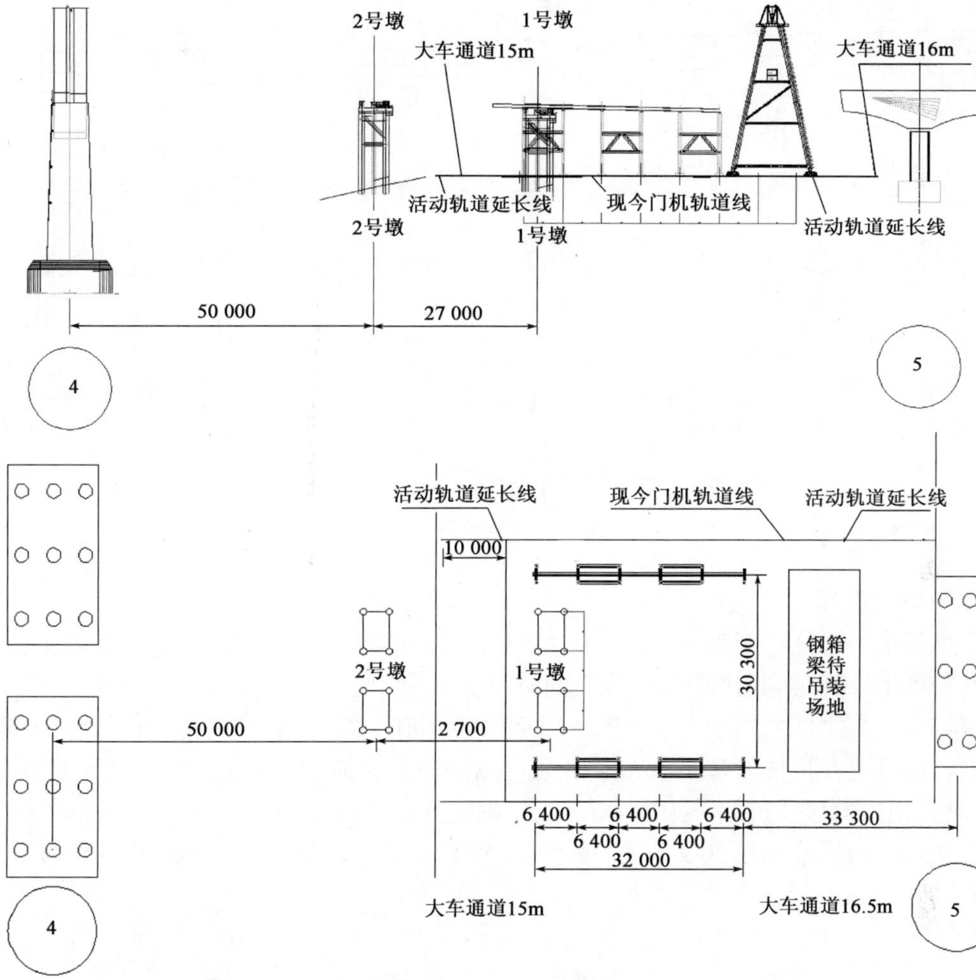

图 5-35 拼装平台布置示意图(尺寸单位:mm)

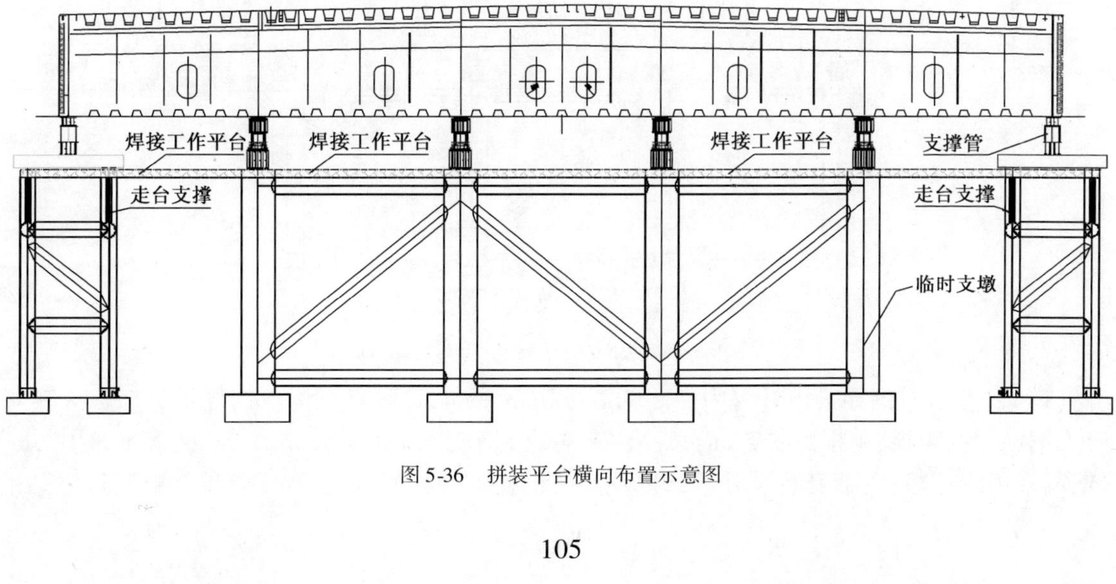

图 5-36 拼装平台横向布置示意图

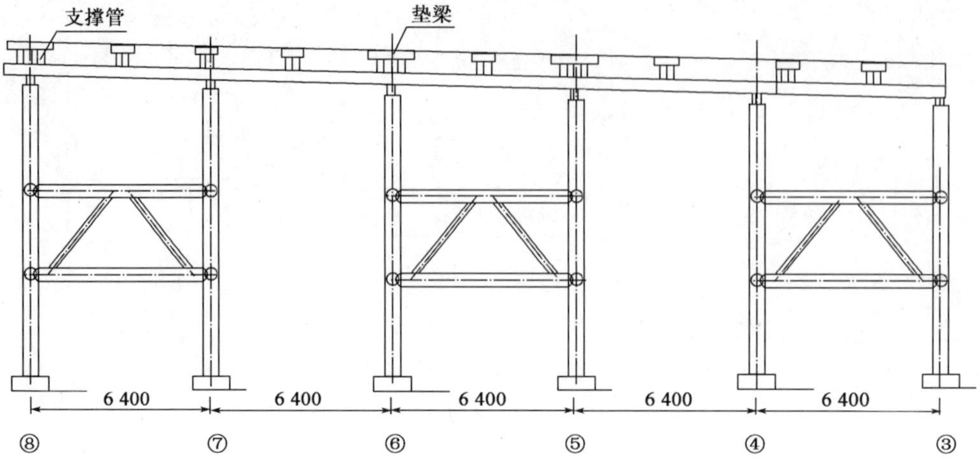

图 5-37　拼装平台纵向布置示意图(尺寸单位:mm)

5.4.5　钢导梁

1)钢导梁的设计

由于钢箱梁自身抗弯刚度不能满足顶推跨径 85m 的要求,因此需要考虑采用钢导梁;钢导梁设计长度上要补足剩余的 55m 长度,同时要保证自重不大于 4.0t/m,且其平均抗弯刚度不小于钢箱梁抗弯刚度的 1/8。综合考虑钢箱梁共 6 道纵隔板,顶推时由中间 4 道纵隔板受力,临时墩、钢导梁及顶推滑移系统布置必须与纵隔板位置对应,其布置如图 5-38 所示,临时墩、钢导梁及顶推滑移系统中心距均为 6.2m。则钢导梁设计为中心距为 6.2m 的 4 组平联结构,总宽 19.5m,总质量约为 200t,具体详见相关设计图纸。钢导梁采用工厂分节段加工、现场组拼安装的方法施工。

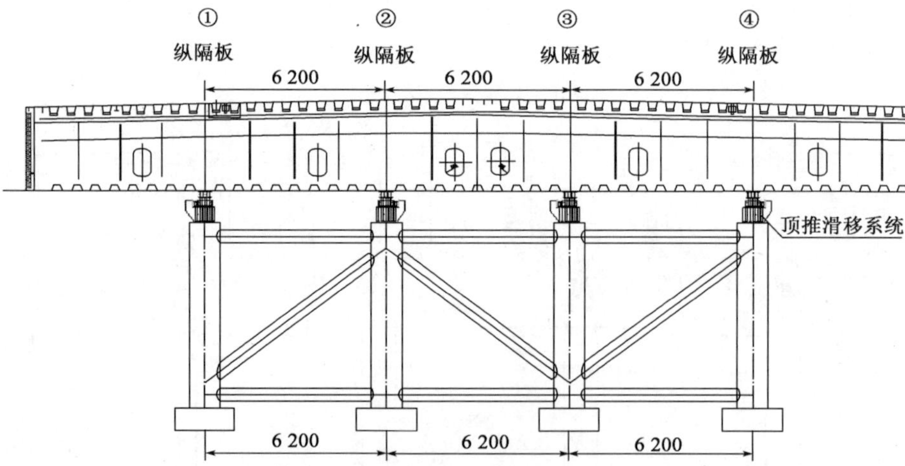

图 5-38　横隔板间距示意图(尺寸单位:mm)

(1)结构形式:钢导梁设计为中心距为 6 200mm 的 4 组平联结构。钢导梁分节段在工厂加工,钢导梁共 4 根,单根总长 55m,总高由 3.4m 逐渐变为 1m,宽度由 0.9m 逐渐变成 0.5m,最前端采用阶梯状,上部安装顶升千斤顶及伸缩钢支腿,便于顶推过程中钢导梁顺利过墩。钢导梁与钢箱梁连接方式及钢导梁节段间连接方式均为全焊接形式，钢导梁后端上下面板、腹板分别与箱梁 JD1 的面板、底板及横隔板焊接连接。导梁结构如图 5-39 所示。

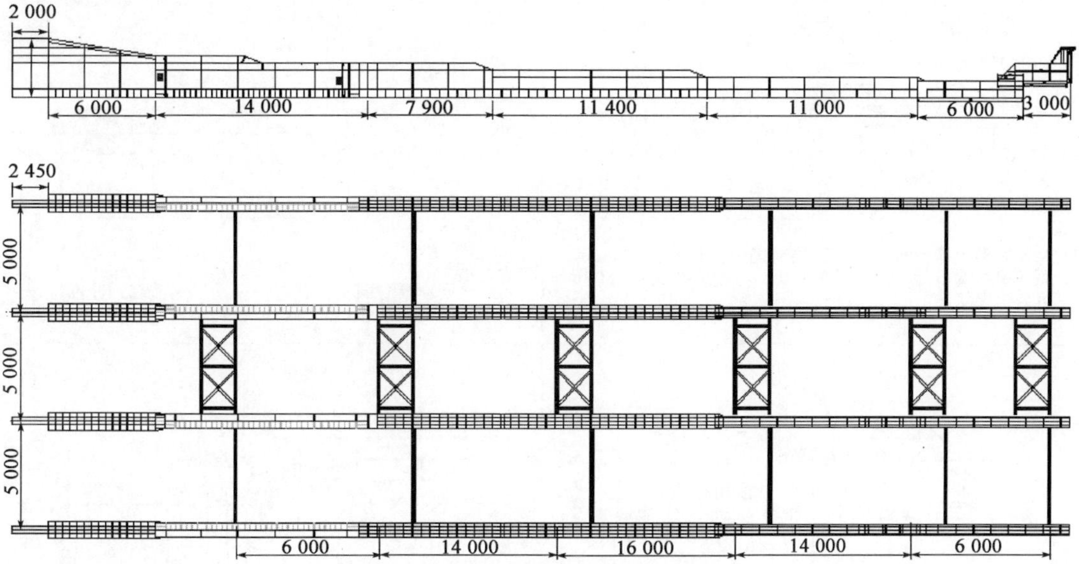

图 5-39 导梁结构示意图(尺寸单位:mm)

(2)材质:主桁梁分块材质均采用 Q345B 钢板，横向连接系采用 Q235B 钢管，材料技术条件符合《低合金高强度结构钢》(GB/T 1591—2008)的要求。

(3)刚度:钢梁顶推最大悬臂时，钢导梁前端最大变形约 634.4mm。

(4)钢导梁与钢梁连接处，钢导梁面板、底板宽度加大，采用熔透焊对接，钢导梁节间焊缝及后端焊缝进行局部加强。

顶推过程中导梁前端存在下挠，为保证导梁顺利通过临时墩，因此导梁前端设计成为阶梯状，在导梁端部上方设竖向千斤顶和伸缩钢支腿。当导梁前端开始进入临时墩时，利用钢导梁前端上部的顶升千斤顶及伸缩钢支腿，辅助导梁在顶推过程中顺利过墩，每台千斤顶的起顶力按 1 000kN 考虑，起顶时各点应同步、对称进行，且高差不得大于 3mm。导梁上墩如图 5-40 所示，导梁上墩步骤如图 5-41 所示。

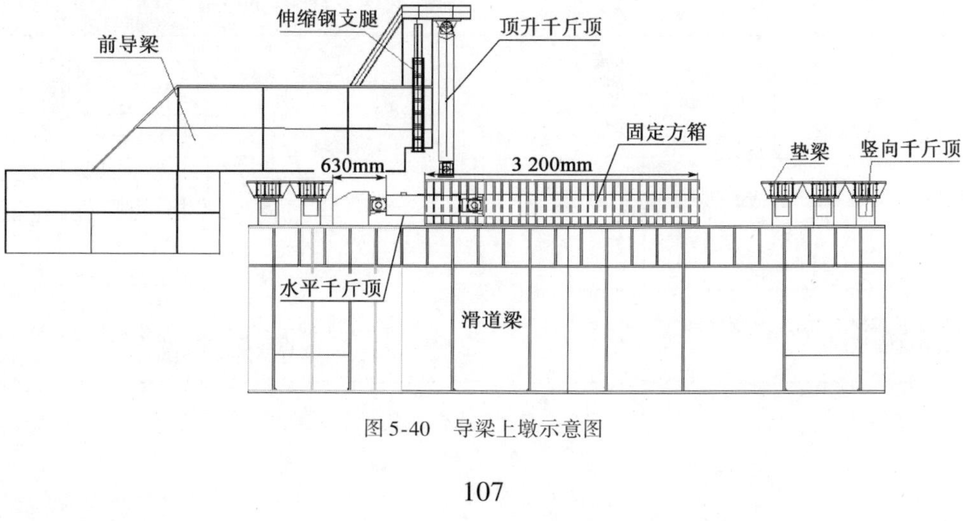

图 5-40 导梁上墩示意图

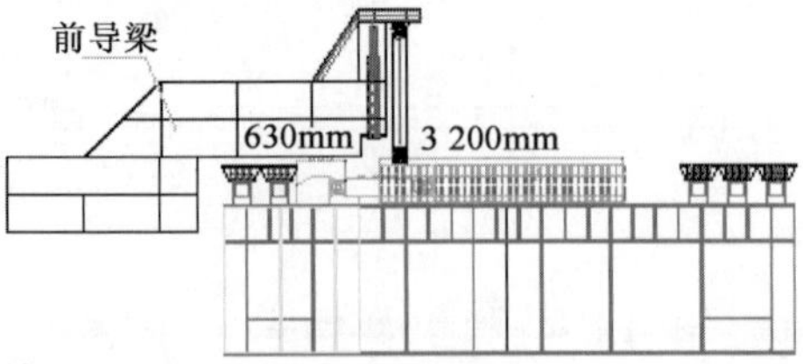

步骤一：

1.经过有限元计算可知，前导梁前端最大挠度为550mm。
2.而导梁前端设计台阶高差为100mm，故导梁前墙2 500mm可自由上墩。

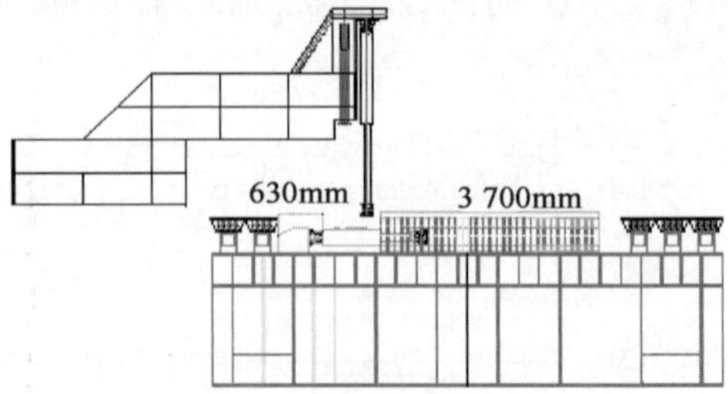

步骤二：

1.到导梁顶推到图示位置时，启动导梁前端顶升油顶，
2.将导梁端头抬高(导梁最低端略高出柱顶支座顶面)。

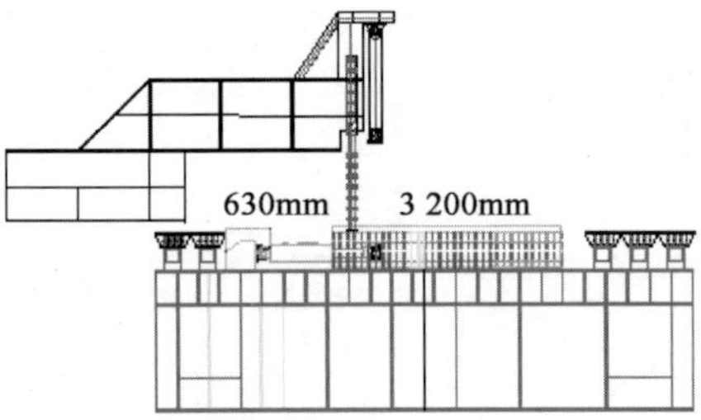

步骤三：

1.将钢支腿支撑在垫梁上部，并将千斤顶进行回收。
2.将顶推滑移系统向前顶推500mm。

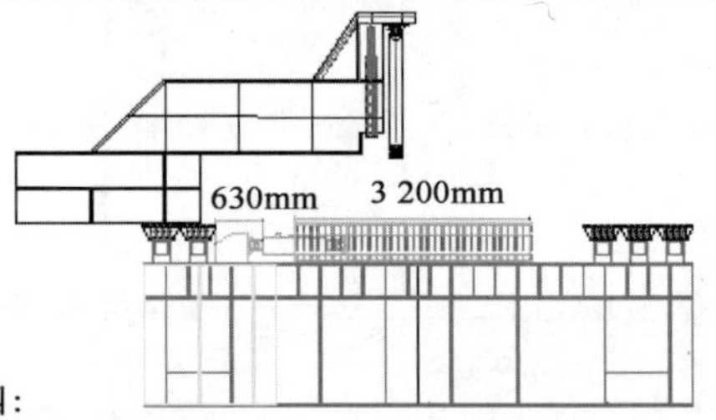

步骤四：

1.将千斤顶伸出进行支撑，钢支腿回收。
2.后将顶升千斤顶收回，则前导梁前端落在千斤顶垫梁上部。
3.将水平千斤顶进行回收。

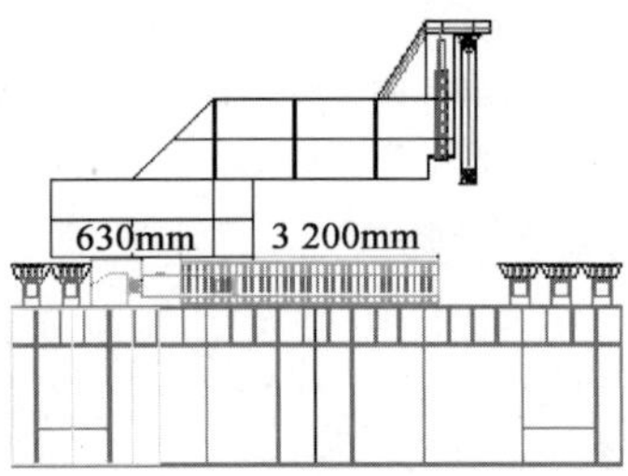

步骤五：

将伸缩油缸缩回，首导梁支在固定方箱上浮。

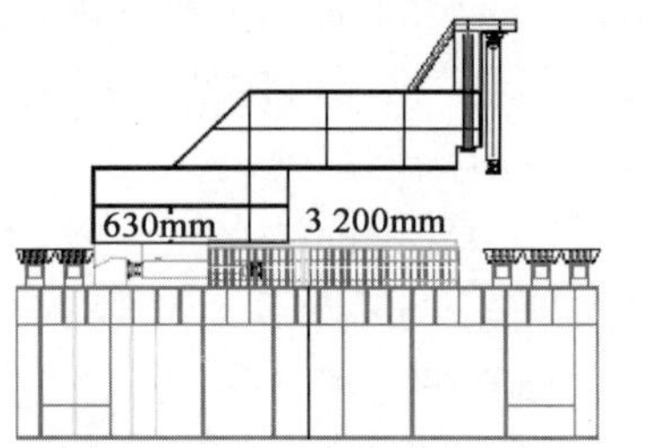

步骤六：

将滑移系统向前顶推600mm。

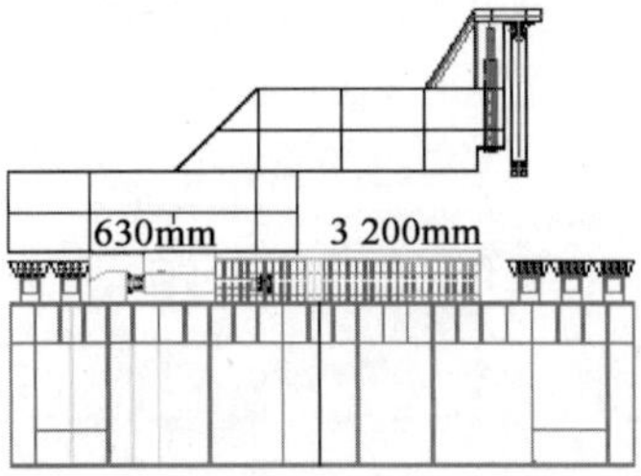

步骤七：

1.将竖向千斤顶向上顶出。使前导梁系统与固定方箱分离。
2.后将伸缩油缸回缩。

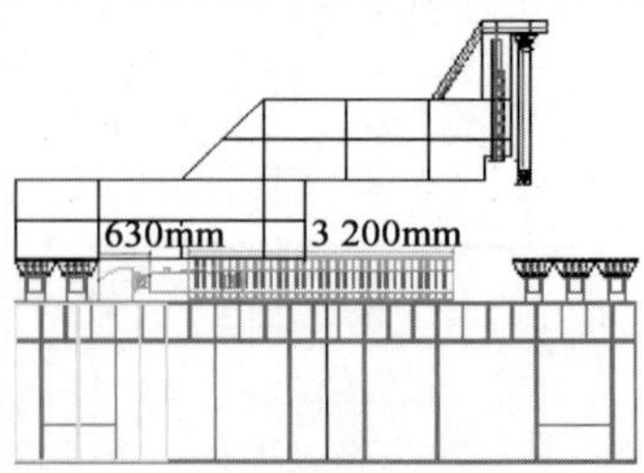

步骤八：

1.将竖向千斤顶回扣，前导梁系统落在固定方箱上。
2.以上，将钢梁进行整体水平顶推。

图 5-41 导梁上墩步骤图

2)钢导梁的安装及拆除

钢导梁运抵现场后,利用龙门吊将钢导梁分两次进行组装,第一次组装为27m(净长25m)钢导梁与首节钢箱梁在1号临时墩和2号临时墩之间进行组装,并安装好横向连接系,当拼装焊接完箱梁JD6后,利用一台1 300kN汽车吊将前端30m钢导梁在4号主塔和2号临时墩之间进行组装,并进行有效的横向连接。

当钢导梁顶推至郁江北岸7号临时墩时,分节段拆除钢导梁,防止导梁顶撞前方混凝土箱梁。

5.4.6 顶推设施

顶推设备布置于钢箱梁中间四道纵腹板位置,主塔墩顶及各临时墩墩顶各布置有四套顶推滑移系统,顶推滑座内铺设聚四氟乙烯滑板,滑道宽度为500mm。

聚四氟乙烯滑板具有承载力高,摩阻力小的特点,为减小顶推过程中摩阻力,在滑板与滑道面之间涂抹润滑油,涂抹之后摩擦系数约为0.05。滑道安装在型钢焊接而成的滑道梁上,顶板盖板厚度$\delta=30$mm,要求平整度偏差小于3mm,临时墩墩顶滑道长度:边墩为5m,中墩为8m。

在整个顶推过程中必须保证钢梁与支点滑道间有足够的接触面积,滑道梁均按钢梁的线形制作,滑座上设一块10mm厚的三合板,通过三合板的不均匀压缩实现钢梁与滑道梁上的滑板始终保持紧密接触,增大垫梁与钢箱梁间的摩擦力,并防护钢箱梁底部油漆,同时应设置限位装置,保证三合板不发生水平移动,防止三合板被剪坏。滑道布置如图5-42~图5-44所示。

钢箱梁进行顶推时,其最大受力部位在4号临时墩部位,由于钢箱梁相邻横隔板间距为3 000mm。为减小钢箱梁顶推过程中的变形量,钢箱梁顶推过程保证至少一道横隔板受力,3号、4号、5号临时墩顶推系统设计时,其固定支撑上部垫梁长度设计为3 200mm。

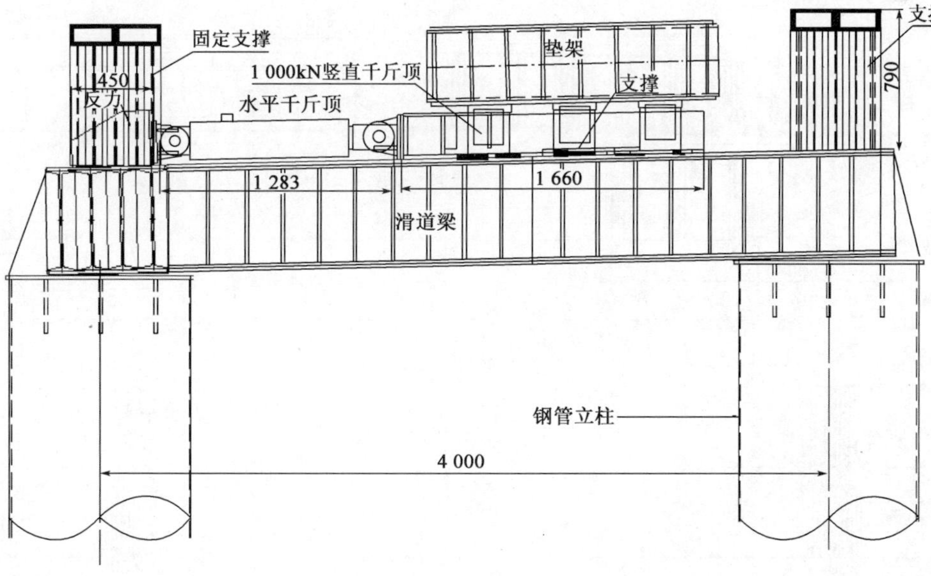

图 5-42

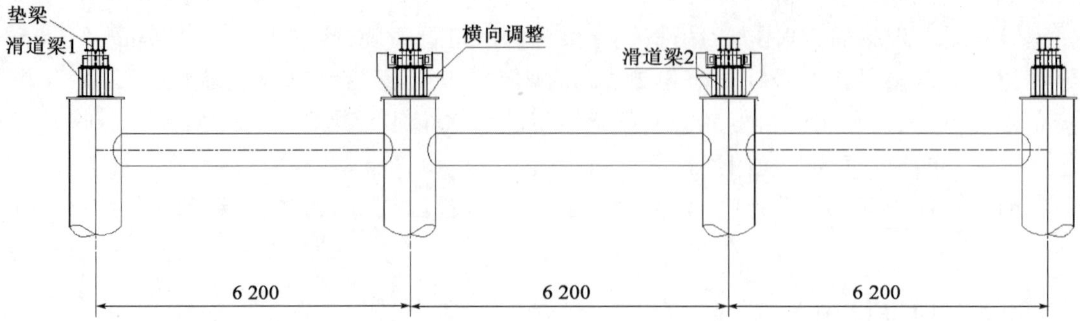

图 5-42　边跨临时墩顶推滑移系统布置图(尺寸单位:mm)

使用滑道时应注意以下几点:

(1)滑移支座要与钢梁底面接触良好、受力均匀。

(2)滑道在顶推过程不允许拖动,固定要牢固,但要考虑拆除方便。

(3)滑道要采取润滑措施,保证滑道干净。

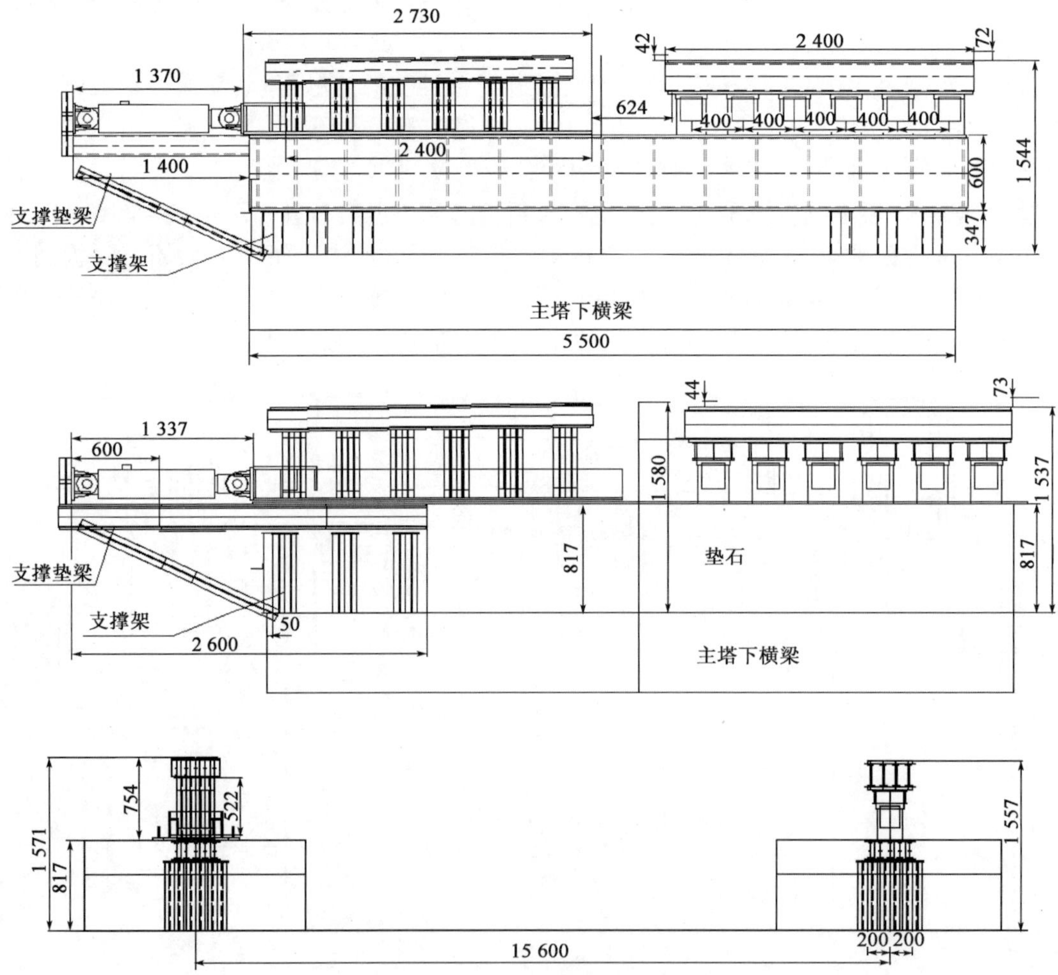

图 5-43　主塔顶推滑移系统布置图(尺寸单位:mm)

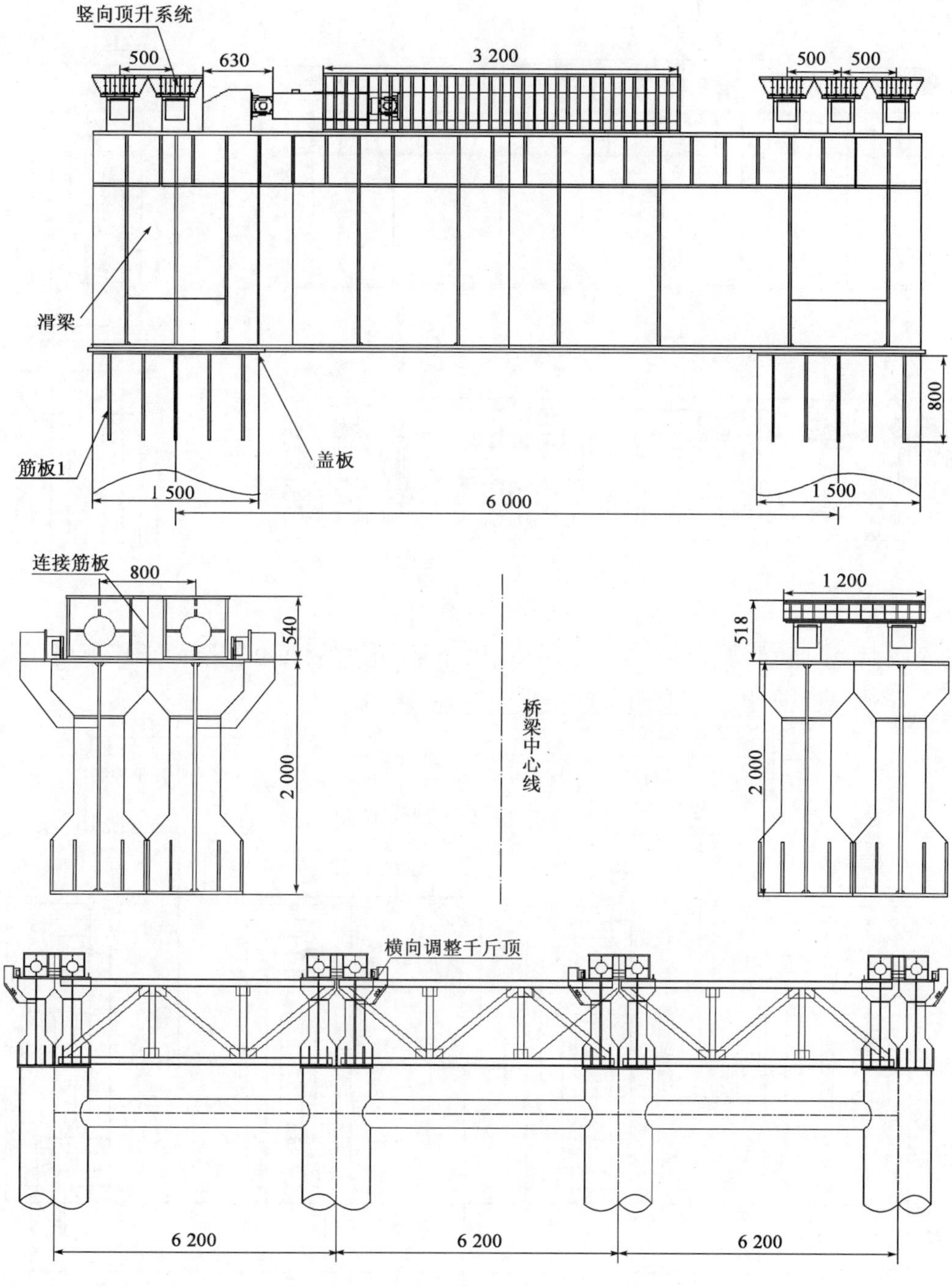

图5-44 中跨临时墩顶推滑移系统布置示意图(尺寸单位:mm)

5.4.7 顶推系统油路布置

1)顶推系统油路布置图

整套顶推滑移系统主要分为竖向千斤顶及水平千斤顶,竖向千斤顶及水平千斤顶规格均为 1 000kN。本工程顶推系统及工作原理如图 5-45 所示。

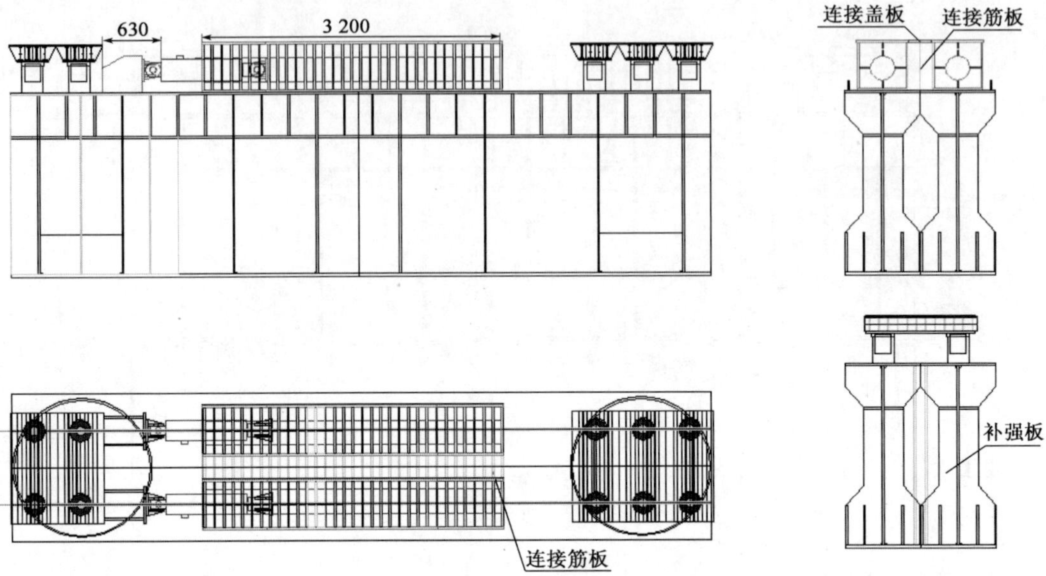

图 5-45　顶推系统布置图(尺寸单位:mm)

每个临时墩的顶推滑移系统 4 组水平顶用 1 台控制泵站,每 2 组竖向千斤顶用一台高压泵站进行控制,如图 5-46 ~ 图 5-48 所示。

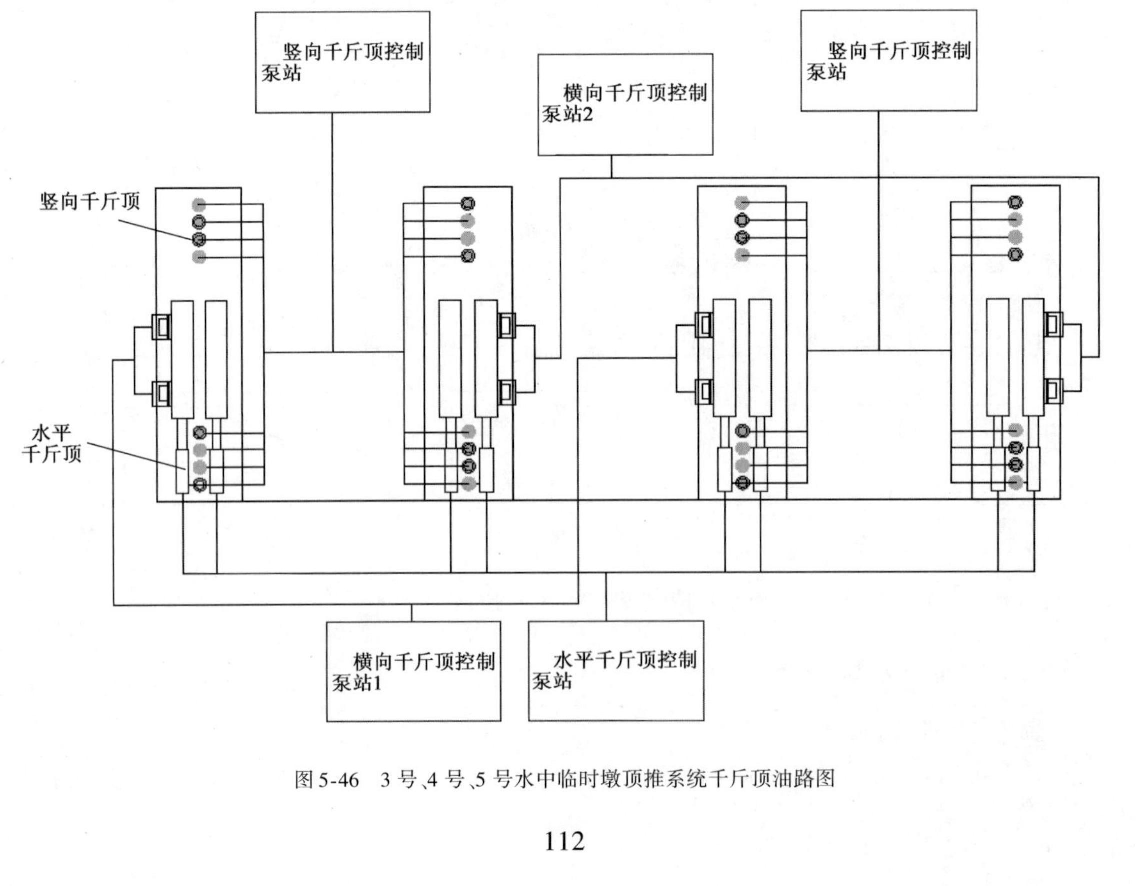

图 5-46　3 号、4 号、5 号水中临时墩顶推系统千斤顶油路图

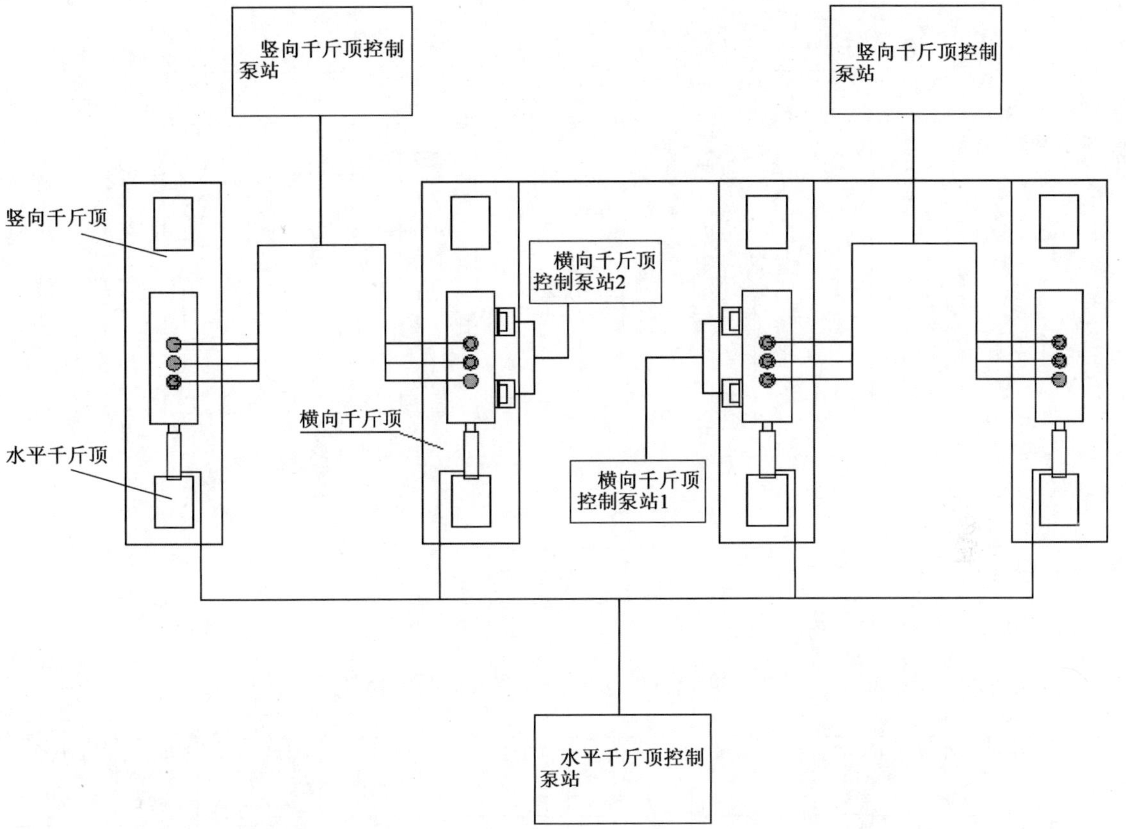

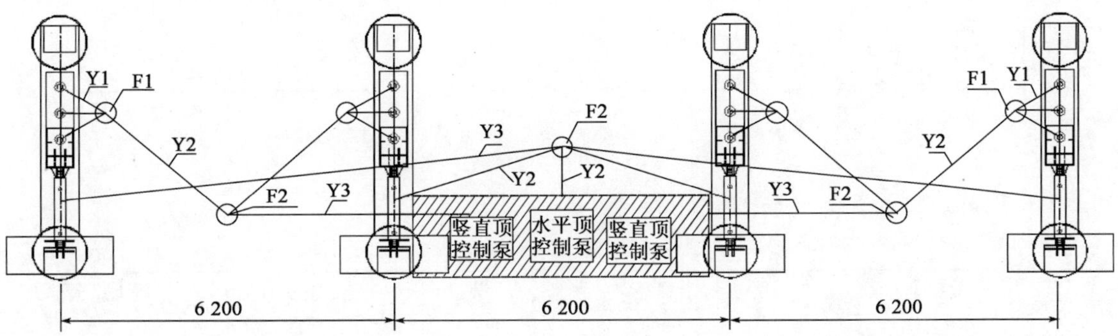

图5-47　1号、2号、6号、7号岸上临时墩顶推系统千斤顶油路图(尺寸单位:mm)

2)顶推同步系统

在钢箱梁顶推过程中,为保证钢箱梁的顺利顶推,其顶推滑移系统应尽量保证同步;在每套顶推滑移系统中,其水平顶推控制油泵上安装一键总控电控系统及同步阀,从全桥9套顶推系统上共用一个总控开关,达到一键总控的效果,保证水平顶推油缸同步启动并同步运行。竖向油缸安装液压锁,防止因突然停电或液压管爆管引起油缸不保压。多泵站控制多路油缸时,液压管路交错布置,保证千斤顶运行均衡、平稳。全桥顶推设备控制系统布置如图5-49所示。

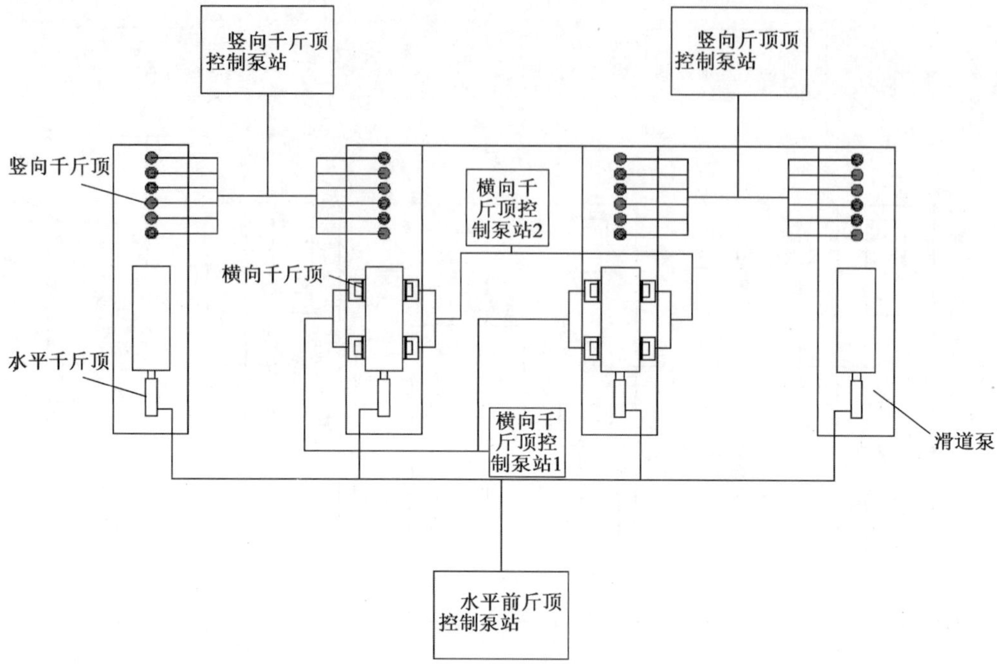

图 5-48　3 号、4 号主塔顶推系统千斤顶油路图

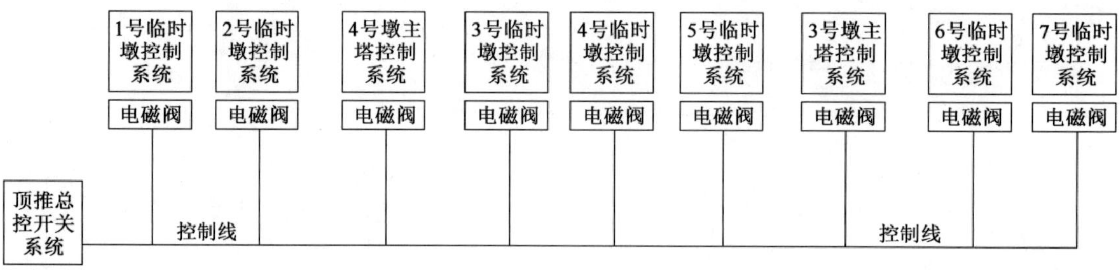

图 5-49　全桥顶推设备控制系统布置图

千斤顶数量见表 5-2。

顶 推 设 备 表　　　　表 5-2

支墩编号	名称	缸径（mm）	数量（个）	单支油缸最大顶推力(t)	最大总顶推力（t）
1 号临时墩	竖向油缸	ϕ180	24	84	2 016
	水平油缸	ϕ140	4	50	200
2 号临时墩	竖向油缸	ϕ180	20	84	1 680
	水平油缸	ϕ140	4	50	200
4 号主塔	竖向油缸	ϕ180	28	84	2 352
	水平油缸	ϕ180	4	84	336

续上表

支墩编号	名称	缸径（mm）	数量（个）	单支油缸最大顶推力（t）	最大总顶推力（t）
3号临时墩	竖向油缸	ϕ180	40	84	3 360
	水平油缸	ϕ180	4	84	336
4号临时墩	竖向油缸	ϕ180	40	84	3 360
	水平油缸	ϕ250	4	160	640
5号临时墩	竖向油缸	ϕ180	40	84	3 360
	水平油缸	ϕ180	4	84	336
3号主塔	竖向油缸	ϕ180	28	84	2 352
	水平油缸	ϕ180	4	84	336
6号临时墩	竖向油缸	ϕ180	24	84	2 016
	水平油缸	ϕ140	4	50	200
7号临时墩	竖向油缸	ϕ180	24	84	2 016
	水平油缸	ϕ140	4	50	200

5.4.8　竖向线形的调整

顶推过程中钢箱梁的受力状态与成桥时受力状态完全不同，整个顶推过程的监控应以支反力控制与线形控制双向控制的原则进行。因此每轮顶推前依据监控指令，明确该轮顶推钢箱梁所经墩台的竖曲线变化范围（高程变化值）及箱梁许用支反力（墩台的许用压应力）变化范围。

高程调整方法：

顶推系统安装前应计算整体高程，进行测量精确控制，四角不平度要求小于2mm，系统绝对高程可根据桥面线形计算得出。在每个固定垫梁下布置有竖向千斤顶作为高程调整的装置（箱梁顶推就位调整梁底高程时使用），每墩24个千斤顶同时起顶调整，起顶后根据空隙在滑道梁下垫相应厚度的钢垫块，然后落顶。

具体施工步骤：

（1）首先根据监控指令的高程变化值确定该轮顶推的顶举千斤顶的调整范围。若调整范围超过千斤顶活塞行程，则意味着必须进行分级分次调整，应提前准备好调整用的钢临时墩及临时钢垫块。

（2）根据许用支反力变化确定顶举千斤顶的压力调整范围，并将±85%压力调整范围设定为压力控制阈值。

（3）顶推前先根据高程变化值调整顶举千斤顶的初始高度，尽量避免顶推过程中再次调整。

（4）在箱梁许用支反力变化范围内控制顶举千斤顶将钢箱梁顶起，取出临时钢垫块，转由千斤顶受力。

(5)将压力监控系统置为自动状态,获得顶推最高控制权后,才能进行后续的顶推施工。

因钢箱梁顶推过程当中,临时墩相应支点高程会随着顶推工作的进行有不同的变化,高度有不同程度的升高或降低。为满足顶推过程线形和计算书验收线形尽可能一致,并减小顶推过程中水中临时支墩高程调整的工作量,适当降低中间5号、4号、3号临时墩的初始高程,5号墩降低0.7m;4号降低0.8m;3号降低0.5m。每个顶推调节阶段临时支撑的相对变化量见表5-3。

每个阶段调整时墩高程相对于初始高程变化表(m) 表5-3

顶推阶段	调整时机	临7	临6	3号塔	临5	临4	临3	4号塔	临2	临1
1	1—1 拼装	0.000	0.000	0.000	0.000	0.000	0.000	0.000	0.000	0.000
2	2—1 拼装	0.000	0.000	0.000	0.000	0.000	0.605	0.000	0.000	0.000
3	3—1 拼装	0.000	0.000	0.000	0.000	0.000	0.605	0.000	0.000	0.000
4	4—1 拼装	0.000	0.000	0.000	0.000	0.639	0.000	0.000	0.551	0.816
	4—2 顶27m	0.000	0.000	0.000	0.000	0.639	0.000	0.050	0.551	0.736
5	5—1 拼装	0.000	0.000	0.000	0.000	0.639	0.000	0.000	0.321	0.286
	5—2 顶27m	0.000	0.000	0.000	0.933	0.000	0.112	0.494	0.911	0.929
6	6—1 拼装	0.000	0.000	0.000	0.933	0.000	0.312	0.574	0.871	0.829
7	7—1 拼装	0.000	0.000	0.914	0.504	0.000	0.491	0.706	0.926	0.836
	7—2 顶29.5m	0.000	0.000	0.914	0.434	0.000	0.541	0.706	0.926	0.836
8	8—1 拼装	0.000	0.948	0.063	0.000	0.120	0.749	0.846	0.959	0.812
	8—2 顶21.5m	0.000	0.948	0.043	0.000	0.160	0.799	0.846	0.959	0.812
9	9—1 拼装	0.000	0.910	0.200	0.373	0.717	0.958	0.771	0.626	0.348
	9—2 顶15m	0.000	0.910	0.200	0.373	0.717	0.958	0.771	0.626	0.448
	9—3 顶30m	0.441	0.354	0.000	0.491	0.962	0.934	0.498	0.220	0.115
10	10—1 拼装	0.621	0.330	0.000	0.503	0.892	0.898	0.546	0.324	0.175
	10—2 顶15m	0.182	0.092	0.000	0.652	0.892	0.711	0.238	0.158	0.112
	10—3 顶45.5m	0.000	0.000	0.000	0.700	0.800	0.500	0.000	0.000	0.000

顶推时,河中临时墩所在线形相比原设计高程5号临时墩由61 836mm降低0.7m变为61 136mm,4号临时墩由62 559mm降低0.8m变为61 759mm,3号临时墩由61 836降低0.5m变为61 336mm。顶推总长度不变,则顶推线形相比原最终线形变化如图5-50所示。

钢箱梁整体顶推时线形分为三个阶段:

(1)当拼装01号段~17号段及45号段~61号段时,拼装排架阶段整体线形在2.35%的斜线纵坡上。

(2)当拼装(18号段~44号段)的钢箱梁时,拼装排架整体线形位于半径5 000m(路冠)的圆曲线上,如图5-51所示。

(3)当钢箱梁全部顶推到位后,将钢梁整体线形利用钢垫块和千斤顶调整到成桥要求的最终线形上,如图5-52所示。

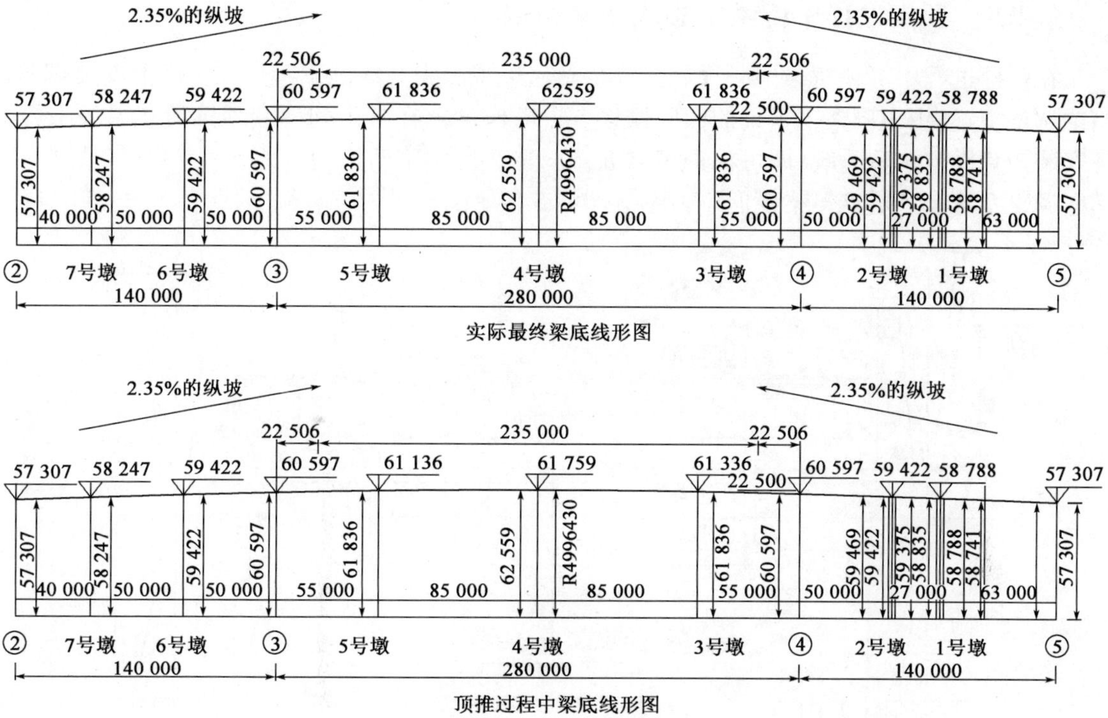

图5-50 顶推梁底线形变化图(尺寸单位:mm)

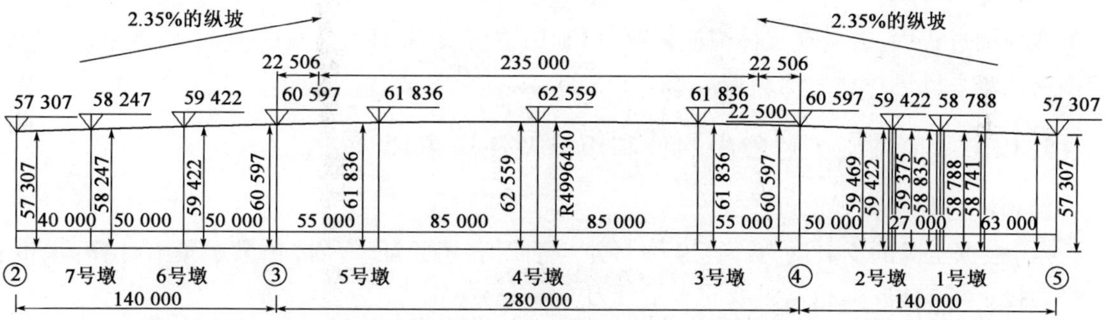

图5-51 顶推梁底线形布置示意图(尺寸单位:mm)

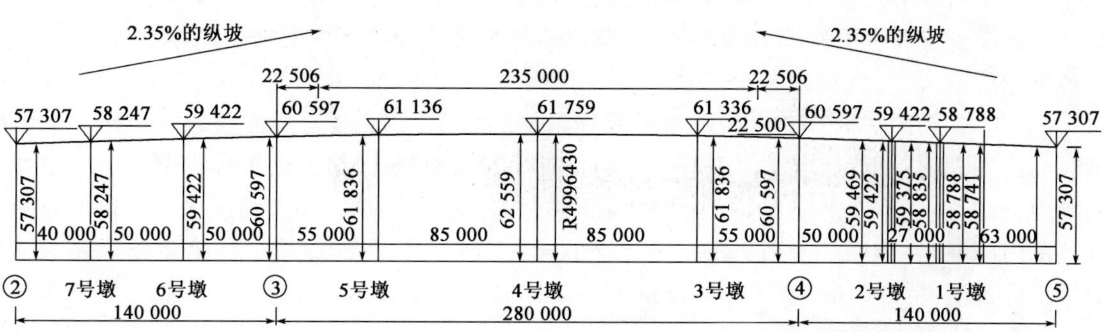

图5-52 最终梁底线形布置示意图(尺寸单位:mm)

5.4.9 顶推过程中桥梁中心线调整纠偏

在顶推过程中可在桥梁中心线处安放全站仪来观测中心线的偏差。在主塔上安装横向钢箱梁调整装置,用来调整钢箱梁的横向偏移。主塔横梁上在其中间两套顶推滑移系统上左右各安装2套横向调整系统,即可将钢箱梁进行调整。河中临时墩每套系统上左右各放置一套横向调整系统。主塔钢箱梁横向调整示意如图5-53所示。

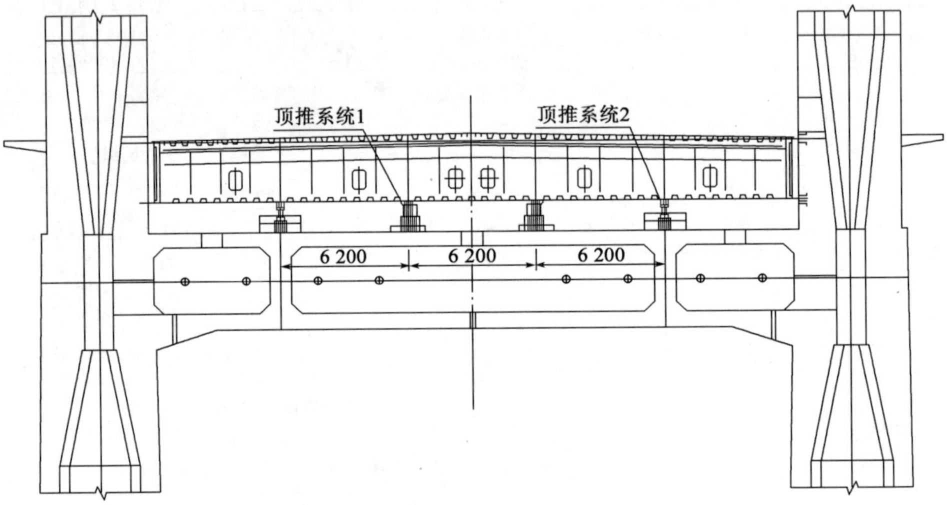

图5-53 主塔钢箱梁横向调整示意图(尺寸单位:mm)

在顶推过程中,若发现梁体横向偏移,可利用主塔及临时墩(1号、3号、4号、5号、7号等)的横向调整系统进行横桥向纠偏。

5.4.10 顶推施工过程中的控制重点及注意事项

1)顶推过程中控制重点

(1)根据工况的支点反力计算摩擦力并与油压表相验证。顶推箱梁水平力计算:顶推总水平力按重量的8%加箱梁纵坡的水平分力。

(2)位移观测:位移观测主要是梁体的中线偏移和墩顶的水平、竖向位移,在顶推过程需用千斤顶及时调整。墩顶位移观测非常重要,根据设计允许偏位作为最大偏位值,换算坐标,从施力开始到梁体开始移动连续观测,一旦位移超过设计计算允许值则立即停止施力,重新调整各千斤顶推力。

(3)施加顶推力:顶推力的大小是根据摩阻力的大小调节,并通过油表来反映。应选用精度较高的油表,并进行标定。每工况下施加顶推力时,先将各个墩上的千斤顶逐步加力至计算的顶力,如梁体仍不能向前移动,则可将顶推平台或主墩上的顶力加大到该墩最大顶推力的允许范围内(箱梁在该墩的摩阻力加该墩允许的最大水平力),此时应按上述第2条的要求进行墩顶位移观测。如施加到最大允许顶推力时梁体仍未能移动,则应进行检查调整,后将顶推力调整合适后方可进行继续顶推。

(4)滑板的更换:顶推过程中必须使用表面光洁、无破损的滑板,顶推时各支点应有专人检查更换。聚四氟乙烯滑板应保持清洁,并按要求进行润滑。

(5)临时墩的监控:顶推过程当中,应随时测量临时墩的墩顶高程,基础的受力状况,以及临时墩横向纵向的移动,以保证临时墩受力的安全性。

(6)钢箱梁落梁时的控制:钢箱梁落梁时,首先保证钢箱梁竖向千斤顶同步回落,钢箱梁下落过程中若千斤顶不能同时落在固定支撑上,部分钢箱梁落在固定支撑上部,剩余部分由千斤顶进行受力承担。

2)顶推施工过程中的注意事项

(1)顶推系统使用前应按照操作流程进行调试与试验。顶推系统使用前应认真调整好行程开关的位置,系统电源质量应予保证。

(2)必须保证油液的清洁干净。必须经常过滤油液,保证过滤精度不低于20um,并定期更换油液。

(3)每次顶推,必须对顶推的梁段中线和各滑道顶的高程进行测量,并控制在允许范围以内,严格控制偏位范围,不要造成偏位过大难以纠偏的现象。

①导梁中线偏差不大于20mm;

②梁体中线偏差不大于20mm;

③下滑道面应顺滑流畅。

如出现偏差,则需要立即调整。

(4)顶推过程中若发现顶推力骤升,应及时停止并检查原因。

(5)每节段开始顶推时,先推进5cm,立即停止,回油,再推进5cm,再停止,回油,如此反复2~3次,以松动各滑动面并检查各部分设施,然后正式顶推。

(6)顶推滑梁设备顶推调整时注意异常情况,如果有异常情况应立即进行处理。

(7)顶推时,应派专人检查导梁及钢箱梁,如果钢导梁构件有变形、导梁与钢箱梁连接处有变形或箱梁局部变形等情况发生时,应立即停止顶推,进行分析处理。

(8)注意顶推过程中顶升力、平移力、下降力的变化。

(9)位移观测,主要是梁体的中线偏移和墩顶的水平、竖向位移,在顶推过程需用横向调整油缸及时调整。

(10)钢梁、上下滑道的下沉情况。

(11)顶推到最后梁段时要特别注意梁段是否到达设计位置,须在温度稳定的夜间顶推到最终位置,并根据温度仔细计算测定梁长。

(12)最后一次顶推时应采用小行程点动,以便纠偏及纵移到位。

5.4.11 顶推控制措施

1)跨河钢箱梁顶推安全措施

在钢箱梁顶推过河前,按要求做试顶试验,试顶6~7m,以检验钢导梁的承载力、顶升和顶推油缸同步性、理论数据与实际顶推数据偏差,并对试顶阶段进行分析,为下一步顶推提供可靠的数据。

试顶阶段需监测的项目有:临时墩竖向力、临时墩水平力、钢箱梁最大变形、导梁端节点变形、导梁承载力。

试顶阶段可以作为顶推过河前的操作演练，为下一步顺利顶推打下基础。

2）顶推过程控制措施

（1）严格控制临时墩墩身和基础的施工质量，做好临时墩墩身和基础的检测工作，保证临时墩稳固。

（2）在钢箱梁顶推过程中派专人对钢导梁进行检测，当发现钢导梁高程低于报警值时停止顶推，分析原因，排除隐患方可继续顶推。

（3）顶推设备安全措施。

①每台顶升支撑油缸上装有自锁装置，防止失速下降；即使油管破裂，重物也不会下坠；

②液压和电控系统采用连锁设计，以保证提升系统不会出现由于误操作带来的不良后果；

③控制系统具有异常自动停机、断电保护等功能；

④控制系统采用容错设计，具有较强抗干扰能力。

（4）顶推现场安全措施。

①顶推设备在安装时，地面应划定安全区，以避免重物坠落，造成人员伤亡；

②在正式施工时，也应划定安全区，禁止交叉作业；

③结构顶推空间内不得有障碍物；

④在顶推的过程中，应指定专人观察支撑顶升油缸、顶推平移油缸、横向调整油缸和液压泵站的工作情况，若有异常，直接通知指挥控制中心；

⑤在施工过程中，要密切观察结构的变形情况；

⑥顶推过程中，未经许可任何人不得擅自进入施工现场；

⑦露天放置的液压顶推设备应派专门人员负责安全保卫工作；

⑧应备有灾害天气的应急措施；

⑨当遇有六级以上大风、大雨、大雾等天气时将钢箱梁搁置在临时钢垫梁上，停止顶推施工。

3）钢箱梁顶推安全防护措施

（1）钢箱梁顶推过郁江航运线路时，要特别重视安全以免发生意外。

（2）当导梁前行跨越临时墩时，应将下一顶推轮次部分钢箱梁节段拼装完毕后，尽量连续顶推跨越航运线路，以避免长悬臂结构长时间悬停于航线上方发生意外。

（3）对钢箱梁顶推施工过程中钢箱梁各个阶段的内力、各个顶推平台、临时墩及其基础进行受力验算，验算合格方可进行顶推施工，加强对钢箱梁顶推过程中钢箱梁、临时墩受力监控，当监控值达到报警值时停止顶推施工，分析原因，排除隐患后方可继续施工。

5.4.12 钢箱梁架设施工测量及监控措施

钢箱梁成桥线形有竖曲线，因此在顶推过程中对于钢箱梁的平面位置和高程控制是确保钢箱梁施工质量和最终成桥线形的关键影响因素。为保证钢箱梁轴线顺直，拱度符合设计要求，应及时进行钢箱梁安装及顶推作业过程中的测量工作，发现问题及时矫正。测量工作内容如下：

（1）滑道施工测量。临时墩钢管桩加固完成后，根据主桥钢箱梁竖曲线确定滑道高程，并保证滑道与钢箱梁设计位置线形间高差能通过竖向千斤顶调整。

（2）钢箱梁中心线的测量，每拼装一个节间测量一次，每顶推作业一个轮次测量一次。为减少光照对钢箱梁旁弯的影响，测量工作应选在早晨日出前或太阳刚出、阴天、无风或微风状况下进行。

(3)钢箱梁挠度测量，每拼装一个节间测量一次，每顶推作业一个轮次测量一次。为保证挠度值的准确性，测量时间和工作状况与上同。

(4)支点高程测量包括主墩及临时墩上各支点高程等。

(5)钢箱梁每架完一孔应及时对所有已架钢箱梁各节段拱度进行测量。

5.4.13　顶推滑道及拼装平台的拆除

岸上顶推设备及拼装平台拆除的施工环境比较好，有比较大的施工空间，而且重量都比较小，所有可以直接利用小型机具与小型吊车配合进行拆除。水中临时墩墩顶滑移系统通过安装在墩顶的吊架系统和水上驳船进行拆除，临时墩墩顶的吊架系统要在安装临时墩时一起安装到位，采用焊接的方式固定在临时墩钢管柱的柱头，在驳船上安装两个卷扬机作为动力系统。拆除流程：去除滑梁与柱头的连接→用吊架系统和卷扬机配合吊起滑梁→横移滑梁(利用滑轮在滑槽内进行横向滑动)→落在驳船上，具体如图5-54、图5-55所示。

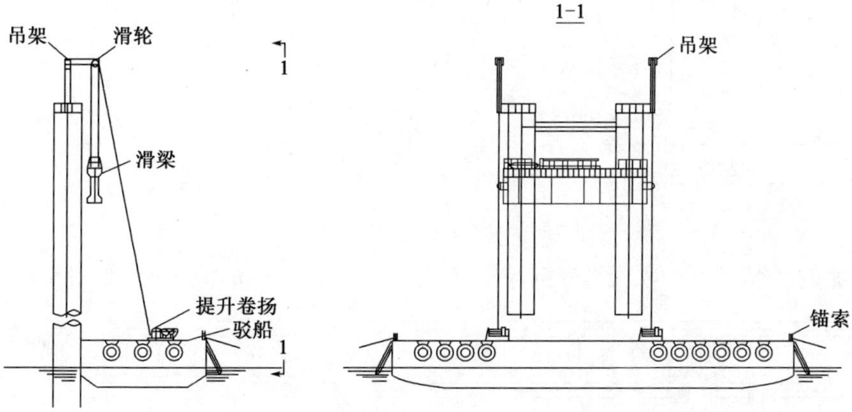

图5-54　滑梁拆除示意图

5.4.14　钢箱梁主梁及风嘴的拼装

1)钢箱梁主梁的拼装

当将钢箱梁放置到指定位置后，需对钢箱梁进行细微的调整。钢箱梁进行调整时需几大控制要素：①控制其桥轴中心线；②控制其基准线平行，并控制其间距；③保证其相对线形(2.35%直线坡度及5 000m半径圆弧)。

当钢箱梁吊装到位后，先利用钢箱梁上匹配件进行组装定位，后微调钢箱梁桥轴线，当钢箱梁基准线彼此平行，且钢箱梁之间适宜焊接等后续工作时，可利用龙门吊及千斤顶对钢箱梁整体线形进行调整(利用水准仪进行检测)，当整体调整无误后，再进行最终复测。复测无误后可对钢箱梁进行码板，完成拼装定位。

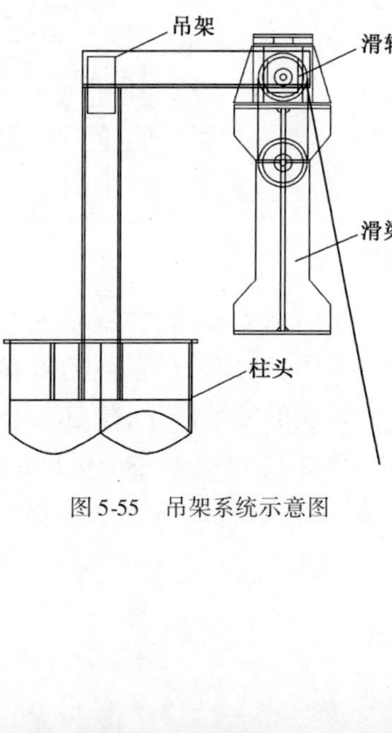

图5-55　吊架系统示意图

焊接钢箱梁时，先焊接钢箱梁对接环焊缝及纵隔板焊缝，再安装U肋及加劲板等嵌补段。每一步焊接完成后对焊缝进行超声波和射线探伤检测，对不满足规范要求的部分予以返工，但返修次数不宜超过2次。

2）风嘴的安装

钢箱梁桥面宽为39m，由于钢梁总宽度大于主塔两立柱之间的宽度，故采用先顶推主箱梁，现场拼装箱梁时应暂不安装两翼风嘴，待顶推过北桥塔、南桥塔后再安装风嘴，否则箱梁无法顶推通过桥塔，如图5-56所示。

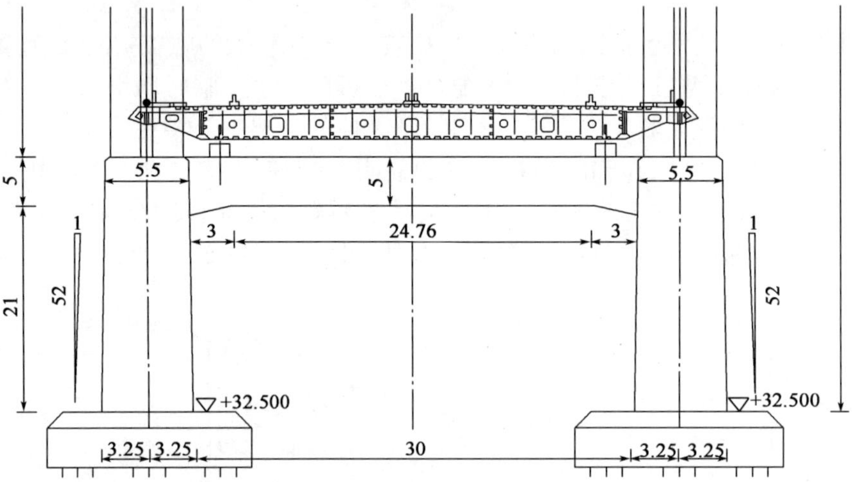

图5-56　主塔正面图（尺寸单位：m）

根据风嘴的吊装及就位需要，在钢箱梁桥面上安装一台20t龙门吊，如图5-57所示。

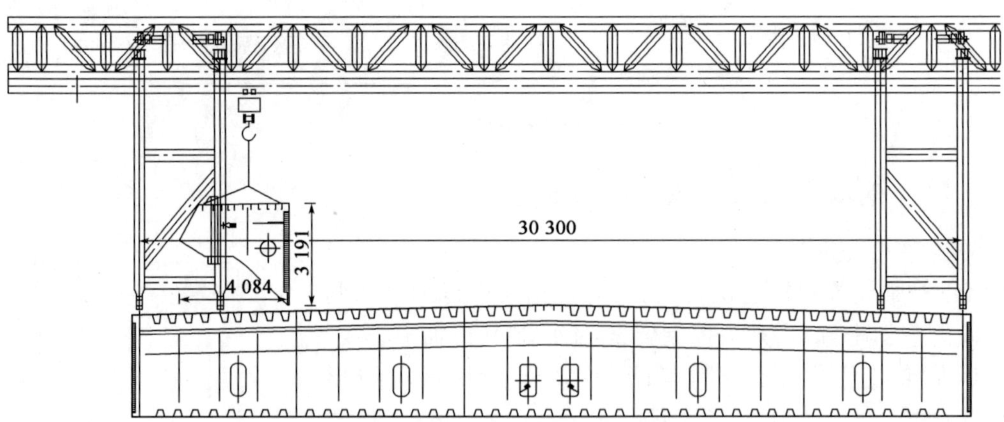

图5-57　龙门吊安装风嘴示意图（尺寸单位：mm）

龙门吊安装前，在钢箱梁上铺设四根轨道，轨道尺寸如图5-58所示，轨道在龙门吊纵向行走过程中，采用循环搭接的方式进行使用。

风嘴的安装应选择在应力较小的条件下进行安装，风嘴安装原则（由5号主墩向2号主墩方向顶推）：3～2号主墩区间的钢梁节段在顶推过3号桥塔后，每顶推一个节段就及时安装一个节段的风嘴；4～3号主墩区间的钢梁节段在顶推过4号桥塔后，每顶推一个节段就及时安装一个节段的风嘴；5～4 号主墩区间的钢梁节段，其风嘴待主体箱室顶推完毕后，在顶推施工平台上安装，具体如图 5-59 所示。

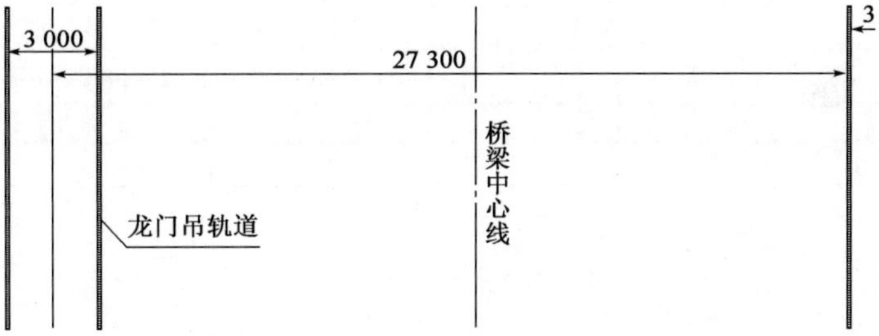

图 5-58　龙门吊轨道示意图（尺寸单位：mm）

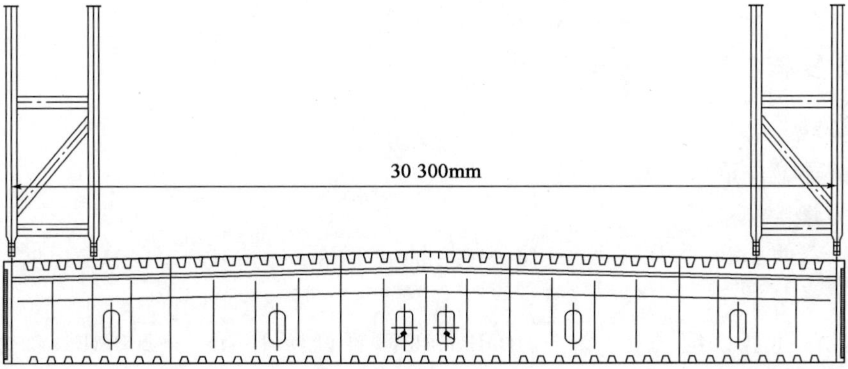

图 5-59　龙门吊行走过墩示意图

风嘴吊装就位后，先将其与主钢箱梁连接螺栓板进行固定，再将风嘴与钢箱梁连接处焊缝进行焊接，最后将龙门吊吊钩摘除，如图 5-60 所示。

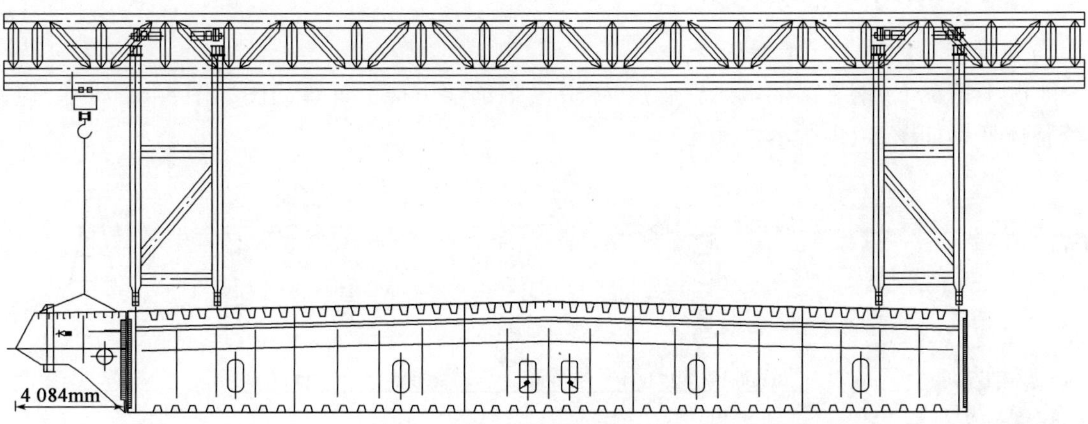

图 5-60　风嘴安装示意图

风嘴外侧斜底板焊缝，可利用钢箱梁检修小车作为工作平台，对其进行整体焊接。全桥合计 4 台检修小车，跨中 2 台，两边跨各 1 台，检修小车如图 5-61 所示。

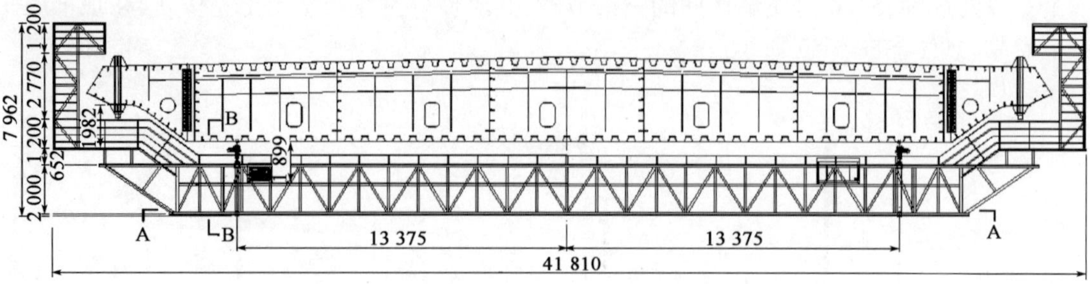

图 5-61 钢箱梁检修小车示意图(尺寸单位:mm)

5.5 钢箱梁顶推受力计算与复核

5.5.1 复核参数

1)主要荷载

主梁及钢导梁自重。

2)材料力学性能

Q235 钢:弯曲容许应力[σ_w] = 140MPa;轴向容许应力[σ] = 140MPa;剪切容许应力[τ] = 80MPa;

Q345 钢:弯曲容许应力[σ_w] = 210MPa;轴向容许应力[σ] = 200MPa;剪切容许应力[τ] = 120MPa;

8.8 级螺栓:容许拉应力[σ] = 285MPa;容许剪应力[τ] = 230MPa;

现场手工焊缝:抗剪[τ] = 80MPa。

5.5.2 顶推控制工况计算

1)顶推施工计算工况 1

工况 1 情况下,钢导梁前端悬臂长度为 30m,最前端下挠。计算简图如图 5-62 所示,顶推系统整体变形如图 5-63 所示。

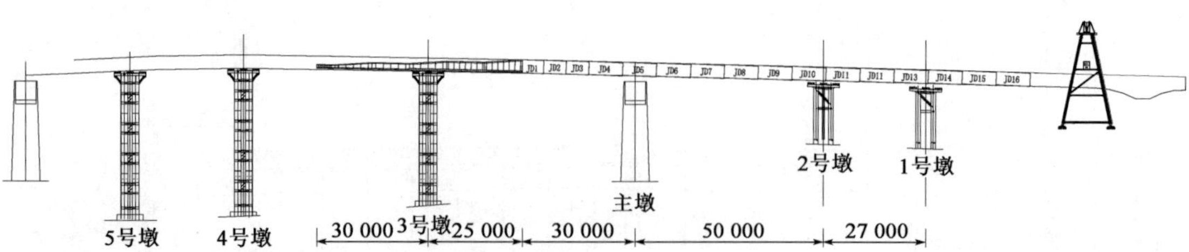

图 5-62 工况 1 计算简图(尺寸单位:mm)

工况 1 情况下,钢箱梁布置为 30m(悬臂) + 50m + 27m + 27.25m(悬臂),钢梁中间下挠。顶推系统主梁变形如图 5-64 所示。

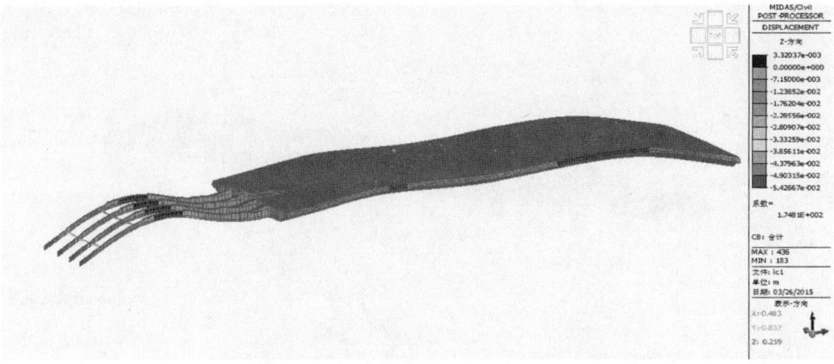

图 5-63　工况 1 顶推系统整体变形

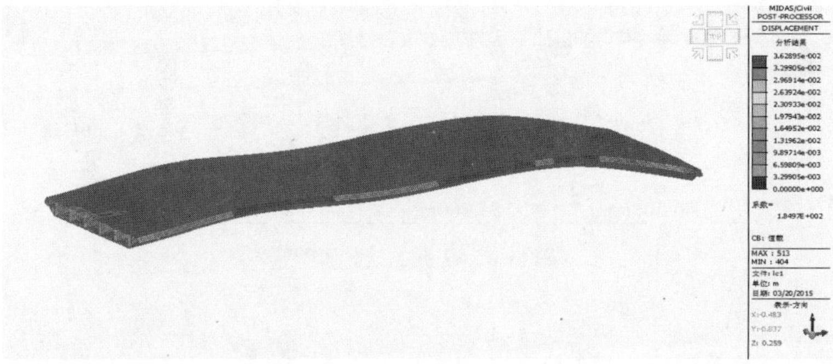

图 5-64　工况 1 顶推系统主梁变形

工况 1 情况下，顶推系统的最大组合应力为，满足规范要求。顶推系统组合应力如图 5-65 所示。

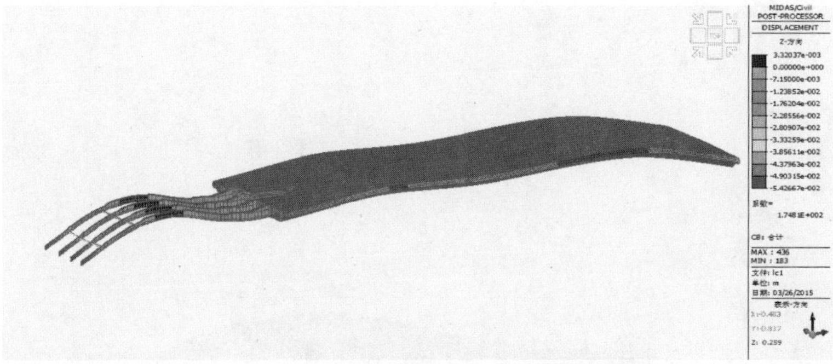

图 5-65　工况 1 顶推系统组合应力

工况 1 情况下，顶推系统的最大反力为 11 743kN；前导梁支反力在离最前端 30m 处，分别为 391kN（内侧）和 380kN（外侧）。顶推系统反力如图 5-66 所示。

2）顶推施工计算工况 2

工况 2 情况下，钢导梁前端悬臂 55m，最前端下挠。计算简图如图 5-67 所示，顶推系统整体变形如图 5-68 所示。

工况 2 情况下，钢箱梁布置为 55m + 50m + 27m + 29.25m（悬臂），钢梁中间下挠。顶推系统主梁变形如图 5-69 所示。

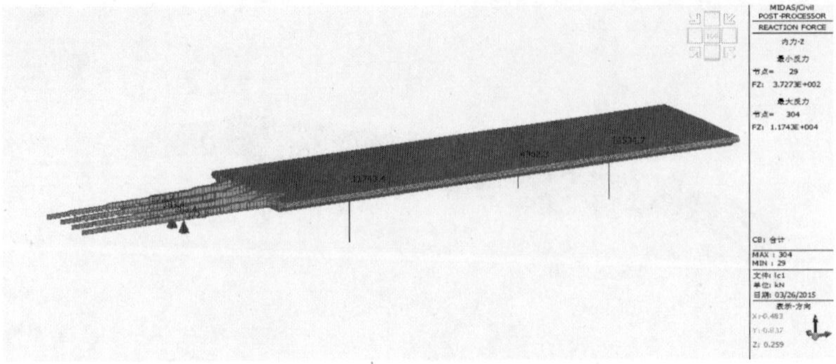

图 5-66　工况 1 顶推系统反力

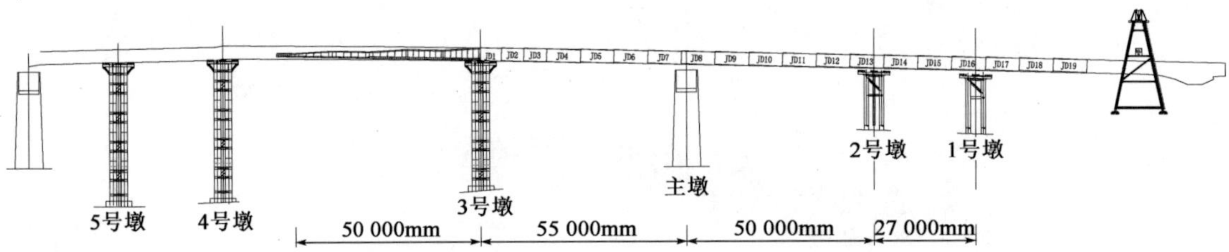

图 5-67　工况 2 计算简图

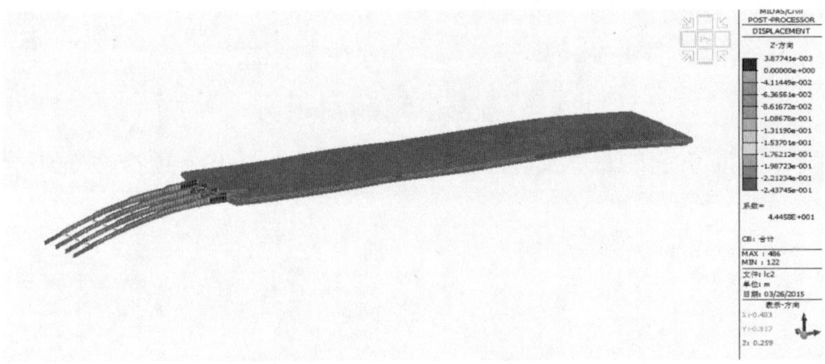

图 5-68　工况 2 顶推系统整体变形

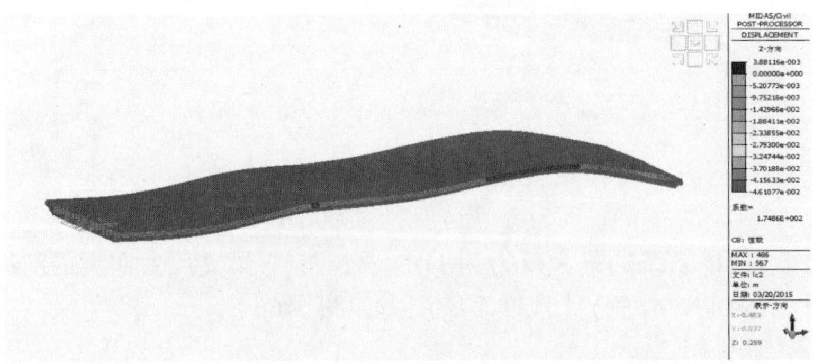

图 5-69　工况 2 顶推系统主梁变形

工况 2 情况下，顶推系统的最大组合应力，满足要求。顶推系统组合应力如图 5-70 所示。

工况 2 情况下，顶推系统的最大反力：12 159kN；前导梁悬空，无支反力。顶推系统反力如图 5-71 所示。

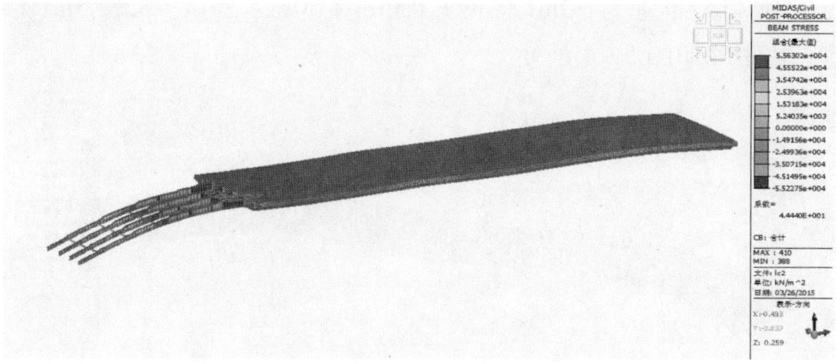

图 5-70　工况 2 顶推系统组合应力

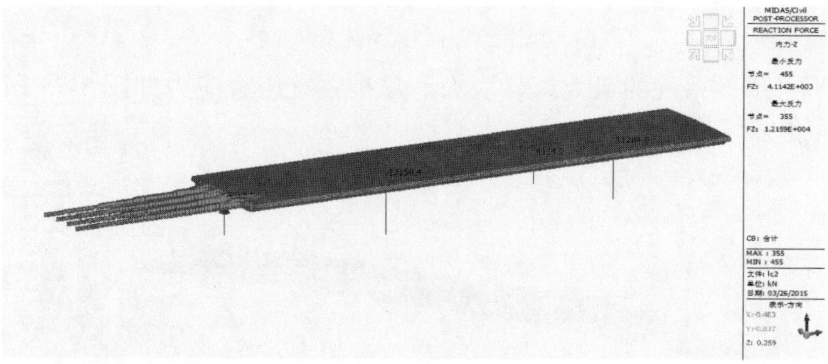

图 5-71　工况 2 顶推系统反力

3) 顶推施工计算工况 3

工况 3 情况下,前导梁即将顶推到 4 号墩,钢导梁最前端下挠值。计算简图如图 5-72 所示,顶推系统整体变形如图 5-73 所示。

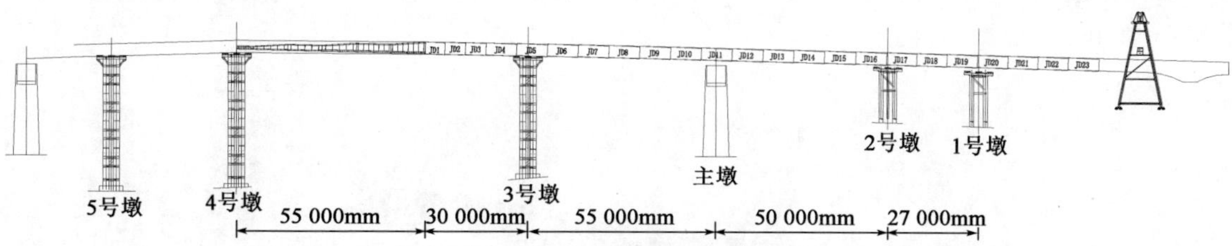

图 5-72　工况 3 计算简图

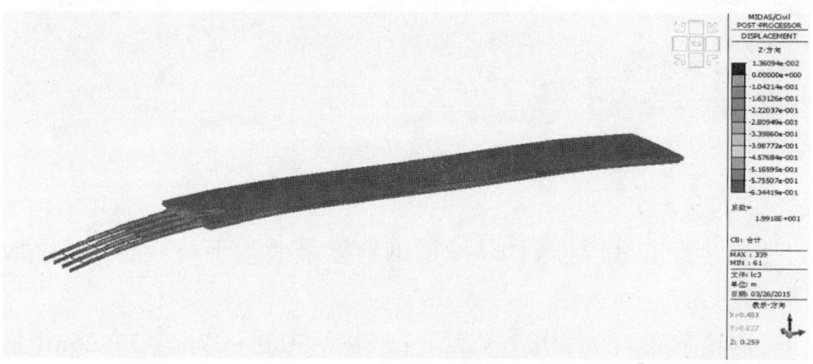

图 5-73　工况 3 顶推系统整体变形

工况 3 情况下，钢箱梁布置为 30m（悬臂）+55m+50m+27m+35.25m（悬臂），钢梁中间下挠。顶推系统主梁变形如图 5-74 所示。

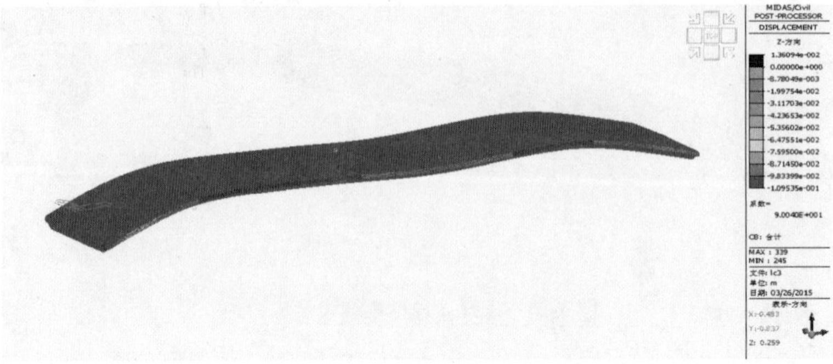

图 5-74　工况 3 顶推系统主梁变形

工况 3 情况下，顶推系统的最大组合应力。顶推系统组合应力如图 5-75 所示。

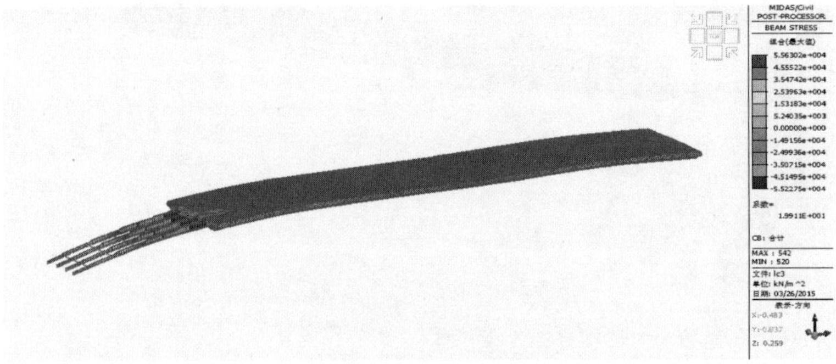

图 5-75　工况 3 顶推系统组合应力

工况 3 情况下，顶推系统的最大反力：14 921kN；前导梁悬空，无支反力。顶推系统反力如图 5-76 所示。

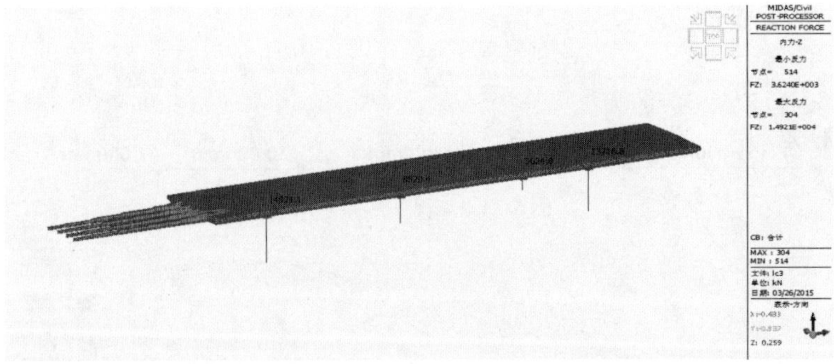

图 5-76　工况 3 顶推系统反力

4）顶推施工计算工况 4

工况 4 情况下，前导梁正好顶推到 4 号墩，钢导梁最前端下挠。计算简图如图 5-77 所示，顶推系统整体变形如图 5-78 所示。

工况 4 情况下，钢箱梁布置为 30m（悬臂）+55m+50m+27m+35.25m（悬臂），钢梁中心下挠。顶推系统主梁变形如图 5-79 所示。

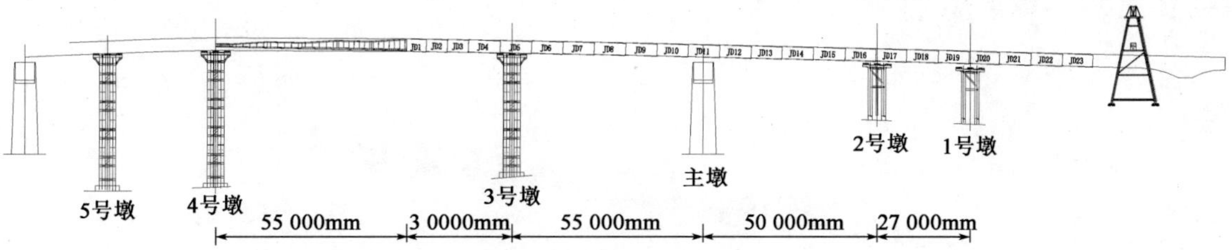

图 5-77 工况 4 计算简图

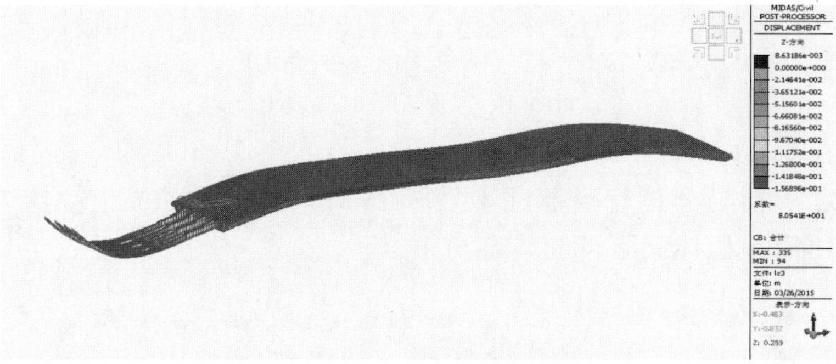

图 5-78 工况 4 顶推系统整体变形

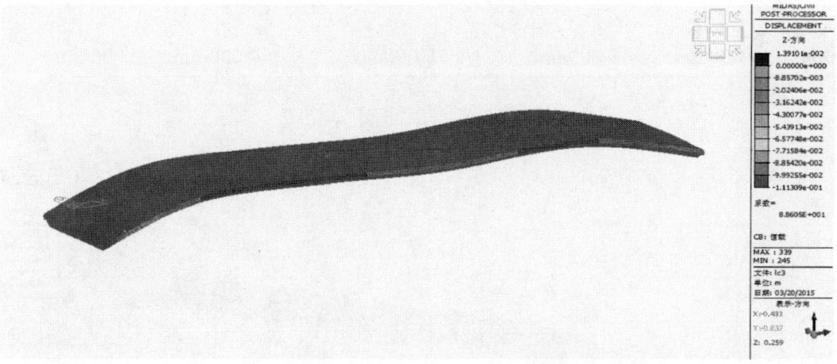

图 5-79 工况 4 顶推系统主梁变形

工况 4 情况下,顶推系统的最大组合应力。顶推系统组合应力如图 5-80 所示。

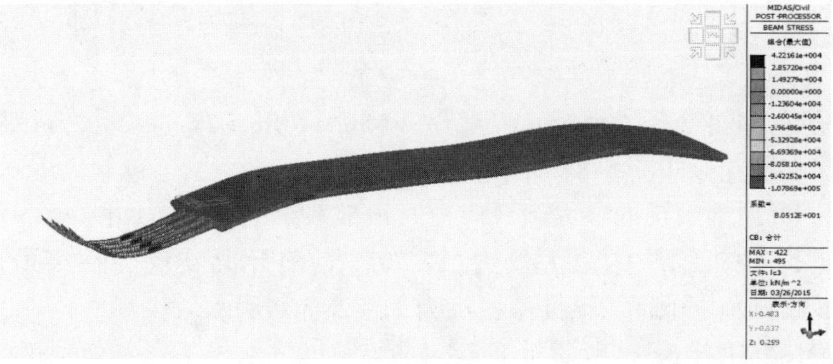

图 5-80 工况 4 顶推系统组合应力

工况 4 情况下,顶推系统的最大反力:13 913kN;前导梁支反力在最前端,为 89kN(内侧)和 83kN(外侧)。顶推系统反力如图 5-81 所示。

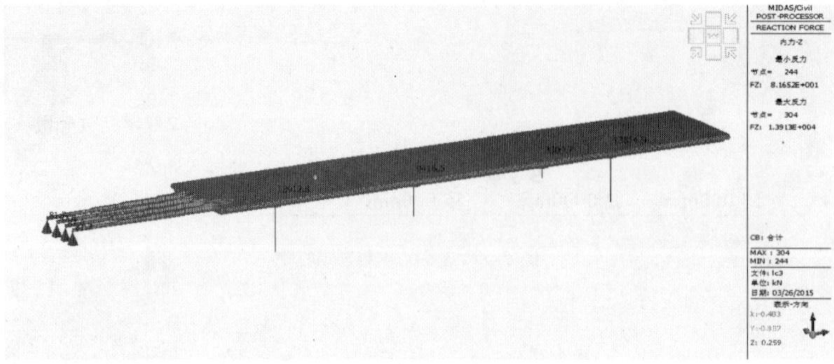

图 5-81　工况 4 顶推系统反力

5）顶推施工计算工况 5

工况 5 情况下，前导梁正好顶推过 4 号墩 25m，钢导梁最前端上挠值为。计算简图如图 5-82所示，顶推系统整体变形如图 5-83 所示。

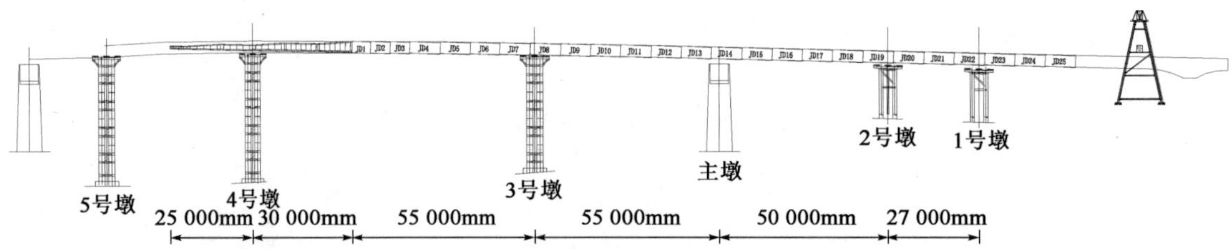

图 5-82　工况 5 计算简图

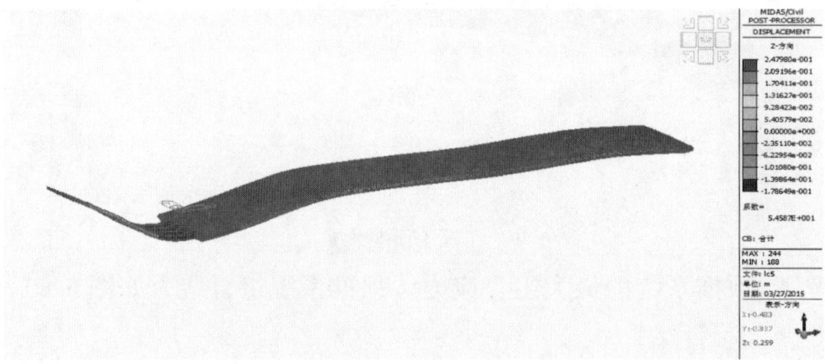

图 5-83　工况 5 顶推系统整体变形

工况 5 情况下，钢箱梁布置为 55m（悬臂）+55m+50m+27m+28.25m（悬臂），钢梁中间下挠。顶推系统主梁变形如图 5-84 所示。

工况 5 情况下，顶推系统的最大组合应力。顶推系统组合应力如图 5-85 所示。

工况 5 情况下，顶推系统的最大反力：17 703kN；前导梁支反力在离最前端 25m 处，为 713kN（内侧）和 702kN（外侧）。顶推系统反力如图 5-86 所示。

6）顶推施工计算工况 6

工况 6 情况下，前导梁正好顶推过 4 号墩 40m，钢导梁最前端上挠值为。计算简图如图 5-87所示，顶推系统整体变形如图 5-88 所示。

工况 6 情况下，钢箱梁布置为 70m（悬臂）+55m+50m+27m+28.25m（悬臂），钢梁中间下挠。顶推系统主梁变形如图 5-89 所示。

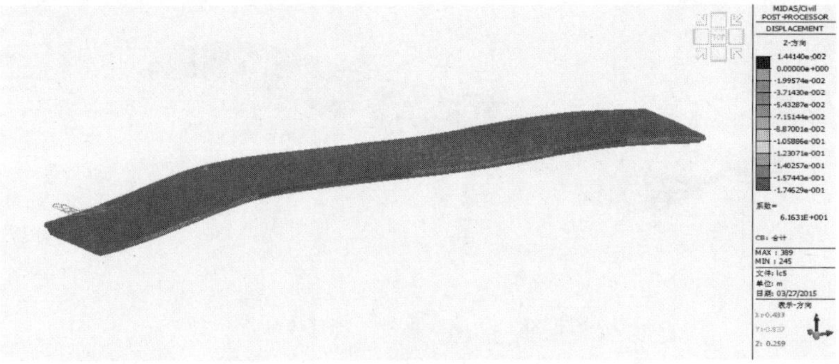

图 5-84 工况 5 顶推系统主梁变形

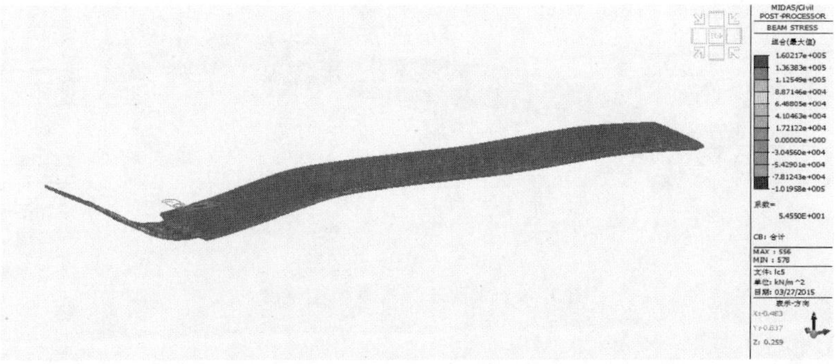

图 5-85 工况 5 顶推系统组合应力

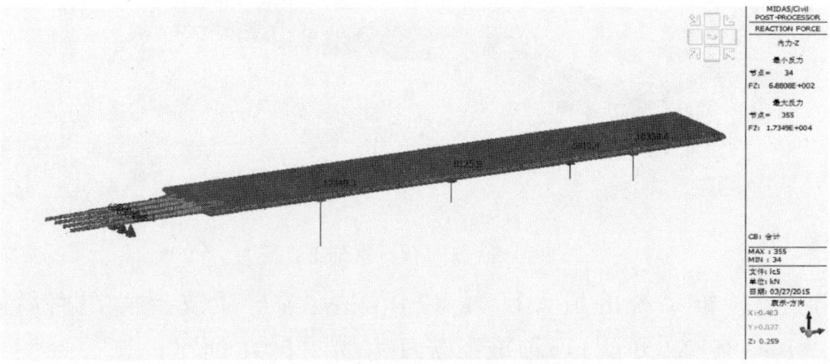

图 5-86 工况 5 顶推系统反力

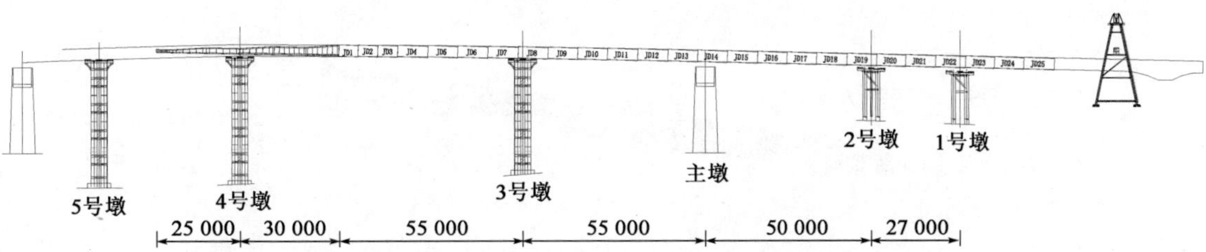

图 5-87 工况 6 计算简图(尺寸单位:mm)

工况 6 情况下,顶推系统的最大组合应力。顶推系统组合应力如图 5-90 所示。

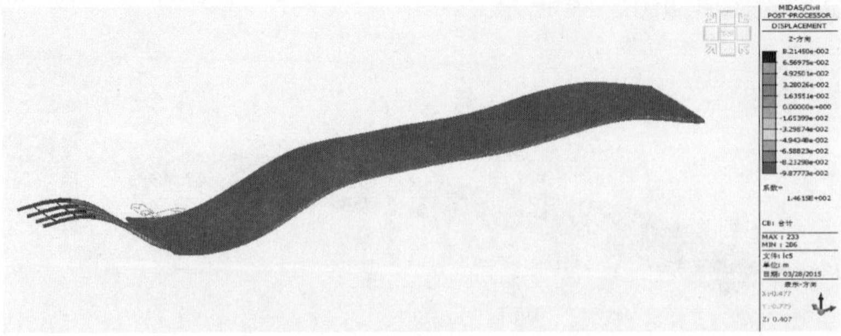

图 5-88　工况 6 顶推系统整体变形

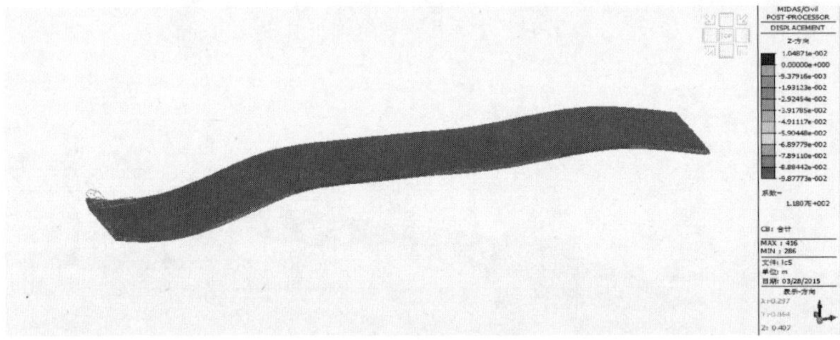

图 5-89　工况 6 顶推系统主梁变形

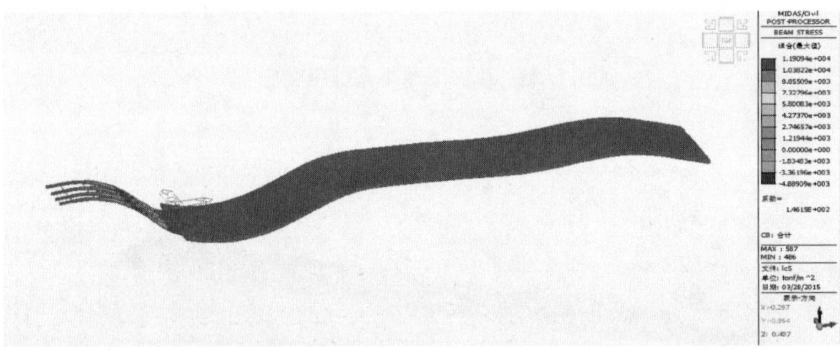

图 5-90　工况 6 顶推系统组合应力

工况 6 情况下，顶推系统的最大反力：17 464kN；前导梁支反力在离最前端 40m 处，为 1 400kN（内侧）和 1 385kN（外侧）。顶推系统反力如图 5-91 所示。

图 5-91　工况 6 顶推系统反力

7)顶推施工计算工况 7

工况 7 情况下,前导梁正好顶推到 5 号墩,钢导梁最前端下挠值。计算简图如图 5-92 所示,顶推系统整体变形如图 5-93 所示。

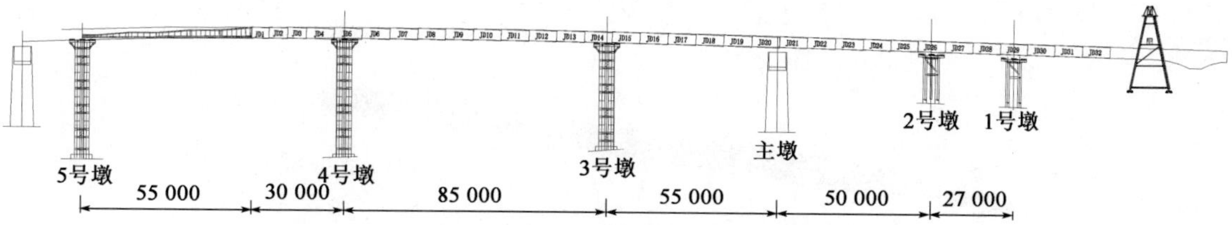

图 5-92　工况 7 计算简图(尺寸单位:mm)

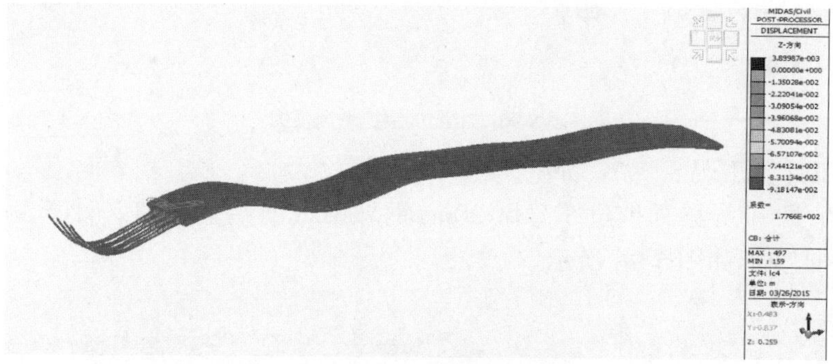

图 5-93　工况 7 顶推系统整体变形

工况 7 情况下,钢箱梁布置为 30m(悬臂) + 85m + 55m + 50m + 27m + 23.75m(悬臂),钢梁中间下挠。顶推系统主梁变形如图 5-94 所示。

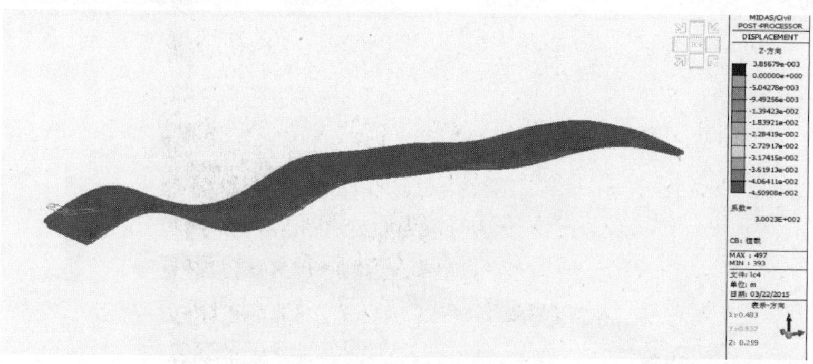

图 5-94　工况 7 顶推系统主梁变形

工况 7 情况下,顶推系统的最大组合应力。顶推系统组合应力如图 5-95 所示。

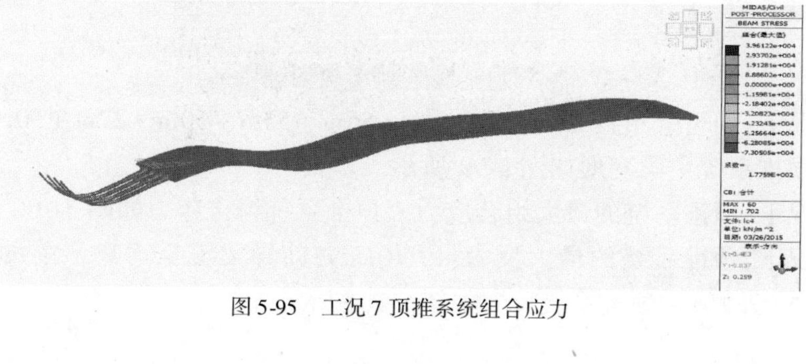

图 5-95　工况 7 顶推系统组合应力

工况 7 情况下,顶推系统的最大反力:15 848kN; 前导梁支反力在最前端,为 67kN(内侧)和 63kN(外侧)。顶推系统反力如图 5-96 所示。

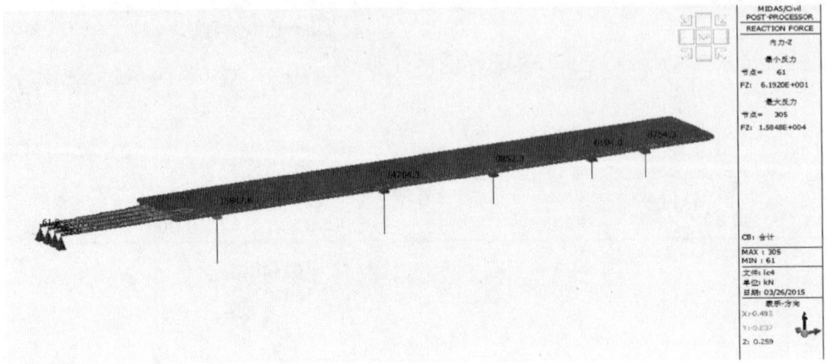

图 5-96　工况 7 顶推系统反力

8)顶推施工计算工况 8

工况 8 情况下,前导梁顶推过 5 号墩 20m,钢导梁最前端上挠值。计算简图如图 5-97 所示,顶推系统整体变形如图 5-98 所示。

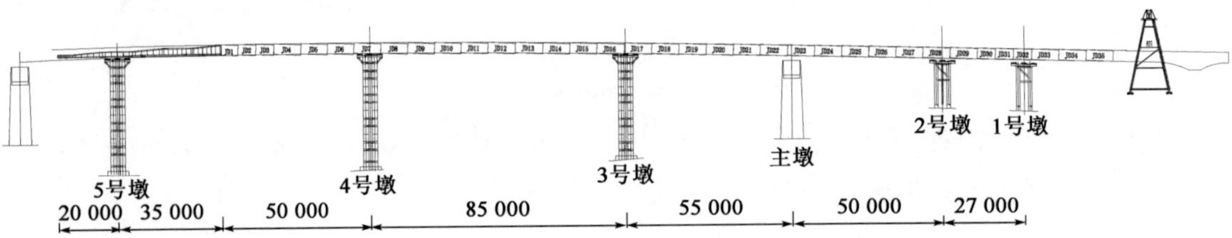

图 5-97　工况 8 计算简图(尺寸单位:mm)

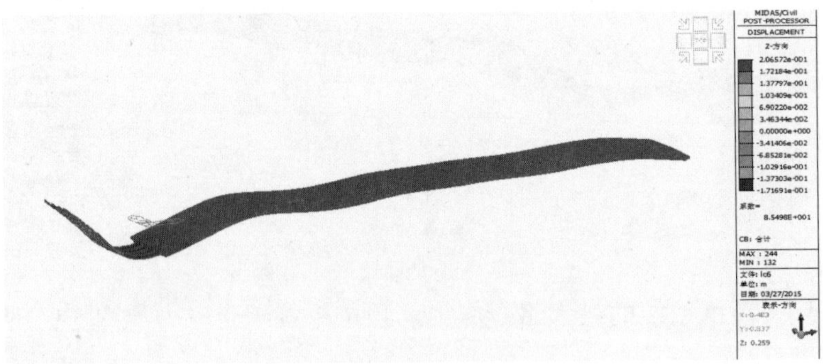

图 5-98　工况 8 顶推系统整体变形

工况 8 情况下,钢箱梁布置为 50m(悬臂) + 85m + 55m + 50m + 27m + 30. 75m(悬臂),钢梁中间下挠。顶推系统主梁变形如图 5-99 所示。

工况 8 情况下,顶推系统的最大组合应力。顶推系统组合应力如图 5-100 所示。

工况 8 情况下,顶推系统的最大反力:19 101kN;前导梁支反力离最前端 20m,为 468kN(内侧)和 460kN(外侧)。顶推系统反力如图 5-101 所示。

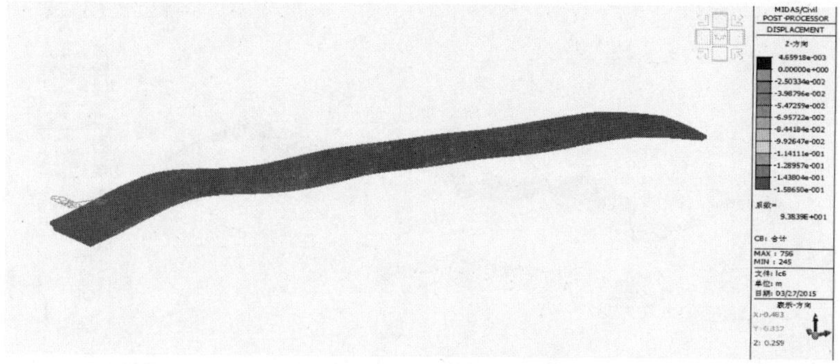

图 5-99　工况 8 顶推系统主梁变形

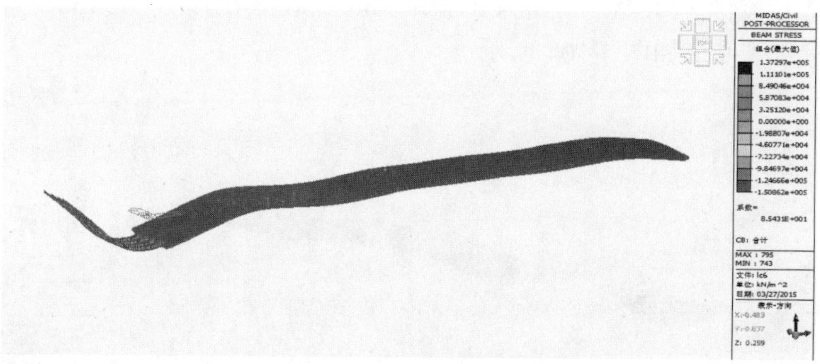

图 5-100　工况 8 顶推系统组合应力

图 5-101　工况 8 顶推系统反力

9）顶推施工计算工况 9

工况 9 情况下，前导梁正好顶推到北桥塔，钢导梁最前端下挠值。计算简图如图 5-102 所示，顶推系统整体变形如图 5-103 所示。

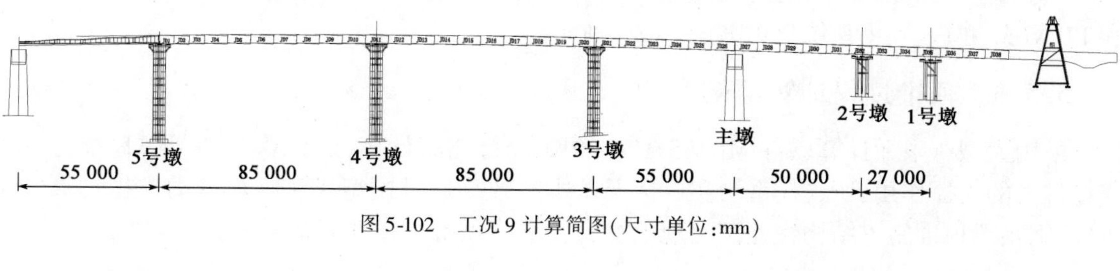

图 5-102　工况 9 计算简图（尺寸单位：mm）

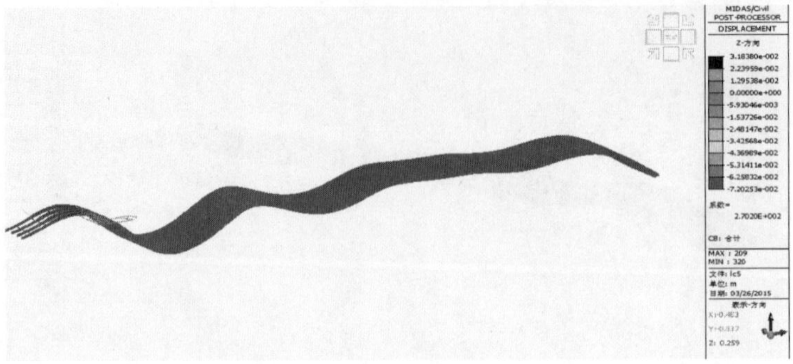

图 5-103　工况 9 顶推系统整体变形

工况 9 情况下,钢箱梁布置为 85m + 85m + 55m + 50m + 27m + 31.75m(悬臂),钢梁中间下挠。顶推系统主梁变形如图 5-104 所示。

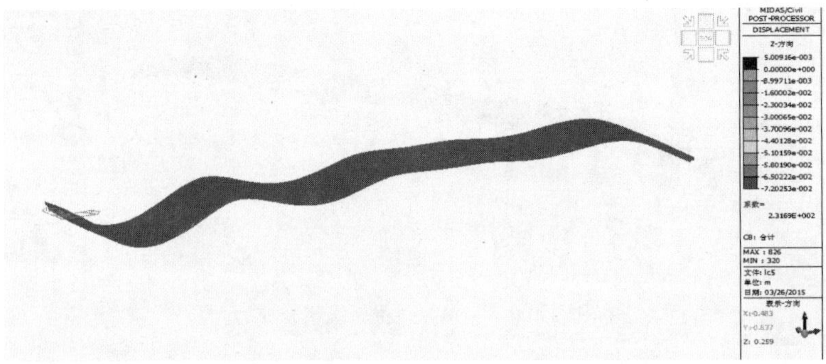

图 5-104　工况 9 顶推系统主梁变形

工况 9 情况下,顶推系统的最大组合应力。顶推系统组合应力如图 5-105 所示。

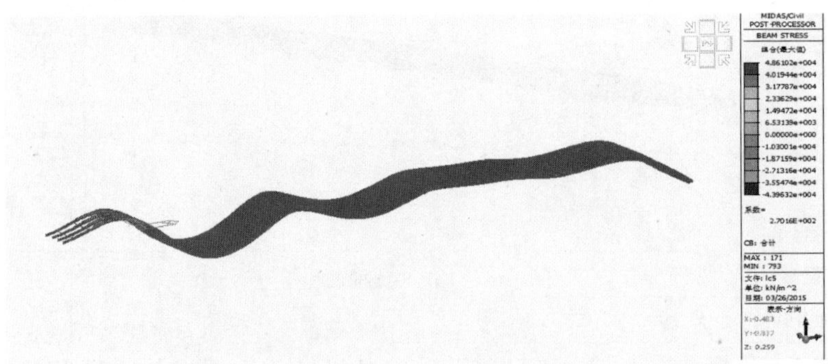

图 5-105　工况 9 顶推系统组合应力

工况 9 情况下,顶推系统的最大反力:19 535kN;前导梁支反力在最前端,为 19kN(内侧)和 17kN(外侧)。顶推系统反力如图 5-106 所示。

5.5.3　顶推过程计算结果

采用大型有限元计算软件 MIDAS/Civil2012 进行建模计算,现计算书不考虑顶推过程中支撑排架的支撑作用,所建模型与实际情况基本一致。通过模型对实际荷载的模拟计算结果可知,钢箱梁顶推施工结构性能满足规范受力要求。顶推过程计算结果见表 5-4。

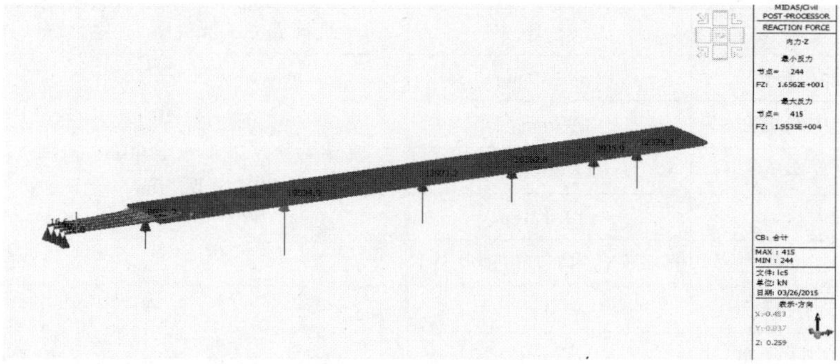

图 5-106　工况 9 顶推系统反力

顶推过程计算结果表

表 5-4

工况	计 算 项 目	现 计 算 书	现计算书工况说明	最 不 利 处
工况 1	前导梁挠度	54.3mm	前导梁伸出 3 号墩 30m，主梁悬臂伸出南桥塔 30m	
	钢梁中间挠度	5mm		
	最大支座反力	11 983kN		
	最大应力	54.3MPa		
	前导梁支反力	391kN(内)、380kN(外)		
工况 2	前导梁挠度	243.7mm	前导梁伸出 3 号墩 55m，即将上 4 号临时墩，主梁最前端正好顶推到 3 号墩	
	钢梁中间挠度	10mm		
	最大支座反力	12 407kN		
	最大应力	55.6MPa		
	前导梁支反力	无		
工况 3	前导梁挠度	634.4mm	前导梁最前端即将顶推到 4 号墩，主梁悬臂伸出 3 号墩 30m	
	钢梁中间挠度	110mm		
	最大支座反力	15 226kN		
	最大应力	55.6MPa		
	前导梁支反力	无		
工况 4	前导梁挠度	0	前导梁最前端正好顶推到 4 号墩，主梁悬臂伸出 3 号墩 30m	此处钢导梁最前端支反力最大
	钢梁中间挠度	79mm		
	最大支座反力	14 197kN		
	最大应力	107.9MPa		
	前导梁支反力	89kN(内)、83kN(外)		
工况 5	前导梁挠度	(－)248mm	前导梁顶推过 4 号墩 25m，主梁悬臂伸出 3 号墩 55m	此处钢导梁最后端支反力最大，钢箱梁下挠最大
	钢梁中间挠度	175mm		
	最大支座反力	17 703kN		
	最大应力	160.2MPa		
	前导梁支反力	713kN(内)、702kN(外)		

续上表

工况	计算项目	现计算书	现计算书工况说明	最不利处
工况 6	前导梁挠度	(-)80mm	前导梁顶推过 4 号墩 40m,主梁悬臂伸出 3 号墩 70m	
	钢梁中间挠度	99mm		
	最大支座反力	17 464kN		
	最大应力	119.1MPa		
	前导梁支反力	1 400kN(内)、1 385kN(外)		
工况 7	前导梁挠度	0	前导梁最前端正好顶推到 5 号墩,主梁悬臂伸出 4 号墩 30m	
	钢梁中间挠度	33mm		
	最大支座反力	16 171kN		
	最大应力	73.1MPa		
	前导梁支反力	67kN(内)、63kN(外)		
工况 8	前导梁挠度	(-)206.6mm	前导梁最前端顶推过 5 号墩 20m,主梁悬臂伸出 4 号墩 50m	此处 4 号临时墩支反力最大
	钢梁中间挠度	159mm		
	最大支座反力	19 491kN		
	最大应力	150.9MPa		
	前导梁支反力	468kN(内)、460kN(外)		
工况 9	前导梁挠度	0	前导梁正好顶推到北桥塔,主梁最前端正好顶推到 5 号墩	此处桥墩支反力最大
	钢梁中间挠度	72mm		
	最大支座反力	19 934kN		
	最大应力	48.6MPa		
	前导梁支反力	19kN(内)、17kN(外)		

5.5.4 顶推局部受力分析

1)主箱梁局部受力分析

箱梁的局部验算采用 ansys12.1 计算,支点反力在支座两侧向上按 45°角扩散交于重心轴,取整后得到验算梁段长度取 6m,支座布置如图 5-107 所示。

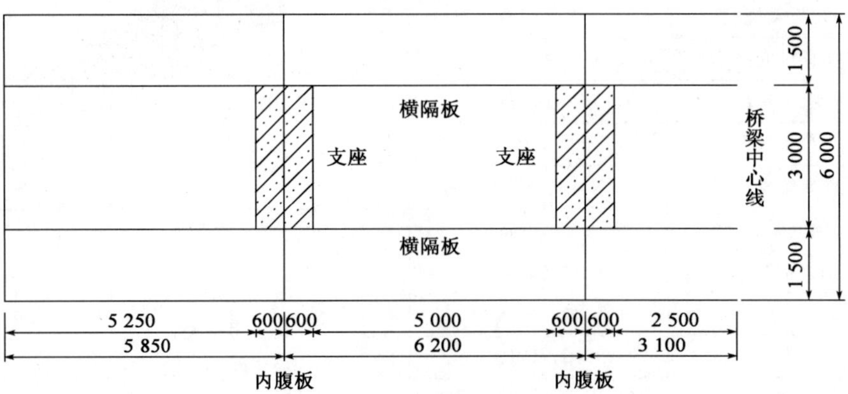

图 5-107 箱梁底面支座布置图(尺寸单位:mm)

验算箱梁局部应力主要考虑以下两种工况，荷载具体布置如图5-108、图5-109所示。

工况1：集中加载；工况2：均布加载。

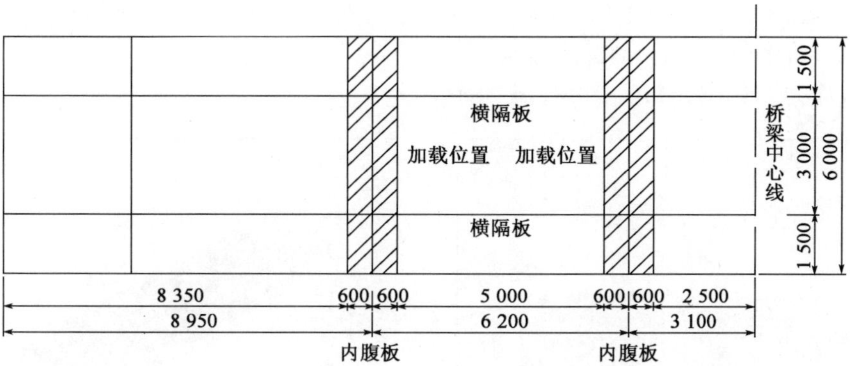

图5-108　工况1加载位置示意图(尺寸单位：mm)

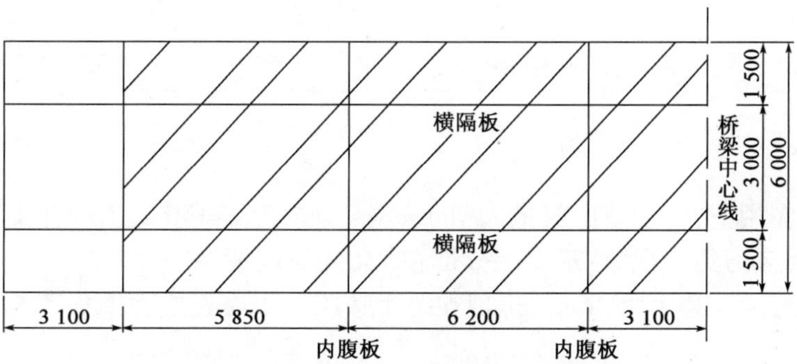

图5-109　工况2加载位置示意图(尺寸单位：mm)

(1)工况1条件下箱梁局部受力分析

位移图、应力图如图5-110、图5-111所示。

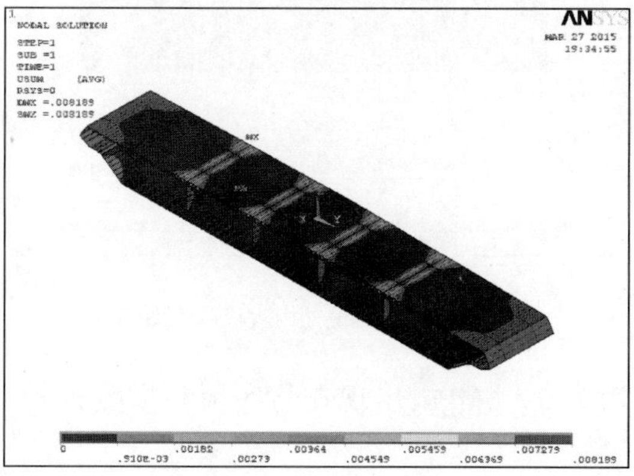

图5-110　工况1位移图

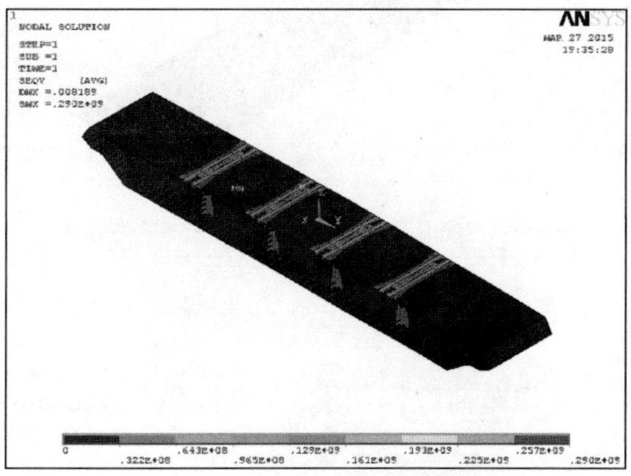

图5-111　工况1应力图

箱梁节段在集中荷载作用下，最大von mises应力为290MPa，出现在顶板的加载位置边缘，为应力集中现象；箱梁绝大部分von mises应力在193MPa以下。箱梁节段的最大位移为

0.82cm，出现在顶板加载位置边缘。内腹板应力图如图 5-112 所示。

在集中荷载作用下，内腹板最大 von mises 应力为 80.2MPa，出现在与底板和横隔板相交的位置。

(2) 工况 2 条件下箱梁局部受力分析

位移图、应力图如图 5-113、图 5-114 所示。

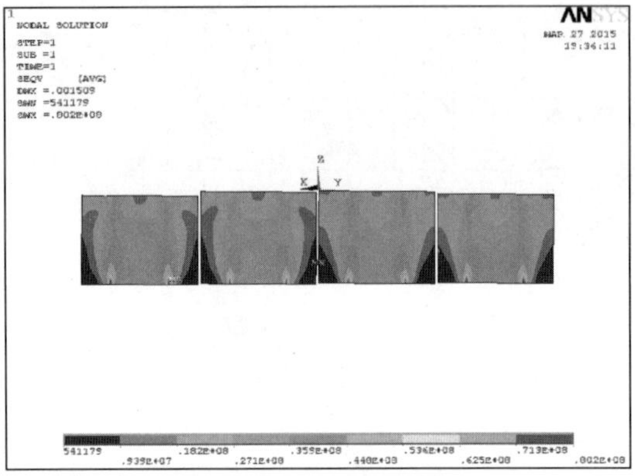

图 5-112　工况 1 内腹板应力图

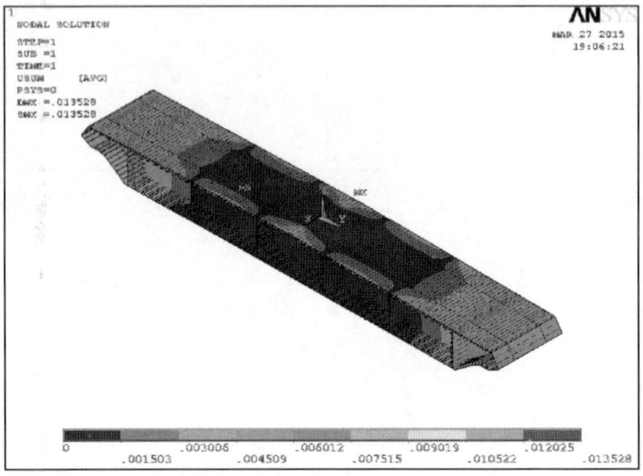

图 5-113　工况 2 位移图

在均布荷载作用下，箱梁节段的最大 von mises 应力为 234MPa，出现在支座外侧底板横隔板相交位置处，为应力集中现象；绝大部分都在 156MPa 以下。

箱梁节段的最大位移为 1.36cm，出现在跨中边缘。内腹板应力图如图 5-115 所示。

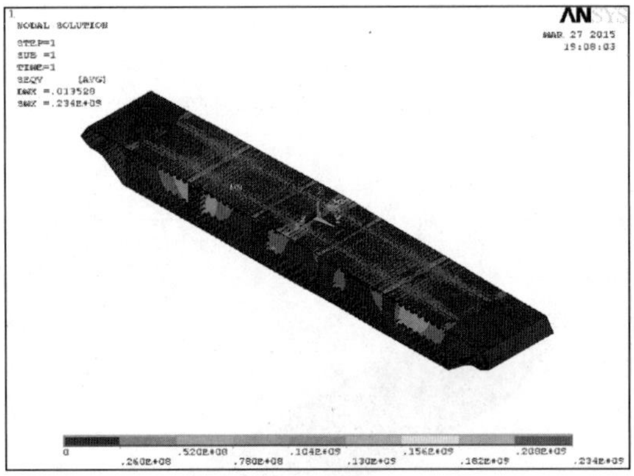

图 5-114　工况 2 应力图

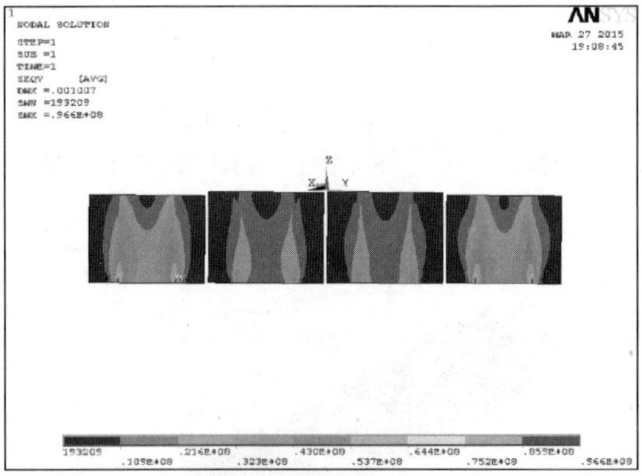

图 5-115　工况 2 内腹板应力图

在均布荷载作用下，内腹板最大 von mises 应力为 99.6MPa，出现在与底板和横隔板相交的位置。

2) 导梁局部受力分析

导梁节段截面为分段变截面，为了分析导梁的受力情况，首先计算导梁各个节段最不利位置的支座反力，然后截取 3m 节段，施加均布荷载，进行局部受力分析，支座范围为 1.2 × 3m。

(1) 导梁第一节局部受力分析(图 5-116)

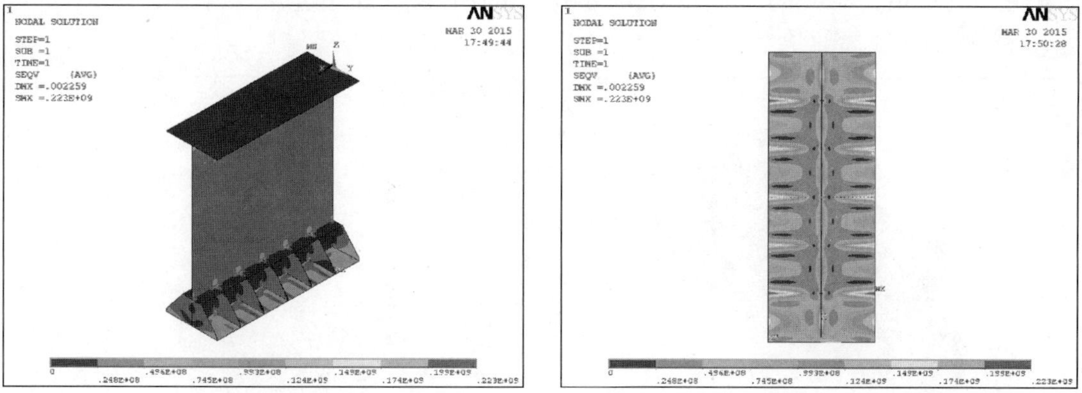

图 5-116 导梁第一节应力图

第一节导梁最大 von mises 应力为 223MPa,出现在腹板支座边缘。

(2)导梁第二节局部受力分析(图 5-117)

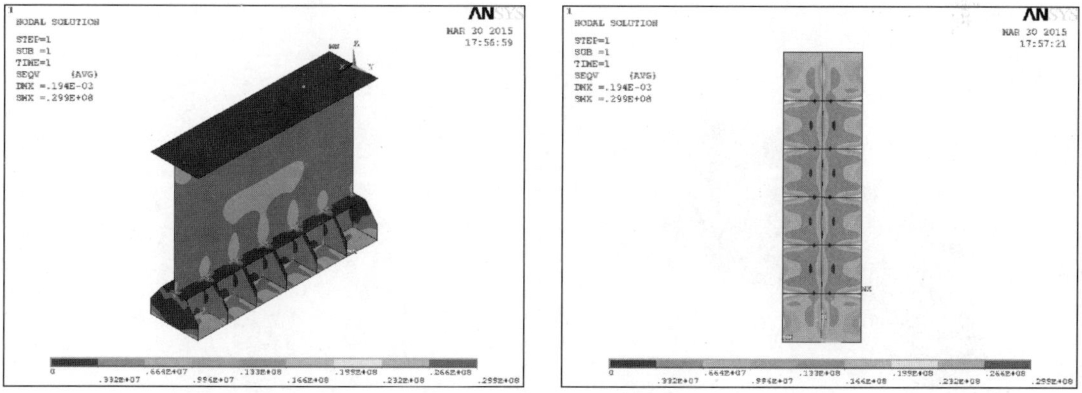

图 5-117 导梁第二节应力图

第二节导梁最大 von mises 应力为 29.9MPa,出现在腹板支座边缘。

(3)导梁第三节局部受力分析(图 5-118)

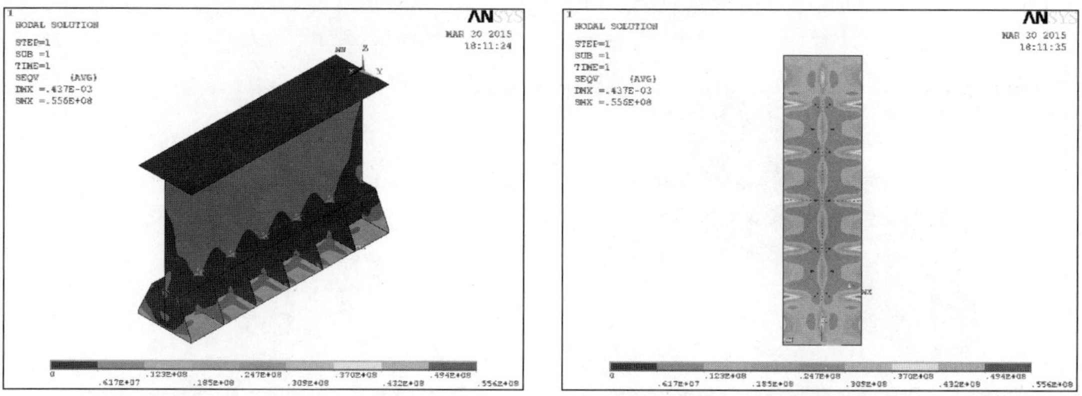

图 5-118 导梁第三节应力图

第三节导梁最大 von mises 应力为 55.6MPa，出现在腹板支座边缘。

(4)导梁第四节局部受力分析(图 5-119)

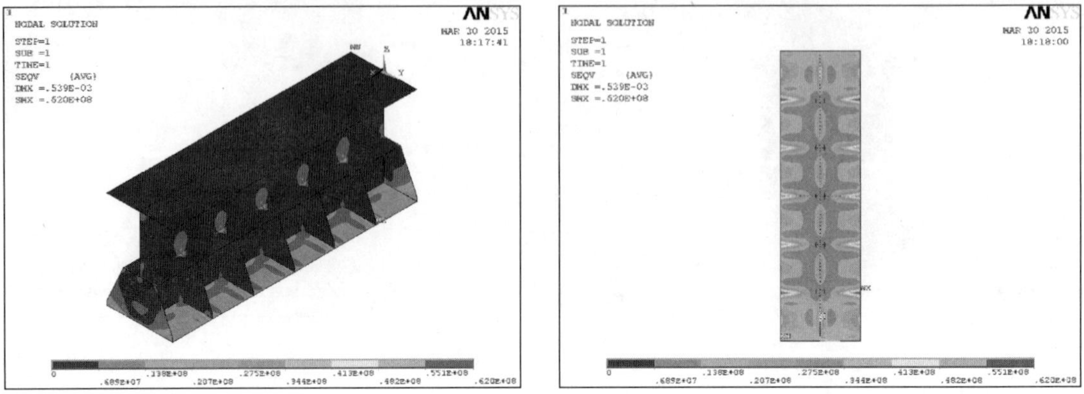

图 5-119　导梁第四节应力图

第四节导梁最大 von mises 应力为 62.0MPa，出现在腹板支座边缘。

(5)导梁第五节局部受力分析(图 5-120)

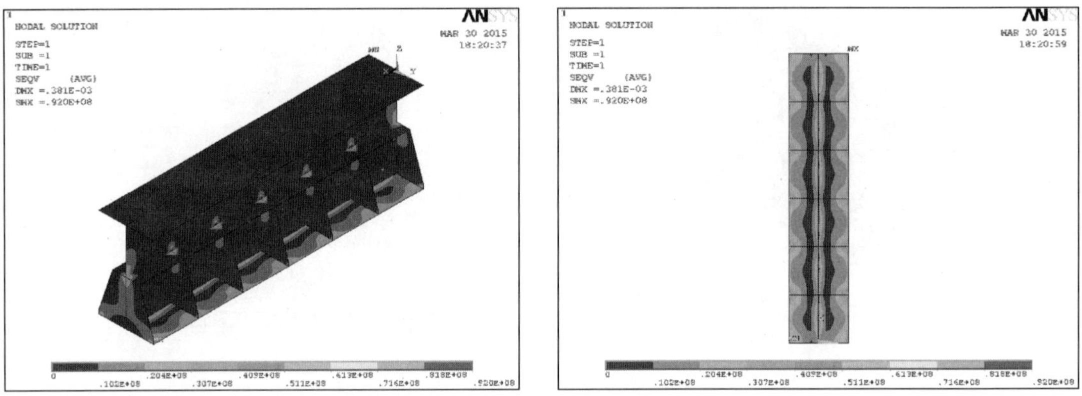

图 5-120　导梁第五节应力图

第五节导梁最大 von mises 应力为 92.0MPa，出现在腹板支座边缘。

(6)导梁第六节局部受力分析(图 5-121)

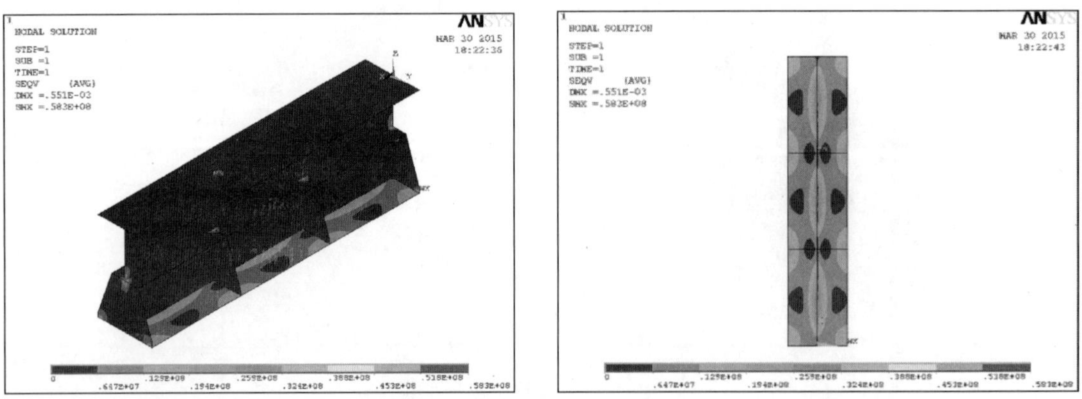

图 5-121　导梁第六节应力图

第六节导梁最大 von mises 应力为 58.3MPa,出现在腹板支座边缘。

通过验算导梁各个节段最不利情况应力,可知导梁最大应力出现在底板位置,主要是因为底板直接承受支座反力。通过上面的分析可以看出,导梁的最大应力为 223MPa,满足规范要求。

5.5.5 计算结论

运用 ansys 板单元剪力局部模型计算结构受力情况时,容易产生应力集中现象。主要出现在荷载施加位置或支座位置附近,主要是因为应力奇异导致有限元解不收敛。除去这几个应力极大的点,箱梁节段和导梁阶段的应力和位移均满足规范要求。箱梁局部受力情况比较见表 5-5。

箱梁局部受力情况比较 表 5-5

工况		工况 1	工况 2
应力水平	值(MPa)	190	118
	位置	—	—
最大应力	值(MPa)	571	355
	位置	加载位置与内腹板焊接处	底板、内腹板和横隔板相交处
最大位移	值(cm)	0.84	1.38
	位置	顶板加载位置边缘	跨中边缘
内腹板应力	值(MPa)	81.8	98.5
	位置	下缘与隔板相交位置	下缘与隔板相交位置

第6章 缆索系统施工

6.1 缆索系统特点

罗泊湾大桥是双塔五跨结合梁自锚式悬索桥,针对缆索而言则是双塔三跨悬索桥,其缆索系统主跨由边跨+中跨+边跨3跨组成,主桥跨径组成为140m+280m+140m,中跨的跨度长为280m,理论矢跨比为1/5.5;锚跨的跨度为11m,边跨矢跨比为0.086;吊索标准间距为6m,塔侧吊索距离主塔中心线8m。

由于自锚式悬索桥与常规的地锚式悬索桥最显著的区别在于不设地锚,是以桥梁自身加劲梁梁端锚固主缆、承受主缆端部的水平与竖向分力的悬索桥体系,其传力路径为:桥面重量、车辆荷载等竖向荷载通过吊杆传至主缆承受,主缆承受拉力,而主缆锚固在梁端并将水平力传递给主梁,所以主缆是悬索桥最主要和最重要的受力构件,素有“桥梁脊梁”之称。缆索系统总体布置如图6-1所示。

6.1.1 主缆

主缆采用预制平行钢丝索股,每股由91根直径为5.3mm镀锌高强钢丝组成,钢丝标准抗拉强度不小于1 670MPa,单根索股平均无应力长度约为618m,最长索股质量9.9t。全桥共两根主缆,每根主缆由37股索股组成。

索股用定型捆扎带绑扎而成,使其断面成正六边形,两端设热铸锚头。热铸锚头由锚杯、端盖板及锚头螺母等组成,锚杯内浇铸锌铜合金。

索股锚头的锚杯通过锚头螺母与锚固于主梁上的锚垫板承压连接。

主缆紧缆后为圆形,其在索夹内的空隙率为18%,直径为340mm,索夹外空隙率为20%,直径为344mm。主缆索股排列和挤圆后截面如图6-2、图6-3所示。

6.1.2 主索鞍

主索鞍采用全铸式结构,鞍体底面与索鞍座板顶面涂耐磨减摩擦材料,以降低抗滑移系数,便于索鞍顶推施工,并适应施工中的相对位移,座板顶面中央设有纵向导向肋,保证索鞍顶推不发生偏转。

为便于主缆索股架设,鞍槽内设竖向隔板,隔板厚5mm,鞍槽总宽373mm。在索股全部就位后,顶部用锌块填平,再将鞍槽侧壁用拉杆夹紧。

主塔为混凝土结构,塔顶设有主索鞍座板,用锚栓与塔顶紧紧锚固在一起,索鞍顶推到位调整好后,用成桥锁定板将鞍体与座板牢固锁定。为顶推索鞍设置的反力架,用预应力钢绞线紧紧锚固在塔顶,并通过角钢与垫块支撑在塔壁上,施工期间每个主索鞍采用千斤顶顶推,体系转换完成后,将反力架拆除。

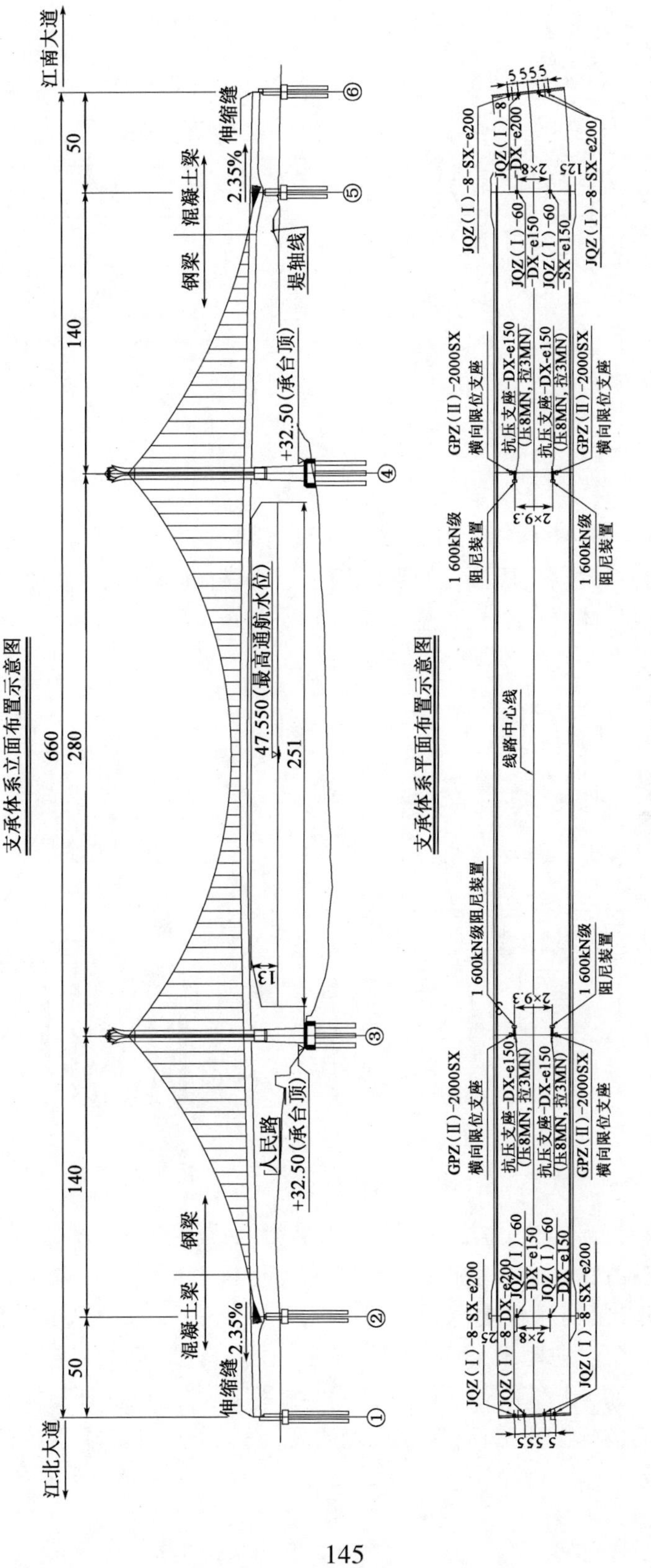

图6-1　缆索系统总体布置图(尺寸单位：m)

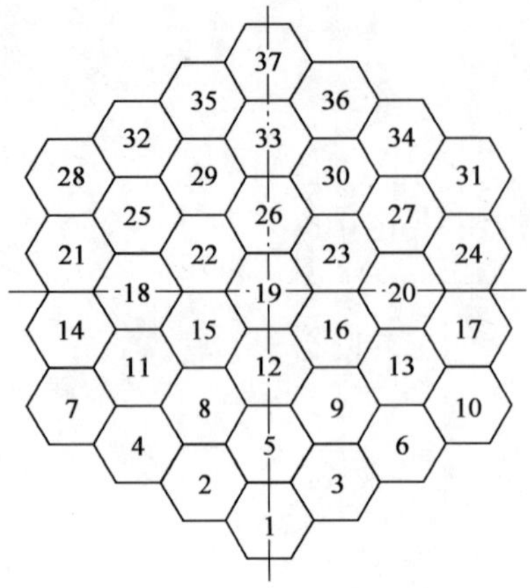

图 6-2　主缆索股排列图

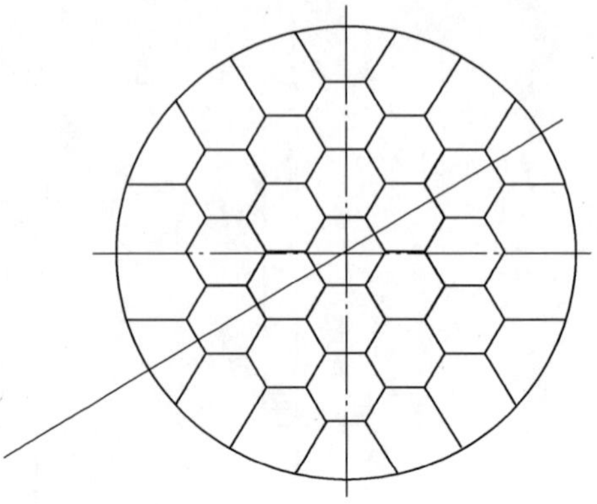

图 6-3　主缆挤圆后截面图

施工中鞍体相对于塔顶的移动，借助安放在反力架上的千斤顶分次有控制地进行顶推。每次顶推达到规定的位移量后，用拉杆及调距锁定板将鞍体临时锁定，顶推次数及各次的顶推量，按照施工监控参数具体要求实施。主索鞍立面如图 6-4 所示。

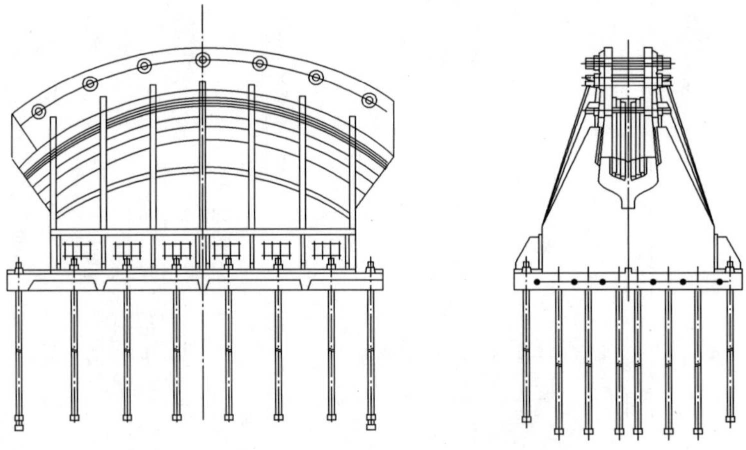

图 6-4　主索鞍立面示意图

施工主索鞍座板时首先应在主塔塔顶预留安装槽与锚栓孔，同时保证安装槽底高程准确，槽底达到要求的平整度；然后吊装座板（锚栓带在座板上一起吊装），调平座板，上好锚栓；再用 C50 混凝土填将安装槽与座板之间的周围缝口密封，并按设计图纸要求预留出气（浆）孔；最后通过座板上的压浆孔，向座板下面压浆（采用与主塔混凝土同强度的微膨胀砂浆），灌至座板周围的每个出气（浆）孔都有浆体溢出后方可堵塞压浆孔，以保证压浆充分密实。座板施工完成后，清除其顶面的施工残留物，保证其光洁度，确保鞍体在其上顶推的顺利进行。单个鞍体质量为 36 609kg。

6.1.3　散索套

由于本桥散索套较短，为了制造和架设安装方便，将散索套的摩阻套箍和散索套箍两部分合为一体。摩阻套箍为散索套提供摩阻力，散索套箍为主缆索股呈圆弧形散索提供支承，并起到封闭散索点处主缆的作用。

散索套采用上下对合形结构形式，每个散索套质量 1 697.54kg，用高强螺杆连接紧固；为保证在预紧高强螺杆作用下摩阻套箍能紧抱主缆，在两个半圆散索套间留有适当缝隙，接缝处嵌填氯丁橡胶防水条防水。散索套的壁厚为 45mm，散索套所用螺杆形式同索夹，亦为缩腰形，采用 M42 螺杆张拉夹紧。

6.1.4　索夹

索夹分为有吊索索夹和无吊索索夹，全桥索夹共分 7 种类型 SJ1 ~ SJ7，索夹参数见表 6-1。

SJ1 ~ SJ5 为有吊索索夹，与吊索之间采用销接式连接。索夹按主缆倾角不同，所需夹紧力不同，索夹长度及螺杆数量不同，将相近长度的索夹进行合并，同一组索夹耳板销孔位置略有变化，以适应索夹倾角的变化。

封闭索夹 SJ6 位于散索套与第一根吊索之间，起封闭该处主缆的作用。封闭索夹 SJ7 位于主鞍座两侧，起封闭该处主缆的作用。

所有索夹均采用上下对合形结构形式，用高强螺杆连接紧固，为保证在预紧高强螺杆作用下索夹能紧抱主缆，在两个半圆索夹间留有适当的缝隙，接缝处嵌填氯丁橡胶防水条防水。索夹壁厚均为 35mm。索夹螺杆做成缩腰形，以避免在螺纹处断裂，所有索夹均采用 M42 螺杆张拉夹紧。索夹结构如图 6-5 所示，索夹参数见表 6-1。

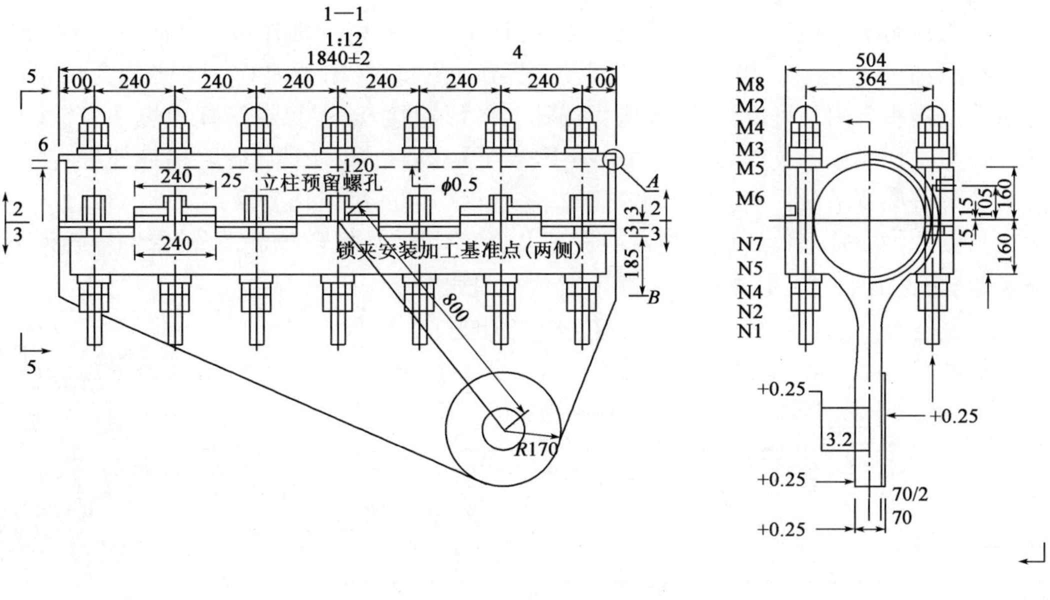

图 6-5　索夹结构图（尺寸单位：mm）

索夹参数表　　　　表6-1

索夹类型	螺栓数	索夹长度(mm)	单件质量(kg)	全桥数量	总质量(kg)	螺母类型
SJ1	14	1 640	1 570.02	8	12 568.16	M42
SJ2	12	1 400	1 318.49	24	42 191.68	M42
SJ3	10	1 160	1 103.52	36	39 726.72	M42
SJ4	8	920	891.6	40	35 664	M42
SJ5	6	680	684.28	50	3 4214	M42
SJ6	4	600	403.38	4	1 613.52	M42
SJ7	4	680	467.32	8	3 738.56	M42
索夹梯架			20.096	8	160.77	
合计	全桥索夹共178件总质量169 716.64kg					

6.1.5　吊索

吊索上端通过叉形耳板与索夹之间用插销连接,下端通过球铰、锚头螺母与主梁底部的锚垫板连接。

吊索编号从主缆散索点向主跨跨中方向依次编号,编号依次为1~42号,42号吊索位于主跨跨中对称中心线处,共166根。吊索纵向标准间距为6m,塔侧吊索与主塔中心线距离为8m。

每一吊点设置1根吊索,19与20号吊索为特殊吊索,每根吊索由139根钢丝组成;其余吊索均为普通吊索,每根吊索由127根钢丝组成。钢丝采用ϕ5.0mm镀锌高强钢丝,钢丝标准抗拉强度不小于1 670MPa。

吊索采用预制平行钢丝束制造,特殊吊索、普通吊索钢丝束分别外包8.0mm、8.5mm厚双PE护层进行防护,PE内层为黑色,外层为彩色,所有吊索包含PE层在内的外径均为82mm。

吊索上端锚头采用叉形冷铸锚,锚头由锚杯与叉形连接耳板组成,锚杯内填环氧铁砂,叉形连接耳板与锚杯通过螺纹连接。下端也采用冷铸锚,锚杯内填环氧铁砂,锚杯外带有螺纹,通过锚头螺母可调节吊索长度,用以调节制造、施工等引起的吊索长度误差。

主梁吊索的钢导管出口处填充橡胶减振器,以减小吊索的风致等振动,吊索钢导管外上部设置防水罩,防止雨水进入钢导管。一般吊索总成图如图6-6所示。

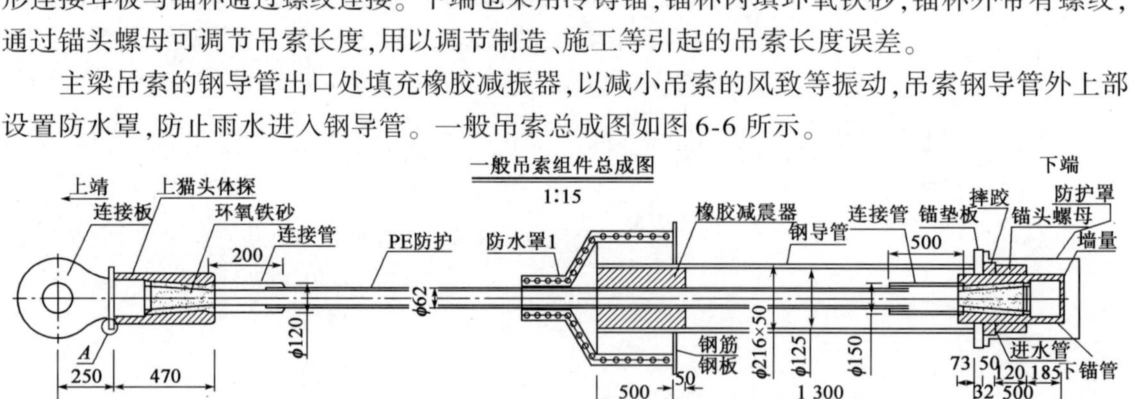

图6-6　一般吊索总成图(尺寸单位:mm)

6.2　主索鞍安装

6.2.1　施工准备

主索鞍分为主索鞍鞍体和下平底板2个部分，其中最大吊装质量约为36.6t。主索鞍在安装过程中需设置一定的预偏角度并且需要进行临时固定，选用塔顶门架配合卷扬机和滑轮组提升的施工工艺。

施工准备须遵循下列要点进行：

(1)根据索鞍安装施工工艺以及现场条件确定构件堆场具体位置。

(2)根据总体布置及施工进度安排合理布置施工区域。

(3)构件运输、堆放、倒运方便，确保道路安全、通畅，吊装顺畅。

(4)索鞍运输过程中，需保证现场施工通道畅通，应尽量保证门架及设备运送至塔吊起吊位置。主索鞍及下底板运输至主塔根部承台位置。

(5)每套索鞍应在工厂组装好后，以成品发至工地。

(6)安装索鞍期间，索鞍生产厂家应派技术员在工地作现场技术指导。

(7)考虑施工期水位及气象情况，确保施工期安全。

6.2.2　门架及其起吊系统设计

1)门架设计

塔顶门架是缆索系统施工过程中非常重要的临时设施，前期主要用来吊装主索鞍底板、主索鞍及主索鞍配件等，中后期主要用来挂设天车绳、牵引主缆索股、主索鞍入鞍及运输各种材料设备等。

结合现场情况，塔顶门架设计高度为6m，悬挑长度为4m，宽度3.5m。门架6根立柱及联系杆件规格均为HW200×200×8×12型钢，两片之间采用18b槽钢连接，吊装主索鞍的滑动横梁规格为双拼36a工字钢，上横梁表面采用15mm厚钢板结合3mm厚不锈钢板作为滑动面。门架整体使用8.8级M20高强螺栓连接。利用塔吊将杆件吊装至塔顶，在塔顶完成拼装或在地面完成部分拼装后再利用塔吊吊装至塔顶。单个门架质量为12.43t，全桥共4套，总质量为49.73t。塔顶门架如图6-7所示。

2)门架及其起吊系统加工

每个门架均由2个单片和横向联系组成，根据锚固区塔吊起重能力及门架现场拼装条件，在加工厂内将门架分成若干个小的加工单元，单元间采用螺栓结合的连接方式。每单元的质量不超过塔吊最大起重能力，加工完成经试拼装后运往施工现场安装。门架加工关键是焊接质量的控制，应利用专业人员进行工厂化加工，并对所有焊缝进行超声波探伤检测，以确保门架加工质量。

3)门架预埋件

门架预埋件的尺寸如图6-8所示，门架预埋件的主要受力有：剪力$V=78\text{kN}$，拉力$N=201\text{kN}$，具体计算过程不作赘述。

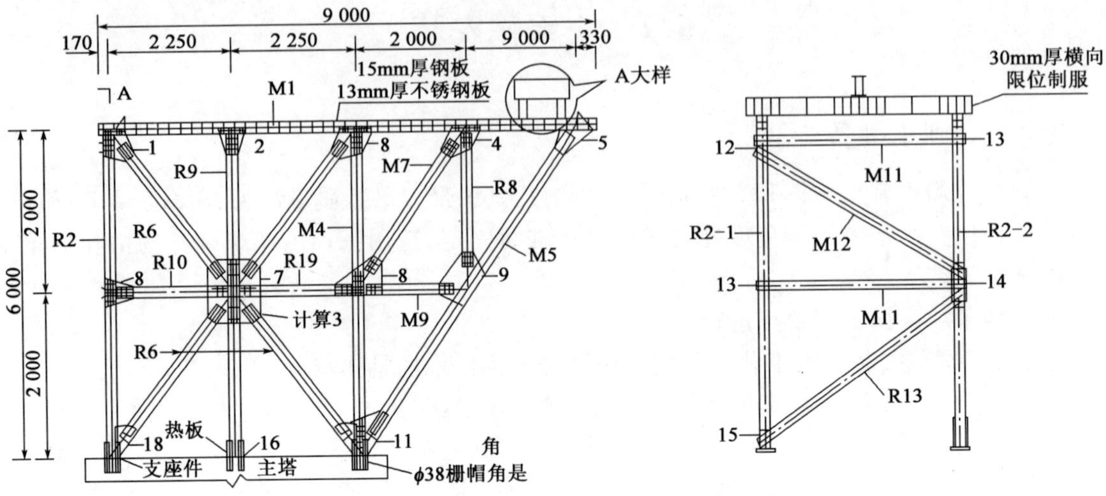

图 6-7　塔顶门架(尺寸单位:mm)

门架预埋件在塔顶混凝土浇筑封顶完成之前,在相应位置设置塔顶门架预埋件,具体预埋件位置如图 6-8 所示。

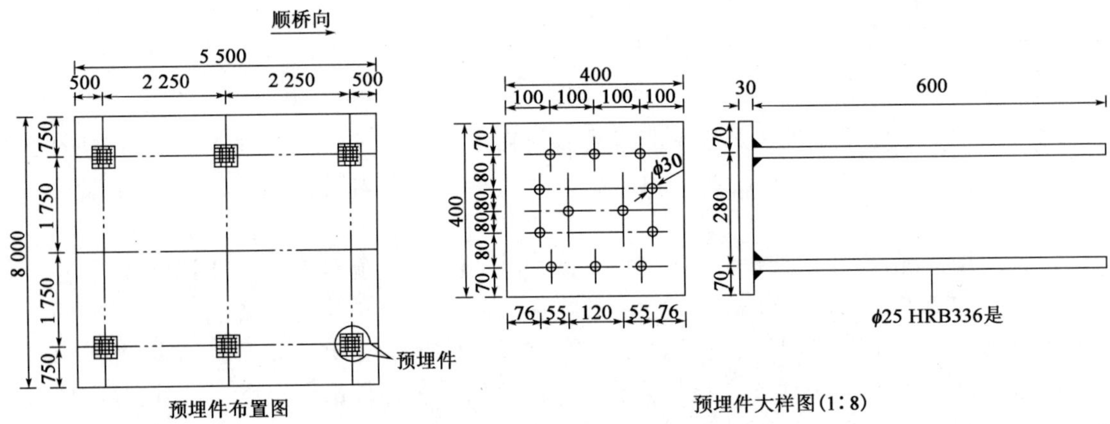

图 6-8　塔顶门架预埋件位置示意图(尺寸单位:mm)

4)门架吊装

塔顶门架采用塔吊拼装,现场有型号为 QTZ5512 的塔吊,远端起吊能力为 10kN。门架用塔吊拼装,首先吊装与柱脚相连的单元,然后拼装悬臂段及其他构件。在各单元吊装时,先吊装处于同一片门架的 2 个单元,然后采用栓-焊结合的方式连接,并预紧门架柱脚的预埋螺栓,将其固定。再通过测量观测,调整门架的 2 个单片的高程和坐标,控制其误差在允许的范围之内,确保门架的每一个单片的高程及坐标均处于设计位置,再开始吊装横向联系。在门架各单元及构件连接完成后,拧紧地脚螺栓螺母至设计预紧力。门架拼装时应注意保证结构在安装过程中的整体稳定性,且先安装的构件不能妨碍后安装构件的运输和吊装。此外,门架构件间连接用的高强螺栓的施工须符合钢结构施工及验收规范。单片门架吊装如图 6-9 所示。

图 6-9　单片门架吊装示意图

5)起重系统布置

塔顶门架拼装完成后,在门架顶面纵梁上设置起重横梁、水平行走系统等,并对整个吊装系统、平车行走系统进行检测调试,确保所有机具设备均可安全正常工作之后,进行门架试吊工作,为正式吊装索鞍做好充足的准备。起吊系统整体布置如图 6-10 所示。

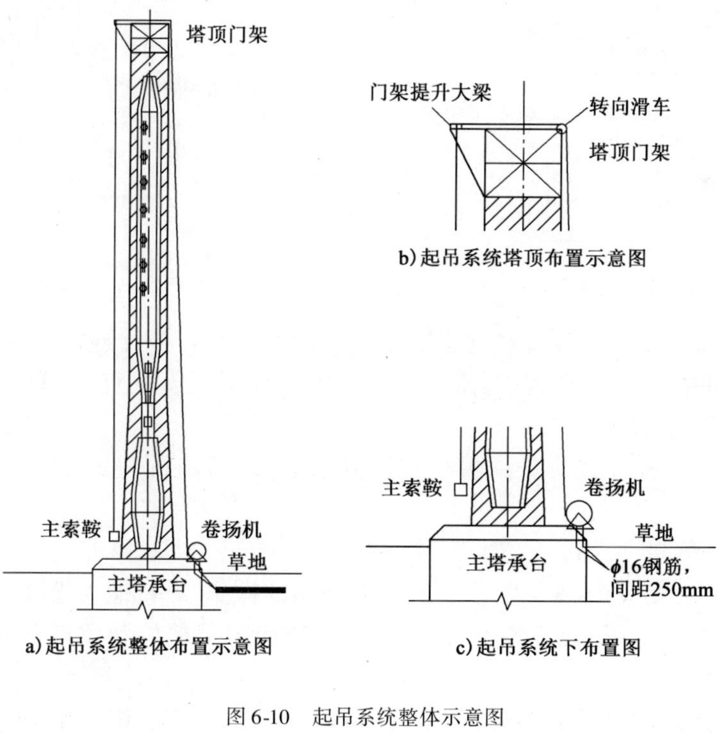

图 6-10　起吊系统整体示意图

6.2.3　主索鞍及底板吊装

1)吊装流程

主索鞍吊装主要作业流程如图 6-11 所示。

2)塔顶门架等吊装设备验收以及塔顶预留孔的检查

由于主索鞍吊装工期紧且各工序衔接较为密切,故在吊装前,必须做好以下工作:

(1)与业主、监理以及其他相关单位对塔顶门架以及其他的吊装设备进行验收,验收合格后方可进行试吊装和正式吊装。

(2)与业主、监理以及其他相关单位对塔顶预留的螺栓孔、安装槽等进行检查,确保螺栓孔位置准确、安装槽底高程准确。

(3)与业主、监理以及其他相关单位沟通协调,避免交叉作业,确保施工安全。

3)主索鞍试吊

主索鞍最大吊装质量约37t,计算的质量为46.5t,故需要配重约9.5t,而主索鞍底板质量约10t,且开有螺纹孔方便连接,故考虑可采用主索鞍底板作为配重,因此试吊荷载为37+10=47t。

配重的主索鞍底板通过螺栓与主索鞍鞍体连接在一起,如图6-12所示。

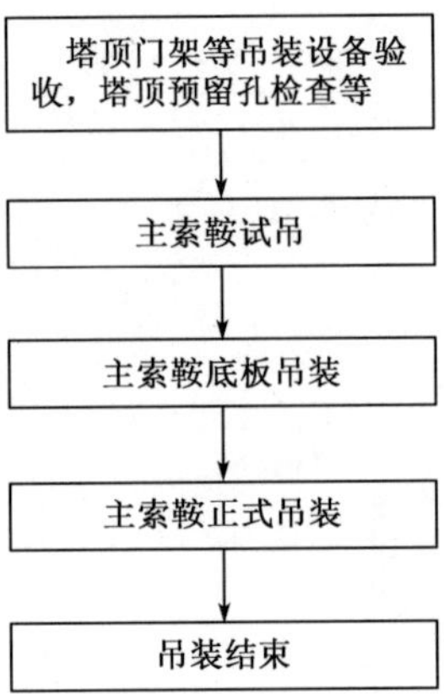

图6-11 主索鞍吊装流程图

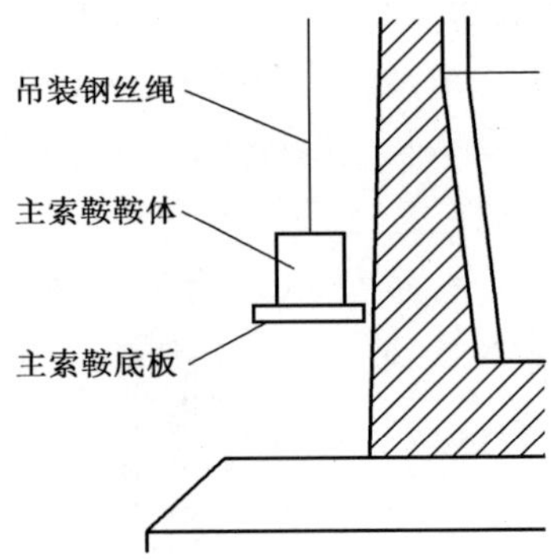

图6-12 试吊装示意图

将鞍体和底板一起进行起吊,垂直起吊1m后停止,检查各杆件连接、后锚点设置、起重系统、刹车系统等,同时,在起吊过程中,检查起重系统工作情况。垂直下降0.5m后停止,再重复以上动作检查。

经过两次试吊后,所有经检查项目均符合要求后,即可将配重放下,进行主索鞍的正式吊装。

4)试吊和正式吊装时,都应注意以下事项:

(1)试吊过程中,设总指挥一人,统一指挥各系统的操作,严禁他人指挥。

(2)试吊过程中,塔顶门架等各项目的检查,必须经施工单位和监理共同检查合格后,方可进行下一步的操作。

(3)严格按照制定的试吊方案进行,不得随意更改试吊方案,试吊结束后,须经各方共同对门架起重系统等联合检查验收合格后,方可正式进行吊装。

(4)所有试吊人员均配对讲系统,统一听从总指挥的安排,严禁在试吊过程中随意操作,更严禁通过对讲系统私自进行通话,造成干扰。

(5)试吊前,对所有参加试吊人员进行严格的安全技术交底,使每个员工都清楚操作流程,做好准备。

(6)在天气晴朗、风力小于6级的情况下进行试吊。

5)主索鞍底板吊装

试吊结束后,便进行底板的吊装,底板吊装步骤如下:

(1)在底板正下方放4~6根钢管或圆木,以方便底板的挪动,如图6-13所示。

(2)利用手拉葫芦或卷扬机把底板从鞍体的正下方挪动至鞍体旁,等待吊装,如图6-14所示。

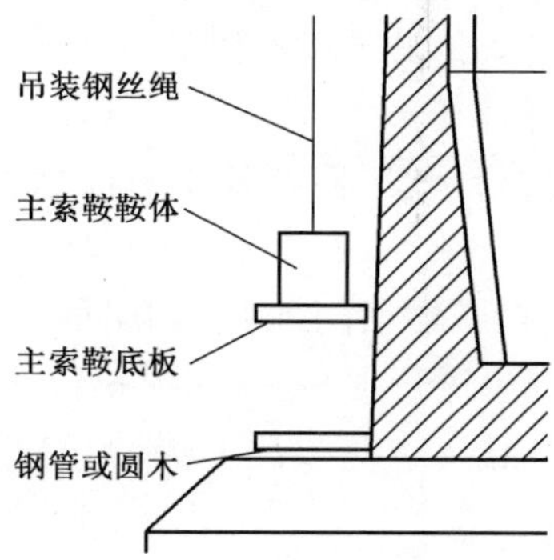

图6-13　试吊示意图

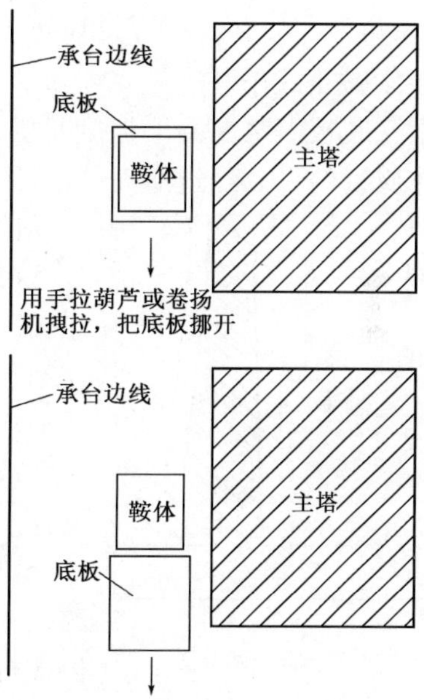

图6-14　挪动底板示意图

(3)底板吊装。座板质量为10t,故底板吊装也采用门架进行吊装。底板的螺栓单根质量较轻,故可利用现场的塔吊从地面吊至塔顶并安装。底板吊装如图6-15所示。

按照监控指令调整座板高程,利用门架和50kN手拉葫芦吊起座板以调整座板高程,钢垫板最小厚度为0.5mm,用连通管可将四角高差控制在2mm以内;利用20kN手拉葫芦调整座板横纵向轴线,必要时用斜垫块在预留槽边缘敲打调整座板位置;调整到位后紧固锚栓,使上端螺母螺杆外露量为7cm。

用全站仪、水准仪测量,确保安装好的座板纵横向偏差、高程偏差、四角高差符合设计要求,并进行全桥联测检查,确认无误后焊接固定座板,方可浇筑底座板下砂浆。

将锚栓预埋管用灌浆料填满,因灌浆料流动性较大,而且预埋管为竖直向下,浇灌时采用软管连接进管口作为进浆管进行灌浆可保证其灌浆密实性。然后再用灌浆料填封安装槽与座板之间的周围缝口,并按设计图纸要求预留出气(浆)孔;最后通过座板上的压浆孔,向座板下面压浆,灌

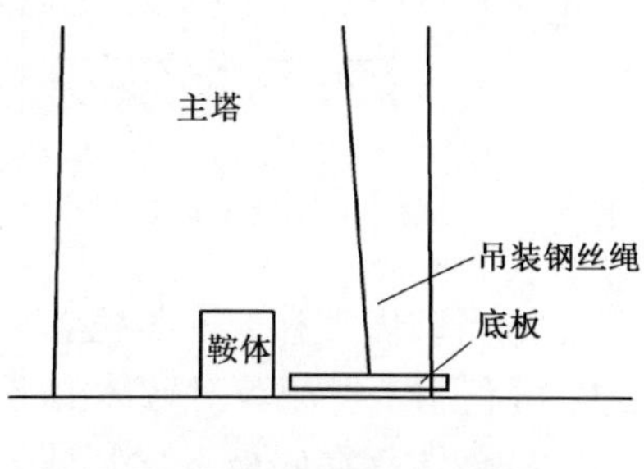

图6-15　底板吊装示意图

至座板周围的每个出气(浆)孔都有浆体溢出后方可堵塞压浆孔,以保证压浆充分密实。座板施工完成后,清除其顶面的施工残留物。索鞍底板预埋如图 6-16 所示。

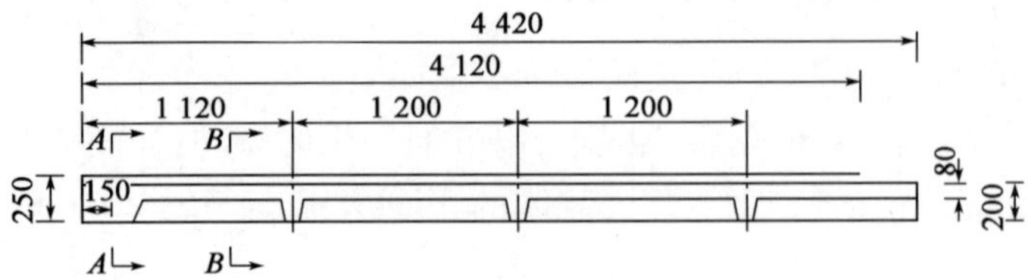

图 6-16　索鞍底板预埋图(尺寸单位:mm)

6)主索鞍正式吊装

待索鞍底板灌浆混凝土强度足够以后,进行主索鞍的正式吊装,即进行主索鞍鞍体的吊装。鞍体质量约 37t,经过前面试吊后可确保正式吊装的安全。吊装步骤如下:

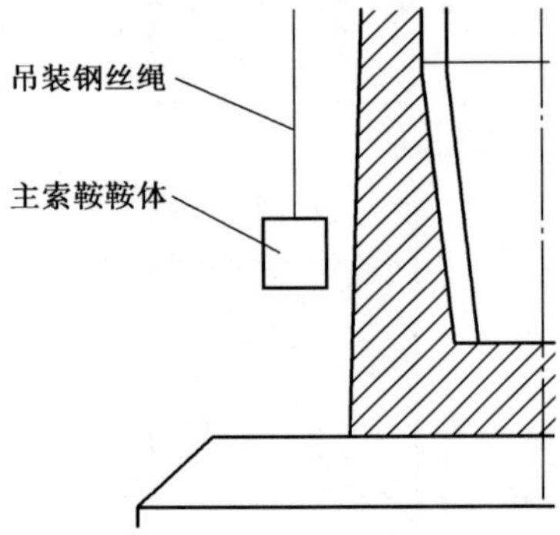

图 6-17　鞍体起吊示意图

(1)把吊具与鞍体进行连接。

(2)然后开动卷扬机进行预紧,检查各受力件是否存在隐患,若无隐患进行下一步。

(3)继续开动卷扬机,把鞍体吊离地面约 10cm 后,再对各受力部件进行检查,若无隐患进行下一步,如图 6-17 所示。

(4)继续开动卷扬机,把鞍体继续往上提升,直至提升至塔顶。

(5)当鞍体起吊至底座上方约 10cm 高度后,进行纵向平移——将鞍体平移至底板的上方。鞍体平移可采用利用中跨侧 2 台小型千斤顶同时张拉的方式提供移动动力,同时中跨侧用 50kN 手拉葫芦缓慢松开的方式控制移动速度及防止起重横梁侧偏,如图 6-18、图 6-19 所示。

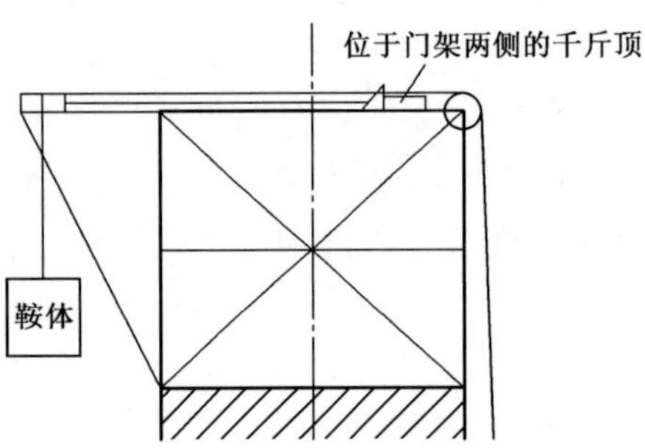

图 6-18　鞍体平移示意图 1

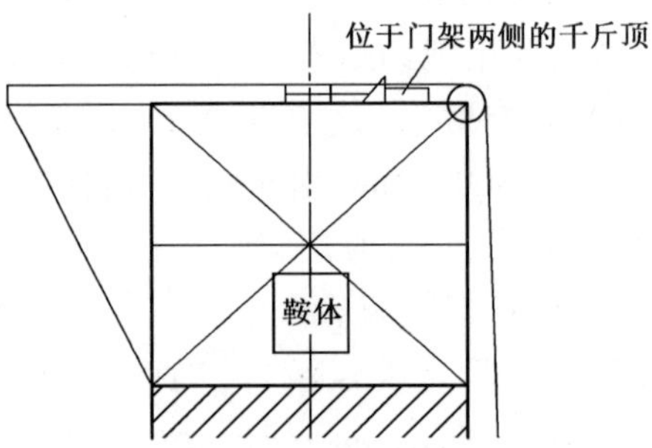

图 6-19　鞍体平移示意图 2

(6)当鞍体平移至安装位置后,慢慢下放吊装卷扬机,使鞍体落在安装位置上。在下放过程中,可利用手拉葫芦对鞍体的平面位置进行微调。

(7)鞍体落在底板上之后进行临时固定,临时固定应便于拆除,以便于后面主索鞍的顶推,如图 6-20 所示。

6.2.4 塔顶门架拆除

在上部悬索结构安装全部完成后，进行塔顶门架的拆除工作。

1)塔顶牵引设备的拆除

塔顶牵引系统是指塔顶千斤顶、大吨位葫芦等设备，具体顺序如下：

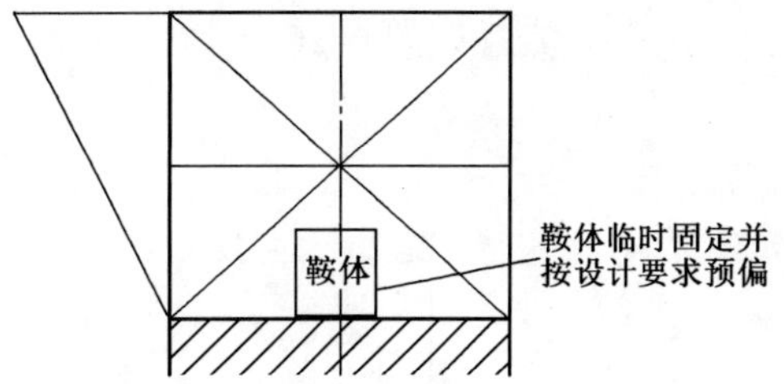

图6-20 鞍体临时固定并按设计要求预偏图

(1)将千斤顶固定螺丝松脱并临时固定，塔顶布置的牵引系统全部收拢，回盘。

(2)利用塔顶门架布置的提升卷扬机及塔吊配合，将塔顶的牵引设备放入吊笼并一一吊送至桥面。

2)塔顶卷扬机的拆除

(1)将塔顶门架上方所固定的卷扬机焊接部位割除，临时固定卷扬机。

(2)利用塔吊将塔顶卷扬机四角起吊，缓慢吊运至桥面。

3)塔顶门架的拆除

(1)先将塔顶门架顶端大横梁上利用螺杆连接的部件螺杆松脱。

(2)依照从上到下的顺序，依次拆除横梁、斜撑、支撑杆，并利用塔吊一一吊运至桥面。

(3)最后剩下立柱，利用塔顶吊钩稳定住立柱，松脱立柱与混凝土连接的螺杆，单根吊运至桥面。

6.3 猫道施工

6.3.1 猫道结构

1)猫道线形

在综合考虑主缆直径、边跨主缆间距、紧缆机和缠丝机最小工作空间的基础上，设计猫道面低于主缆中心约为1.3m，猫道面层的总宽度约为3.5m。主缆线形(1/2)如图6-21、图6-22所示。

2)猫道的主要构造

猫道主要由承重索、猫道面、栏杆、扶手、滚筒等组成。猫道构造如图6-23、图6-24所示。

3)塔端连接装置

在主桥的索塔混凝土浇筑前，中跨方向在索塔周围一定高程的塔壁内预埋一定数量的预埋钢板，模板拆除后将连接钢板焊接于预埋钢板上，猫道调节装置上端与连接钢板用叉销连接；边跨连接钢板直接焊接在塔端预埋件上，连接锚梁上端与连接钢板用叉销连接。猫道塔端连接如图6-25所示。

4)梁端连接装置

本项目由于梁端布置猫道的空间较小，故本项目边跨的猫道梁端需要另外增设一套变位装置,该装置通过叉销和叉耳的形式与钢箱梁连接。

该变位装置如图 6-26 所示。

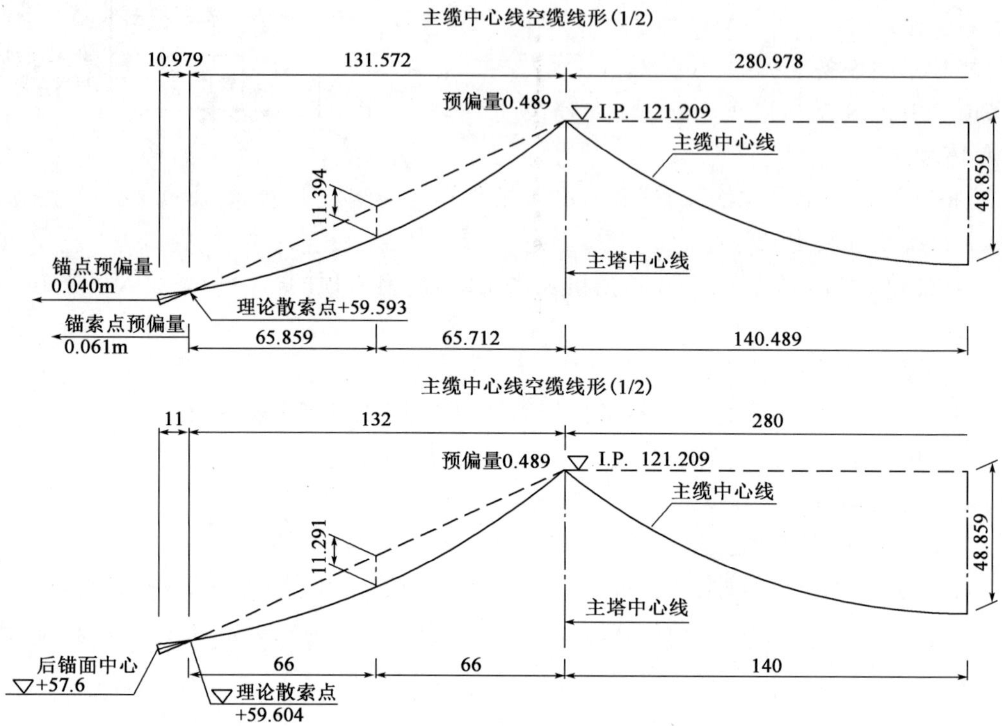

图 6-21　主缆线形(1/2)图(尺寸单位:m)

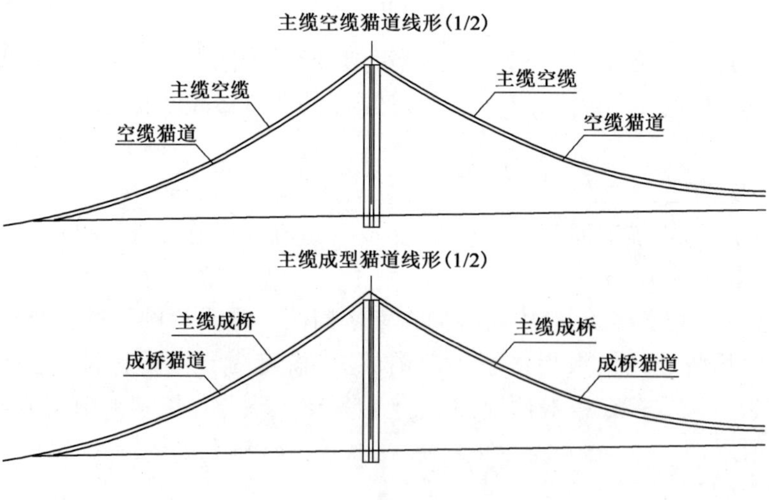

图 6-22　猫道线形(1/2)图

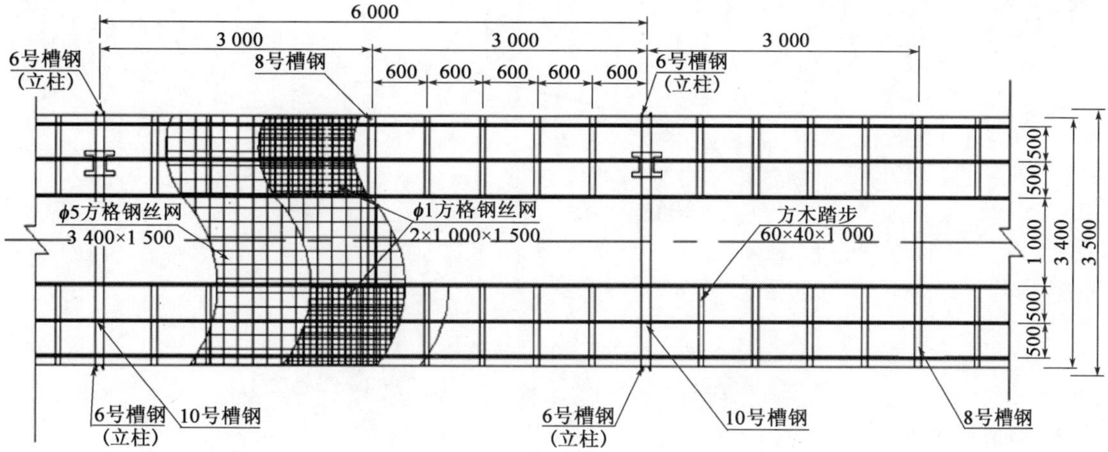

图6-23　猫道构造图1(尺寸单位:mm)

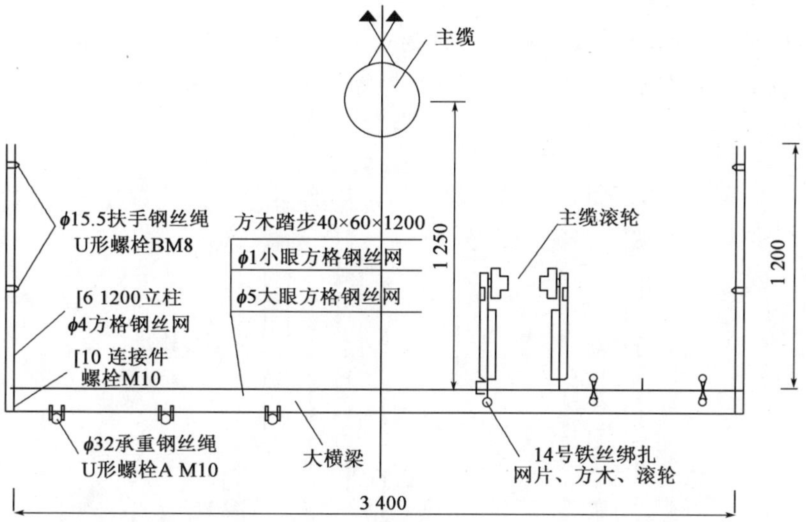

图6-24　猫道构造图2(尺寸单位:mm)

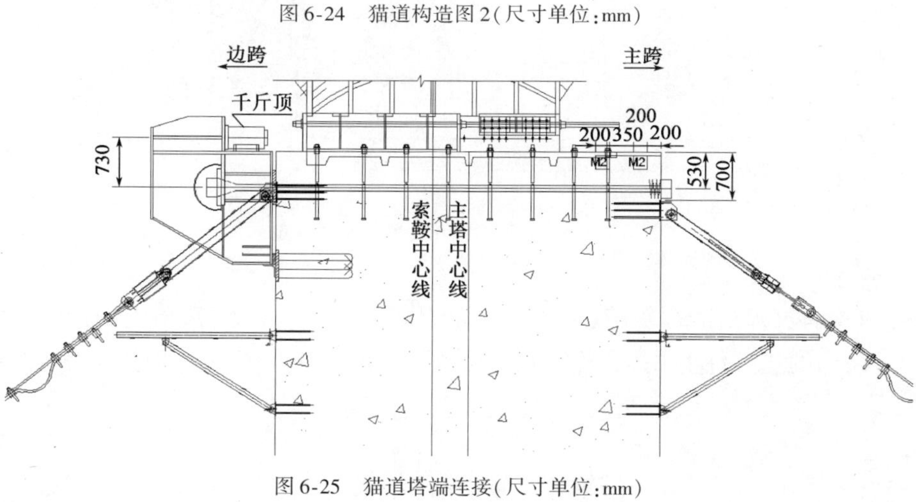

图6-25　猫道塔端连接(尺寸单位:mm)

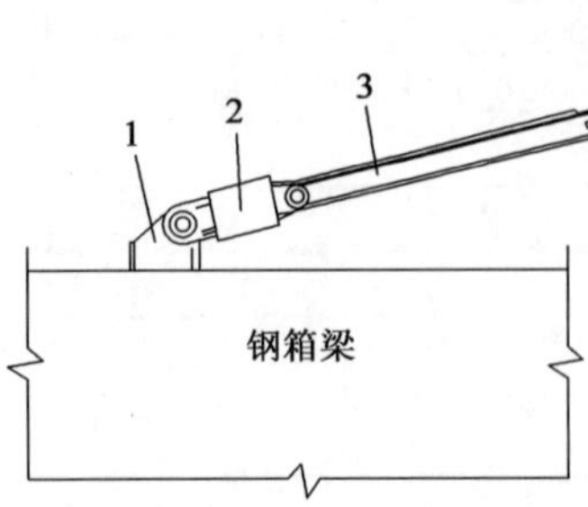

图 6-26 梁端连接装置

1-与钢箱梁连接的叉耳和叉销;2-变位梁;3-连接杆;4-调节锚梁

5)猫道调节装置

对于中跨,猫道调节装置设置于两端塔身。对于边跨,猫道调节装置设置于桥面锚固端。调节装置的可调节长度约为3m。

边跨猫道成桥线形与空缆线形垂度差约为0.1m;中跨猫道成桥线形与空缆线形垂度差约为2.1m;猫道调节装置(图6-27)完全可以通过自身调节满足垂度的变化,因此猫道设计时不考虑进行猫道改吊。

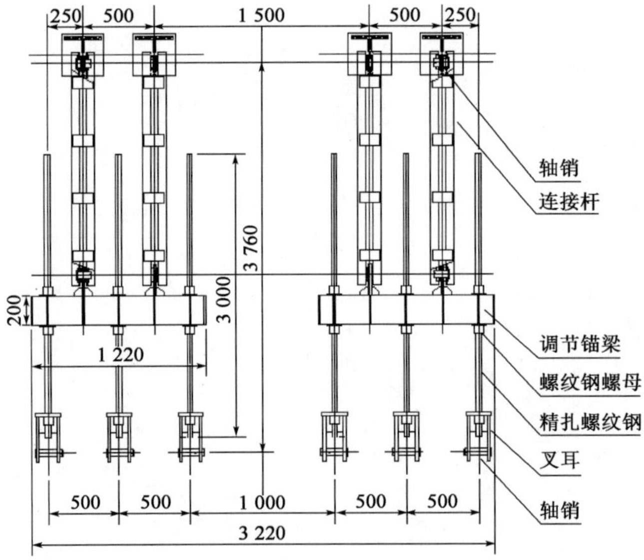

图 6-27 猫道调节装置图(尺寸单位:mm)

6)承重索

中跨及边跨的每幅猫道均选用6根ϕ32mm的钢丝绳作承重索,承重索用钢丝绳夹头分别锚固于塔端、桥面的连接件上,承重索分中跨和边跨三跨断开布置。承重索使用前按规范要求进行预拉处理。

7)猫道横梁

猫道横梁采用4.4m的10号槽钢和8号槽钢制作而成,按3m间距交替布置,并用U形螺栓将横梁与承重索扣紧固定。

8)猫道面层

猫道面网的底层用 $\phi5.0$mm(孔 60mm × 60mm)的大方眼焊接钢丝网,以增加面层刚度。面层用 $\phi1.0$mm(20mm × 20mm)的小方眼钢丝网,以防小工件坠落。另外,在底层和面层两层钢丝网上每隔 0.6m 绑扎固定规格为 60mm × 40mm × 1200 mm 的防滑木,用铁丝连于面层上,以利于施工人员行走。

9)滚轮

在猫道面层上每隔 6m 设一猫道滚轮,供主索股拽拉时在其上滚动通过,滚轮高度约为 0.5m。在塔顶两侧各 10m 范围内的滚轮,其高度适当增加,以增加索股越过塔顶时的弯曲半径。猫道滚轮安装如图 6-28 所示。

图 6-28 猫道滚轮安装图

10)护手栏杆

沿猫道两侧每 6m 设一根 6 号槽钢立柱,立柱下端固定在 10 号槽钢横梁上,立柱上设 2 根 $\phi15.5$mm钢丝绳作为扶手栏杆,间距 50cm,用 U 形螺栓固定在 6 号槽钢立柱上。在两侧的栏杆上用高 1.2m 的 $\phi5.0$mm(孔 80mm × 80mm)大方眼钢丝网进行防护,钢丝网用 14 号铁丝绑扎固定在钢丝绳和立柱上。

11)缆风绳

经计算,猫道在自重作用下不会发生倾覆,布设抗风缆是为了进一步增加猫道的稳定性,抗风缆采用 $\phi15.5$mm 钢丝绳将猫道与桥面拉结,中跨设 5 道,边跨各设 3 道。抗风缆直接与钢梁连接。抗风缆如图 6-29 所示。

12)主塔横向通道

由于本桥主塔无上横梁,为方便施工,两主塔间设计宽约为 1m、高约 1.2m 的类似于猫道形式的横向通道,其形式如图 6-30 所示。

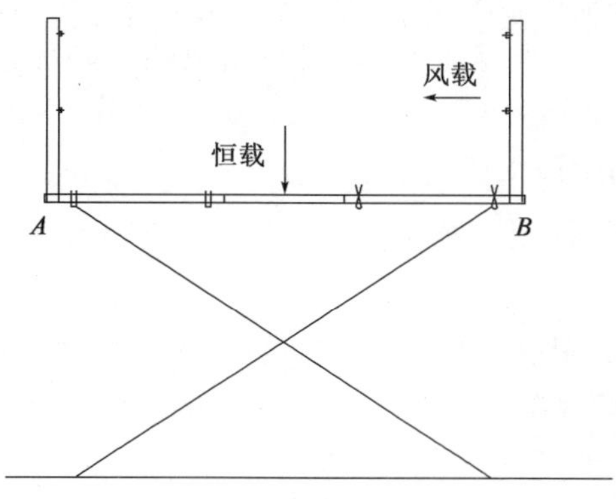

图 6-29 抗风缆示意图

图 6-30 主塔横向通道图

(1)横向通道的预埋件

在主塔最后一节段混凝土浇筑之前,用塔吊吊至塔顶并安装,该预埋件的钢筋焊在主塔的钢筋笼上。横向通道的预埋件如图6-31所示。

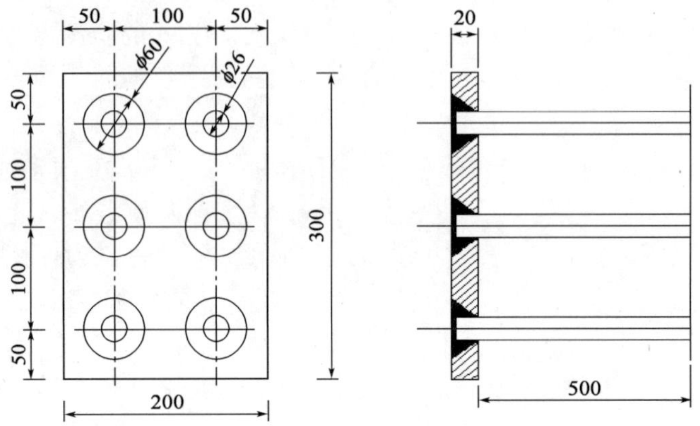

图6-31 横向通道预埋件(尺寸单位:mm)

(2)横向通道的安装

先在横向通道的预埋件上加焊2个叉耳,然后用塔吊将横向通道的承重索吊至连接的叉耳处,用叉销锚固的方式固定横向通道的承重索;另外一端则利用卷扬机和手拉葫芦相互配合,将承重索调至合适的垂度之后进行锚固。

承重索安装完毕之后,便进行面层的安装。由于横向通道在塔吊旋转半径内,故可利用塔吊将横向通道的材料直接吊至相应的位置进行安装。

6.3.2 猫道架设

1)猫道承重索安装

先将承重索按计算好的长度在桥面展开,两端上好钢丝绳绳夹。

边跨:由于边跨猫道下端锚固于钢箱梁顶面,故边跨猫道需等钢箱梁顶推到位并落梁后再进行安装。其安装方法为:将边跨猫道钢丝绳沿边跨钢梁顶面牵引至索塔底附近,用塔吊吊至塔顶,用插销与塔顶的连接装置相连;后端用手拉葫芦与卷扬机配合反拉,与锚跨端的连接装置相连。

中跨:钢箱梁主梁顶推至3号主塔时可先进行中跨猫道安装。其安装方法为:将中跨猫道钢丝绳沿主跨钢梁顶面全部展开于钢梁面上。两端分别用卷扬机吊至塔顶,用插销与塔顶的连接装置相连。

待全部猫道承重索架设完后,测量各索中点高程,用手拉葫芦或液压千斤顶逐根调节至合适的高程,要求同一幅猫道各承重索之间的跨中高程偏差不大于30mm。猫道承重索架设如图6-32所示。

2)猫道面层铺设

中跨:从塔端往跨中方向铺设。在地面将猫道钢丝网等预制好,再利用塔吊吊至主塔塔顶,再利用牵引系统将猫道材料(主要包括钢丝网、槽钢、方木等)牵引至安装位置进行安装。

边跨:从梁端往塔顶方向铺设。将制作好的钢丝网片吊至锚跨上表面,逐片放于承重钢丝绳上,绑扎方木踏步,装上槽钢横梁和U形螺栓,U形螺栓不拧紧螺帽,利用牵引装置将钢丝网自桥面向塔顶牵引铺设。

当猫道面层滑到位后,扭紧U形螺栓螺母,将铁丝网固定于猫道承重索上。安装栏杆立柱及扶手钢丝绳、猫道滚筒。猫道面层架设如图6-33所示。

图6-32　猫道承重索架设

图6-33　猫道面层架设

3)猫道高程调整

用液压千斤顶或手拉葫芦,通过拧紧或放松调节拉杆螺母来调整猫道高程,直至整幅猫道线形符合要求。

6.3.3　猫道的拆除

1)猫道拆除的时机

在主缆防腐及附属设施安装完成后开始猫道拆除。

2)猫道面层拆除

从塔顶向跨中和锚跨方向逐步拆除猫道网片。网片拆除之前,必须沿猫道检查以确保所有的猫道绑扎绳在其位置上捆紧。在猫道上逐片拆除猫道网片和型钢单元,利用塔顶卷扬机,通过扶手索上的转向滑轮,将猫道网片吊放至桥面,由汽车吊和平板车运送至堆场。

3)猫道承重索的拆除

猫道承重索分两类:一类为主缆内侧的承重索,另外一类为主缆外侧的承重索。主缆内侧承重索按如下方式拆除:将待拆除的钢丝绳与塔端卷扬机连接,然后启动塔端卷扬机,把承重索的拉力转到塔端卷扬机上,然后拆除与钢丝绳连接的叉销,最后利用塔端卷扬机将承重索下放到桥面,再卷上索盘运走。主缆外侧承重索按如下方式拆除:先利用塔端卷扬机和滑轮组,将外侧钢丝绳提过主缆,移至内侧,即把外侧的承重索变为内侧的承重索,然后再用内侧承重索的方式拆除。为了防止损坏桥面铺装,猫道面网和猫道钢丝绳在放至桥面之前,必须在桥面上以一定的间隔铺垫彩条布和木块。

6.4 主缆架设

6.4.1 施工准备

本桥主缆共设37股主索股,在正式架设前做好如下准备工作:

主缆索股架设之前,测量塔柱平面位置、索鞍平面位置、高程、跨径,主索鞍、散索鞍理论顶点的高程及实际预偏位置等,供后续调索使用。

索股架设前,先对牵引系统、猫道系统、卷扬机等进行全面检查,排除可能存在的隐患后方可进行索股架设。

根据主缆股安装施工工艺以及现场条件确定索股临时堆放、架设堆放的具体位置。

根据总体布置及施工进度安排合理布置施工区域。

应保证索股以及其他构件的运输、堆放、倒运方便,确保道路安全、通畅,吊装顺畅。

每股索股应在厂内按要求包装好后,再发至工地。

安装主索股期间,生产厂家应派技术员在工地作现场技术指导。

考虑施工期水位及气象情况,确保施工期安全。

6.4.2 牵引系统

猫道安装完成之后进行牵引系统的布设。牵引系统是架设于两锚跨之间,跨越索塔的用于空中拽拉的牵引设备,主要承担猫道架设、主缆架设以及部分牵引吊运工作。常用的有循环式和往复式两种形式。循环式牵引系统的牵引索是靠驱动装置滚筒以摩擦方式驱动,牵引连续性好,但牵引力较小。往复式牵引系统是将钢丝绳直接卷在卷扬机上,根据需要,牵引力的大小容易实现,跨径大的悬索桥索股架设需要较大的牵引力时较适合采用往复式牵引系统。

由于本桥缆索系统后期工期紧,故边跨采用循环式牵引系统、中跨采用往复式牵引系统。循环牵引系统主要由1台50kN卷扬机、导向滑轮、ϕ15.5钢丝绳等组成。往复式牵引系统由主、副牵引卷扬机组成,分别固定于两岸的锚跨处,卷扬机采用100kN、50kN慢速大容绳量卷扬机,主卷扬机(北岸侧100kN)担主牵引工作,副卷扬机(南岸侧50kN)担副牵引绳拉回的工作,主牵引绳选用ϕ20mm钢丝绳。

主缆架设的牵引系统主要包括:边跨循环牵引系统+中跨往复式牵引系统+边跨循环牵引系统,如图6-34所示。

循环牵引系统、往复式牵引系统由卷扬机、轨道索、牵引索、猫道滚筒、塔顶滚筒组成,索道小车直接与牵引索连接,行走于设置在塔顶门架和锚跨之间的轨道钢丝绳上。由于索道小车质量轻,拆装运输方便,更宜用于牵引循环系统,可提高索股架设效率。

牵引索与索股前锚头相连,索道小车将索股前锚头与牵引索吊起一定高度,通过卷扬机牵引使索股运行于猫道滚筒上,而索道小车则运行于轨道索上。

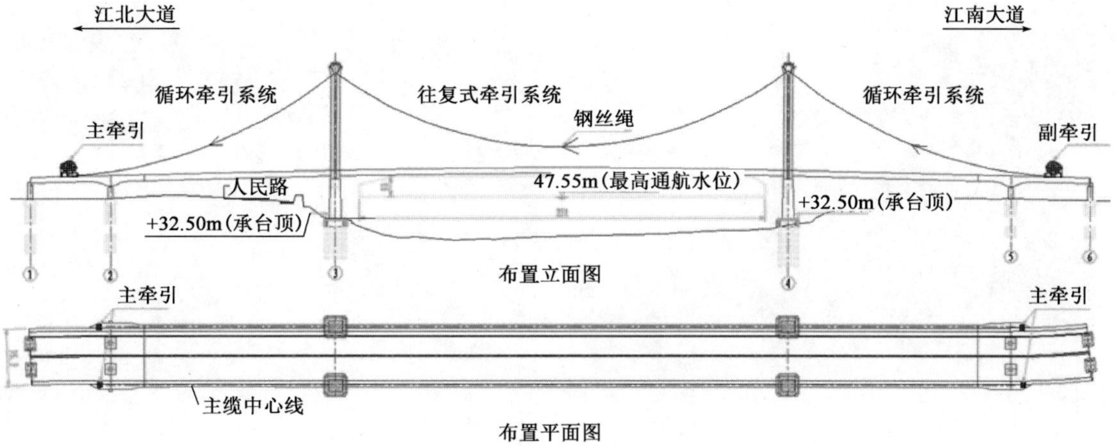

图 6-34　主缆牵引动力系统布置示意图

6.4.3　主缆架设工艺

1) 主缆架设流程

主缆索股安装按下列流程进行(图 6-35)。

前端锚头从放索架上抽出后应与牵引系统连接牢固,严防松脱。放索时启动前端卷扬机缓慢放索,沿猫道上将索放开,放索过程中安排专人跟踪牵引系统和索股前进,同时要保证索股六面紧密、平整、笔直。如发现索股扭曲、散带、鼓丝现象,应立即设法理顺,必要时可将索股抬高,并用木锤或橡皮锤敲打索股,即可使散乱的钢丝重新分布整形。同时,在牵引过程中密切监视索股中着色丝位置变化情况,派人用专用夹具随时修正,防止索股牵引过程中的扭转。后端部分索股,由于引出时摩擦,钢丝较乱,要理顺修复一部分鼓丝,同时要在边跨内疏散,不能留在锚跨内。主缆索股牵引如图 6-36、图 6-37 所示。

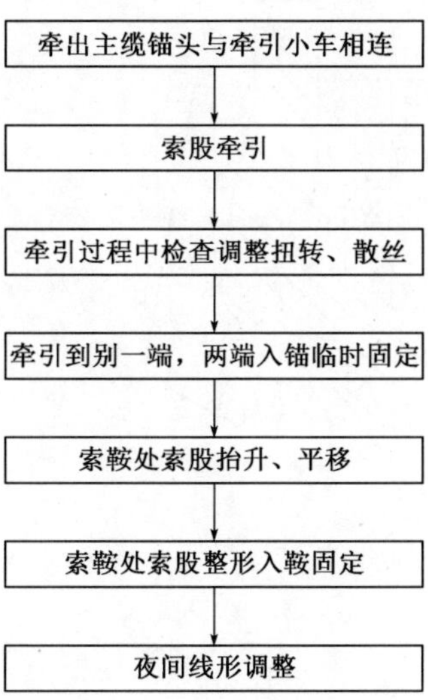

图 6-35　主索股架设流程图

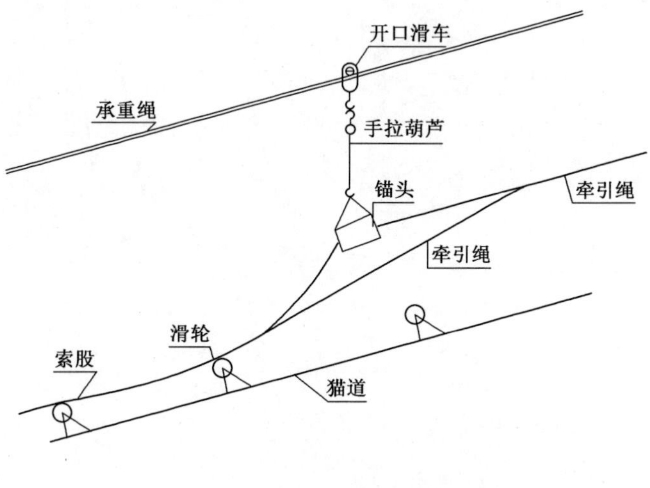

图 6-36　主缆索股牵引示意图

图 6-37　主缆索股牵引实例图

2) 主缆整形入鞍

牵引安装完的索股,两端锚头穿入锚碇索管内,旋上锚固螺母,要求锚具与预埋板中心同轴,且锚固螺母位于锚头最端头。

利用塔顶门架通过提升系统及提索装置将索股从猫道滚轮上提起,确认索股已达到索鞍高度要求后,通过塔顶支架横移装置将索股移至索鞍正上方。

将索股移至索鞍正上方后,将其索鞍范围内索股整成矩形后放入鞍槽内设计位置,各索股入鞍顺序按设计要求,入鞍处由边跨端向主跨方向进行,入鞍时要严格控制索股着色丝在鞍槽的位置,以防索股扭转。

由于需要调整索股线形,而且该工序只能在夜间某一时段进行,所以白天入鞍的索股只能位于相同截面的同一排上,不允许未调整线形之前产生挤压现象。索股入鞍顺序和六边形转成矩形整形如图 6-38 所示。

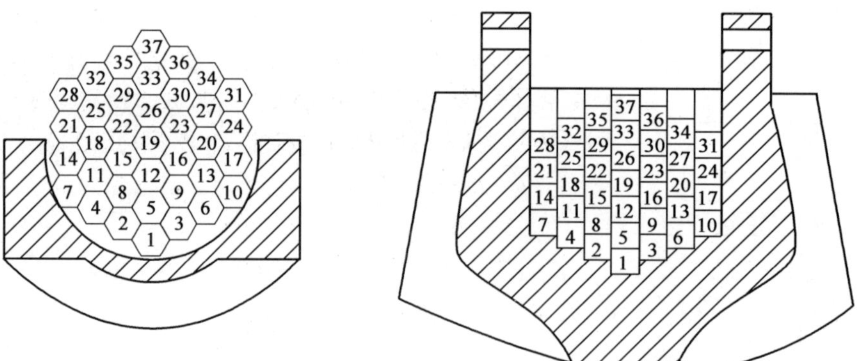

图 6-38　索股入鞍顺序示意图和六边形转成矩形整形图

6.4.4　索股线形调整

1) 调整索股线形的标准

为使上述初步架设好的索股线形与设计规定的线形相吻合,必须进行索股线形调整。白天架设的索股,无论是基准索股还是一般索股,垂度调整必须在温度稳定时进行。调整时,事先用温度计进行索股外界气温和索股温度的计测,把温度变化小的时间定为调整时间(一般在0:00~6:00)。索股垂度调整温度的稳定条件为长度方向索股的温差 $\Delta T \leqslant 2℃$;断面方向索股的温差为 $\Delta T \leqslant 1℃$,不具备以上条件时则需待条件成熟时再进行。

垂度调整精度:基准索股中跨跨中为±14mm, 边跨跨中±13.2mm,上下游基准索股高差±10mm。一般索股相对于基准索股偏差为0~+5mm之间。

2)绝对垂度(基准索股垂度)调整

一般以首根索股为基准索股,其他索股施工的线形控制均参照基准索股进行。因此,基准索股绝对垂度调整是控制全桥施工精度的关键。在1号基准索股无法保证索股的安装精度时,可启用第二根或第三根备用索股。做好待调索股的编号,避免混淆。

基准索股的绝对高程控制采用三角高程测量法,利用全站仪进行测量:在基准索股的中点位置固定一个棱镜,分别在两岸距桥约100m的地方设置全站仪测站,通过全站仪观测基准索股上的棱镜,经计算后得出基准索股中点的绝对坐标。基准索股的绝对垂度调整在对跨长、外界气温、索股温度测定后进行。根据测量结果计算出索股绝对垂度调整度。垂度调整方法如图6-39所示。

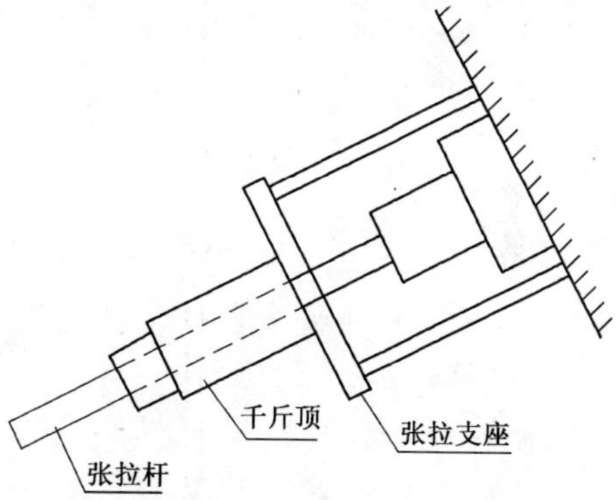

图6-39　主缆垂度调整顺序图

垂度调整的顺序是先调整中跨段,再调整两边跨。调整中跨段索股垂度时,选一侧塔顶索股为固定端,将索股位置标志与鞍座中心标志重合并固定。在另一侧塔顶用50kN手拉葫芦和握索器移动索股来进行中跨索股调整,直至索股的移动量符合垂度调整量。边跨索股调整可两边同时进行,在边跨索股锚固端安装调整装置(20kN手拉葫芦、YDC240Q千斤顶与撑脚),调整跨内移动索股直至索股的移动量符合垂度调整量。移动索股时,在各鞍座部位为了消除索股间的摩擦,可用塑料小锤敲打。这时要注意不破坏索鞍整形。调整完成后的索股,在塔顶鞍座内和索股上做出标记,然后在各塔顶鞍座部位临时固定索股。

因为在锚跨(散索套与锚碇之间的索股)不能进行垂度调整,须对它进行索力控制,索力的调整以监控及设计提供的数据为依据,其调整量可根据调整装置中千斤顶的油压表的读数和锚头移动量双控确定。但垂度调整的首要目的是准确确定索股的线形,因此垂度调整必须以线形控制为主,以拉力控制为辅。主缆张拉如图6-40所示。

3)相对垂度(一般索股垂度)调整

基准索股以外的索股为一般索股,一般索股的调整称为相对垂度调整。其调整方法、顺序与基准索股相同。但相对垂度调整时,索股调整量不宜过大,否则被调整索股将压迫在下部索股上,这样就不能测定正确的相对垂度。调整时在各跨跨中点利用大型测量卡尺测出待调整索相对基准索高差,并经跨度与温度修正后求出调整量。

相对垂度的调整,要在对下部索股若即若离的状态下进行,相对误差控制在0~+5mm范围内。

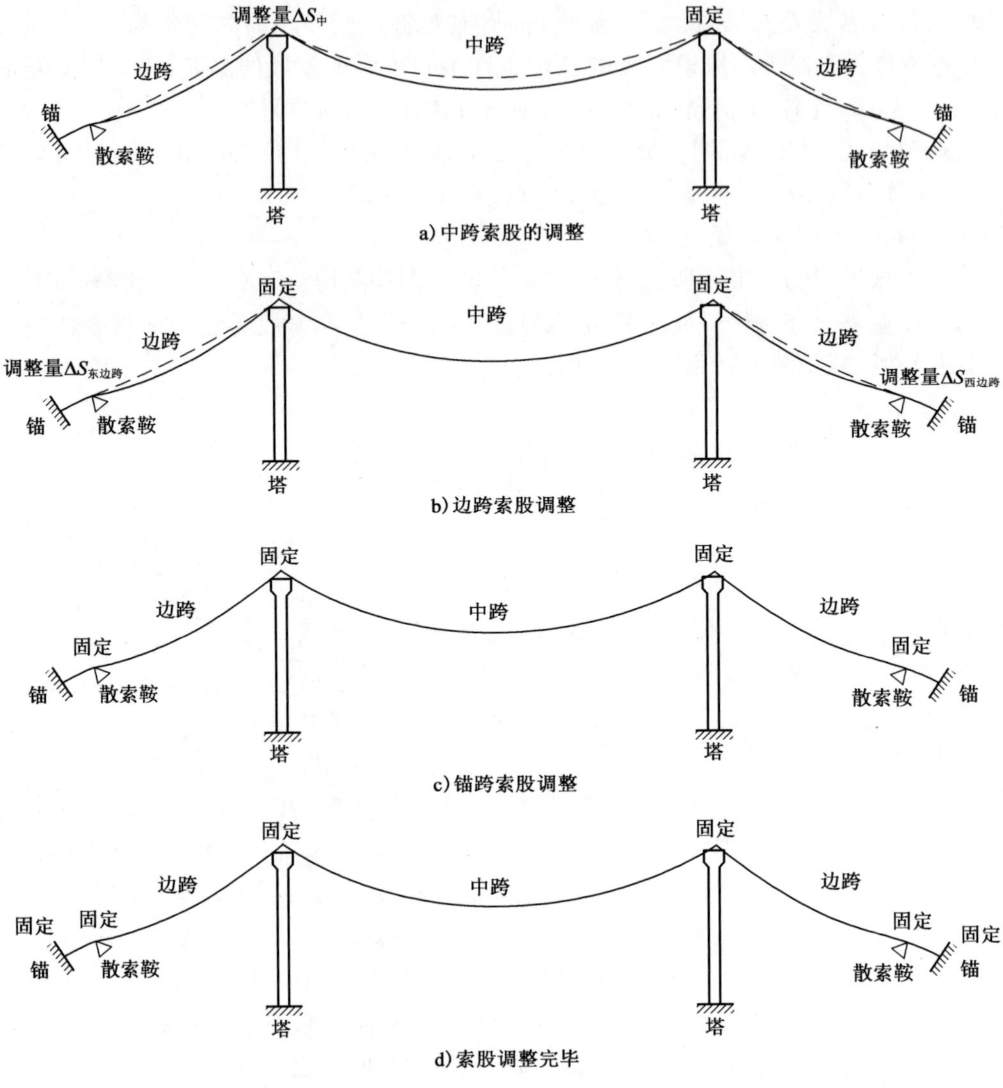

图6-40　主缆张拉示意图

当一般索股架设一定数量后，为便于中跨各索股的排列和保持其形状，在跨中设置一组V形保持器，同时在V形保持器之间设置主缆竖向保持器，以使主缆各索股按设计断面形状排列。且每间隔60m用麻绳将主缆捆绑，防止因大风吹动索股相对撞击摆动，影响索股调整精度。同时在主、散索鞍处，根据架设情况及时安装索鞍镀锌隔板。一般索股高程测量如图6-41所示。

6.4.5　锚跨张力调整及安装压紧装置

当架设到向上发散的主缆索股时（19号～37号），为使边跨和散索套内的主缆线形符合设计和监控的要求，须先在锚跨段（散索套与锚碇之间的索股）对主缆施加一定的下拉力。待边跨紧缆及安装散索套上半部分后，再根据监控提供的锚跨张力进行锚跨段索股的复测、调整。

主缆索股架设完成后，在主索鞍处填压锌填块(图6-42)，安装压紧梁，装上紧固拉杆。

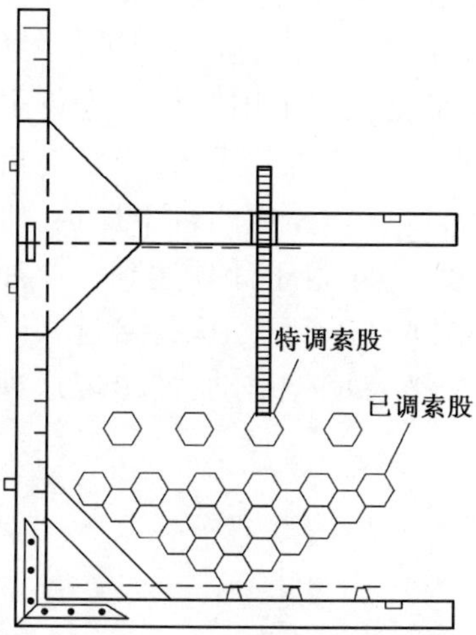

图6-41　一般索股高程测量示意图

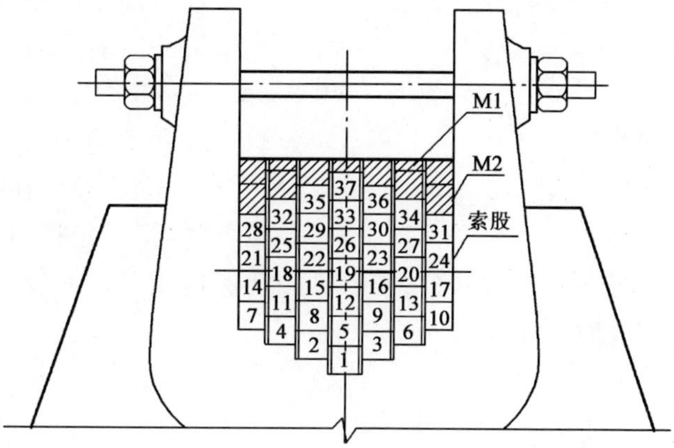

图6-42　主索鞍槽锌填块示意图

6.4.6　主缆紧缆

1) 预紧缆

预紧缆是把架设完成的索股群大致整成圆形的作业。为使主缆索股沿全桥分布均匀、钢丝的松弛不集中在一个地方，预紧缆时可把全桥分为两段并宜按如图6-43所示顺序进行。

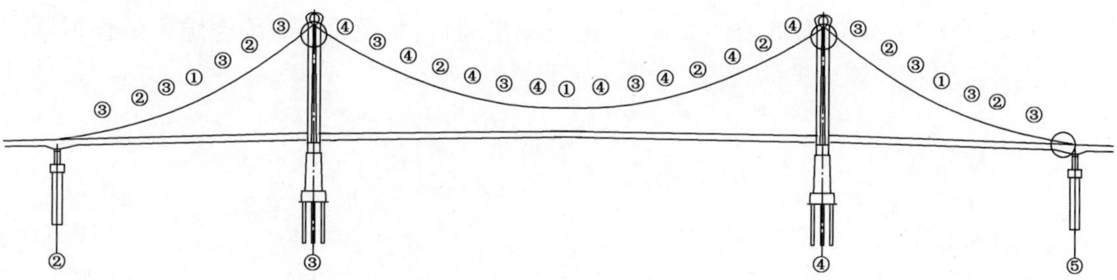

图6-43　预紧缆施工顺序图

预紧缆要在温度较稳定、索股排列整齐的夜间进行，索股的绑扎带采取边预紧边拆除的办法，不要一次全部拆光。首先，将预紧点附近1～2m范围的外层绑扎带解掉，在主缆外层包上一层起保护作用的麻布袋或塑料布条。装上ϕ16mm镀锌钢丝绳千斤头，收紧手拉葫芦，如图6-44所示。一边用大木锤沿主缆周围敲打、振动，一边用加压器加压，使主缆大致成为圆形。同时要注意尽量减少表面钢丝的移动，然后用软钢尺测量主缆的周长，预紧缆的目标空隙率在26%～28%之间。

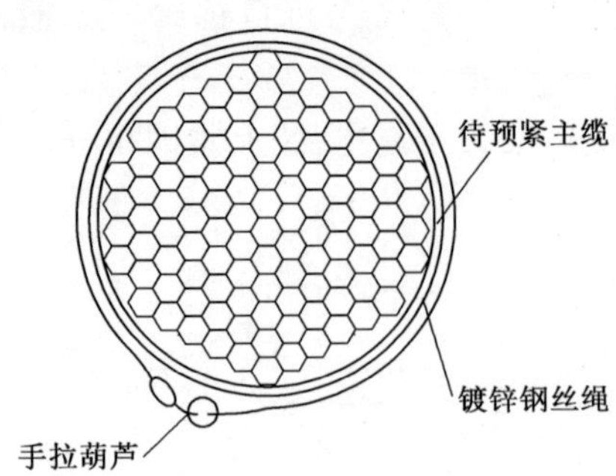

图 6-44　预紧缆操作示意图

预紧缆的过程就是将上述工序沿全长反复进行的过程,直至索股群大致整成圆形为止。

2)正式紧缆

正式紧缆是用专用的紧缆机将主缆整成圆形并达到所规定的空隙率的作业,其作业可在白天进行;紧缆机的移动由简易缆索天车进行。采用紧缆机进行主缆紧固时,首先启动紧缆机作业液压千斤顶,当紧缆机轴线和主缆中心线重合后,再启动其他两台千斤顶,协调好 4 台千斤顶的顶进速度,当 4 台千斤顶达到一样冲程之后,一起联动加压,如图 6-45 所示。保持接近相同的油压挤压主缆。在此过程中要注意保持钢丝的平行,不能有交叉及里外窜动,如出现这种情况,要及时纠正。

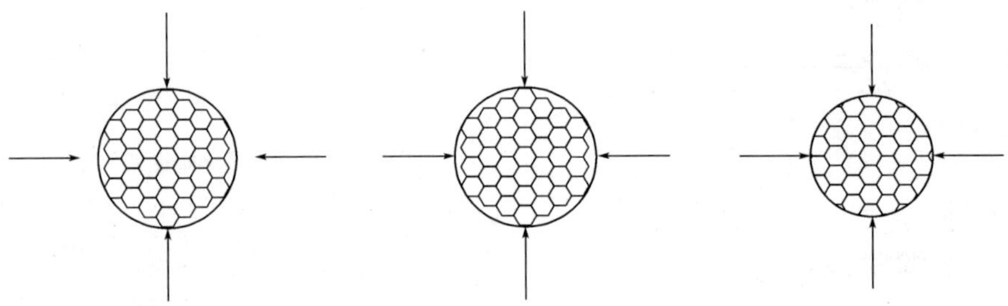

图 6-45　紧缆机操作示意图

正式紧缆是方向由低处向桥塔处进行。

3)空隙率测定

用 2m 钢卷尺在距紧缆机 15 ~ 20cm 的地方测量周长,紧缆后的主缆空隙率是根据测定主缆周长换算成直径计算出来的,其计算公式如下:

$$k = 1 - n\frac{d}{D}$$

式中:k——主缆空隙率;

n——钢丝总数;

d——钢丝直径;

D——紧索后主缆直径。

当空隙率达到设计要求时,在靠近紧缆机的地方打上两道钢带,钢带间的距离为 10cm 左右。松开紧缆机,移到下一个紧缆点,每一个紧缆点间的距离约为 1m。这时再复测上一个紧缆点的周长,并把所在位置及周长记录下来。

4)质量控制

(1)空隙率:空隙率的大小直接影响主缆直径,而主缆直径偏大或偏小都会影响索夹安装,因此在紧索时要严格控制空隙率的大小,使其尽可能地满足设计要求。一般情况下,标准断面的空隙率为20% ±2%，索夹部位为18% ±2%。

(2)不圆度：紧缆完成以后，由于钢丝的自重作用，主缆的横向尺寸往往大于竖向尺寸。横径与竖径的比称为不圆度，如果不圆度太大对后续工序将会造成影响，因此要加以限制，且要控制在规范允许的范围内。

6.5　吊索安装及体系转换

6.5.1　吊索安装

1)施工准备

(1)将编好号的吊索运到桥面相应的吊索安装位置下方。

(2)在吊索待安装位置相应的猫道面层上预留长、宽为0.6m左右的矩形开口，以便于为吊索安装和在体系转换过程中吊索随主缆空间变化而变化提供足够的活动空间。同时吊索安装完毕后做相应安全保障措施。

2)吊索安装方法

卷扬机钢丝绳通过固定于索夹侧面的滑轮与吊索上端锚头连接，开动卷扬机将吊索吊起。

当卷扬机提升吊索距离索夹耳板下1m左右，改用紧固于索夹旁的手拉葫芦提升吊索，并使其上端与索夹耳板用销子连接。吊索安装如图6-46所示。

3)安装顺序

按张拉方案顺序开始安装，中跨从跨中向塔端安装。边跨从梁端往塔端方向安装。

安装时先固定上端，张拉相应吊索时再入下端索导管。

图6-46　吊索安装图

6.5.2　体系转换

体系转换的目的是将桥梁的承载力由支架承载转换到由主缆及吊杆承载的一个过程，这个过程应根据监控的指令进行。

1)施工准备

根据自锚式悬索桥的结构特点，吊杆的加载是一个复杂的过程，吊杆之间的相互影响较大。为了解决这个问题，必须根据主梁和主缆的刚度、自重采用计算机模拟的办法，得出最佳加载程序，并在施工过程中，通过观测，对张拉力加以修正。所以在体系转换过程中要求清除桥面影响到体系转换的所有临时荷载。

2)施工机具

由于在主缆空缆状态和成桥状态的变化过程属于大变形范畴，各节点的间距变化量是个动态的过程。为了方便吊索安装张拉,必须对部分吊索设置临时加长杆。根据监控指令提供的各阶段吊索张拉力,以及吊索的位移来确定使用加长杆和千斤顶的类型和数量。体系转换主要施工机具材料见表6-2

体系转换主要施工机具材料表　　表6-2

序　　号	规格及名称	单　　位	数　　量	备　　注
1	千斤顶	台	8	与油表配套标定
2	油泵	台	8	
3	张拉撑脚	件	8	
4	张拉杆	套	24	
5	手拉葫芦	件	32	
6	千斤绳	根	40	
7	张拉平台	套	8	

3)张拉吊索

(1)按设计和监控的要求用千斤顶按对称和同步的对称加载的原则对其施加拉力,使主缆从空缆状态逐渐变成成桥状态。

(2)在吊索锚点下方设施工挂篮作为操作平台,对吊索进行张拉。

(3)体系转换方案按监控要求进行。

(4)为保证同步进行,细分单轮次多级同步,并进行每级的量化。

(5)油泵手经统一培训,张拉前全部切换到张拉统一频道,听从总指挥下达张拉指令,开启油泵后,切换到各组张拉频道进行张拉,任何一组出现问题,立即向张拉总指挥反应,命令全部停止张拉,待问题解决后再进行整体张拉。吊杆张拉如图6-47所示。

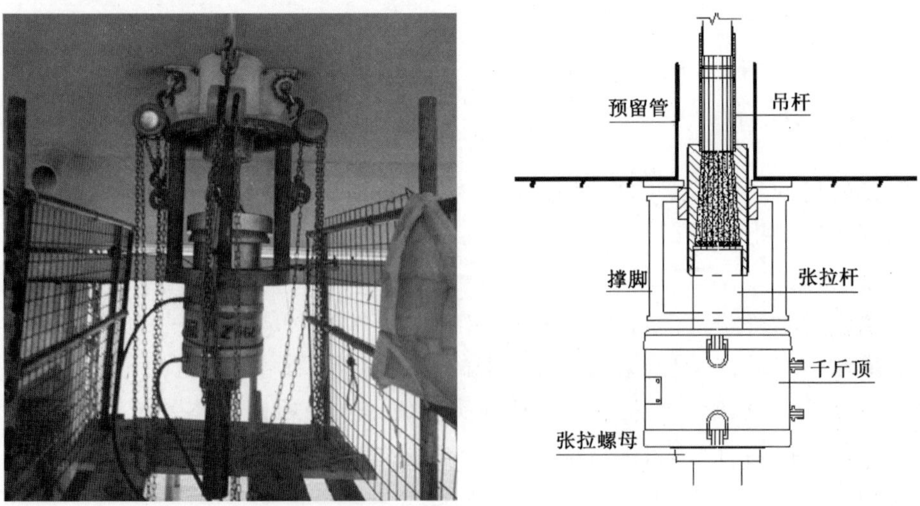

图6-47　吊杆张拉示意图

4)梁下张拉平台

梁下张拉平台做为吊杆张拉过程中的一个平台,主要考虑到移动的便利性以及张拉操作空间的需要而定。因此,梁下平台设计为可移动导轨式挂篮。梁下平台结构如图6-48所示。

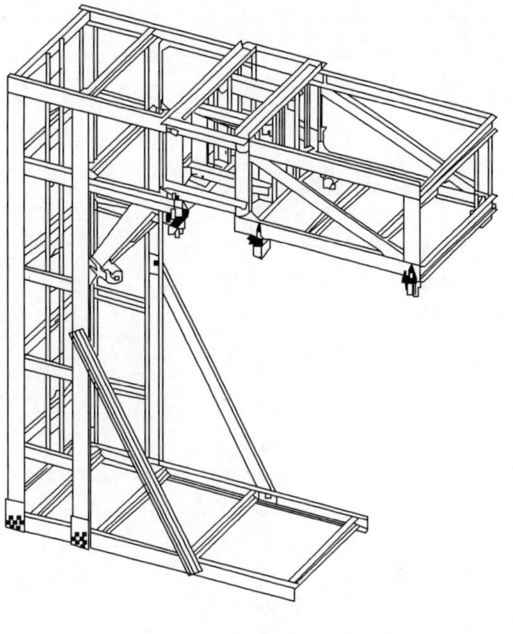

图6-48　梁下张拉平台结构图

5)吊杆张拉工装

吊杆张拉需要用到的工装为张拉撑脚、张拉杆、张拉螺母等,张拉杆的数量应根据最终的监控张拉方案而定。

6)施工桥面二期恒载,调整吊杆拉力

张拉完成后,进行桥面铺装、人行道、防撞护栏等二期恒载施工。二期恒载施工完成后,对吊杆张力分布情况进行识别,如有必要对部分索力偏差较大吊杆张力进行调整。

6.5.3　索鞍偏移量调整

(1)主桥施工过程中如塔顶偏移量过大可通过调整索鞍偏移量来调节:利用塔顶反力支架,用千斤顶将鞍座顶推到设计位置,用拉杆及调距锁定板将鞍体临时锁定。顶推次数及各次的顶推量,应按照施工监控参数实施。索鞍顶推如图6-49所示。

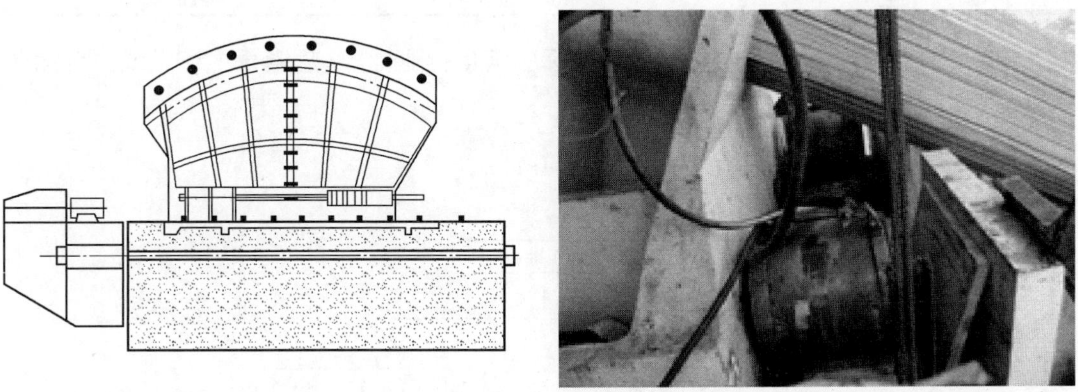

图6-49　索鞍顶推示意图

(2)严格控制顶推量,确保施工安全。

6.6　主缆防腐

6.6.1　主缆防腐体系方案

主缆防腐体系方案见表6-3。

主缆防腐体系方案表　　表 6-3

序号	防护涂装部位	涂装材料	涂装厚度(μm)
1	主缆缠丝区	磷化底漆	10
		非硫化型阻蚀密封膏	(1～2)3 000 填满结构缝隙
		缠绕低碳镀锌钢丝	—
		磷化底漆	10
		环氧底漆	2/≥100
		硫化型橡胶密封剂	(2～3)2 500
		氟碳面漆	2/90
2	主缆非缠丝区	磷化底漆	10
		环氧底漆	2/≥100
		硫化型橡胶密封剂	5 000
		高强度玻璃布两层	2 000
		氟碳面漆	2/90
3	主缆散索段	磷化底漆	10
		环氧底漆	3/≥150
		氟碳面漆	2/90
4	索夹、索鞍、缆套、鞍罩、索股锚具、耳板、检查走道、主缆散索	环氧富锌漆	2/60
		环氧云铁中间漆	2/80
		丙烯酸聚氨酯面漆	2/80
5	结构缝隙	非硫化型橡胶密封腻子	结构缝内密封
		硫化型橡胶密封剂	结构缝外密封

该方案的工艺要求和涂装材料的技术指标应满足行业标准《悬索桥主缆系统防腐涂装技术条件》(JT/T 694—2007)的相关规定。

6.6.2　防腐总体施工顺序图(图 6-50)

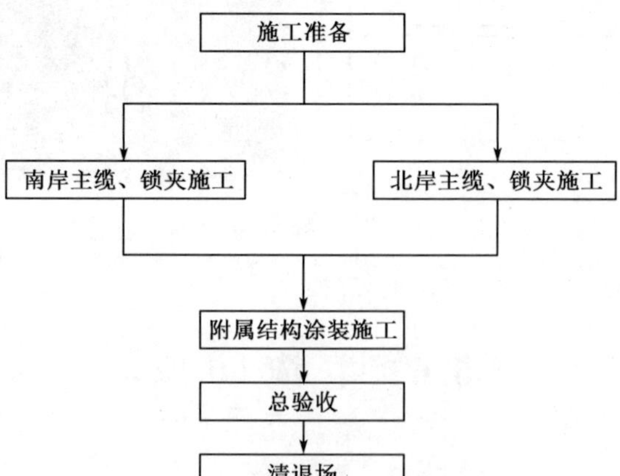

图 6-50　防腐总体施工顺序图

6.6.3　施工工艺流程（图6-51）

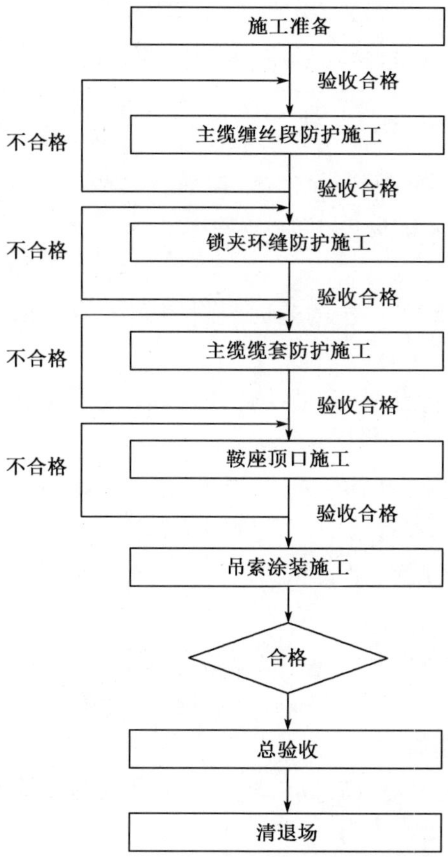

图6-51　施工工艺流程图

6.6.4　施工工艺

1）主缆缠丝区密封防护施工工艺

（1）主缆缠丝区缠丝前表面清洁

主缆缠丝前表面清洁的目的是去除主缆表面的锈皮、盐渍等锈蚀物和砂浆、油污等污物以及水分，为油漆涂装提供清洁干燥的表面。

施工采用分段方式分阶段进行，原则上按照从高处往低处的顺序进行施工，以防止主缆表面被二次污染，也可以根据缠丝施工工艺要求的作业顺序进行清洁施工。

表面清洁的步骤和要求如下：

①首先使用钢丝刷或硬板刷仔细、彻底地刷除主缆表面锈蚀产物和其他附着污物以及灰尘。刷除应沿主缆纵向单一方向进行，应特别注意缝隙和凹陷部位内部的刷除。刷除不掉的锈蚀产物要使用1号纱布将其彻底打磨干净。

②使用清洁布蘸汽油或油漆稀释剂等擦拭主缆表面，清洁布应及时更换，直至其表面无明显污迹为止。擦拭应沿主缆纵向单一方向进行，应特别注意缝隙和凹陷部位内部的擦拭，以及

孔洞、下陷和狭小部位。

③用干燥洁净的清洁布擦拭已经清洗干净的缠丝区主缆表面，使主缆表面干燥，无溶剂残留。擦拭应沿主缆纵向单一方向进行，应特别注意缝隙和凹陷部位内部的擦拭。

④在上述步骤完成后4h内进行磷化底漆的涂装，不能及时涂装时应用干净塑料布包裹，以防止二次污染。

表面清洁工序的检验：

检验要求——清洁后的主缆表面应无锈蚀、盐渍、污物、灰尘、油水，无清洗溶剂残存；检验方法——目视法；检验频率——100%。

(2)磷化底漆涂装

涂装磷化底漆的作用是对缠丝区主缆表面起封闭作用，并增加有机涂层和金属表面的附着力。

施工采用分段方式阶段进行，以从高处往低处的顺序进行施工。

磷化底漆涂装的步骤和要求如下：

①磷化底漆的涂装应在主缆表面清洁干净并干燥后的4h内进行。超过4h应使用干燥洁净的清洁布再擦拭一遍，如果发现有污染现象则需重新清洁。

②按照使用说明书正确使用磷化底漆，使用前搅拌应均匀充分，根据需要添加适量稀释剂。

③使用毛刷在主缆表面均匀涂刷一道磷化底漆，干膜厚度10μm以上。施工中采用湿膜卡测量的方法控制湿膜厚度。刷涂时应特别注意缝隙和凹陷部位内部应全部刷到，随时检查涂装质量，对漏涂部位及时进行补涂。

④涂层硬干后(12h)至7d内要及时进行非硫化阻蚀密封膏涂装，不能及时涂装时应使用干净塑料布包裹，以防止表面污染。

涂层的检验在涂层干燥后进行，涂层质量要求和检验方法见表6-4。

磷化底漆涂层质量要求和检验方法 表6-4

检验项目	质量要求	检验方法
外观	平整均匀，无气泡、裂纹，无严重流挂、脱落、漏涂等缺陷	目视法检验
厚度	≥10μm	湿膜卡测量
结合力	1级及以上	划格法检验

(3)非硫化阻蚀密封膏涂装

非硫化阻蚀密封膏涂装的步骤和要求如下：

①非硫化阻蚀密封膏涂装应在磷化底漆涂层硬干后(12h)至7d内进行。涂装前检查磷化底漆涂层应洁净，如果涂层不洁净应使用干燥洁净的清洁布将灰尘污物擦拭干净。

②使用聚乙烯或木质刮刀用力刮抹非硫化阻蚀密封膏，使其填满主缆表面的缝隙。刮抹应沿主缆纵向单一方向进行，以避免产生气泡和孔洞；涂抹厚度应控制在3mm左右。

③非硫化阻蚀密封膏刮涂后，检查密封膏涂装质量，应圆滑平整，无漏涂、缺胶、气孔、异物夹杂等缺陷，如有缺陷予以修补。

非硫化阻蚀密封膏的涂装质量要求和检验方法见表6-5所示。

非硫化阻蚀密封膏的涂装质量要求和检验方法　　表6-5

检测项目	质量要求	检验的方法和频次
外观	涂层圆滑平整,无漏涂、缺胶、气孔、异物夹杂等影响涂层使用的缺陷	方法:目视法检验 频次:100%检验
厚度	3mm	方法:涂装中使用钢板尺测量、干燥后使用切片法测量 频次:每5个吊索夹具之间测1~2点

(4)缠丝后表面清洁

主缆缠丝后的表面清洁是将缠丝后挤压出的多余非硫化阻蚀密封膏清除干净,恢复外露缠绕镀锌钢丝的洁净表面,保证其与后续油漆涂层的良好结合。

施工采用分段方式阶段进行,以从高处往低处的顺序进行施工,以防止主缆表面被二次污染。

缠丝后表面清洁的步骤和要求如下:

①使用整形工具清理挤压出的多余非硫化阻蚀密封膏,再用洁净干燥的抹布擦拭干净外露钢丝表面。

②使用清洁布蘸汽油或油漆稀释剂等沿圆周方向彻底擦拭钢丝表面,去除油污,清洁布应及时更换,直至其表面无明显污迹为止。

③使用干燥洁净的清洁布擦拭已经清洗干净的钢丝表面,使钢丝表面干燥,无溶剂残留。清洁布应及时更换,保持其干燥程度。

④在上述步骤完成后4h内进行磷化底漆的涂装,不能及时涂装时应用干净塑料布包裹,以防止二次污染。

表面清洁的检验:

检验要求——清洁后的主缆表面应无锈蚀、盐渍、污物、灰尘、油水;无清洗溶剂残存;检验方法——目视法;检验频率——100%。

(5)缠丝表面磷化底漆涂装

缠丝表面磷化底漆涂装的步骤和要求如下:

①磷化底漆的涂装在缠丝表面清洁后4h内进行,涂装前检查涂层应洁净,如果涂层不洁净应使用干燥洁净的清洁布将灰尘污物擦拭干净。

②按照使用说明书正确配制磷化底漆,配制前后的搅拌应均匀充分,根据需要添加适量稀释剂。

③使用毛刷在主缆缠丝表面均匀涂刷一道磷化底漆,干膜厚度10μm以上,施工中采用湿膜卡测量的方法控制湿膜厚度。刷涂时应特别注意缝隙和凹陷部位内部应全部刷到,随时检查涂装质量,对漏涂部位及时进行补涂。

④涂层硬干后(24h)至7d内要及时进行环氧底漆的涂装,不能及时涂装时应使用干净塑料布包裹,以防止表面污染。

涂层的检验在涂层干燥后进行,涂层质量要求和检验方法见表6-6所示。

缠丝表面磷化底漆涂层质量要求和检验方法　　表 6-6

检验项目	质量要求	检验方法
外观	平整均匀，无气泡、裂纹，无严重流挂、脱落、漏涂等缺陷	目视法检验
厚度	≥10μm	湿膜卡测量
结合力	1 级及以上	划格法检验

(6)环氧底漆的涂装

涂装环氧底漆的作用是对缠绕镀锌钢丝起进一步的防腐保护作用，提高漆膜涂层与硫化型橡胶密封剂之间的附着力。

施工采用分段方式阶段进行，以从高处往低处的顺序进行施工，以防止主缆表面被二次污染。

环氧底漆涂装的步骤和要求如下：

①环氧底漆的涂装在缠丝表面磷化底漆涂层硬干后(24h)至 7d 内进行，涂装前检查涂层应洁净，如果涂层不洁净应使用干燥洁净的清洁布将灰尘污物擦拭干净。

②按照使用说明书正确配制环氧底漆，配制前后的搅拌应均匀充分，根据需要添加适量稀释剂。

③使用毛刷在磷化底漆涂层表面均匀涂刷一道环氧底漆，干膜厚度 50μm 以上，施工中采用湿膜卡测量的方法控制湿膜厚度。刷涂时应特别注意缝隙和凹陷部位内部应全部刷到，随时检查涂装质量，对漏涂部位及时进行补涂。

④第一道环氧底漆涂层硬干后(24h)至 7d 内要及时进行第二道环氧底漆的涂装，不能及时涂装时应使用干净塑料布包裹，以防止表面污染。

⑤使用毛刷在第一道环氧底漆涂层表面均匀涂刷第二道环氧底漆，干膜厚度 50μm 以上，施工中采用湿膜卡测量的方法控制湿膜厚度。

刷涂时应特别注意缝隙和凹陷部位内部应全部刷到，随时检查涂装质量，对漏涂部位及时进行补涂。

涂层的检验在涂层干燥后进行，涂层质量要求和检验方法见表 6-7 所示。

环氧底漆涂层质量要求和检验方法　　表 6-7

检验项目	质量要求	检验方法
外观	平整均匀，无气泡、裂纹，无严重流挂、脱落、漏涂等缺陷	目视法检验
厚度	≥2×50μm	湿膜卡测量
结合力	1 级及以上	划格法检验

(7)硫化型橡胶密封剂涂装

涂装硅硫化型橡胶密封剂的作用是密封金属表面，隔绝空气，防止有害介质侵入。

施工采用分段方式阶段进行，以从高处往低处的顺序进行施工。

硫化型橡胶密封剂涂装的步骤和要求如下：

①硫化型橡胶密封剂涂装应在第二道环氧底漆涂层硬干后(24h)至 7d 内进行。涂装前检查第二道环氧底漆涂层应洁净，如果涂层不洁净应使用干燥洁净的清洁布将灰尘污物擦拭

干净。

②使用聚乙烯或木质刮刀用力刮抹硫化型橡胶密封剂，使其填满主缆表面的缝隙。刮抹应沿主缆外形圆周方向进行；涂抹厚度应控制在2～3mm之间。

③密封剂固化后，检查密封剂涂装质量，应无漏涂、缺胶、气孔、异物夹杂等缺陷，如有缺陷予以修补。

④使用整形工具对密封胶表面进行整形修理，整形修理后的外观应达到圆滑平整的效果。

硫化型橡胶密封剂的涂装质量要求和检验方法见表6-8所示。

硫化型橡胶密封剂的涂装质量要求和检验方法　　表6-8

检测项目	质量要求	检验的方法和频次
外观	涂层圆滑平整，无漏涂、缺胶、气孔、异物夹杂等影响涂层使用的缺陷	方法：目视法检验 频次：100%检验
厚度	2.5mm	方法：涂装中使用钢板尺测量、干燥后使用切片法测量 频次：每5个吊索夹具之间测1～2点
附着力	用软质绘图橡皮摩擦密封胶边缘，应无剥离现象	方法：橡皮摩擦法 频次：与厚度检验相同

(8)氟碳面漆涂装

涂装氟碳面漆的作用是利用其高耐候性能保护内部涂层不受大气阳光紫外线的破坏损伤，延长涂层防护寿命。

施工采用分段方式阶段进行，以从高处往低处的顺序进行施工。

第二道氟碳面漆可留待整个缆索系统总体一同进行涂装。

氟碳面漆涂装的步骤和要求如下：

①氟碳面漆涂装在硫化型橡胶密封剂涂装并整形修理24h后、7d内进行。

②按照使用说明书正确配制氟碳面漆，配制前后的搅拌应均匀充分，根据需要添加适量稀释剂。

③使用0号纱布对折揉搓磨去粗大砂粒后轻微打磨密封剂涂层表面，去除表面污物，再使用干燥洁净的清洁布将密封剂涂层表面灰尘擦拭干净。

④使用辊筒在密封剂涂层表面均匀辊涂涂装一道氟碳面漆，施工中采用湿膜卡测量的方法控制湿膜厚度。

⑤第二道氟碳面漆的涂装间隔时间按照使用说明书的要求进行，涂装前检查第一道氟碳面漆涂层应洁净，不能及时涂装时应使用干净塑料布包裹，以防止表面污染。

⑥第二道氟碳面漆涂装超过规定的间隔时间时，涂装前检查第二道氟碳面漆涂层应洁净，如果涂层不洁净应使用干燥洁净的清洁布将灰尘污物擦拭干净。必要时应进行拉毛处理，使用0号纱布轻微打磨第一道氟碳面漆涂层表面，去除表面污物，再使用干燥洁净的清洁布将表面灰尘擦拭干净，然后涂装第二道氟碳面漆。

⑦辊涂时应随时检查涂装质量，对漏涂部位及时进行补涂。

涂层的检验在涂层干燥后进行，涂层质量要求和检验方法见表6-9所示。

氟碳面漆涂层质量要求和检验方法 表 6-9

检验项目	质量要求	检验方法
外观	平整均匀，无气泡、裂纹，无严重流挂、脱落、漏涂等缺陷	目视法检验
厚度	≥2×45μm	湿膜卡测量
结合力	1级及以上	划格法检验

2）主缆非缠丝区密封防护施工工艺

（1）主缆非缠丝区表面清洁

主缆非缠丝区表面清洁的目的是去除非缠丝主缆表面的锈皮、盐渍等锈蚀物，砂浆、油污等污物以及水分，为油漆涂装制备清洁干燥的表面。

施工采用分段方式分阶段进行，以从高处往低处的顺序进行施工，以防止主缆表面被二次污染。

表面清洁的步骤和要求如下：

①首先使用钢丝刷或硬板刷仔细、彻底地刷除非缠丝区主缆表面锈蚀产物和其他附着污物以及灰尘。刷除应沿主缆纵向单一方向进行，应特别注意缝隙和凹陷部位内部的刷除。刷除不掉的锈蚀产物要使用1号纱布将其彻底打磨干净。

②使用清洁布蘸汽油或油漆稀释剂等擦拭主缆表面，清洁布应及时更换，直至其表面无明显污迹为止。擦拭应沿主缆纵向单一方向进行，应特别注意缝隙和凹陷部位内部的擦拭，孔洞、下陷和狭小部位。

③用干燥洁净的清洁布擦拭已经清洗干净的主缆表面，使主缆表面干燥，无溶剂残留。擦拭应沿主缆纵向单一方向进行，应特别注意缝隙和凹陷部位内部的擦拭。

④在上述步骤完成后4h内进行磷化底漆的涂装，不能及时涂装时应用干净塑料布包裹，以防止二次污染。

表面清洁工序的检验：

检验要求——清洁后的主缆表面应无锈蚀、盐渍、污物、灰尘、油水；无清洗溶剂残存；检验方法——目视法；检验频率——100%。

（2）磷化底漆涂装

施工采用分段方式分阶段进行，以从高处往低处的顺序进行施工。

磷化底漆涂装的步骤和要求如下：

①磷化底漆的涂装应在主缆表面清洁干净并干燥后的4h内进行。超过4h应使用干燥洁净的清洁布再擦拭一遍，如果发现有污染现象则需重新清洁。

②按照使用说明书正确使用磷化底漆，使用前搅拌应均匀充分，根据需要添加适量稀释剂。

③使用毛刷在主缆表面均匀涂刷一道磷化底漆，干膜厚度10μm以上。施工中采用湿膜卡测量的方法控制湿膜厚度。刷涂时应特别注意缝隙和凹陷部位内部应全部刷到，随时检查涂装质量，对漏涂部位及时进行补涂。

④涂层硬干后（12h）至7d内要及时进行环氧底漆涂装，不能及时涂装时应使用干净塑料布包裹，以防止表面污染。

涂层的检验在涂层干燥后进行，涂层质量要求和检验方法见表6-10所示。

磷化底漆涂层质量要求和检验方法　　表6-10

检验项目	质量要求	检验方法
外观	平整均匀，无气泡、裂纹，无严重流挂、脱落、漏涂等缺陷	目视法检验
厚度	≥10μm	湿膜卡测量
结合力	1级及以上	划格法检验

(3)环氧底漆的涂装

涂装环氧底漆的作用是对主缆钢丝起进一步的防腐保护作用，提高漆膜涂层与硫化型橡胶密封剂之间的附着力。

施工采用分段方式阶段进行，以从高处往低处的顺序进行施工，以防止主缆表面被二次污染。

环氧底漆涂装的步骤和要求如下：

①环氧底漆的涂装在磷化底漆涂层硬干后(24h)至7d内进行，涂装前检查涂层应洁净，如果涂层不洁净应使用干燥洁净的清洁布将灰尘污物擦拭干净。

②按照使用说明书正确配制环氧底漆，配制前后的搅拌应均匀充分，根据需要添加适量稀释剂。

③使用毛刷在磷化底漆涂层表面均匀涂刷一道环氧底漆，干膜厚度50μm以上，施工中采用湿膜卡测量的方法控制湿膜厚度。刷涂时应特别注意缝隙和凹陷部位内部应全部刷到，随时检查涂装质量，对漏涂部位及时进行补涂。

④第一道环氧底漆涂层硬干后(24h)至7d内要及时进行第二道环氧底漆的涂装，不能及时涂装时应使用干净塑料布包裹，以防止表面污染。

⑤使用毛刷在第一道环氧底漆涂层表面均匀涂刷第二道环氧底漆，干膜厚度50μm以上，施工中采用湿膜卡测量的方法控制湿膜厚度。刷涂时应特别注意缝隙和凹陷部位内部应全部刷到，随时检查涂装质量，对漏涂部位及时进行补涂。

涂层的检验在涂层干燥后进行，涂层质量要求和检验方法见表6-11所示。

环氧底漆涂层质量要求和检验方法　　表6-11

检验项目	质量要求	检验方法
外观	平整均匀，无气泡、裂纹，无严重流挂、脱落、漏涂等缺陷	目视法检验
厚度	≥2×50μm	湿膜卡测量
结合力	1级及以上	划格法检验

(4)硫化型橡胶密封剂涂装及缠绕高强玻璃布

涂装硫化型橡胶密封剂的作用是密封金属表面，隔绝空气，防止有害介质侵入，结合高强玻璃布缠绕则显著提高复合层的力学性能，极大提高其包覆及密封防护综合性能。

施工步骤和要求如下：

第二道环氧底漆硬干后(24h)至7d内，在其表面刮涂一层硫化型橡胶密封剂，外形圆滑，密封剂厚度控制在1~2mm，然后快速缠绕第一道高强玻璃布，玻璃布缠绕时相互搭接1/2，搭接界面间应填充面硫化型橡胶密封剂(可利用缠绕挤出的密封剂或另外刮涂密封剂),保证缠绕层与密封剂之间、缠绕层搭接面之间贴合紧密、严实,无空隙、间隙、空鼓、气泡等缺陷。

第一道高强玻璃布缠绕作业检查合格后,应立即在其表面刮涂一层硫化型橡胶密封剂,外形圆滑,密封剂厚度控制在1~2mm,然后快速缠绕第二道高强玻璃布,玻璃布缠绕时相互搭接1/2,搭接界面间应填充面硫化型橡胶密封剂(可利用缠绕挤出的密封剂或另外刮涂密封剂),保证缠绕层与密封剂之间、缠绕层搭接面之间贴合紧密、严实,无空隙、间隙、空鼓、气泡等缺陷。

第二道高强玻璃布缠绕作业检查合格后,应立即在其表面刮涂一层硫化型橡胶密封剂,外形圆滑,密封剂厚度控制在2~3mm。密封剂固化后,检查密封剂涂装质量,应无漏涂、缺胶、气孔、异物夹杂等缺陷,如有缺陷予以修补。

施工采用分段方式阶段进行,以从高处往低处的顺序进行施工。

硫化型橡胶密封剂的涂装质量要求和检验方法见表6-12所示。

硫化型橡胶密封剂及高强玻璃布的涂装质量要求和检验方法 表6-12

检测项目	质量要求	检验的方法和频次
外观	密封剂涂层圆滑平整,无漏涂、缺胶、气孔、异物夹杂等影响涂层使用的缺陷	方法:目视法检验 频次:100%检验
	高强玻璃布贴合紧密、严实,无空隙、间隙、空鼓、气泡等缺陷	方法:目视法检验 频次:100%检验
厚度	5mm	方法:涂装中使用钢板尺测量、干燥后使用切片法测量;三层厚度值累计 频次:每5个吊索夹具之间测1~2点
附着力	用软质绘图橡皮摩擦密封胶边缘,应无剥离现象	方法:橡皮摩擦法 频次:与厚度检验相同

(5)氟碳面漆涂装

涂装氟碳面漆的作用是利用其高耐候性能保护内部涂层不受大气阳光紫外线的破坏损伤,延长涂层防护寿命。

施工采用分段方式阶段进行,以从高处往低处的顺序进行施工。

第二道氟碳面漆可留待整个缆索系统总体一同进行涂装。

氟碳面漆涂装的步骤和要求如下:

①氟碳面漆涂装在硫化型橡胶密封剂涂装并整形修理后7d内进行。

②按照使用说明书正确配制氟碳面漆,配制前后的搅拌应均匀充分,根据需要添加适量稀释剂。

③使用0号纱布对折揉搓磨去粗大砂粒后轻微打磨密封剂涂层表面,去除表面污物,再使用干燥洁净的清洁布将密封剂涂层表面灰尘擦拭干净。

④使用辊筒在密封剂涂层表面均匀辊涂涂装一道氟碳面漆,施工中采用湿膜卡测量的方法控制湿膜厚度。

⑤第二道氟碳面漆的涂装间隔时间按照使用说明书的要求进行,涂装前检查第一道氟碳面漆涂层应洁净,不能及时涂装时应使用干净塑料布包裹,以防止表面污染。

⑥第二道氟碳面漆涂装超过规定的间隔时间时,涂装前检查第二道氟碳面漆涂层应洁净,如果涂层不洁净应使用干燥洁净的清洁布将灰尘污物擦拭干净。必要时应进行拉毛处理,使用0号纱布轻微打磨第一道氟碳面漆涂层表面,去除表面污物,再使用干燥洁净的清洁布将涂层表面灰尘擦拭干净,然后涂装第二道氟碳面漆。

⑦辊涂时应随时检查涂装质量,对漏涂部位及时进行补涂。

涂层的检验在涂层干燥后进行,涂层质量要求和检验方法见表6-13所示。

氟碳面漆涂层质量要求和检验方法 表6-13

检验项目	质量要求	检验方法
外观	平整均匀,无气泡、裂纹,无严重流挂、脱落、漏涂等缺陷	目视法检验
厚度	≥2×45μm	湿膜卡测量
结合力	1级及以上	划格法检验

3)主缆散索段密封防护施工工艺

(1)表面清洁

表面清洁的目的是去除主缆散索段的锈皮、盐渍等锈蚀物,砂浆、油污等污物以及水分,为油漆涂装制备清洁干燥的表面。

施工采用分段方式阶段进行,以从高处往低处的顺序进行施工,以防止主缆散索段被二次污染。

表面清洁的步骤和要求如下:

①首先使用钢丝刷或硬板刷仔细、彻底地刷除主缆散索段表面锈蚀产物和其他附着污物以及灰尘。刷除应沿主缆纵向单一方向进行,应特别注意缝隙和凹陷部位内部的刷除。刷除不掉的锈蚀产物要使用1号纱布将其彻底打磨干净。

②使用清洁布蘸汽油或油漆稀释剂等擦拭主缆散索段,清洁布应及时更换,直至其表面无明显污迹为止。擦拭应沿主缆纵向单一方向进行,应特别注意缝隙和凹陷部位内部的擦拭,孔洞、下陷和狭小部位,可用管式清洁条蘸溶剂进行清洗。

③用干燥洁净的清洁布擦拭已经清洗干净的主缆散索段,使主缆散索段干燥,无溶剂残留。清洁布应及时更换,保持其干燥程度。擦拭应沿主缆纵向单一方向进行,应特别注意缝隙和凹陷部位内部的擦拭,不允许清洗溶剂在密封面自然干涸。

④在上述步骤完成后4h内进行磷化底漆的涂装,不能及时涂装时应用干净塑料布包裹,以防止二次污染。

表面清洁的检验:

检验要求——清洁后的主缆表面应无锈蚀、盐渍、污物、灰尘、油水;无清洗溶剂残存;检验方法——目视法;检验频率——100%。

(2)磷化底漆涂装

涂装磷化底漆的作用是对主缆散索段表面起封闭作用,并增加有机涂层和金属表面的附着力。

施工采用分段方式阶段进行,以从高处往低处的顺序进行施工。

磷化底漆涂装的步骤和要求如下:

①磷化底漆的涂装应在主缆散索段表面清洁干净并干燥后的4h内进行。超过4h应使用干燥洁净的清洁布再擦拭一遍,如果发现有污染现象则需重新清洁。

②按照使用说明书正确使用磷化底漆,使用前搅拌应均匀充分,根据需要添加适量稀释剂。

③使用毛刷在主缆散索段表面均匀涂刷一道磷化底漆,干膜厚度10μm以上。施工中采用湿膜卡测量的方法控制湿膜厚度。刷涂时应特别注意缝隙和凹陷部位内部应全部刷到,随时检查涂装质量,对漏涂部位及时进行补涂。

④涂层硬干后(12h)至7d内要及时进行环氧底漆涂装,不能及时涂装时应使用干净塑料布包裹,以防止表面污染。

涂层的检验在涂层干燥后进行,涂层质量要求和检验方法见表6-14所示。

磷化底漆涂层质量要求和检验方法 表6-14

检验项目	质量要求	检验方法
外观	平整均匀,无气泡、裂纹,无严重流挂、脱落、漏涂等缺陷	目视法检验
厚度	≥10μm	湿膜卡测量
结合力	1级及以上	划格法检验

(3)环氧底漆的涂装

环氧底漆涂装的步骤和要求如下:

①环氧底漆的涂装在磷化底漆涂层硬干后(24h)至7d内进行,涂装前检查涂层应洁净,如果涂层不洁净应使用干燥洁净的清洁布将灰尘污物擦拭干净。

②按照使用说明书正确配制环氧底漆,配制前后的搅拌应均匀充分,根据需要添加适量稀释剂。

③使用毛刷在磷化底漆涂层表面均匀涂刷一道环氧底漆,干膜厚度50μm以上,施工中采用湿膜卡测量的方法控制湿膜厚度。刷涂时应特别注意缝隙和凹陷部位内部应全部刷到,随时检查涂装质量,对漏涂部位及时进行补涂。

④第一道环氧底漆涂层硬干后(24h)至7d内要及时进行第二道环氧底漆的涂装,不能及时涂装时应使用干净塑料布包裹,以防止表面污染。使用毛刷在第一道环氧底漆涂层表面均匀涂刷第二道环氧底漆,干膜厚度50μm以上,施工中采用湿膜卡测量的方法控制湿膜厚度。

⑤第二道环氧底漆涂层硬干后(24h)至7d内要及时进行第三道环氧底漆的涂装,不能及时涂装时应使用干净塑料布包裹,以防止表面污染。使用毛刷在第二道环氧底漆涂层表面均匀涂刷第三道环氧底漆,干膜厚度50μm以上,施工中采用湿膜卡测量的方法控制湿膜厚度。

⑥第二道、第三道环氧底漆涂装超过规定的间隔时间时,涂装前要检查第二道前道涂层表面应洁净,如果涂层不洁净应使用干燥洁净的清洁布将灰尘污物擦拭干净。必要时应进行拉毛处理,使用0号纱布轻微打磨前道涂层表面,去除表面污物,再使用干燥洁净的清洁布将涂层表面灰尘擦拭干净,然后涂装下道环氧底漆。

⑦刷涂时应特别注意缝隙和凹陷部位内部应全部刷到,随时检查涂装质量,对漏涂部位及

时进行补涂。

涂层的检验在涂层干燥后进行，涂层质量要求和检验方法见表6-15所示。

环氧底漆涂层质量要求和检验方法 表6-15

检验项目	质量要求	检验方法
外观	平整均匀，无气泡、裂纹，无严重流挂、脱落、漏涂等缺陷	目视法检验
厚度	≥3×50μm	湿膜卡测量
结合力	1级及以上	划格法检验

(4)氟碳面漆涂装

第二道氟碳面漆可留待整个缆索系统总体一同进行涂装。

氟碳面漆涂装的步骤和要求如下：

①氟碳面漆涂装在第三道环氧底漆涂层硬干后(24h)至7d内进行。如果超过期限或第三道环氧底漆涂层表面受到污染，应对其进行清洁处理直至拉毛处理。

②按照使用说明书正确配制氟碳面漆，配制前后的搅拌应均匀充分，根据需要添加适量稀释剂。

③使用辊筒在第三道环氧底漆涂层表面均匀辊涂涂装一道氟碳面漆，施工中采用湿膜卡测量的方法控制湿膜厚度。

④第二道氟碳面漆的涂装间隔时间按照使用说明书的要求进行，涂装前检查第一道氟碳面漆涂层应洁净，不能及时涂装时应使用干净塑料布包裹，以防止表面污染。

⑤第二道氟碳面漆涂装超过规定的间隔时间时，涂装前检查第二道氟碳面漆涂层应洁净，如果涂层不洁净应使用干燥洁净的清洁布将灰尘污物擦拭干净。必要时应进行拉毛处理，使用0号纱布轻微打磨第一道氟碳面漆涂层表面，去除表面污物，再使用干燥洁净的清洁布将涂层表面擦拭干净，然后涂装第二道氟碳面漆。

⑥辊涂时应随时检查涂装质量，对漏涂部位及时进行补涂。

涂层的检验在涂层干燥后进行，涂层质量要求和检验方法见表6-16所示。

氟碳面漆涂层质量要求和检验方法 表6-16

检验项目	质量要求	检验方法
外观	平整均匀，无气泡、裂纹，无严重流挂、脱落、漏涂等缺陷	目视法检验
厚度	≥2×45μm	湿膜卡测量
结合力	1级及以上	划格法检验

4)索夹、索鞍、缆套、鞍罩、索股锚具、耳板、检查走道、主缆散索段密封防护施工工艺

(1)表面清洁

表面清洁的目的是去除索夹、索鞍、缆套、鞍罩、索股锚具、耳板、检查走道、主缆散索段等(以下简称钢构件)的锈皮、盐渍等锈蚀物，砂浆、油污等污物以及水分，为油漆涂装制备清洁干燥的表面。

施工按照各钢构件情况分别进行，以从高处往低处的顺序为主进行施工，同时做好成品保护、防污染等工作。

表面清洁的步骤和要求如下：

①首先使用钢丝刷或硬板刷仔细、彻底地刷除各钢构件表面锈蚀产物和其他附着污物以及灰尘，应特别注意缝隙和凹陷部位内部的刷除。

②使用清洁布蘸汽油或油漆稀释剂等擦拭钢构件表面，清洁布应及时更换，直至其表面无明显污迹为止。应特别注意缝隙和凹陷部位内部的擦拭，孔洞、下陷和狭小部位，可用管式清洁条蘸溶剂进行清洗。

③用干燥洁净的清洁布擦拭已经清洗干净的钢构件表面，使其表面干燥，无溶剂残留。清洁布应及时更换，保持其干燥程度。应特别注意缝隙和凹陷部位内部的擦拭，不允许清洗溶剂在钢构件表面自然干涸。

④在上述步骤完成后4h内进行环氧富锌漆的涂装，不能及时涂装时应用干净塑料布包裹，以防止二次污染。

表面清洁的检验：

检验要求——清洁后的钢构件表面应无锈蚀、盐渍、污物、灰尘、油水；无清洗溶剂残存；检验方法——目视法；检验频率——100%。

(2)环氧富锌漆涂装

涂装环氧富锌漆的作用是对钢构件表面起到物理屏蔽及阴极保护双重防护作用。

施工采用按照各构件实际情况分别进行，以从高处往低处的顺序进行施工。

环氧富锌漆涂装的步骤和要求如下：

①环氧富锌漆的涂装应在钢构件表面清洁干净并干燥后的4h内进行。超过4h应使用干燥洁净清洁布再擦拭一遍，如发现有污染现象则需重新清洁。

②按照使用说明书正确使用环氧富锌漆，使用前搅拌应均匀充分，根据需要添加适量稀释剂。

③使用毛刷在钢构件表面均匀涂刷第一道环氧富锌漆，干膜厚度30μm以上。施工中采用湿膜卡测量的方法控制湿膜厚度。刷涂时应特别注意缝隙和凹陷部位内部应全部刷到，随时检查涂装质量，对漏涂部位及时进行补涂。

④涂层硬干后(12h)至7d内要及时进行第二道环氧富锌漆涂装干膜厚度30μm以上。不能及时涂装时应使用干净塑料布包裹，以防止表面污染。

涂层的检验在涂层干燥后进行，涂层质量要求和检验方法见表6-17所示。

磷化底漆涂层质量要求和检验方法 表6-17

检验项目	质量要求	检验方法
外观	平整均匀，无气泡、裂纹，无严重流挂、脱落、漏涂等缺陷	目视法检验
厚度	≥2×30μm	湿膜卡测量
结合力	1级及以上	划格法检验

(3)环氧云铁中间漆的涂装

环氧底漆涂装的步骤和要求如下：

①环氧云铁中间漆的涂装在环氧富锌漆涂层硬干后(24h)至7d内进行，涂装前检查涂层应洁净，如果涂层不洁净应使用干燥洁净的清洁布将灰尘污物擦拭干净。

②按照使用说明书正确配制环氧云铁中间漆，配制前后的搅拌应均匀充分，根据需要添加适量稀释剂。

③使用毛刷在环氧富锌漆涂层表面均匀涂刷第一道环氧云铁中间漆，干膜厚度40μm以上，施工中采用湿膜卡测量的方法控制湿膜厚度。

④第一道环氧云铁中间漆涂层硬干后（24h）至7d内要及时进行第二道环氧云铁中间漆的涂装，不能及时涂装时应使用干净塑料布包裹，以防止表面污染。

⑤使用毛刷在第一道环氧云铁中间漆涂层表面均匀涂刷第二道环氧云铁中间漆，干膜厚度40μm以上，施工中采用湿膜卡测量的方法控制湿膜厚度。

⑥刷涂时应特别注意缝隙和凹陷部位内部应全部刷到，随时检查涂装质量，对漏涂部位及时进行补涂。

涂层的检验在涂层干燥后进行，涂层质量要求和检验方法见表6-18所示。

环氧云铁中间漆涂层质量要求和检验方法 表6-18

检验项目	质量要求	检验方法
外观	平整均匀，无气泡、裂纹，无严重流挂、脱落、漏涂等缺陷	目视法检验
厚度	≥2×40μm	湿膜卡测量
结合力	1级及以上	划格法检验

（4）丙烯酸聚氨酯面漆涂装

丙烯酸聚氨酯面漆涂装的步骤和要求如下：

①面漆涂装在第二道环氧云铁中间漆涂层硬干后（24h）至7d内进行。

②按照使用说明书正确配制丙烯酸聚氨酯面漆，配制前后的搅拌应均匀充分，根据需要添加适量稀释剂。

③使用辊筒在环氧云铁中间漆涂层表面均匀辊涂涂装一道丙烯酸聚氨酯面漆，控制干膜厚度40μm，施工中采用湿膜卡测量的方法控制湿膜厚度。

④第二道丙烯酸聚氨酯面漆的涂装间隔时间按照使用说明书的要求进行，涂装前检查第一道丙烯酸聚氨酯面漆涂层应洁净，不能及时涂装时使用干净塑料布包裹，以防止表面污染。

⑤第二道面漆涂装超过规定的间隔时间时，涂装前要检查第一道面漆涂层应洁净，如果涂层不洁净应使用干燥洁净的清洁布将灰尘污物擦拭干净。必要时进行拉毛处理，可使用0号纱布轻微打磨第一道面漆涂层表面，去除表面污物，再使用干燥洁净的清洁布将涂层表面灰尘擦拭干净，然后涂装第二道面漆，其干膜厚度40μm。

⑥辊涂时随时检查涂装质量，对漏涂部位及时进行补涂。

涂层的检验在涂层干燥后进行，涂层质量要求和检验方法见表6-19所示。

丙烯酸聚氨酯面漆涂层质量要求和检验方法 表6-19

检验项目	质量要求	检验方法
外观	平整均匀，无气泡、裂纹，无严重流挂、脱落、漏涂等缺陷	目视法检验
厚度	≥2×40μm	湿膜卡测量
结合力	1级及以上	划格法检验

5)结构缝隙密封防护施工工艺

结构缝隙密封防护采用的是非硫化型橡胶密封腻子、硫化型橡胶密封剂,施工工序在缝隙所处相邻两部位的底漆或环氧云铁中间漆涂装之后,若其周边部位有硫化型橡胶密封剂涂装工序,则与其一同进行涂装施工。

第 7 章 钢桥面铺装

7.1 铺装工程特点

本桥全长 660m，其中钢箱梁长 518m。桥面铺装工程分为钢桥面铺装和混凝土桥面铺装两种，铺装宽度均为 31m，本章主要介绍钢箱梁桥面铺装施工工艺。钢桥面铺装结构组成为：35mm 沥青玛蹄脂碎石（SMA10）+ 35mm 浇注式沥青混合料（GA10）+ TOPEVER 防水黏结层。

钢桥面铺装主要工程量见表 7-1。

钢桥面铺装工程量表　　表 7-1

部　　位	项　　目	单　　位	数　　量
行车道	高弹改性沥青 SMA10	m^2	16 058
	改性乳化沥青	m^2	16 058
	浇筑式沥青混合料 GA10	m^2	16 058
	反应性黏结剂	m^2	16 058
	TOPEVER 材料	m^2	16 058
	防腐底漆	m^2	16 058
	贴缝条（浇注式接缝处）	m	3 626
	钢桥面板喷砂除锈	m^2	16 058

铺装结构主要技术性能指标如图 7-1 所示。

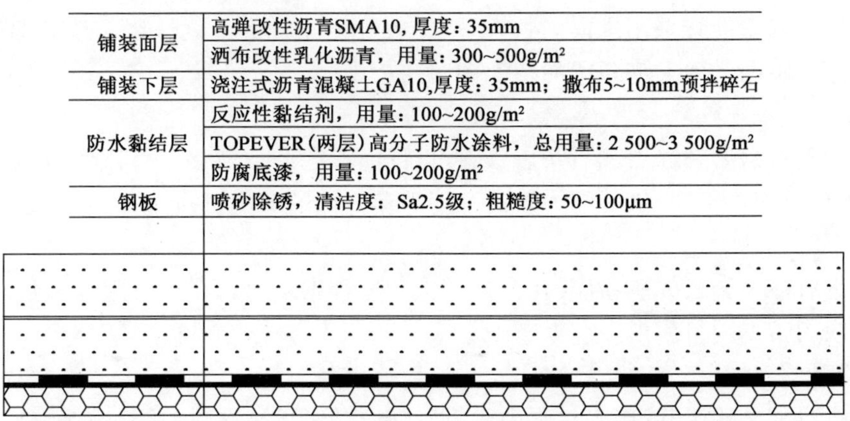

图 7-1　钢桥面铺装技术性能指标图

钢桥面铺装是一项世界性技术难题，由于钢桥面板柔度大，在重型车辆荷载作用下产生较大的局部变形，所以钢桥面铺装的防水层、上下面层混合料的强度、变形稳定性、抗疲劳性能均有较高要求。本工程采用浇注式沥青混凝土（GA10）+高弹 SMA 铺装方案。但 GA 具有矿粉含量高、沥青含量高、拌和温度高三大特点，对施工工艺和施工设备要求极高。加上浇注式沥青混凝土国家没有现行规范，在本工程钢桥面铺装过程中，施工单位不断摸索，通过对目标配合比反复试验，最终确定了符合要求的配合比。经过改造后的沥青拌和设备混合料出口温度和混合料拌和质量均达到要求，沥青混凝土的铺装效果良好。

7.2 钢桥面铺装施工

7.2.1 工艺概述

本桥钢桥面铺装采用浇注式沥青混凝土（GA10）+高弹 SMA 铺装方案，根据工程实际情况、设计要求及周边资源调查情况，采取以下主要技术措施：

1）采用自主研发的防水黏结材料

采用自行研发的道桥专用甲基丙烯酸甲酯树脂防水材料 TOPEVER®（发明专利号 CN201110047984.5），打破进口材料的垄断，与国外同类材料相比，具有明显的技术和成本优势。该黏结剂喷涂到处理后的水泥混凝土路、桥面或钢桥面，防水性和黏结性极佳，黏结剂与铺装层的沥青混凝土相容性、亲和性好、涂膜柔韧性好、涂膜强度高，其与水泥的附着力可达 1.2MPa 以上，与钢板的附着力可达 1.5MPa 以上；同时，该黏结剂无毒、无害，对环境友好，苯系物总和含量不高于 0.5g/kg。

2）做好原材料及配合比相关工作

组建工地临时试验室，对本项目用于铺筑的面层原材料、沥青混合料以及成品的沥青混凝土进行物理力学试验、化学试验；对铺筑用的沥青混凝土所用的砂、石料、矿粉及沥青等原材料，进行各自的性能指标试验，确定主要原材料要求为：

（1）沥青

本项目所需基质沥青采用进口（进口基质沥青性能比较稳定），计划采用韩国 SK 沥青，该沥青普遍应用于国内各中大型桥梁的桥面铺装工程中。

（2）骨料

本项目中石材需要辉绿岩和石灰岩碎石，根据前期的详细考察，项目附近有多家石料供应商，可根据本项目施工工期、供货能力及信誉度等多方面的考虑进行选择。

（3）矿粉

贵港附近有多家合格的矿粉厂，在采购及施工过程中须对材料进行跟踪检测，不满足要求的材料禁止应用于本项目生产。

（4）配合比设计

按规定进行配合比试验、施工过程中质量监控以及完工后质量检测，确保施工各单项工程质量符合相关设计文件规定。

3)沥青混凝土搅拌站

根据周边资源寻找能满足质量要求的沥青混凝土搅拌站或对合适的拌和站进行部分改装以满足质量要求。

据了解,距离桥位12km左右有一座3 000型常规沥青混凝土拌和站,该拌和站场地已做到三通一平,设备有拌和站主楼、辉绿岩料仓、石灰岩料仓、板房生活区、硬化的活动区。如需拌制GA浇注式沥青混凝土,则需增加矿粉加热装置。经研究比较矿粉加热设备配置情况,自行购买了一台德国林泰阁2HF-50型专用矿粉加热设备加装至拌和站,拌制GA浇注式沥青混凝土完全满足施工和质量要求。

加装的德国林泰阁2HF-50型矿粉加热设备配置及技术参数如图7-2所示。

序号	项　目	性 能 参 数
1	设备名称	矿粉加热设备
2	产地	德国
3	规格型号	2HF-50
4	工作效率	10t/h
5	成品加热温度	约120℃
6	热粉料储存能力	100t, 共2套, 50t/套
7	冷粉料储存能力	200t, 共2套, 100t/套
8	冷集料提升方式	1套, 效率30t/h
9	热集料称量装置	最大称量750kg,称量精度 静态计量误差精度<+0.2%

图7-2　矿粉加热设备及其配置

4)改进实施浇注式+SMA钢桥面铺装成套施工技术

针对国内的钢桥面铺装特殊情况,引进国外常用的浇注式沥青混合料技术,并对铺装方案加以改进,形成适合于广西交通气候环境、具有成套的钢桥面铺装施工技术。

为确保本项目的顺利施工,保障施工过程质量可控,主要对浇注式沥青混凝土的施工关键设备配置进行了研究和改进,投入本项目的关键施工机械设备见表7-2所示。投入的关键性设备如矿粉加热设备、浇注式摊铺机、Cooker运输设备、抛丸机、双组分喷涂设备等均采用国外先进的设备,其规格、性能和数量均能满足本合同工程施工需要;设备稳定可靠,施工质量能够满足各项控制指标要求。

其中浇注式沥青混凝土拌制和摊铺设备采用1台德国林泰阁2HF-50型矿粉加热设备、1台德国林泰阁浇注式摊铺机、8台德国原装进口的升温搅拌运输车(Cooker)、1台德国林泰阁碎石撒布机,为本项目浇注式沥青混合料施工提供优良的设备保障。

沥青混凝土铺装施工设备表　　表 7-2

序号	投入设备名称	数量	序号	投入设备名称	数量
1	浇注式沥青摊铺机	1 台	10	防水喷涂设备	2 套
2	浇注式碎石撒布机	1 台	11	高压水车	1 辆
3	Cooker 运输车	8 台	12	试验设备	1 套
4	沥青混合料拌和楼	1 台	13	沥青撒油车	1 台
5	沥青拌和站矿粉加热设备	1 台	14	非接触式平衡梁	1 套
6	沥青混合料摊铺机	1 台	15	钢轮压路机	4 台
7	全自动车载式抛丸机	1 台	16	自卸汽车	12 辆
8	手持式边角抛丸机	1 台	17	吹风机	2 台
9	自动打砂机	1 台			

7.2.2　目标配合比及生产配合比试验

按规定进行配合比试验、施工过程中质量监控以及完工后质量检测，确保施工各单项工程质量符合相关设计文件规定。配合比设计包括目标配合比设计、生产配合比设计及生产配合比验证 3 个阶段进行，配合比设计采用马歇尔试验设计方法。

1）GA-10 目标配合比设计

采用提供的 0 ~ 3mm 辉绿岩机制砂、3 ~ 5mm 和 5 ~ 10mm 辉绿岩碎石作为集料、矿粉、浇注式改性沥青进行 GA-10 目标配合比设计。

通过原材料试验，确定 GA-10 目标配合比见表 7-3 所示。

沥青混合料目标配合比　　表 7-3

类型	5 ~ 10mm	3 ~ 5mm	0 ~ 3mm	矿粉	油石比
GA-10	28	10	34	28	7.9

2）GA-10 生产配合比设计

通过级配、油石比和混合料性能检验等设计过程，最终确定 GA-10 沥青混合料生产配合比。具体见表 7-4 所示。

沥青混合料生产配合比　　表 7-4

类型	5 ~ 10mm	3 ~ 5mm	0 ~ 3mm	矿粉	油石比
GA-10	30	15	25	30	7.6

3）SMA 目标配合比设计

采用提供的 0 ~ 3mm 辉绿岩机制砂、3 ~ 5mm 和 5 ~ 10mm 辉绿岩碎石，作为集料、矿粉、高弹改性沥青及木质纤维（掺量为 0.3%）进行 SMA 目标配合比设计。

通过原材料试验、高温稳定性试验、析漏试验、肯塔堡飞散试验等，确定 SMA 目标配合比见表 7-5 所示。

SMA-10 沥青混合料目标配合比　　表 7-5

混合料类型	各种粒径集料所占比例(%)				油石比	木质纤维(%)
	5～10mm	3～5mm	0～3mm	矿粉		
SMA-10	61	5	25	9	6.1	0.3

4)SMA 生产配合比设计

通过试验最终确定 SMA-10 生产配合比见表 7-6 所示。

SMA-10 沥青混合料生产配合比　　表 7-6

混合料类型	各种粒径集料所占比例(%)				油石比	木质纤维(%)
	6～11mm	3～6mm	0～3mm	矿粉		
SMA-10	59	10	19	12	6.3	0.3

7.2.3 打砂及防水施工技术措施

1)打砂施工

打砂施工工艺流程如图 7-3 所示。

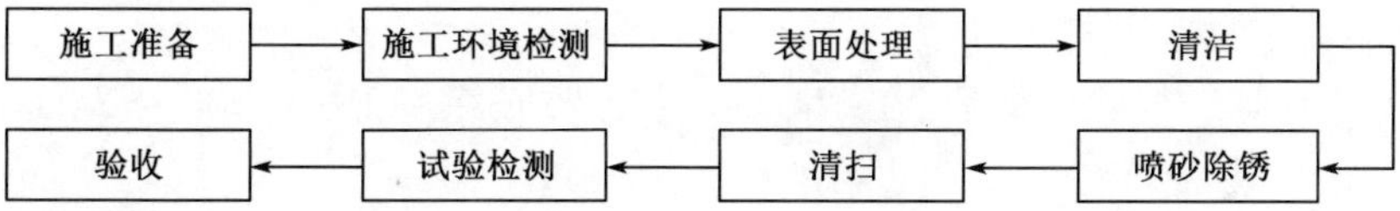

图 7-3 钢桥面喷砂除锈工艺流程图

在进行桥面板清洗前,先进行外观检查,确保其表面无毛刺及钢板缺陷,记录钢桥面上锈蚀、污染程度及位置。把严重污染的地方,先用手动工具铲除,再作局部清洗。对严重污染的地方处理后,将采用清洗剂及高压水对钢桥面板进行全面清洗。

喷砂除锈前,需要测量大气湿度情况,湿度 >85% 时不得施工。

清洗后第二天,如空气湿度满足要求,可进行喷砂作业。对严重锈蚀部位先以较细钢砂作局部预处理,然后作全面喷砂处理。喷砂处理后,以国标 GB 8923—88(等同于国际标准 ISO 8501)表面清洁度标准图比对已喷砂表面清洁度是否达到 Sa2.5 级。同时其粗糙度应介乎 50～100μm 之间。喷砂处理过的表面,经监理认可后,须立刻进行下一步工作。

质量控制要点:

(1)喷砂除锈后的钢桥面板表面必须达到 GB 8923—88 标准 Sa2.5 级的要求。

(2)粗糙度的要求必须达到 Rz:50～100μm。

2)钢桥面防水施工技术措施

钢桥面防水施工工艺流程如图 7-4 所示。

采用自行研发的道桥专用甲基丙烯酸甲酯树脂防水材料,该材料由 100 份沥青,10～50 份橡胶,10～50 份树脂和 100～200 份溶剂为原料制得,沥青为 70 号、90 号或 110 号石油沥青;橡胶为天然橡胶或/和合成橡胶,合成橡胶为 SBS 或/和氯丁橡胶;树脂为石油树脂、古马隆树脂、松香树脂中的一种或多种任意组合;溶剂为醋酸异丙酯、醋酸乙酯、醋酸丁酯、异丁醇、异丙醇、乙醇中的一种或多种任意组合。黏结剂喷涂到处理后的水泥混凝土路、桥面或钢桥面,防水性和黏接性极佳,黏结剂与铺装层的沥青混凝土相容性、亲和性好、涂膜柔韧性好、涂膜强度高,其与水泥的附着力可达 1.2MPa 以上,与钢板的附着力可达 1.5MPa 以上;同时,该黏结剂无毒、无害,对环境友好,苯系物总和含量不高于 0.5g/kg。

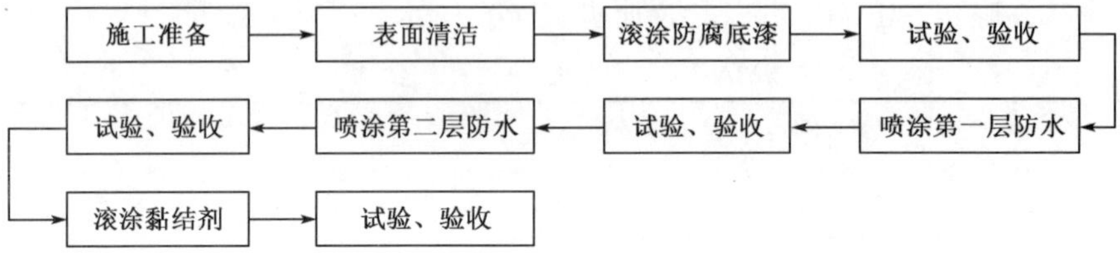

图 7-4　钢桥面防水施工工艺流程图

在喷砂除锈检验合格后,在 3h 内滚涂丙烯酸防腐底漆,用量为 100 ~ 200g/m^2;待其固化并检测合格后,喷涂甲基丙烯酸树脂防水材料,分两层施工,总用量 2 500 ~ 3 500g/m^2,干膜总厚度约为 2mm,待首层固化后,直接喷涂下一层;待检测合格后,滚涂丙烯酸树脂黏结剂,胶黏剂的用量为 100 ~ 200g/m^2,完成后进行质量检测。整个钢桥面防水体系作业将流水施工作业。

(1)甲基丙烯酸防腐底漆施工

钢桥面板喷砂除锈检验合格后,在 3h 内实施防腐底涂层,用量 100 ~ 200g/m^2,干膜厚度约为 50μm。

底涂层的干燥时间视现场环境而定,温度 10℃的固化时间约为 60min,其他温度固化时间参考产品说明书。

(2)甲基丙烯酸树脂防水层施工

待防腐底漆固化后,喷涂甲基丙烯酸树脂防水材料。施工前需要对钢护栏和拉索等布置临时遮挡措施。防水层分两层施工,每层湿膜厚度不小于 1.2mm,干膜总厚度不小于 2mm,总用量为 2 500 ~ 3 500g/m^2,待首涂层固化后,直接喷涂下一层,间隔时间取决于温度,参照产品说明书并结合完全固化标准现场确定。甲基丙烯酸树脂防水材料含两种树脂组份(A 和 B)和一种催化剂,施工前先将催化剂加入 B 组份充分搅拌均匀后,再和 A 组份搅拌及喷涂。具体掺配比例及喷涂时间控制参照产品说明书。

(3)甲基丙烯酸树脂黏结剂施工

甲基丙烯酸树脂防水层喷涂结束并完全固化后,立即滚涂丙烯酸树脂黏结剂。施工时,用直尺或其他工具将黏接剂与短期接头和搭接区分隔。丙烯酸树脂黏结剂用量为 100 ~ 200g/m^2,待其完全固化后,可进行下一道工序施工。

(4)在喷砂和防水黏结层施工过程中,应注意:

①喷涂的基面必须干燥、洁净、无油污、无异物、无灰尘。

②遇下雨、下雪、结露等气候条件时,严禁作业。

③基体温度高于露点,防水材料喷涂环境温度:-10 ~ 50℃。

④已涂刷好的区域要进行保护,严禁油、油脂和脏物等的污染。

⑤防水材料的喷涂需要保证体系的水平面内封闭、连续,禁止出现露点。

⑥一般情况下在表面处理完成后4h内进行涂装施工,特殊情况时最长不应超过12h。不管停留多长时间,只要表面出现返锈现象,均需重新除锈。

⑦所有涂料在当天开封当天使用完毕,不得留待次日使用。双成分涂料在配制熟化后使用。

⑧根据各种涂料的施工说明,在涂料厂售后服务人员指导下,考虑气候条件(温度、湿度等),调整稀释剂、添加量、层间间隔时间,逐层涂装。

⑨严格控制各涂层的湿膜厚度和干膜厚度,确保涂膜厚度的均匀性。每涂完一层后,必须检查干膜厚度,经监理工程师检验合格后方可进行下一道涂敷。

⑩现场焊接接头区、栓接头处在除锈后涂装,干膜厚度分别增加10%和20%。

⑪不得出现流淌、干喷和花喷等状况。由运输等造成的防护涂装损坏必须修复。

7.2.4　浇筑式沥青混凝土施工技术措施

钢桥面铺装GA-10生产工艺如图7-5所示。

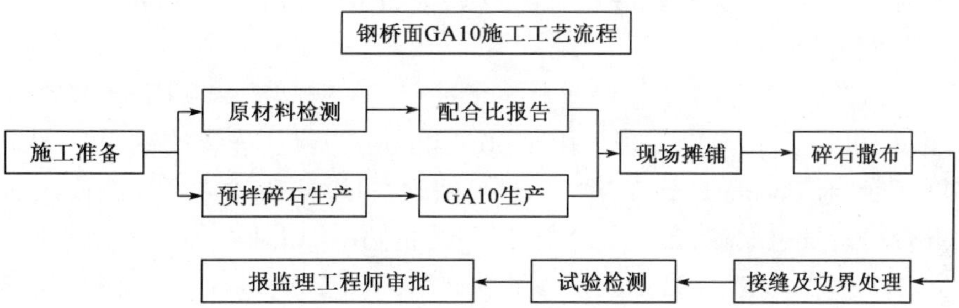

图7-5　钢桥面铺装GA-10生产工艺

1)施工前准备

(1)在浇注式摊铺之前保持防水层清洁干燥,必要时用吹风机进行吹风和干燥,对油迹的污染及时擦洗,绝对不允许有油污的存在。

(2)由于浇注式摊铺机根据垫块和侧限挡板高度控制铺装层的平整度,因此,需进行精确测量,准确定位侧限挡板的高度。

(3)Cooker运输车在进入施工现场前,对其轮胎及底板进行清洗,防止运输车污染桥面。现场人员必须穿上鞋套,保证施工现场清洁。

(4)保证材料及时供应,加强对施工机械的检查以及人员的调配,防止因材料、人员或机械产生的人为冷接缝。

(5)浇注式沥青混凝土摊铺,因为其劳动强度大,环境温度高,要充分做好安全防护工作,配备必要的劳保用品。

2)浇注式沥青混合料的拌和

由于浇注式沥青混合料拌和温度高,搅拌时间长,因此对拌和楼的拌和能力和耐高温能力有很高的要求。同时，浇注式沥青混合料所用的沥青黏度大，而且沥青含量比较高，混合料容易黏附在设备上，每次生产完毕后，待设备还没完全冷却时，应对黏附的混合料进行彻底清理，在生产前对运料小车、储罐或卸料斗清理并涂刷隔离剂。

混合料拌和温度控制：如果矿粉未加热，则石料加热温度为300℃左右，混合料拌和后出料温度按220～250℃目标控制。由于混合料中矿粉含量很大，因此混合料的拌和时间比较长，拌和时间为干拌15s，湿拌90s，上述工艺均需现场试拌后确定。如果矿粉加热，则石料温度约260～280℃。拌和过程中充分注意矿粉掺加、沥青掺加，沥青用量及出料温度的控制。同时，冷料仓上料速度的设置充分考虑到加热鼓风中细集料的粉料（<0.3mm材料）损失。

如发现任何异常情况，立即停机处理，通知摊铺现场，在未找到发生异常的原因并解决前，不得恢复施工。

3）浇注式沥青混合料的运输

（1）仓储方式

由于浇注式沥青混合料具有一定的流动性，而且拌和站生产的浇注式沥青混合料为防止混合料发生离析或温度降低冷却后凝固，在运输过程中还需不断搅拌和加温。因此，浇注式沥青混合料运输时使用专门的运输设备Cooker，运输能力10t左右。

（2）运输手段和措施

Cooker采用拖车运输，Cooker使用前对拖车进行简易支架改装和固定。考虑运距15km，行车速度不超过30km/h，运至施工现场用时30～40min，为保证连续摊铺，共投入7辆Cooker运输车。在施工前，对Cooker转运车罐体内进行清理，对搅拌和加热系统进行仔细检查，避免Cooker装入混合料后发生故障，致使混合料滞留搅拌罐中。Cooker加热采用柴油作为燃料燃烧加热的方式，施工前由施工人员专人检查油料充足，避免运料过程不能加热引起废料。当天第一次装料前，启动发动机，开启加热系统，对Cooker进行提前预热，预热至160℃，待搅拌系统能够转动时，方可装料。

（3）进料过程中的温度控制

在Cooker初次进料之前，将其温度预热至160℃左右，装入Cooker中的混合料保持不停地搅拌，同时将Cooker的温度设置在240～250℃之间，确保混合料运至现场的温度为220～250℃之间。尽量避免浇筑式沥青混合料在高温的Cooker车中搅拌太长时间，超过250℃时停留时间不能超过3h，220～250℃时停留时间不能超过4h。但在Cooker中的搅拌时间至少40min。

（4）运输过程中的控制

在从运输混合料的Cooker车中出料时必须对加热温度进行调节，以避免结合料硬结。同时还须减慢搅拌速度，尽量减少空气中进入装有浇筑式沥青混合料的Cooker罐体中，以减少结合料的氧化。施工中如果搅拌系统出现故障，立即将浇筑式沥青混合料从搅拌罐中放出，一旦混合料发生离析，则不能使用。

4）浇注式沥青混合料的摊铺

因浇注式沥青是自流成型无须碾压的沥青混合料，因此，铺装下层的摊铺使用浇注式专用摊铺机。运至现场的浇注式沥青混合料需进行流动性试验,符合设计要求后,方可摊铺。摊铺速度宜按2.0~2.5m/min控制。

(1)边侧限制

浇注式沥青混凝土在220~250℃摊铺时具有流动性,需设置边侧限制,防止混合料侧向流动。边侧限制采用35mm厚、300mm宽的钢制挡板,设在车道连接处的边缘。根据钢板表面平整度的情况,用不同厚度的铁片或木片调节,以达到保证铺装表面平整的目的。

(2)厚度控制

在摊铺之前,根据钢板表面情况进行测量放样,确定一定间隔某一点的摊铺厚度,然后调整导轨的高度及边侧限制板,从而确定摊铺厚度。摊铺机整平板有自动的水平设备控制,按照侧限板高度摊铺规定厚度的路面。

(3)行车道摊铺

根据摊铺机及桥面宽度设定合理的摊铺宽度,但尽量避免接缝位于车行道内。

Cooker倒行至摊铺机前方,把混合料通过其后面的卸料槽直接卸在钢桥面板上。摊铺机的整平板的前方布料板左右移动,把浇注式沥青混合料铺开。摊铺机向前移动把沥青混合料整平到控制厚度。紧跟摊铺机后,对接缝进行加热并由工人使用木制的刮板修整。摊铺机带有红外加热设备,用于对先铺路面的加热,保证与新铺的沥青混凝土形成整体,接缝处连接可靠。在摊铺机行走过后,再采用喷枪进行加热,使新旧混合料变软;同时人工用工具搓揉,使结合部位进一步结合良好,消除接缝。

在浇注式沥青混凝土摊铺过程中,会产生部分气泡,应采用带尖头的工具刺破,排出内部空气,使其充分致密。一台自身推进式碎石撒布机紧随其后,等摊铺的混凝土降到合适的温度,撒布5~10mm的预拌沥青碎石,用量为5~10kg/m^2。拆除边侧限制之前,让铺装层冷却,留下一个轮廓清晰的边侧连接。摊铺机行走速度尽可能放慢,以便与拌和运输能力相匹配。

为防止污染桥面,在施工过程中任何人员上桥必须穿着鞋套。由于浇注式分两次摊铺,每次摊铺半幅,因此摊铺时尽可能避免污染未铺设的半幅,采用彩条布或帆布对未铺设的半幅进行遮盖,施工时工人尽可能在帆布上行走。

(4)接缝及边界处理

①纵向接缝

a.由于桥面不能进行整幅摊铺,施工中会产生纵向接缝。用于边侧限制的挡板涂刷隔离剂,并让混合料冷却形成一定强度后,方可拆除挡板,使接缝保持光滑垂直的横截面。

b.在进行纵向接缝的施工前,检查原沥青混凝土接缝界面,及时除去出现麻面、松散以及和下层发生脱落的浇注式沥青混凝土,确保整个铺装的密实性和整体性。在摊铺机后,安排专门人员对接缝出现漏铺以及麻面的地方及时处理,如有需要另进行喷枪加热使原铺装的混合料软化,并用工具搓揉,使其表面平整,并压入预拌碎石。

c.施工中尽量避免出现横向接缝,如不可避免时,及时停止施工,并用边侧挡板横向放置于浇注式施工尽头位置,形成竖直、光滑的界面。下次继续施工前粘贴贴缝条,并进行预热,然后继续摊铺。

②边界处理

为便于摊铺机的摊铺作业,浇注式沥青混凝土铺装在行车道边缘处会留一定宽度由人工刮平。该边缘处理用浇注式沥青混合料摊铺机的布料器将混合料刮至铺装边缘，人工用小型磨具将其抹平。

③浇注式沥青混凝土铺装接缝处理如图 7-6、图 7-7 所示。

图 7-6　处理接缝

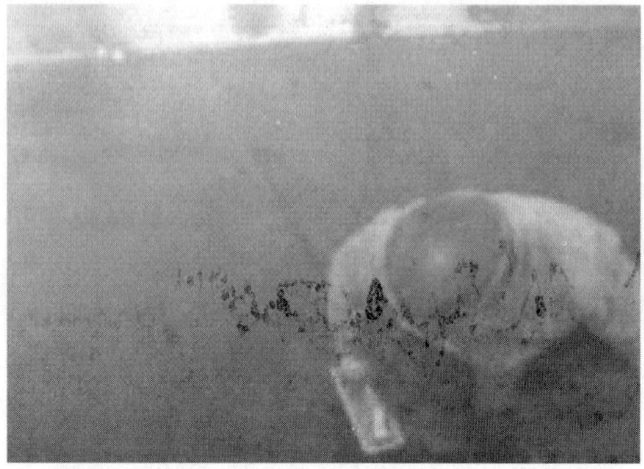

图 7-7　人工抹平接缝

④贴缝条

在浇注式沥青混凝土的纵幅施工缝采用沥青类贴缝条，依靠温度使其软化，与铺装层之间形成良好结合，达到防排水的目的。

7.2.5　SMA 沥青混凝土施工技术措施

SMA 沥青面层施工工艺流程如图 7-8 所示。

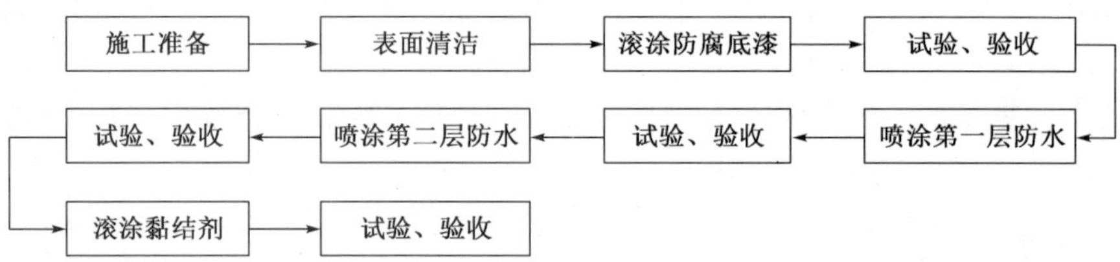

图 7-8　钢桥面 SMA10 施工工艺流程图

1）SMA 混合料生产

每一阶段 SMA 混合料拌和前，均需对拌和楼进行彻底的检修与维护，避免发生导热油渗漏、沥青泵停机、矿粉掺加速度慢及掺加量不够等问题。同时，对所有计量设备进行检查。

混合料拌和温度控制：石料加热 200 ~ 240℃，混合料拌和后出料温度按 170 ~ 195℃ 目标控制，不满足上述温度要求则弃料。拌和时间为干拌 5 ~ 10s，湿拌 30 ~ 60s，上述工艺均需现场试拌后确定。

拌和过程中充分注意矿粉掺加、纤维掺加，沥青用量及出料温度控制；同时，冷料仓上料速度的设置充分考虑到加热鼓风中细集料中的粉料（<0.3mm 材料）损失。

拌制好的混合料储存时间不得超过 4h。

试验室人员按规定抽样频率取样检验并密切观察拌制混合料的质量。

拌和楼拌和工序必须采用自动控制。特殊情况下,经监理工程师同意,可少量采用人工控制(开始拌和及故障等特殊情况每次不超过5斗)。

要求每盘打印数据,并按每盘打印数据检查。

经过试拌、试验路施工确认并批准的混合料拌和工艺不得更改,如需更改,需取得监理工程师同意。

如发现任何异常情况,立即停机处理,通知摊铺现场,在未找到发生异常的原因并解决前,不得恢复施工。

铺装层每施工段需进行拌和混合料总量的计算及厚度检验,按35mm计算用量。

2)SMA混合料的运输

钢桥面铺装改性沥青SMA混合料运输采用载重100kN以上的自卸车运输,运输车辆数量应保证施工作业的连续进行。运输车辆先将底盘及车轮清洗干净,防止泥土杂物掉落在铺装施工范围内;运输过程中加盖帆布保温。

运输车辆在摊铺机前被推行时,不得紧急制动,防止轮胎搓动下层。同时,向摊铺机料斗中喂料时,禁止将混合料直接洒落在下层混凝土上。

因各种原因,车厢中混合料未能完全卸完时,不得倾倒在桥面上,在钢桥面铺装范围以外清理干净。

运输车辆不得在钢桥上急转弯及掉头,运输车辆必须按指定路线进入施工现场,在钢桥面上行驶速度不超过10km/h。

运输车辆从装入混合料起至开始摊铺为止,运料及等待时间不超过1.5h。

3)SMA混合料摊铺

钢桥面行车道SMA铺装施工,采用一台摊铺机摊铺。摊铺机摊铺施工前,进行全面彻底的检修,确保摊铺施工中不出现设备故障。

SMA摊铺前一天在浇注式表面喷洒乳化沥青,并检查喷洒均匀情况。

摊铺机在前一天基本就位,需通过防水黏结层时在白天移动。到达摊铺起点附近,放置在当日施工范围以外(不停留在防水黏结层上过夜)。压路机等机械设备也同样放置。钢轮压路机直接在浇注式上行走时,需铺垫橡胶皮(橡胶皮清洗干净,无油污或沥青等杂物)。

摊铺开始前1h左右使摊铺机就位于起点,并充分预热摊铺机熨平板。摊铺机采用挂线控制厚度(或用拖棒控制)。对此采用适当的控制方式,通过试验验证确保铺装平整度与铺筑厚度。

摊铺机行走速度尽可能放慢,以便与拌和楼拌和能力相匹配。铺装面层混合料摊铺时,摊铺机行走速度依据拌和能力,一般控制在1.5~2.0m/min范围,最高不超过3m/min。

摊铺机行走时,不能在浇注式混凝土层上转弯,禁止摊铺机在所有铺装层面上急转弯和调头。

施工管理人员密切注意拌和楼、运输车辆及摊铺机、压路机之间的协调统一,避免摊铺机长时间停机待料。摊铺最低温度为160℃。

4)SMA混合料的压实

改性沥青SMA混合料碾压必须紧跟摊铺机碾压,初碾、复碾工作长度约30m,不允许超过50m。

(1)初压

初压采用自重大于100kN压路机进行静压。初压压路机每次前进时,均前行到接近摊铺机尾部位置。每次前进后均在原轮迹上(重复)倒退,第二次前进重叠约2/3轮宽,往返一次为碾压一遍,需碾压1~2遍。铺装表面层施工时,初压压路机行驶速度控制在3km/h范围内。初压必须在铺装温度150℃以上完成。

(2)复压

SMA铺装层复碾采用水平振动压路机,振动碾压3~4遍,复压完成时铺装温度大于130℃。

(3)收迹碾压

收迹碾压采用钢轮压路机无振动碾压收迹1~2遍,收迹碾压终了温度大于90℃。

在边缘、角落及雨水井周围难以用大型压路机压实的部位,需采用小型压路机及人工操作的机动夯锤夯实。特别是铺装下层在雨水井周围部位,必须有2~3人,采用人工夯锤紧跟摊铺机,在混合料温度较高时,人工夯实,保证这些部位混合料的密实性。

5)接缝的处理

在钢桥面铺装施工中,尽可能不设置施工缝(单向一次成型)。若遇特殊情况,需设置施工横缝时,横缝设置位置在横梁间隔约1/4处,面层设置在另一边约1/4处。上下层横缝错开1.5m以上。

SMA混合料的横缝界面涂布黏结剂或改性乳化沥青;浇筑式沥青混凝土横纵施工缝都采用沥青类贴缝条。

使用边侧限制的钢制或木制挡板,切割成与浇注式沥青摊铺宽度相同长度,放置于欲设置施工接缝的位置,将摊铺机升起少许,从横向挡板上移出,抵住横向挡板,手持人工抹板将混合料抹至紧贴挡板,并抹平敲打击实。固定横向挡板,待混合料冷却后,方可拆除挡板。最后使混凝土具有垂直的横向截面,并敲掉松散混合料。

在接缝处铺筑浇注式混合料之前,使用红外枪对接缝处混凝土进行加热,待混合料出现软化后,将摊铺机高度调至铺装层相同高度,布料板将混合料均匀铺开后,便可开动摊铺机进行正常摊铺。观察接缝处新铺的混合料,如出现松散麻面情况,立即人工进行处理。

铺装上层SMA横缝采用碾压成斜面并切割清除斜面部分,再行下段施工,切割清除工作在上段铺装施工完毕后进行。

6)开放交通

在面层SMA施工完并清理干净后,行车道铺装表面层压实3d后,可开放20kN以下轻型交通,5d后可正式开放交通。

第 8 章　桥梁施工安全监控

8.1　桥梁监控技术要求

本桥主跨跨径大、桥面宽、桥梁载重量大,桥塔横向稳定问题较为突出,其采用的施工安全监控技术在国内稍大跨径的悬索桥中并无先例。

桥梁施工安全监控的目的是桥梁结构成桥时桥梁结构受力合理,线形平顺,同时施工过程中各工况结构均处于符合规范和设计要求的受力状态下,即施工过程安全可靠,万无一失;并对施工过程进行必要的优化论证分析,以便高效、快捷地完成施工任务。按照设计要求,本桥监控应达到的主要技术指标要求如下所示:

1)主塔

施工过程中主塔偏位在合理范围,保证主塔有足够的安全储备;

成桥状态桥塔偏位按设计要求设置,主要考虑主梁后期收缩徐变、成桥环境温度等综合确定。

2)主梁

(1)主梁立模高程最大允许误差要求:±5mm。

(2)主梁轴线偏位最大误差允许值:±10mm。

(3)全桥施工完成后底板高程误差要求:$L/5\ 000$(为 56mm)。

3)主索鞍安装

(1)主索鞍下承板顶面高程 0 ~ +20mm。

(2)主索鞍轴线偏差横桥向 ±10mm、顺桥向 ±10mm。

(3)主索鞍最终偏位符合设计要求。

4)主缆

(1)基准索股高程偏差中跨跨中 $\pm L/20\ 000$(为 ±14mm),边跨跨中 $\pm L/10\ 000$(为 ±28mm)。

(2)一般索股相对于基准索股高程偏差 -5 ~ +10mm。

5)吊杆力偏差

满足设计和相关规范要求。

8.2　监控程序和方法

8.2.1　设计复核、确定监控目标状态

施工监控的第一项工作是分析设计理想目标状态,与设计相互校对确认无误后作为桥梁

施工监控的目标状态。

监控计算主要包含以下内容：

(1)理论成桥状态计算：各构件的理论重量、几何特性计算、理论吊索张力计算，主缆成桥线形计算，成桥状态索鞍在桥塔上的相对位置计算等。

(2)理论空缆状态计算：空缆线形计算，预偏量计算等。

(3)理论无应力尺寸计算：吊索、主缆无应力长度计算，钢梁制造长度计算等。

(4)主缆锚固调节量验算。

(5)索夹安装预偏值计算。

1)成桥主缆力及主缆下料长度的复算

本桥桥面系较宽、自重较大，同时考虑到桥面施工后桥面铺装的自重的影响，按吊杆完全将桥面系自重荷载传递到主缆上面的原则计算出理想吊杆力。

本桥设计给出了桥梁结构的空缆线形和成桥后设计缆形，吊杆力确定后，就可以将成桥吊杆力和主缆自重按照外荷载作用在设计成桥后的主缆上，按照非线性有限元方法计算出主缆各点的位移值，将主缆各点的原始坐标减去这个位移值，按照修正的坐标建立桥梁模型，然后将吊杆力作用在新的模型进行计算，复核变形后缆索线形与设计的成桥缆索线形的差值，再进行修正，再次计算，如此反复循环直到得到一个满意的初始缆形坐标。然后就可以通过主缆初始坐标来计算主缆初始无应力长度以及对整个施工过程进行模拟计算。

2)索夹和索鞍预偏量的计算

施工过程中由于吊杆与主缆连接点发生沿桥梁轴线的水平位移，如果不设置索夹安装预偏值将导致成桥完成后吊杆不是竖直状态。为了减小这种偏移的影响，需要在吊杆索夹安装时就预留好偏移量，从而使得吊杆在张拉后尽可能地保持垂直。

空缆状态，为了保证主缆架设过程中主塔基本上没有偏位，减少其对主缆架设线形的影响，根据主缆两侧水平力基本相等，主塔偏位为零确定空缆索鞍安装预偏值。

索夹预偏即索夹成桥状态和空缆状态的位置差，目前已知成桥线形和空缆线形，各个索夹节点的位置差也就已知。

3)吊杆下料长度的复算(无应力长度复算)

吊杆下料长度的计算是根据非线性有限元程序对桥梁整个施工过程的模拟计算后得到成桥主缆吊杆点位置与计算模型给出的吊杆点初始位置之间的距离再减去吊杆本身的应力伸长量得到。吊杆实际下料长度值是考虑到各种因素(主要是考虑可能存在的施工偏差及吊杆张拉过程中临时锚固需要等)以及施工的具体因素而采用的吊杆实际制作长度(无应力长度)。

4)成桥状态的计算

监控复核理论计算的最终目的是为了使成桥状态的内力、线形等计算值与设计值(目标值)相吻合，按施工的进程进行前进分析到成桥，看其成桥状态是否满足设计要求。

本桥采用 BNLAS 空间非线性计算分析系统，计算模型结构离散示意如图 8-1。

采用空间杆系模型进行主缆安装，吊杆张拉过程的仿真计算。模型包含 1 400 个节点，783 个单元，梁单元 416 个，杆单元 367 个。

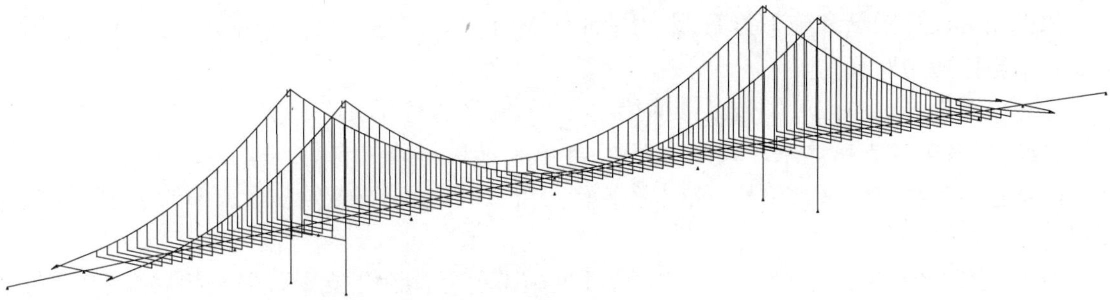

图 8-1　模型离散图

8.2.2　施工过程仿真分析

按照设计文件和经监理批复的施工组织设计所确定的施工顺序以及设计所提供的基本参数，对施工过程进行正装迭代计算，得到各施工状态以及成桥状态下的结构受力和变形等控制数据，理想状态下施工全过程模拟计算的目的在于校核主要设计计算数据，弄清施工过程结构位移以及内力变化规律，搞清施工过程监控的关键，为施工过程各理想状态提供数据，以做到安全施工，同时也给施工提供指导性建议和意见。

施工过程仿真分析的基本原则为主缆、吊杆无应力长度不变。计算仿真分析模型中主缆、吊杆通过只受拉杆单元模拟，主梁和塔通过梁单元模拟，支架通过只受压杆单元模拟（根据支架承载能力及刚度进行等效）。计算模型中为了考虑主索鞍相对塔顶的滑动，主索鞍离散如图 8-2 所示。

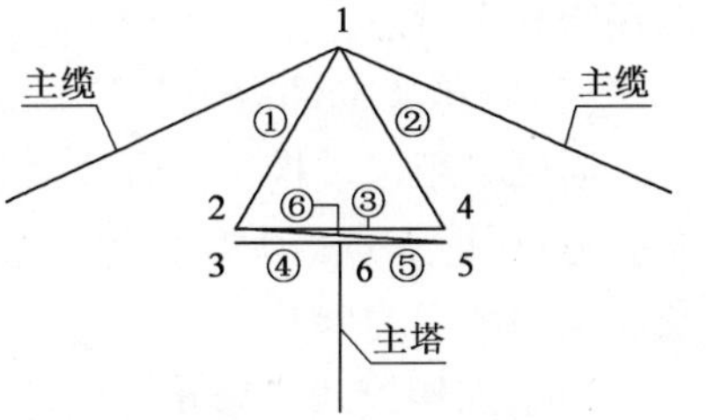

图 8-2　主索鞍离散示意图

在计算模型中将 2 号、3 号结点，4 号、5 号结点同位移约束竖向位移。通过对杆单元⑥施加温度荷载，改变其长度来模拟主索鞍顶推。

根据结构在理论施工状态下各阶段的施工参数，计算各施工阶段的内力、变形、监控目标参数理论值，提出相应的施工建议，确定明确的安全措施，预测结构在各阶段的形状。仿真分析计算主要提供以下结果：

(1) 各施工阶段的主缆线形。

(2) 主梁顶推阶段的线形、内力、应力。

(3) 各施工阶段的桥塔偏位、内力、应力。

(4) 恒载状态下主梁的内力、应力及吊索力。

(5) 恒载作用下桥塔的收缩、徐变与弹性压缩量。

(6) 主索鞍安装预偏值、支座安装预偏值、索夹安装预偏值、吊杆张拉次序及张拉力。

(7) 进行设计参数或误差敏感性分析，确定主要施工误差因素。

1) 主梁顶推施工监控计算

钢箱梁顶推全过程结构安全复算是钢箱梁顶推施工监控的重点内容之一，其具体内容包括：钢箱梁及导梁整体应力验算、钢箱梁及导梁局部应力验算等内容。

(1)钢箱梁及导梁整体应力验算

依据相关设计图纸和施工方案,采用平面杆系有限元理论进行钢箱梁顶推全过程的钢箱梁及导梁整体应力验算。

计算模型选择的单元种类包括平面梁单元、单向受压杆单元。计算模型参与结构包括钢箱梁、导梁以及等效支承体系。其中钢箱梁、导梁和顶推拼装平台等用平面梁单元模拟,等效支承体系包括顶推拼装平台垫块、临时墩支承、主塔横梁等处的等效支承,用单向受压杆单元模拟。

按"一次落架法" + "强迫位移法"模拟顶推施工过程,采用"支承位置及相对高程不变,梁随顶推不断前进"的方法建模。

计算工况包括:钢箱梁拼装、钢箱梁顶推(每顶推 0.5m 计算一次)、导梁最大悬臂、导梁上墩、导梁分段拆除、可能的支点沉降或高程调整等。

通过钢箱梁顶推全过程整体应力复算,获取的结果包括:各计算工况下钢箱梁及导梁各截面的弯矩、整体应力及挠度、各顶推支点反力等,并统计钢箱梁及导梁最大应力、顶推支点最大反力等。通过结果分析,验算在顶推全过程中钢箱梁及导梁的安全性。

顶推过程中,通过相关施工监测结果,反馈分析或更新计算模型,确保后续钢箱梁拼装及顶推顺利进行。

(2)钢箱梁局部应力验算

通过钢箱梁顶推全过程整体应力复算,获取钢箱顶推过程中的最不利工况,比如钢箱梁最大应力、顶推支点最大反力等。将钢箱梁整体应力验算的计算结果作为边界条件,进行钢箱梁及导梁局部应力验算。

2)主缆架设线形修正

在主缆架设施工过程中,由于温度变化引起主缆无应力长度、主梁梁端锚固点变化;由于猫道对主塔产生的临时荷载使得主塔在主缆架设时存在临时偏位,主缆架设时需考虑这些因素对主缆理论架设线形进行修正。

中跨主缆垂度(中跨跨中主缆中心高程)受中跨跨径、温度影响基本上程线性变化、边跨主缆垂度(边跨跨中附近主缆中心高程)受边跨跨径、温度影响基本上程线性变化,如图 8-3 ~ 图 8-6 所示。

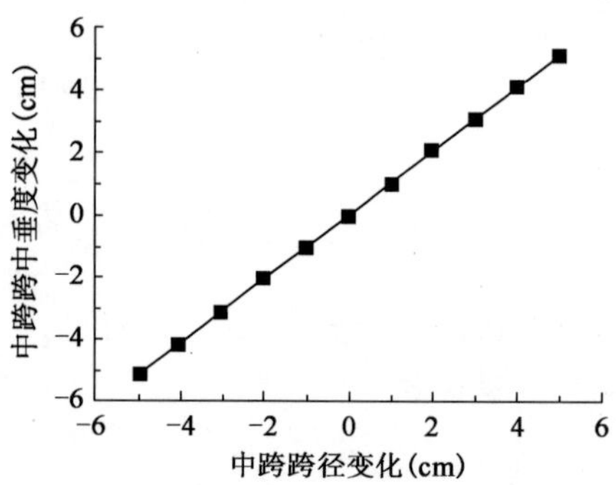

图 8-3　中跨垂度跨径影响分析图

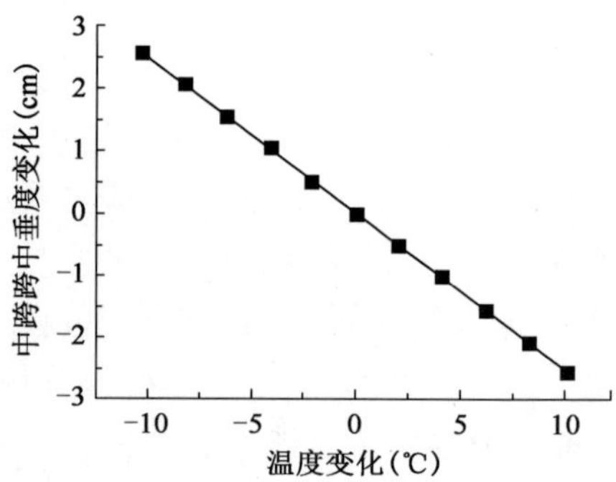

图 8-4　中跨垂度温度影响分析图

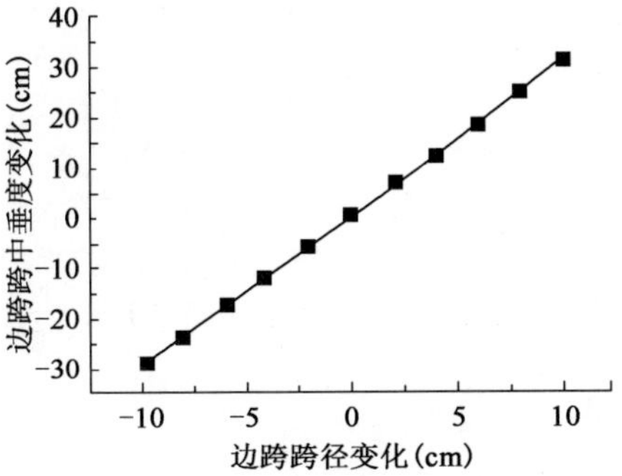

图8-5　边跨垂度跨径影响分析图

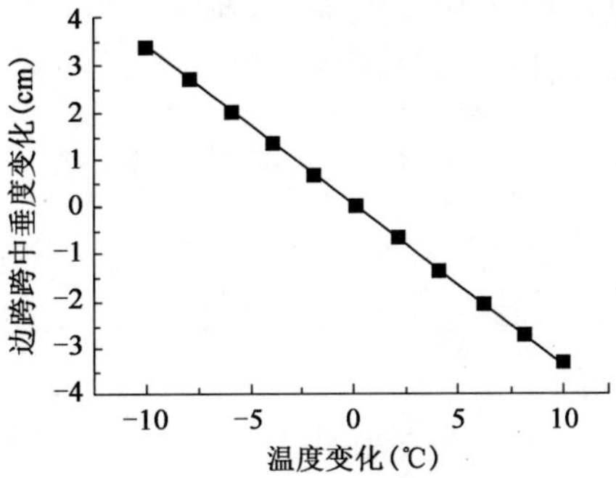

图8-6　边跨垂度温度影响分析图

通过计算分析主缆垂度与主缆长度的比值 $\Delta H/\Delta S$,施工过程中主缆垂度调整时,根据 $\Delta H/\Delta S$ 的比值计算主缆收紧或放出量。

3)结构体系转换

主梁和主缆施工完成后,又一重要的施工工序为张拉吊杆使主梁落架这一工序。为了确保张拉过程的安全及高效性,需从众多的张拉方案中选取一种较为合理的张拉方案。确定合理张拉方案的原则应为:

(1)尽量减少吊杆张拉次数,尽量不放索(即计算模型中每次张拉后吊杆的无应力长度大于等于吊杆成桥状态时的无应力长度),对称张拉。

(2)控制塔的受力,尽量减少主索鞍顶推次数,并选取合理的顶推时机,并使主索鞍及早达到相对于塔顶的理想位置,以减少顶推力。

(3)控制吊杆张拉过程中的最大张力,确保吊杆应力、主梁应力和索夹抗滑安全系数均在许可范围之内。

(4)吊杆张力在张拉过程中变化不宜太大。

根据以上原则和方法对吊杆张拉过程进行反复试算、比较,选取一种比较理想的张拉方案作为吊杆张拉方案。

自锚式悬索桥在主塔、主梁、主缆施工完成后,通过吊杆张拉使主梁重量由主缆与主梁共同承受,形成自锚体式悬索桥受力体系。张拉方案确定后,体系转换过程中主要工作即为对各次吊杆张拉工况结构线形、内力变化进行监测,与理论值进行对比,对体系转换后结构状态进行预测。

8.2.3　预测分析和计算参数的修正

在施工过程中,由于施工条件的非理想化,会使结构不可避免地存在一定的误差。这些误差的合成效应将直接呈现在结构施工阶段状态上,从而给理论计算的准确性带来影响。因此,必须量测当前阶段结构施工的初始参数,分析其对随后施工阶段的影响。若当前参数与理论值存在偏差,则以预测偏差值为依据反求当前状态下的控制调整值,使调整后的结构按顺序施工到成桥,以便结构的实际状态最大限度地逼近设计要求状态。

敏感性分析包括重量、温度以及材料弹性模量对计算结果的影响,主要考虑主缆和吊杆下料长度、钢梁的压缩量、整体位移变形等。

8.2.4 施工监测主要内容

1)线形监测

线形的测试内容包括主梁高程,主梁轴线偏位,导梁根部的变形、主缆线形、主梁梁端位移和塔顶的三维坐标。

(1)主梁、导梁高程测量

用精密水准仪测量主梁、导梁高程,高程控制基准点设在主塔柱两侧的墙上,由塔墩基点引测其高程。为防止点位移动或破坏,要定期对高程基准点及塔墩水准点进行复核。

(2)主梁轴线测量

根据架设梁段标志,采用测小角法直接以全站仪测量其偏角。具体做法是:仪器架设在测点对应的梁轴线平行线上,后视该平行线上另一点,视线为基准线,然后观测各已架设段端标志相对于基准线的偏角 a_i,则偏移值为

$$L_i = \frac{a_i}{\rho'' S_i}$$

式中:ρ''——弧度换算到秒,其值为 206 264.8;

S_i——测点到测端的距离。

(3)主梁梁端位移、塔顶偏移测量

采用坐标法测量。仪器架设在已知坐标点上,后视基准控制点,再瞄准梁端、桥塔上的反光膜贴片,测出主梁梁端、塔顶测点的三维坐标。每一测试工况下的变位即为测试值与初始值的差值。

参与施工单位测定索塔倾斜度;索塔轴线偏位误差、索塔高程偏差、主索鞍下平板安装坐标,主索鞍安装定位坐标等数据。

(4)主缆线形测量

应用全站仪采用三角高程法测量三维坐标。

(5)考察大气温度对桥梁主缆、主梁线形、主塔偏位的影响

钢箱主梁、主缆线形、主塔偏位受温度影响较大。因此,考察大气温度对主梁、主缆线形、主塔偏位的影响是非常必要的,需要选定几个工况,对主塔偏位、主梁、主缆线形进行 24h 连续测量,每隔 1h 测量一次,找出大气温度的影响规律。

2)吊杆张力测试

自锚式悬索桥吊杆张拉采用双控,即控制吊杆张力的同时,还需控制主梁高程,因此,吊杆张力控制是体系转换的主要环节,施工阶段吊杆张力状况及误差分布状况是评价、判断施工阶段结构内力状况及施工质量的重要依据。因此吊杆张力测试是一项非常重要的工作。

本桥采用频谱分析法进行吊杆张力监测,这种方法利用临时紧固在吊杆上的高灵敏传感器拾取吊杆在环境激振下的脉动信号,经过滤波、放大、谱分析,根据频谱图来确定缆索的自振

频率,进而求得吊杆张力。此方法所测吊杆张力值为脉动条件下的吊杆张力值,故应该避开风、雨引起的风振、雨振的影响,一般风力超过4级、下雨情况下不宜测量。

3)应力(应变)测试

采用记忆温度型埋入式应变计,测量主塔关键截面应力(应变)。

H形主塔埋入应变计具体布置如图8-7所示。

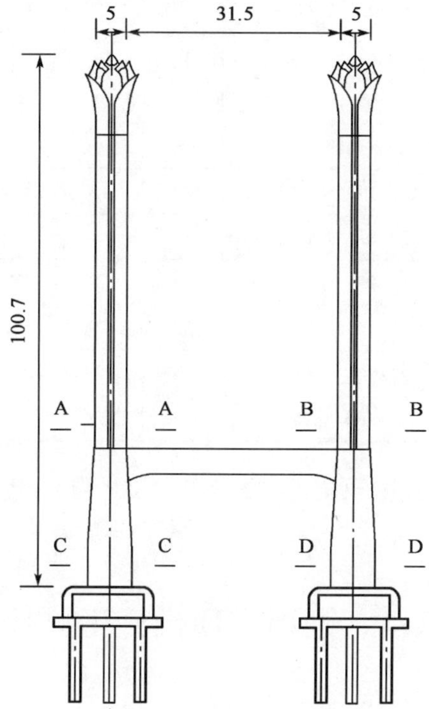

图8-7　H形主塔应变布置图

采用记忆温度型钢结构表面应变计,测量主梁关键截面应力(应变)。

4)温度测试

大跨径自锚式悬索桥结构几何形状对温度变化非常敏感,因此,温度测试将始终伴随施工监控的全过程,温度测试分为环境温度测试构件表面温度测试和结构内部温度测试。

8.3　H形主塔施工监控

H形主塔施工期间的主要工作是变形测点及应力测点的布置。同时对主索鞍下平板的安装坐标进行复核,不得有较大偏差,确保主索鞍能够定位准确。按要求测定索塔倾斜度、索塔轴线偏位误差、索塔高程偏差等数据。

后期在H形结构双塔三跨结构缆索系统的猫道、主缆以及吊杆施工时亦充分考虑温度、猫道对主塔产生的临时荷载等因素对主塔产生的影响,加强对主塔倾斜度、索塔轴线偏位误差、索塔高程偏差等方面的监测。

吊杆张拉过程中H形主塔的偏位情况见表8-1所示。

缆索系统施工过程中主塔变形监测统计表　　表 8-1

观测日期	编号	观测值			距上次偏差值(mm)			累计偏差值(mm)			备注
		X	Y	Z	X	Y	Z	X	Y	Z	
2015.11.24	主塔4号上游	2.729	15.609	118.210	0	0	0	0	0	0	裸塔
	主塔4号下游	2.716	-20.849	118.198	0	0	0	0	0	0	
	主塔3号上游	-277.296	15.622	118.186	0	0	0	0	0	0	
	主塔3号下游	-277.272	-20.870	118.222	0	0	0	0	0	0	
2016.06.07	主塔4号上游	2.746	15.605	118.224	17	-4	14	17	-4	14	主缆架设猫道施工完毕
	主塔4号下游	2.734	-20.840	118.208	18	9	10	18	9	10	
	主塔3号上游	-277.267	15.619	118.191	29	-3	5	29	-3	5	
	主塔3号下游	-277.243	-20.854	118.219	29	16	-3	29	16	-3	
2016.10.20	主塔4号上游	2.769	15.597	118.197	23	-8	-27	40	-12	-13	吊索张拉完毕
	主塔4号下游	2.756	-20.849	118.173	22	-9	-35	39	0	-25	
	主塔3号上游	-277.322	15.596	118.173	-55	-23	-18	-26	-26	-13	
	主塔3号下游	-277.299	-20.880	118.218	-56	-26	-1	-27	-10	-4	

由表8-1可以看出，主塔在吊杆张拉过程中最大累计位移为2.7cm，主塔横向及纵向稳定安全满足要求。

8.4 钢箱梁顶推施工监控

8.4.1 监控重点

主跨钢箱梁施工采用顶推施工，因此施工期间施工监控的工作是确定主梁的拼接线形；对顶推过程主梁、导梁线形与控制截面内力加强监测。

1）拼接线形的确定

为了保证钢箱梁的预拼线形与设计线形一致，要求钢箱梁的预拼施工必须在胎架上进行，按设计线形及梁段间预留的间隙（还应计入焊接收缩量）使相邻梁段连接断面相匹配。预拼过程中采用全站仪定位，保证主梁的预拼装线形满足精度要求。

2）钢箱梁顶推施工监控

对于钢箱梁顶推的施工监控，主要目的是保证在任何施工状态下结构受力都在设计允许的范围内，并且落梁后的梁体受力状态和线形与设计状态相符合。

（1）顶推力的确定

建立钢箱梁的计算模型，模拟顶推施工过程，计算主梁每前行一个节间各个墩顶的支反力，按照实测滑块的静摩擦系数计算出摩阻力，再根据摩阻力来确定千斤顶需施加的顶推力。顶推过程中确保千斤顶施力的同步性，防止梁体发生扭转、横移等状况。

(2)主梁轴线位置监控

在钢箱梁的顶推施工过程中,采用全站仪自始至终测量箱梁的轴线偏位。如果钢箱梁偏位过大,则通知主控台调整轴线位置。

(3)主梁线形监控

在钢箱梁顶推过程中,主梁线形受温度、临时墩变形、临时荷载等影响较大,必须加强分析、监测,必要时调整临时墩支承反力,调整结构内力;在边跨顶推平台落梁过程中确定合理落架次序,加强观测。

(4)主梁应力监控

主梁顶推过程中截面应力是不断变化的,计算在顶推施工过程中,钢箱梁截面的应力情况。同时,跟踪观测钢箱梁的截面应力,一旦出现异常,则立即停工,查找原因,并予以调整。

(5)导梁端部高程监控

顶推过程中,导梁端部高程是不断变化的。为了保证导梁顺利通过临时墩,在导梁接近临时墩时,应对其高程进行监测。如导梁高程不满足施工要求,则通过导梁端部设置的起顶设备提高导梁端部的高程。

3)注意事项

由于顶推施工风险较大,顶推施工注意事项如下:

(1)顶推过程中控制好主梁轴线偏位,轴线偏位不得大于20mm。

(2)顶推过程中主梁梁底与临时支承脱空间隙不得大于10mm。

(3)顶推过程中竖向千斤顶起顶力不得超过理论值的1.1倍。

(4)顶推过程中须保证同一墩各支点受力均匀。

(5)顶推后进行结构线形调整,调整精度为:钢箱梁轴线最大偏差10mm。

(6)钢箱梁顶面高程最大偏差±5mm;相邻预制梁端的顶面高差10mm。

(7)钢箱梁支点高程调整存在多点局部调整时,各支点需基本同步按比例调整。调整后必须保证各支点均匀受力。

(8)顶推过程中严格控制临时荷载。

8.4.2 控制过程

以第十四轮顶推为例,下面介绍顶推过程反力控制及拼装线形修正。

顶推过程中按表8-2中数据进行支点高程调整,实现支反力的均匀分配,同时给出顶推全过程中支点反力控制目标值,见表8-3及图8-8。

支点高程调整量 表8-2

顶推长度	相对于拼装后高程变化量(m)							
	临1	临2	塔4	临3	临4	临5	塔3	临6
0~10	0	0	0	0	0	0	-0.1	-0.2
10~26.5	0	-0.06	-0.014	0.051	0.151	0	-0.227	-0.433

支点反力控制值 表 8-3

顶推长度(m)	反力控制值(kN)							
	临 1	临 2	塔 4	临 3	临 4	临 5	塔 3	临 6
0.0	11 910	4 197	10 607	15 088	17 687	14 044	8 382	2 534
0.5	11 645	4 394	10 558	15 116	17 670	14 065	8 387	2 614
1.0	11 380	4 592	10 508	15 143	17 654	14 087	8 390	2 695
1.5	11 116	4 790	10 457	15 171	17 638	14 108	8 392	2 777
2.0	10 851	4 990	10 404	15 198	17 623	14 129	8 392	2 861
2.5	10 587	5 190	10 351	15 226	17 607	14 150	8 392	2 945
3.0	10 324	5 391	10 296	15 254	17 592	14 171	8 391	3 030
3.5	10 060	5 593	10 239	15 282	17 577	14 191	8 390	3 117
4.0	9 797	5 796	10 182	15 309	17 563	14 210	8 388	3 204
4.5	9 534	6 000	10 123	15 337	17 549	14 229	8 386	3 291
5.0	9 271	6 205	10 062	15 365	17 535	14 248	8 383	3 380
5.5	9 008	6 410	10 001	15 393	17 522	14 265	8 381	3 469
6.0	8 746	6 617	9 938	15 421	17 509	14 282	8 378	3 558
6.5	8 484	6 824	9 874	15 449	17 496	14 298	8 376	3 648
7.0	8 222	7 032	9 809	15 477	17 484	14 313	8 374	3 739
7.5	7 961	7 241	9 742	15 505	17 472	14 327	8 373	3 830
8.0	7 699	7 450	9 675	15 533	17 460	14 340	8 371	3 921
8.5	7 438	7 661	9 606	15 561	17 449	14 352	8 370	4 012
9.0	7 177	7 872	9 535	15 589	17 438	14 363	8 370	4 105
9.5	6 917	8 085	9 464	15 617	17 428	14 373	8 369	4 197
10.0	10 084	2 596	12 355	14 268	18 645	13 814	8 345	4 342
10.5	9 824	2 810	12 281	14 296	18 635	13 823	8 345	4 436
11.0	9 564	3 025	12 205	14 324	18 626	13 831	8 344	4 531
11.5	9 305	3 240	12 128	14 353	18 617	13 838	8 343	4 625
12.0	9 045	3 457	12 050	14 381	18 608	13 844	8 343	4 721
12.5	8 786	3 674	11 971	14 409	18 600	13 849	8 343	4 817
13.0	8 528	3 893	11 891	14 437	18 592	13 853	8 343	4 913

续上表

顶推长度(m)	反力控制值(kN)							
	临1	临2	塔4	临3	临4	临5	塔3	临6
13.5	8 269	4 112	11 809	14 466	18 584	13 856	8 344	5 009
14.0	8 011	4 332	11 726	14 494	18 577	13 858	8 344	5 107
14.5	7 753	4 553	11 641	14 522	18 571	13 860	8 344	5 205
15.0	7 495	4 774	11 556	14 551	18 564	13 861	8 345	5 303
15.5	7 237	4 997	11 469	14 579	18 558	13 862	8 344	5 403
16.0	6 980	5 220	11 381	14 608	18 552	13 862	8 343	5 503
16.5	6 723	5 444	11 291	14 636	18 547	13 862	8 342	5 604
17.0	6 466	5 669	11 201	14 665	18 541	13 861	8 339	5 706
17.5	6 210	5 895	11 109	14 694	18 536	13 860	8 336	5 809
18.0	5 954	6 122	11 015	14 722	18 532	13 860	8 331	5 913
18.5	5 698	6 350	10 921	14 751	18 527	13 859	8 325	6 019
19.0	5 442	6 578	10 827	14 775	18 539	13 758	8 786	5 442
19.5	5 187	6 807	10 730	14 804	18 535	13 754	8 792	5 528
20.0	4 931	7 037	10 631	14 833	18 532	13 751	8 796	5 616
20.5	4 647	7 322	10 499	14 872	18 527	13 748	8 799	5 704
21.0	4 394	7 550	10 401	14 900	18 524	13 745	8 800	5 794
21.5	4 145	7 773	10 304	14 927	18 521	13 741	8 800	5 886
22.0	3 899	7 991	10 210	14 954	18 519	13 738	8 798	5 979
22.5	3 657	8 204	10 118	14 979	18 518	13 734	8 795	6 074
23.0	3 419	8 411	10 029	15 004	18 516	13 730	8 791	6 170
23.5	3 185	8 613	9 942	15 027	18 515	13 727	8 786	6 266
24.0	2 954	8 810	9 858	15 049	18 515	13 722	8 779	6 364
24.5	2 727	9 001	9 776	15 070	18 515	13 718	8 772	6 463
25.0	2 503	9 188	9 696	15 090	18 516	13 713	8 764	6 563
25.5	2 283	9 368	9 619	15 110	18 516	13 709	8 755	6 663
26.0	2 067	9 544	9 544	15 128	18 518	13 703	8 745	6 765
26.5	1 855	9 714	9 472	15 145	18 520	13 698	8 733	6 868

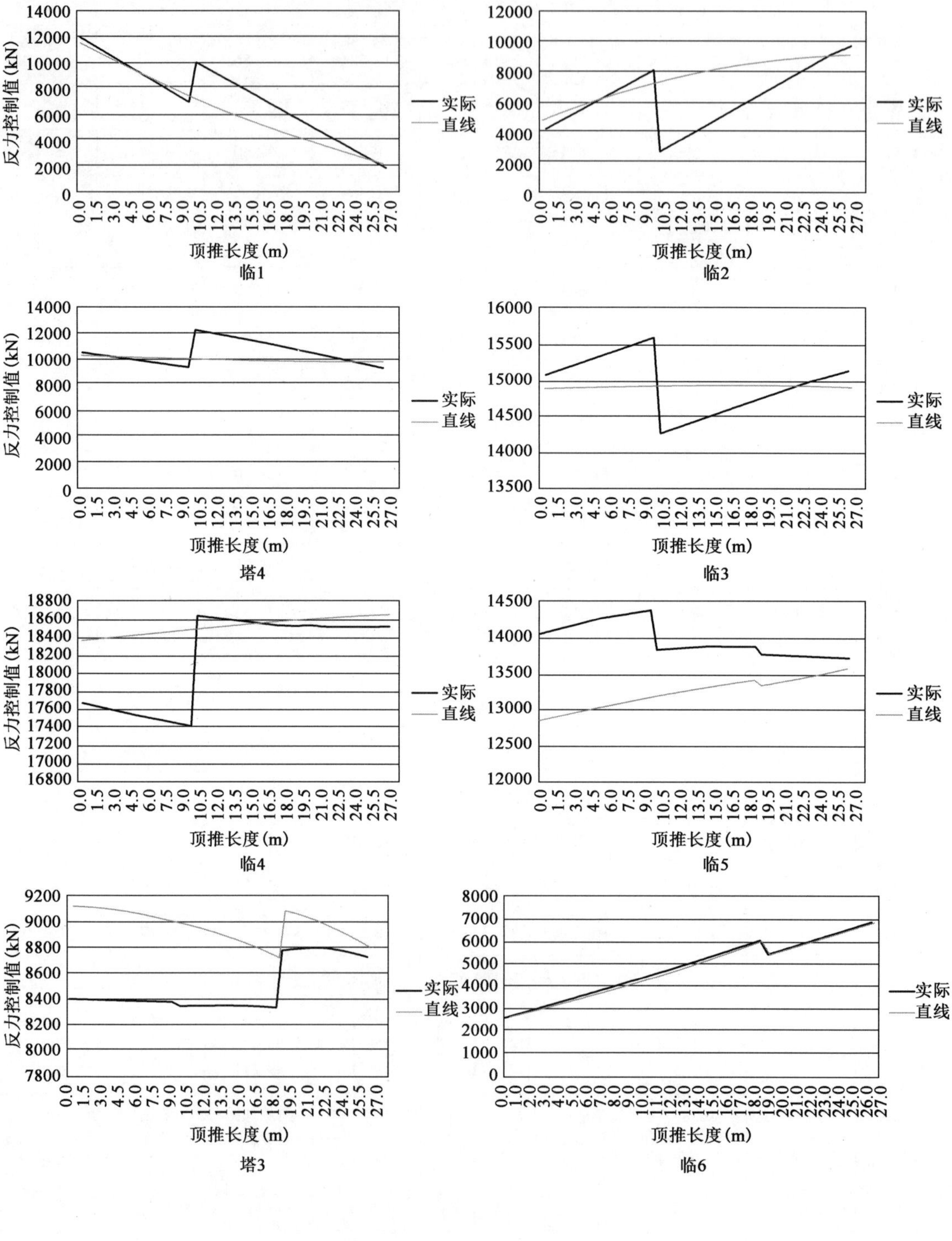

图 8-8　各支点反力变化

顶推完成后对全桥线形进行通测，分析已拼梁段的累积线形偏差（表8-4及图8-9），对后拼梁段线形进行修正。

1-48号梁段相对高程测量结果　　表8-4

测点编号	设计(m)	实测(m)	误差(mm)	测点编号	设计(m)	实测(m)	误差(mm)
临6	0.827	0.830	3	临6	0.827	0.824	-3
1-2	0.835	0.835	0	1-2	0.835	0.836	1
2-2	0.927	0.934	7	2-2	0.927	0.936	9
4-2	1.111	1.124	13	4-2	1.111	1.127	16
6-2	1.387	1.383	-4	6-2	1.387	1.373	-14
3号塔	1.595	1.594	-1	3号塔	1.595	1.595	0
8-2	1.664	1.666	2	8-2	1.664	1.669	5
10-2	1.940	1.940	0	10-2	1.940	1.935	-5
12-2	2.216	2.225	9	12-2	2.216	2.230	14
临5	2.439	2.442	3	临5	2.439	2.436	-3
14-2	2.492	2.495	3	14-2	2.492	2.489	-3
16-2	2.738	2.740	2	16-2	2.738	2.722	-16
18-2	3.008	3.008	0	18-2	3.008	2.992	-16
20-2	3.234	3.224	-10	20-2	3.234	3.215	-19
22-2	3.401	3.400	-1	22-2	3.401	3.389	-12
临4	3.474	3.481	7	临4	3.474	3.467	-7
24-2	3.503	3.508	5	24-2	3.503	3.499	-4
26-2	3.540	3.550	10	26-2	3.540	3.538	-2
28-2	3.512	3.521	9	28-2	3.512	3.510	-2
30-2	3.420	3.425	5	30-2	3.420	3.420	0
32-2	3.294	3.304	10	32-2	3.294	3.309	15
临3	3.191	3.197	6	临3	3.191	3.185	-6
34-2	3.121	3.127	6	34-2	3.121	3.116	-5
36-2	2.855	2.860	5	36-2	2.855	2.858	3
38-2	2.525	2.524	-1	38-2	2.525	2.524	-1
4号塔	2.236	2.238	2	4号塔	2.236	2.234	-2
40-2	2.129	2.125	-4	40-2	2.129	2.126	-3
42-2	1.669	1.666	-3	42-2	1.669	1.667	-2
44-2	1.149	1.144	-5	44-2	1.149	1.142	-7
临2	0.855	0.856	1	临2	0.855	0.854	-1
46-2	0.586	0.591	5	46-2	0.586	0.584	-2
48-2	0.079	0.085	6	48-2	0.079	0.082	3
临1	0.000	0.001	1	临1	0.000	-0.001	-1

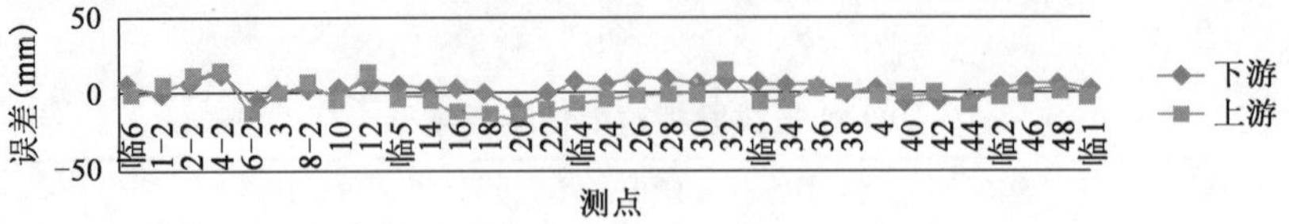

图 8-9 1 ~48 号梁段线形误差

8.4.3 控制结果

顶推过程中结构处于安全可控范围内,顶推到位后控制点轴线及里程偏差在 ±1cm 范围内,全桥高程偏差在 ±2cm 范围内,控制精度较高。

在已完成的钢箱梁顶推施工过程中解决或处理了以下问题:

(1)大跨径钢箱梁复杂曲线顶推关键技术问题,保证每一轮次钢箱梁的拼装线形在可控范围,顶推过程中适时进行线形"主动调整",保证临时墩、钢箱梁、导梁的受力安全。

(2)每一轮次顶推完成后都进行线形通测及误差分析,对后拼梁段进行修正,有效降低了因多轮次拼装造成的累积误差,取得了良好的效果。

(3)在顶推最不利受力状态,要求顶推实施单位加强巡查、控制,当临时设施出现异常时及时分析原因,加强重点受力部位的监测,直到最大风险得以化解。

(4)通过最后几个轮次顶推的优化调整,将支点高程逐步调整至设计值,实现顶推到位即完成落梁,为后续施工节省了宝贵的时间。

8.5 缆索施工监控

8.5.1 主缆架设期间的施工监控

主缆是悬索桥的主要承重结构,主缆施工期间的监控工作是本桥施工监控的重中之重。

1)架设基准索股前施工现场气温测量

架设第一根标准索股前几天,要测定昼夜气温变化规律,测点位置应布在塔顶、桥面及地面位置处,该气温的测定将为基准索股的精确定位做好充分的准备。

2)基准索股线形观测

测定气温及索股表面温度;测量索股各跨径、矢度以及跨中高程。

3)一般索股线形观测

测定气温及索股表面温度;测量与基准股高差。

4)成缆线形的观测

测定气温及主缆表面温度;测量主缆各跨跨径、矢高及跨中高程;测量索塔顶坐标;观测气温对主缆跨中高程及索塔顶水平位移的影响规律。

在主缆架设施工过程中,由于温度变化引起主缆无应力长度、主缆梁端锚固点变化;由于猫道对主塔产生的临时荷载使得主塔在主缆架设时存在临时偏位,主缆架设时需考虑这些因素对主缆理论架设线形进行修正。基准索股架设修正计算公式见表 8-5。

基准索股架设修正计算公式

表 8-5

测点位置	项　目	计算公式
江北大道侧边跨跨中	里程 X(m)	$X = 1\ 298.815 + 1.486\Delta X_2 - 0.486\Delta X_3 + 0.0019\Delta t - 0.424\Delta H_3$
	高程 Y(m)	$Y = 78.712 - 2.167\Delta X_2 + 2.167\Delta X_3 - 0.0\ 043\Delta t + 1.591\Delta H_3$
	切线角度 α(°)	$\alpha = 24.795$
中跨跨中	里程 X(m)	$X = 1\ 505.000$
	高程 Y(m)	$Y = 72.220 - 1.127\Delta X_3 + 1.127\Delta X_4 - 0.0\ 044\Delta t + 0.5(\Delta H_3 + \Delta H_4)$
	切线角度 α(°)	$\alpha = 0.000$
江南大道侧边跨跨中	里程 X(m)	$X = 1\ 711.185 + 1.486\Delta X_5 - 0.486\Delta X_4 - 0.0019\Delta t + 0.424\Delta H_4$
	高程 Y(m)	$Y = 78.712 + 2.167\Delta X_5 - 2.167\Delta X_4 - 0.0\ 043\Delta t + 1.591\Delta H_4$
	切线角度 α(°)	$\alpha = -24.795$

说明：

1. 基准索股线形控制

主缆架设基准索股为 1 号索股，其架设线形修正公式见表 8-5，表中主要符号说明如下：

Δt：索股调整跨的平均温度与设计基准温度的差值(℃)，设计基准温度为 20℃，温度升高为正，温度降低为负；

ΔH_3：3 号墩塔顶中心线索鞍底面高程变化量(m)，基准值为 118.220；

ΔH_4：4 号墩塔顶中心线索鞍底面高程变化量(m)，基准值为 118.220；

ΔX_2：2 号墩理论散索点里程变化量(m)，基准值为 K1 +232.940；

ΔX_3：3 号墩塔顶中心线里程变化量(m)，基准值为 K1 +365.000；

ΔX_4：4 号墩塔顶中心线里程变化量(m)，基准值为 K1 +645.000；

ΔX_5：5 号墩理论散索点里程变化量(m)，基准值为 K1 +777.060；

X：索股中心里程(m)；

Y：索股中心高程(m)；

α：切线角度(度)。

当 Δt 变化范围为 ±10℃，ΔH_3、ΔH_4、ΔX_2、ΔX_3、ΔX_4、ΔX_5 变化范围为 ±0.03m 时表 8-5 中公式具有很高的精度。

主索鞍预偏量设置为 0.520m，详见监控通知单 TJDQ-ZQ-JK-017。

2. 跨中高程变化与索长变化量的关系

经过计算，索股跨中高程变化与索长变化量的关系如下：

主跨：$\Delta s = 0.835\Delta h$；边跨：$\Delta s = 0.407\Delta h$。

在高程偏离理论高程 ±10cm 的范围内，上述关系均具有较高的精度。

8.5.2　索夹和吊杆安装的施工监控

1）索夹安装位置确定

随着吊杆的张拉，索夹位置不断变化，为了防止吊杆与吊杆锚管出现卡死或出现大的偏差，索夹安装放样必须准确无误。

当紧缆成型后，在气温稳定的夜间，测定主缆线形，根据实测线形，按照每个索夹至主塔中心的设计距离，计算索夹位置，用全站仪在主缆的相应位置上放出天顶线及索夹位置线。测量时应注意修正温差的影响，以利于白天安装时精确定位。

索夹放样时，首先放出天顶线，而天顶线随温度的变化而变化，故索夹放样应选择夜间气温相对稳定的时段进行。通过对主缆的温度进行昼夜观测，找出温度变化相对稳定的时段，放样时间就选择在这一时段。当主缆线形定型后，白天沿主缆的曲线把索夹的粗略位置在主缆上作临时标记。夜间，在空缆状态下把临时标记作为参考进行索夹正确位置的放样。由于高空作业，工作场面狭小，采用全站仪的红外线测距法。另外，索夹中心里程是根据特定的结构状态计算出来的，在实际操作时，结构的实际状态与计算采用的状态存在一定误差，因此在放样时，必须进行修正。

在索夹放样完成后，对所放点位进行检查，通常采用距离法。所谓距离法，就是检验相邻两索夹的吊索中心线与天顶线的交点之间的距离是否与计算值相符。

2)索夹、吊杆安装

索夹安装，从塔处向中跨跨中安装。安装过程中对塔的受力进行分析，必要时进行适当顶推。

8.5.3 吊杆张拉阶段的施工监测

根据理论分析计算确定的工序进行吊杆张拉工作。

吊杆张拉采用主缆位移(吊点)，吊杆张拉力双控，当吊杆力较小时以主缆位移控制为主，当吊杆力较大时以吊杆张力控制为主。

主缆位移采用全站仪进行测量。吊杆张拉过程中张拉力采用千斤顶油压推算、压力环测试，索力动测仪测试三种方法进行测量，相互比对，确保张拉力准确到位。张拉完成的吊杆通过索力动测仪测试吊杆力值。

吊杆张拉过程中还应对结构温度、内力、主梁线形、塔偏位等进行同步跟踪测量。

吊杆张拉过程中对主索鞍进行顶推时必须每次顶推严格按照指定位置顶推，采用钢板限位块装置限位，不得多顶或少顶。

需张拉作业单位配合的主要工作为：提供张拉设备(千斤顶、张拉杆、锚具、撑脚)数量及其承载能力，以便监控单位控制施工过程中张拉次序及张拉力。施工过程中对张拉设备进行标定，确保张拉设备张拉力准确可信。并做到每次张拉，全桥中边跨、上下游基本同步进行。

吊杆张拉次序及张拉力严格按施工监控指令进行控制。施工过程中严格控制临时机具设备等临时荷载上桥，原则上吊杆张拉作业时不得有临时荷载上桥。

8.5.4 施工桥面二期恒载、调整吊杆拉力阶段的施工监控

二期恒载施工后，应进行一次全面测试，并对测试数据进行分析，与设计理想成桥状态进行对比，必要时进行吊杆张拉调整。

此阶段的关键点是测试分析好吊杆张力分布情况。对长吊杆采用频率法测量索力，同时结合施工过程中主缆线形变化量推测吊杆张力。

吊杆张拉完成后，由于主缆伸长，索夹紧固螺杆张力存在明显损失，需及时补张拉，确保索夹不产生滑移。

第 9 章　工程施工回顾与总结

9.1　工程施工进度分析与管理经验总结

9.1.1　工程关键线路及工期

根据工程实际情况及施工技术要求,本桥施工关键线路为:工程开工→施工准备(征地拆迁)→主桥桥墩筑岛施工→3 号、4 号桥墩桩基施工→3 号、4 号桥墩承台施工→3 号、4 号桥墩身施工(含横梁)→钢梁施工→钢混结合段施工→主缆及吊杆施工→人行横道、桥面铺装及附属设施等施工→荷载试验及竣工验收→工程完工。

其合同要求的关键线路主要控制节点目标见表 9-1 所示。

关键线路主要控制节点目标表　　表 9-1

序号	主要控制节点	工期(d)	开始日期	完成日期
1	主墩桩基施工	76	2013/10/01	2013/12/15
2	主墩承台施工	136	2013/10/16	2014/02/28
3	主塔塔身施工	290	2014/03/01	2014/12/15
4	锚跨连续梁施工	197	2013/12/16	2014/06/30
5	钢箱梁顶推施工	260	2014/03/01	2014/11/15
6	钢混结合段施工	30	2014/11/16	2014/12/15
7	主缆及吊杆施工	121	2014/12/16	2015/04/15
8	主桥桥面附属工程施工	120	2015/02/01	2015/05/31

由上表可以看出,合同要求的工期十分紧凑,且由于是按照施工部位已完全提供的假设条件进行的工期安排,为最大限度地节约工期,其南北岸的相对施工顺序(除钢箱梁顶推以外)均是以桥梁里程中线为轴心对称展开平行施工的。

9.1.2　总体实际施工进度情况

其实际施工进度完成对比情况见表 9-2 所示。

关键线路主要控制节点目标实施情况对比表　　表 9-2

序号	主要控制节点	合同工期(d)	开始日期	完成日期	实际工期(d)	开始日期	完成日期
1	主墩桩基施工	76	2013/10/01	2013/12/15	202	2013/06/19	2016/12/03
2	主墩承台施工	136	2013/10/16	2014/02/28	215	2013/06/19	2014/05/18

续上表

序号	主要控制节点	合同工期(d)	开始日期	完成日期	实际工期(d)	开始日期	完成日期
3	主塔塔身施工	290	2014/03/01	2014/12/15	604	2014/04/20	2015/10/25
4	锚跨连续梁施工	197	2013/12/16	2014/06/30	487	2015/01/18	2016/05/18
5	钢箱梁顶推施工	260	2014/03/01	2014/11/15	244	2014/09/01	2015/05/04
6	钢混结合段施工	30	2014/11/16	2014/12/15	22	2016/05/20	2016/06/10
7	主缆及吊杆施工	121	2014/12/16	2015/04/15	85	2016/06/04	2016/08/29
8	桥面铺装工程	120	2015/02/01	2015/05/31	30	2016/08/29	2016/09/29

9.1.3 工期进度情况分析

从表9-2我们可以看出,本工程在整个施工过程明显呈“前松后紧”的态势,整个施工过程大体分为三个阶段,即:征地影响期、调整期和赶工期。工程前期未能按照合同工期完成施工任务,后期则明显加快了速度,基本上均较合同工期有所超前完成。造成这种现象的主要原因是由于本工程前期受施工部位尤其自锚跨等关键施工部位征地拆迁不及时、地质水文条件变化等因素影响,施工工期一度滞后十分严重;而中期至2015年6月,当地政府加大了征地拆迁的工作力度,于2015年9月将包括主桥、南北引桥在内的全部施工部位拆迁完成,提交了所有的施工部位,并要求施工单位于2016年10月1日实现桥梁主体贯通的工期目标;自2015年6月至10月,施工单位根据现场实际情况和总工期要求,及时调整施工总进度计划,加大关键线路的资源投入力度,现场加强了管理和协调,经历了一个调整期后,自2015年11月起整个项目施工进入一个不断优化现场施工关键线路衔接、持续加速推进、大干快上的施工高潮,最终于2016年10月1日顺利实现了桥梁主体贯通的工期目标,达到了市政府、业主和监理的工期节点要求。

9.1.4 施工管理经验总结

纵观本工程整个施工过程,在施工管理和进度控制方面有许多值得总结的经验,但有以下几点需着重提出。

1)采取技术措施缩短关键工作时间、加强关键工序搭接控制

在本工程施工的中后期,面对这异常紧迫的工期要求,项目部经过仔细研究和讨论,对关键线路上的关键工作进行了详细的分析和安排,采取技术措施优化了关键线路上关键工作的搭接,极大地促进了现场实际施工进度;主要有表现在以下几个方面:

(1)采取技术措施加快钢箱梁顶推施工进度

在钢箱梁顶推施工过程中,采取先进的施工监控技术有效地缩短钢箱梁顶推施工工期:

①解决大跨径钢箱梁复杂曲线顶推关键技术问题,保证每一轮次钢箱梁的拼装线形在可控范围,顶推过程中适时进行线形“主动调整”,保证临时墩、钢箱梁、导梁的受力安全。

②每一轮次顶推完成后及时进行线形通测及误差分析,对后拼梁段进行修正,有效降低了因多轮次拼装造成的累积误差,取得了良好的效果。

③在顶推最不利受力状态，要求顶推实施单位加强巡查、控制，当临时设施出现异常时及时分析原因，加强重点受力部位的监测，直到最大风险得以化解。

④通过最后几个轮次顶推的优化调整，将支点高程逐步调整至设计值，实现顶推到位即完成落梁，为后续施工节省了宝贵的时间。

(2)优化钢箱梁顶推与钢混结合段和缆索系统搭接关系

在优化钢箱梁顶推与钢混结合段和缆索系统搭接关系方面主要做了以下工作：

①在主塔已封顶、钢箱梁顶推尚未完成的时候，即安排将缆索系统主缆的牵引钢丝绳先期架设完成。

②在完成钢箱梁顶推后、钢混结合段尚未完成之时，采取在钢箱梁上设置锁定装置的方式先行开始进行猫道架设和安装施工，并将主缆牵引系统布设完成。

③在钢混结合段施工完成、混凝土凝期达到要求后立即开始进行主缆的架设施工。

④施工中施工与监控单位密切合作，缩短钢箱梁线形调整和索力调整时间。

(3)优化缆索系统吊杆张拉和桥面铺装搭接关系

在吊杆第一次全部张拉完毕但体系转换未完成之前，与监控单位取得沟通之后先期进行桥面铺装喷砂除锈等工作，并先期做好浇注式沥青混凝土施工的原材料、配合比及拌和站等所有准备工作，待体系转换完成后立即开始进行桥面铺装作业，在保证施工质量的前提下最大限度的缩短桥面铺装占直线工期时间。

(4)优化混凝土连续梁浇筑与桥梁附属相互搭接关系

做好防撞护栏的所有施工准备工作，在进行完半幅连续梁混凝土浇筑后，即开始已施工侧的桥面防撞护栏及其他的附属作业，最大限度地加快附属设施施工速度。

2)加强重点工程公司总部管控力度

本工程作为葛洲坝集团和中能建集团的重点监控项目，桥梁总承包单位葛洲坝二公司总部高度重视本工程项目履约工作。由于领导重视，人员得力，工作有目标、有措施、有检查、有督促、有落实，对本工程各方面工作起到了方向性引领的作用，使项目部各项管理工作水平得到了很大程度的提升。

3)规范项目各种管理程序

(1)加强项目技术程序规范工作

①组织项目部和外协队学习新规新法、技术规范和操作规程。

②组织外部专家，对顶推施工、缆索系统、5号临时墩关键部位的技术方案进行指导。

③对本工程危险性较大的专项技术方案、技术交底工作、技术管理流程进行了全面梳理和完善工作。

④针对支架安拆、挂篮行走、钢箱梁顶推等危险性较大、易发生事故的环节，建立了许可证制度，关键作业实施前必须经项目总工同意，方可施工。

⑤加强外部学习工作。施工单位累计组织4批次相关管理人员，到南宁英华桥、大冲桥等类似桥梁施工现场观摩学习，并不定期与其他有经验的单位进行桥梁建设技术交流。

(2)加强现场安质环管理程序规范工作

①对项目安质环管理责任体系进行了全面梳理。完善了质量安全责任制，明确了各职能部门、各级人员质量安全管理职责，对责任指标进行修订，并层层签订了质量安全责任书。

②对项目安全、质量、环保管理组织体系和管理制度进行了全面梳理和完善工作。

③通过开展日巡查、周检查、月大检查等手段,加强现场质量安全管控力度。为后续工程施工质量安全提供了保障。针对支架安拆、挂篮行走、钢箱梁顶推等危险性较大、易发生事故环节进行专项检查。

④深入开展危险源和质量控制点的分析和辨识。共识别满堂支架施工、挂篮施工、起重吊装、钢箱梁临时墩、钢箱梁顶推、猫道施工、缆索系统施工、高空作业、易燃易爆等10项重大危险源,自锚跨施工、预应力施工、钢箱梁施工、现浇梁、缆索系统施工等5项质量关键控制点,并制定相应的预防措施和监管措施。

(3)加强施工管理程序规范工作

①对项目生产管理进行全面梳理;制定《现场施工资源调配制度》《分包单位工程量签证制度》等4项生产管理制度。依据更新的施工总体进度计划细化每月、周进度计划,定期召开日、周、月生产管理会议,对计划、实施、检查、纠偏整改进行全过程管控。

②对项目实行分片管理。划分南引桥、北引桥、主桥三个施工管理片区,由项目领导牵头负责,进行任务分解、责任到人。

③加强现场施工监督管理。针对支架安拆、挂篮行走、钢箱梁顶推等危险性较大、易发生事故环节落实许可证制度,关键作业必须旁站监督。

④加强施工记录管理。完善、详实施工日常记录,做到生产管理情况有据可查。

⑤合理配置生产资源。根据施工进度安排,对重点部位的施工资源进行合理配置。

(4)加强项目商务管理程序规范工作

①加强商务管理新规新法宣贯学习。适时组织现场全体职工对《葛洲坝集团股份公司管理禁令》《集中采购管理与实务》《分包管理工作要点》进行多次学习,并进行试卷考核。

②对施工单位商务管理工作进行了全面梳理,从合同管理、分包管理等方面查找管理漏洞和薄弱环节,修订了《分包合同管理办法》《对下结算管理办法》。

③加强过程履约监管。从分包方资源配置、施工进度、组织能力、执行实力、协调配合、质量安全环保、文明施工、物资材料管理农民工工资发放等方面加大对分包合同执行情况的监督检查频次。

④加强变更索赔管理工作。

9.2 工程质量管理总结

本工程整体分部分项划分见表9-3所示。

罗泊湾大桥分部、分项工程划分表　　表9-3

序号	分部工程	分项工程	子　项
1	地基与基础	灌注桩	机械成孔、钢筋笼制作与安装、混凝土灌注
2		承台	模板与支架、钢筋、混凝土
3	墩台	现浇混凝土墩台	模板与支架、钢筋、混凝土
4		台背填土	台背填土

续上表

序号	分部工程	分项工程	子项
5	盖梁	盖梁	模板与支架、钢筋、混凝土、预应力混凝土
6	支座	支座	垫石混凝土、支座安装、挡块混凝土
7	索塔	索塔	现浇混凝土索塔(模板与支架、钢筋、混凝土)、钢构件安装
8	桥跨承重结构	支架上浇筑混凝土梁	模板与支架、钢筋、混凝土、预应力钢筋
9		悬索桥的主梁与缆索	钢箱梁制作与安装、锚跨主梁(支架上浇筑混凝土梁)、索鞍安装、主缆架设、索夹和吊索安装、主缆防护
10		悬臂浇筑预应力混凝土梁	0号段(模板与支架、钢筋、预应力混凝土)、悬浇段(挂篮、模板、钢筋、预应力混凝土)
11	桥面系	桥面系	排水设施、防水层、桥面铺装层(沥青混合料铺装)、伸缩缝装置、地袱和缘石及挂板、防护设施、人行道
12	附属结构	附属结构	梯道(模板与支架、钢筋、混凝土;钢结构)、照明、挡土墙、桥头搭板(模板与支架、钢筋、混凝土)、航标、防撞设施

工程主体共计完成1 628个分项工程的施工验收、1 628个分项工程质量评定,质量均符合设计要求,合格率100%,工程工程整体质量受控,没有发生严重质量缺陷和质量事故,主要有以下质量管理经验:

9.2.1 建立完善质量管理保证体系

结合本项目实际情况及工程特点,现场建立了以项目经理为核心的质量保证体系,实行项目经理领导下的质量管理负责制。做到各部门、各班组、各岗位的工作职能和职责明确,专业接口衔接紧密,各部门质量管理协调一致,质量管理信息渠道畅通,保障项目内部质量体系的高效有序运行。完善质量管理制度,共制定"三检制""质量奖惩办法"等质量管理制度21份,详细规定了施工现场的质量管理工作(表9-4、图9-1),为管理人员进行现场管理提供有力依据。

罗泊湾大桥质量管理制度汇总表　　表9-4

序号	项目	序号	项目
1	关键工序、高危作业领导施工现场带班生产制度	13	施工队质量管理办法(修订)
2	混凝土施工"三级"检查验收管理实施细则	14	质量奖惩实施办法(修订)
3	半成品、成品保护管理办法	15	QC活动管理办法(修订)
4	安全质量环保检查制度(修订)	16	质量检查与检验制度(修订)
5	安全质量环保考核制度(修订)	17	质量管理办法(修订)
6	自锚跨施工安全质量管理制度	18	隐蔽工程检查签证制度(修订)
7	预应力施工安全质量管理制度	19	顶推施工安全质量管理制度
8	满堂支架安全质量管理制度	20	钢箱梁焊接质量管理办法
9	挂篮施工质量管理制度	21	安全质量环保部管理职责(修订)
10	质量教育培训管理办法(修订)	22	质量管理责任制(修订)
11	质量会议制度(修订)	23	成品保护管理制度
12	质量事故处理办法(修订)		

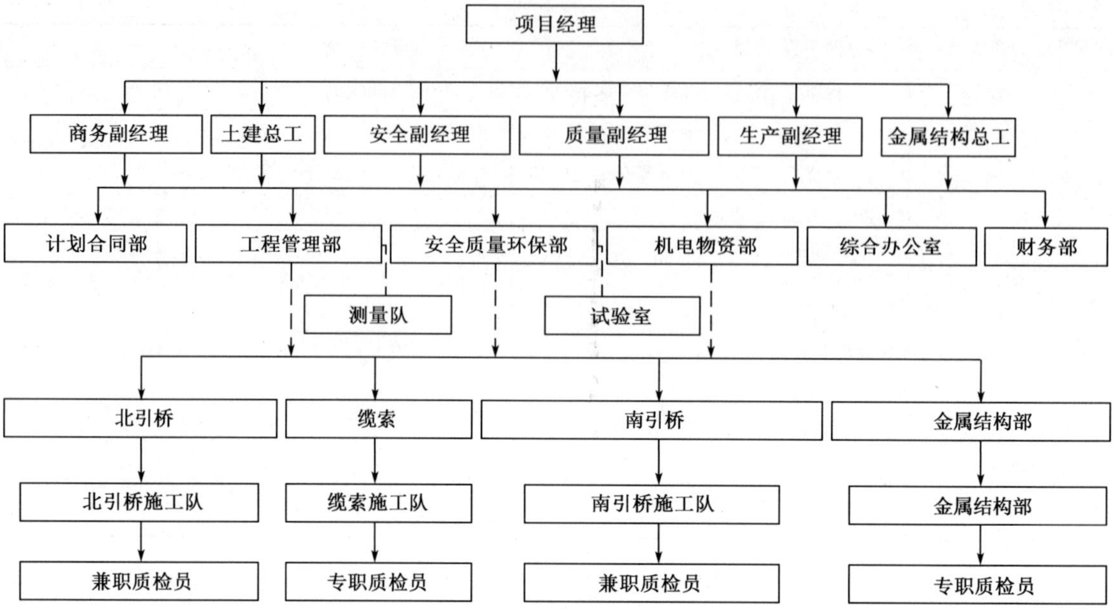

图 9-1　罗泊湾大桥施工单位质量管理组织机构图

9.2.2　做好质量技术保证工作

本工程涉及爬模、挂篮、满堂支架现浇梁、水中临时墩安装、钢箱梁顶推、缆索系统施工等重难点施工工序。施工方案的编制、执行、监督都必须由专职人员来进行。本工程配备质量副经理 1 名,项目总工 2 名(分土建和金属结构专业),专职质检人员 5 名,项目技术管理人员 5 名,并将为质量管理人员延伸至各施工队,要求各施工队兼职质量管理人员不得少于 2 人,为本工程的顺利完工提供了有力保障。

9.2.3　坚持质量教育培训制度

项目自开工以来一直坚持加强对作业人员的教育培训工作,对各施工重难点施工工序进行技术交底制度,由项目总工对施工人员进行技术交底。2013—2016 年施工过程中共计对施工人员进行技术交底 139 批次,培训人次 936 人次,见表 9-5。极大提高了施工人员的质量意识,有效的帮助施工人员进行现场施工。

质量教育培训统计表　　表 9-5

年份(年)	2013	2014	2015	2016
教育次数(次)	6	16	52	65
教育人数(人)	73	138	374	351

9.2.4　质量监督及时有效实施

本工程重难点施工工序较多,施工难度大,为避免施工人员"偷奸耍滑"的违规行为,项目严格实行"三检制",将工序验收细化、标准化。同时着重要求对施工过程的监督控制,由专职质检人员、施工员对施工过程进行全过程监督控制，及时发现施工中的错误、违规行为，对监督过程中的问题进行记录，汇总形成台账，对施工过程发生的质量问题发生的时间、原因分析、处理结果均记录在案，对发生的质量问题，坚持“三不放过”原则，所有问题均得到有效处置。

对重难点施工工序施工过程中实行领导带班制度，要求项目领导深入施工现场监督施工人员作业，施工过程中由现场管理人员不定时向领导汇报施工情况，由值班领导总领该工序的施工。南、北岸自锚跨浇筑过程中，为保证施工质量，由施工单位领导进行24h不间断现场值班，控制、监督施工人员进行施工作业，如遇特殊情况，施工单位领导可快速做出反应，有效防止质量事件的发生。

9.2.5　做好质量风险控制工作

实体工程施工过程中，项目对质量风险进行分析和评估，针对辨识评估出的重大风险，项目集体讨论研究，对重大风险的管理制度和流程进行梳理、分析，明确管理上可能存在的薄弱环节，制定控制措施，见表9-6。施工单位采取提前预防、重点控制、专人监护、专项处理的管理策略，加强风险知识学习，树立风险意识和危机意识。

质量风险控制表　　表9-6

序号	质量风险描述	控制措施
1	现浇连续梁在混凝土浇筑及预压过程中，由于碗口架在搭设过程中的不确定因素较多，容易对施工人员及桥梁结构造成危害	(1)在碗口架搭设前，对地基进行处理，处理后要求能够满足承载力要求； (2)碗口架在搭设前对碗口架材料进行检测，确保材料合格； (3)在碗口架搭设前对地基进行混凝土硬化及周边排水处理，确保不会因为下雨使地基泡软； (4)碗口架在搭设过程中，全程监控作业工人的搭设工艺，满足规范要求
2	钻孔灌注桩清孔不彻底，沉渣厚度超过规范要求，影响桩基质量；桩基混凝土灌注，混凝土称量系统误差过大、供料不连续、混凝土和易性差、拔管超出混凝土面，可能导致浇筑过程中出现断桩，混凝土强度达不到设计及规范要求	(1)沉淀池按照技术标准布置，清孔时降低含砂率，减少沉渣厚度； (2)桩基混凝土浇筑时，安排试验人员对拌和站及施工现场混凝土的质量进行检测； (3)尽量安排在晚上灌注混凝土，避免由于路况拥堵，造成混凝土供料不连续； (4)加强对施工人员的技术交底，质量管理人员对灌注全过程进行监控
3	钢箱梁焊接质量不符合要求	(1)要求进行焊接施工人员必须持证上岗； (2)焊接后对焊缝进行无损检测，对焊接不满足要求的部位进行打磨后重新焊接； (3)进行第三方焊接质量检测

9.2.6　做好试验检测工作

实体工程施工过程中的质量监管必须有试验检测单位的配合，原材进场、加工、成品均需试验检测单位提供真实检测数据，以检测数据进行质量评定。项目开工之初就成立工地试验室，由工地试验室进行常规质量检测、检验。部分工地试验室不满足试验检测要求的事项，皆由第三方检测单位进行，并出具检测结果报告，有效地保障了质量管理控制要点。

9.2.7　做好重难点工序总结工作

不断开展对施工工序的总结工作，桥梁工程施工工序整体来说是一个不断重复的施工过程,同种施工工序极可能贯穿工程施工全过程,因此施工后的总结工作显得格外重要,每道工序施工后的总结都要深入问题本质,指出施工过程中存在问题,提出针对性的改进意见,防止出现上道工序同样的问题。如南北岸锚跨施工,南岸锚跨完成施工后及时组织召开总结会,并在北岸锚跨施工前召开锚跨施工重难点分析会,针对南岸施工过程出现的问题进行分析,指正错误并提出正确做法,为北岸锚跨迅速完成提供力保障。

9.3 工程安全管理总结

本工程涉及爬模、挂篮、满堂支架现浇梁、水中临时墩安装、钢箱梁顶推、缆索系统施工等危险性较大施工工序。施工单位自开工以来,一直秉承“安全第一,预防为主”安全管理理念,紧抓质量,牢保安全,建立以项目经理为第一责任人的安全管理体系,以“四个责任体系”保障工程安全,使工程顺利完成通车目标。具体安全管理经验总结如下。

9.3.1 加强安全组织体系建设

根据公司体系文件要求,开工初期项目部设置了“五部一室”即工程管理部、安全质量环保部、财务部、机电物资部、计划合同部、综合办公室;同时成立了项目部安全质量环保及应急委员会,建立了“横向到边、纵向到底”的安全管理网络(图9-2)。并配备专职安全员5名,各施工队专兼职安全员15名,安全人员配备满足现场施工需要。

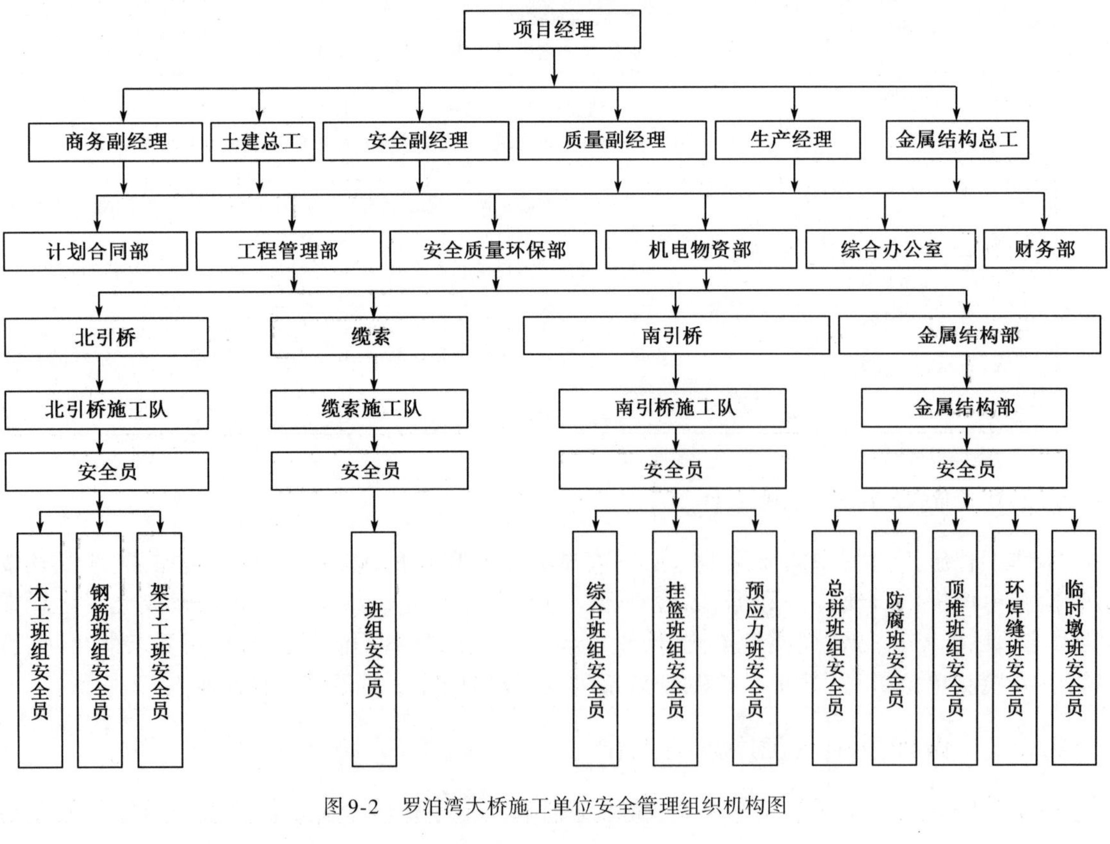

图9-2 罗泊湾大桥施工单位安全管理组织机构图

9.3.2　加强责任体系建设

项目部建立了“以项目经理为主要责任人的全面安全生产责任体系；以总工程师为主要责任人的质量安全技术保障体系；以分管生产的领导为主要责任人的质量安全生产实施体系；以分管质量安全的领导为主要责任人的质量安全生产监督体系”的“四个责任体系”，形成安全生产齐抓共管的良好氛围，同时在责任制中明确了各职能部门、各级人员安全管理职责，并层层签订安全责任书。

9.3.3　建立健全各项质量安全管理制度

根据本工程施工特点，现场先后制定了《满堂支架安全管理制度》《钢箱梁顶推安全管理制度》和表9-7所示的30项安全管理制度，有效理顺了施工单位各专业的管理流程，做到有章可循，实现全员、全过程、全方位、全天候的安全管理。

罗泊湾大桥安全生产制度统计表　　表9-7

序号	项　　目	序号	项　　目
1	安全承诺制度	16	半成品、成品保护管理办法
2	重大危险源控制管理制度	17	射线探伤安全管理制度
3	关键工序、高危作业领导带班生产制度	18	安全质量环保检查制度(修订)
4	安全生产责任制	19	安全质量环保考核制度(修订)
5	安全技术交底制度	20	自锚跨施工安全质量管理制度
6	安全生产技术措施管理制度	21	环境保护管理办法(修订)
7	特种作业人员持证上岗制度	22	安全生产费用管理制度(修订)
8	施工现场安全管理制度	23	分包方安全管理制度(修订)
9	职业健康安全管理制度	24	顶推施工安全质量管理制度
10	混凝土施工“三级”检查验收实施细则	25	安全质量环保部管理职责(修订)
11	安全生产奖惩制度	26	安全生产教育培训制度修订)
12	安全标识管理制度	27	应急救援管理制度(修订)
13	安全生产会议管理制度	28	安全生产责任制(修订)
14	消防安全管理制度	29	安全生产风险抵押金管理办法
15	危险物品安全管理制度	30	成型桥面施工安全管理办法

9.3.4　加强作业人员安全培训教育

现场共计组织安全培训教育596批次，培训人数2 111人，见表9-8，培训主要根据现场施工存在的问题，有针对性地进行分析，使作业人员熟记作业要点及其特性，掌握了相应的安全防范技能，进入作业场所后，要进行重新检查，发现异常情况和不安全因素必须及时采取有效措施排除，正确使用和佩戴劳动保护用品，做好自我防范措施。

罗泊湾大桥安全教育情况统计表　　表9-8

年份(年)	2013	2014	2015	2016
教育次数(次)	23	109	275	189
教育人次(人)	152	495	983	481

9.3.5 加强重大危险源、质量风险辨识、控制

每月对工程重大危险源、质量风险的动态控制，对工程涉及的爬模、挂篮、满堂支架现浇梁、水中临时墩安装、钢箱梁顶推、缆索系统施工等重难点施工工序，施工单位制定相应的控制措施（表9-9），实施过程中安排专职安全人员进行旁站监督，确保工程施工安全。

罗泊湾大桥重大危险源及管理措施统计表　　表9-9

序号	重大危险源	采取控制措施
1	满堂支架	（1）针对满堂支架施工工序编制专项施工方案，组织专家对高大模板支架施工方案进行评审； （2）支架搭设过程由现场管理人员全程监督，对支架进行过程中的监控，发现施工问题，立即进行整改； （3）支架搭设完成后由相关人员进行验收、预压，合格后方可进行下一道工序； （4）支架使用过程中不定期进行安全检查，消除满堂支架因长期使用而存在的安全隐患
2	挂篮施工	（1）对施工人员进行机械设备安全生产教育； （2）对作业进行安全技术教育培训，落实所有安全技术措施和人身防护用品； （3）作业现场配备足够的消防设施； （4）挂篮行走过程由安全员、施工员旁站，监督落实挂篮行走的安全监控； （5）对挂篮吊带、横梁、锚固点等关键部位进行不定期检查
3	现浇梁施工、高空作业、起重作业	（1）检查特种作业人员持证上岗情况，要求必须持证上岗； （2）对电工、起吊操作人员、架子工及施工作业人员进行安全教育及安全技术底； （3）在操作平台四周搭设防护栏，张挂密封网，悬挂安全警示标识； （4）为一线作业人员配备劳动保护用品，并要求高空作业必须佩带安全带； （5）专职安全生产管理人员经常巡视
4	钢箱梁顶推、高空作业	（1）严格按照专项方案进行施工； （2）加强现场管理人员的安全培训教育； （3）加强对作业人员的安全技术交底工作； （4）加强现场的安全防护措施及安全检查力度； （5）认真落实安全生产责任制； （6）加强安全隐患的整改力度
5	钢箱梁临时墩施工	（1）编制临时墩专项施工方案； （2）加强现场监管； （3）落实人员防护； （4）设置警示标示标牌，安装夜间指示灯； （5）对地基进行处理，直至满足方案要求； （6）由测量员对临时墩沉降情况进行定期监控
6	缆索系统施工	（1）严格按照施工方案进行施工； （2）风力6级以上天气禁止施工； （3）作业人员必须佩戴好个人防护用品； （4）加强现场监督检查/定期检查； （5）加强施工人员安全教育

9.3.6 积极开展“应急预案演练”活动

为提高全体施工人员的安全意识，增强对应急工作的组织能力和处理能力，检验全体人员是否明确自己的职责和应急行动的程序，以及应急队伍的协同反应水平和实战能力，施工单位

每年度积极组织开展了高处坠落、触电事故、防洪度汛、消防安全应急演练(表9-10)。

罗泊湾大桥应急演练统计表　　表9-10

2013年度应急预案及演练		
序号	应急预案	演练情况
1	施工合同段总体应急预案	
2	夏季高温防暑应急预案预响应	进行演练,首次进行演练,各单位之间配合不连续,存在不少问题,但达到了提高安全意识,提高职工的应急处置能力的目的
3	安全用电重大危险源专项应急预案	
4	防洪度汛应急预案及应急演练实施方案	进行演练,演练过程较为顺利,但参演人员应急能力不足
5	水上临时墩施工专项应急响应预案	
2014年度应急预案及演练		
序号	应急预案	演练情况
1	高空作业应急预案	
2	高空坠落应急预案	
3	施工合同段总体应急预案	
4	夏季高温防暑应急预案预响应	
5	消防应急预案	进行演练,演练情况较好,提高了职工的消防安全意识,此次演练符合应急预案要求,应急预案符合施工单位实际情况
6	防台风应急预案	
7	水上临时墩施工专项应急响应预案	进行演练,演练情况较好,提高了职工的消防安全意识,此次演练符合应急预案要求,应急预案符合施工单位实际情况
8	防洪度汛应急预案及应急演练实施方案	
9	防洪应急预案	进行演练,演练情况较好,提高了职工的消防安全意识,此次演练符合应急预案要求,应急预案符合施工单位实际情况
10	大型模板、构件及脚手架安全事故应急预案	
2015年度应急预案及演练		
序号	应急预案	演练情况
1	南湖桥连续梁挂篮施工应急预案	
2	自锚跨满堂支架搭设应急预案	进行演练,演练情况较好,提高了职工的消防安全意识,此次演练符合应急预案要求,应急预案符合施工单位实际情况
3	3号、4号墩主塔施工应急预案	
4	2015年安全应急预案工作计划	
5	应急救援管理制度	
6	防洪度汛应急预案	进行演练,演练情况较好,提高了职工的消防安全意识,此次演练符合应急预案要求,应急预案符合施工单位实际情况
7	消防应急预案	进行演练,演练情况较好,提高了职工的消防安全意识,此次演练符合应急预案要求,应急预案符合施工单位实际情况

续上表

2016 年度应急预案及演练		
序号	应急预案	演练情况
1	防洪度汛应急预案	进行演练,演练情况较好,提高了职工的消防安全意识,此次演练符合应急预案要求,应急预案符合施工单位实际情况
2	消防应急预案	进行演练,演练情况较好,提高了职工的消防安全意识,此次演练符合应急预案要求,应急预案符合施工单位实际情况
3	水上临时墩防撞应急预案	进行演练,演练情况较好,提高了职工的消防安全意识,此次演练符合应急预案要求,应急预案符合施工单位实际情况
4	高处坠落应急预案	进行演练,演练情况较好,提高了职工的消防安全意识,此次演练符合应急预案要求,应急预案符合施工单位实际情况

9.3.7 加强现场安全检查及现场安全管理工作

(1)为保证施工安全,营造人人讲安全、人人关心安全的良好氛围,施工单位于每周开展现场安全大检查活动,各部门、各施工队负责人参加。检查内容包括施工现场安全、环保、文明施工等情况,对发现的问题及时进行整改,保证工程质量和安全。检查完后施工单位根据检查情况下发了 157 份检查通报,共计发现安全问题 728 处,整改率 100%。

(2)本工程属特大桥施工,除进行标准化、常态化安全管理外,还应将安全管理详细化。安全管理以施工现场实际情况为准,现场施工员、安全员均有下达停工的权力,现场施工员、安全员在进行现场巡查、管理时均将安全生产放在第一位。

(3)重大危险源管控力度不断加强,施工现场重大危险源较多,现场管理人员部分时候无法兼顾,将重大危险源安全管理落实到日常管理过程中,以严格的要求进行重大危险源的监控和管理。以满堂支架为例,支架施工时间较长,施工单位要求现场安全员、施工员在巡查过程中对支架搭设、使用进行重点监控,防止发生未按施工方案进行搭设、支架集中荷载、支架杆件腐蚀等情况引发安全事故,同时支架的验收按照“三检制”进行执行,支架投入使用后进行不定期安全专项检查,尤其是在进行混凝土浇筑前进行浇筑前安全检查,检查后形成检查通报,定时、定人进行整改,整改完成后方可进行混凝土施工。

(4)进行严格的项目安全管理必要手段是加大奖罚力度,施工人员的不安全行为、施工现场安全隐患、施工过程汇总造成环境变化引起的安全隐患均在项目处罚范围内,以绝不对安全隐患姑息的态度坚持施工现场的安全管理。

参 考 文 献

[1] 张哲. 混凝土自锚式悬索桥[M]. 北京:人民交通出版社,2005.

[2] 胡建华. 现代自锚式悬索桥理论与应用[M]. 北京:人民交通出版社,2008.

[3] 李建慧,等. 空间缆索自锚式悬索桥计算、监控与评估[M]. 北京:人民交通出版社,2011.

[4] 周孟波. 悬索桥手册[M]. 北京:人民交通出版社, 2003.

[5] 吴皋. 湘江三叉矶自锚式悬索桥施工控制技术研究[D]. 长沙:长沙理工大学,2007.

[6] 魏家乐. 大节段吊装施工的自锚式悬索桥施工控制仿真分析及关键技术[D]. 西安:长安大学,2010.

[7] 朱建甫. 自锚式悬索桥吊索安装施工控制研究[D]. 成都:西南交通大学,2008.

[8] 张宏斌,等. 自锚式悬索桥动力特性分析[J]. 公路交通科技,2004.

[9] 赵卓,等. 自锚式悬索桥主桥动力特性分析[J]. 世界地震工程,2006.

[10] 康俊涛,等. 大跨径自锚式悬索桥成桥状态动力特性参数分析[J]. 桥梁建设,2013.

[11] 陈水生,等. 单箱多室波形钢腹板组合箱梁桥动力特性参数分析[J]. 桥梁建设,2014.

[12] 中华人民共和国交通运输行业标准. JTG/T F50—2011 公路桥涵施工技术规范[S]. 北京:人民交通出版社,2011.

[13] 中华人民共和国交通运输行业标准. JTG D60—2015 公路桥涵设计通用规范[S]. 北京:人民交通出版社股份有限公司,2015.

[14] 中华人民共和国铁路行业标准. Q/CR 9211—2015 铁路钢桥制造规范[S]. 北京:中国铁道出版社,2015.